suhrkamp taschenbuch 723

Walter Laqueur, am 26. 5. 1921 in Breslau geboren, ist Direktor des britischen Instituts für Zeitgeschichte und Präsident des Institutes für strategische und internationale Studien an der Washingtoner Georgetown Universität.

Terrorismus ist eines der meistdiskutierten Probleme unserer Zeit, aber wohl auch noch immer eines der am wenigsten verstandenen. Die wissenschaftliche Erforschung dieses globalen Problems steckt noch in den Kinderschuhen. Im vorliegenden Buch geht der bekannte Historiker Walter Laqueur auf bislang vernachlässigte Aspekte des Terrorismus ein, die auch im Hinblick auf das Verständnis der gegenwärtigen terroristischen Bewegungen von Bedeutung sind. Laqueur untersucht die Lehre des systematischen Terrors, die Soziologie terroristischer Gruppen, gängige Interpretationen des Terrorismus, gemeinsame Muster, Motive und Ziele und schließlich die Wirksamkeit des Terrorismus. Laqueur führt den Leser zu der Erkenntnis, daß Stadtguerillas nicht eine neue Stufe in der Geschichte der sozialen Konflikte darstellen, sondern daß sie die Erben verschiedener, historisch nachweisbarer Traditionen sind.

Walter Laqueur
Terrorismus

Aus dem Englischen
übersetzt
von Rudolf Wichmann

Suhrkamp

Titel der englischen Ausgabe: *Terrorism*
Englischer Originalverlag:
George Weidenfeld and Nicolson,
London

suhrkamp taschenbuch 723
Erste Auflage 1982

Lizenzausgabe mit freundlicher Genehmigung des
Athenäum Verlags GmbH, Kronberg/Ts.
Suhrkamp Taschenbuch Verlag

Satz: Maschinensetzerei Janß, Pfungstadt
Druck: Nomos Verlagsgesellschaft, Baden-Baden
Printed in Germany
Umschlag nach Entwürfen von
Willy Fleckhaus und Rolf Staudt

Inhalt

Einleitende Bemerkung

Terrorismus, eines der meistdiskutierten Probleme unserer Zeit, ist auch eines der am wenigsten verstandenen. Die jüngsten Manifestationen des Terrorismus sind in zahllosen Büchern, Abhandlungen, Artikeln, Theaterstücken, Romanen und Filmen auf sehr unterschiedlichem Niveau abgehandelt worden. Der Terror hat seine Faszination auf Metaphysiker und Bestsellerautoren ausgeübt. Diese Studie entwickelte sich aus einer Betrachtung des Guerillakampfes und der Erkenntnis, daß die Strategie der Stadtguerillas keine neue Stufe in der Geschichte dieser Kriegsform darstellt, sondern sich in wesentlichen Punkten unterscheidet und auch Erbe verschiedener Traditionen ist. Es war nicht meine Absicht, mich mit den Problemen der *Bekämpfung* des Terrorismus zu beschäftigen, ich will auch keine ausführlichen Beschreibungen gegenwärtiger Bewegungen liefern. Statt dessen habe ich auf bisher vernachlässigte Aspekte, die eine Schlüsselstellung einnehmen, gezielt: Die Lehre des systematischen Terrors, die Soziologie terroristischer Gruppen, gängige Interpretationen des Terrorismus, gemeinsame Muster, Motive und Ziele, und schließlich seine Wirksamkeit.

Dies ist der dritte Teil einer Studie des Guerillakampfes des politischen Terrorismus. Eine großzügige Spende der Thyssen-Stiftung war mir behilflich. Ich möchte noch einmal Kimbriel Mitchell erwähnen, der mir bei der Forschung assistierte, weiterhin Aviva Golden, Janet Longmaid und Bernard Krikler, die mir bei der Herausgabe halfen.

Während dieser Arbeit mußte ich Experten in Detailfragen konsultieren, die von der Geschichte des Sprengstoffs bis zum Terrorismus im türkischen Roman und den Ursprüngen des Anarchismus in Argentinien reichten. Ihnen allen möchte ich meinen Dank für ihre Hilfe und Geduld aussprechen.

London – Washington, Oktober 1976

Erstes Kapitel

Die Ursprünge

Terrorismus übt seit langem eine starke Faszination aus, besonders aus sicherer Distanz betrachtet, aber als Thema einer Diskussion bereitet er Schwierigkeiten. Seine Faszination (Shelleys »Stürmische Schönheit des Terrors«) und die Schwierigkeit einer Interpretation entstammen der gleichen Wurzel: seinem unvorhergesehenen, schrecklichen und gewalttätigen Charakter. Krieg, selbst Bürgerkrieg, ist in vielen Beziehungen voraussehbar. Er findet bei Tageslicht statt, und die Identität der Gegner ist kein Geheimnis. Während es selbst in Bürgerkriegen gewisse Regeln gibt, sind die charakteristischen Eigenschaften des Terrorismus Anonymität und die Verletzung von bestehenden Normen.

Terrorismus hat schon seit jeher gewaltsame Emotionen und die verschiedensten Ansichten und Vorstellungen hervorgebracht. Das volkstümliche Bild eines Terroristen vor etwa achtzig Jahren war das eines Bomben werfenden, finsteren Anarchisten, struppig, mit schwarzem Bart und einem teuflischen (oder idiotischen) Lächeln, fanatisch, unmoralisch, böse und lächerlich zugleich. Dostojevski und Josef Conrad liefern uns tiefergreifende, aber im Grunde ähnliche Beschreibungen. Sein modernes Image ist zwar etwas stromlinienförmiger, aber nicht unbedingt besser; sicherlich ist es weder von Politologen noch von rasch zu einer Erklärung aufgeforderten Psychiatern zufriedenstellend beschrieben und erklärt worden.

Aber Terroristen haben auch zu allen Zeiten Bewunderer und Propagandisten gefunden. Kein Lob war zu hoch gegriffen für diese Heiligen und Märtyrer. Der Terrorist (so heißt es) ist der einzige, der sich wirklich Gedanken macht; ein Kämpfer mit Leib und Seele für Freiheit und Gerechtigkeit, ein sanftmütiger Mensch, den die grausamen Umstände und eine schweigende Mehrheit zwingen, eine zwar theoretische, jedoch im Grunde tragische Rolle zu spielen. Der gute, Gift verteilende Samariter, der heilige Franz mit der Bombe. Solch eine Beschönigung des Terrorismus ist zwar grotesk, aber andererseits kann der Terrorismus nicht bedingungslos verurteilt werden, es sei denn, man geht von der Basis einer vollständigen Gewaltlosigkeit und eines Widerstandsverzichtes gegenüber dem Bösen aus. Wie Oberst Saxby vor dreihundert Jahren schrieb, ist Töten nicht immer Mord, und ebensowenig kann der bewaffnete Widerstand nicht immer in offener Schlacht nach ritterlichen Regeln stattfinden. »Nein, eine Grenze hat Tyrannenmacht ... zum letzten Mittel, wenn kein anderes mehr verfangen will, ist ihm das Schwert gegeben.« Schillers bekanntes Zitat der *ultima ratio* des freien Mannes gegenüber unerträglicher Verfolgung ist von Generationen von Widerstandskämpfern gegen die Tyrannei beschworen worden. Aber für jeden Wilhelm Tell gab es viele selbsternannte Retter der Freiheit und Gerechtigkeit, ungeduldige Männer, Fanatiker und Irre, die sich ohne Berechtigung auf das Recht zur Selbstverteidigung beriefen und die das Schwert nicht als letzten Ausweg, sondern als Allheilmittel zur Beseitigung aller echten und eingebildeten Übel ansahen. Patriotismus ist schon manchem Gauner zur letzten Zuflucht geworden, ebenso Befreiungskämpfe. Pferdediebe in Südamerika pflegten politische Motive vorzuschieben, um nicht aufgehängt zu werden.

Was eine Studie des Terrorismus weiterhin erschwert, ist die Tatsache, daß die meisten Terroristen weder Volkshelden vom Schlage eines Wilhelm Tell noch gemeine Pferdediebe waren, sondern beides und noch vieles andere mehr. Es ist eine umstrittene Frage, ob Burke recht hatte, als er behauptete, man brauche nur die äußere Schicht eines Ideologen anzukratzen: um darunter einen Terroristen zu finden; aber es ist bestimmt nicht wahr, daß *in jedem* Terroristen ein Ideologe steckt.

Noch weitere Gründe erschweren eine Interpretation des Terrorismus. Selbst in den letzten hundert Jahren hat sich der Charakter des Terrorismus enorm gewandelt. Das gilt nicht nur im Hinblick auf die Methoden, sondern auch für die Ziele des Kampfes und die Eigenschaften der agierenden Personen. Nur zwei Generationen trennen Sofia Petrovskaja und Emma Goldman von Ulrike Meinhof und Patty Hearst, aber moralisch und intellektuell kann man die Entfernung nur in Lichtjahren messen. Die andere Schwierigkeit ist ebenso grundlegend: Im Gegensatz zum Marxismus ist Terrorismus keine Ideologie, sondern eine Strategie des Aufstandes, die von Leuten der verschiedensten politischen Richtungen angewandt werden kann.*

Dennoch ist Terrorismus nicht bloß eine Methode. Allen Beteiligten sind gewisse Grundvorstellungen gemein; ob sie zur Linken oder zur Rechten gehören, ob sie Nationalisten oder, seltener, Internationalisten sind, einige wesentliche Gesichtspunkte ihrer geistigen Struktur sind ähnlich. Sie sind sich oft näher, als sie wissen oder sich selbst oder anderen gegenüber zugeben möchten. Im gleichen Maße, wie die Technologie des Terrorismus von Leuten aller Glaubensrichtungen beherrscht werden kann, so durchdringt seine Philosophie auch die traditionellen Trennlinien der politischen Doktrinen. Sie ist wahrhaftig für alle Zwecke geeignet und wertfrei.

Terrorismus ist nicht, wie vielfach angenommen wird, eine Abart des Guerillakrieges (oder revolutionären Krieges). Darüber hinaus hat er heute auch eine grundsätzlich andere politische Funktion. »Stadtguerillas« sind in der Tat städtisch, aber sie sind im eigentlichen Sinn des Wortes keine Guerillas. Der Unterschied zwischen Guerilla und Terrorismus ist nicht eine Frage der Wortwahl, sondern der Qualität. Diese Studie entstand aus der Unzufriedenheit mit vielen zeitgenössischen Versuchen, den politischen Terrorismus zu erklären und zu interpretieren, sowohl im populären wie im akademischen Bereich. Wie weithin übereinstimmend festgestellt werden kann, sind die Haupteigenschaften des modernen Terrorismus folgende:

1. Terrorismus ist ein neues, bisher nicht bekanntes Phänomen. Aus diesem Grunde sind seine Vorläufer (falls es überhaupt welche gibt) wenig interessant.

* An anderer Stelle in dieser Studie habe ich auf die Schwierigkeit hingewiesen, der man sich gegenübersieht, wenn man eine umfassende Definition des Terrorismus sucht. Eine solche Definition gibt es nicht, und es wird sie auch in naher Zukunft nicht geben. Deshalb aber zu argumentieren, man könne das Phänomen »Terrorismus« nicht untersuchen, solange eine solche Definition nicht vorliege, ist absurd. Selbst heute, über drei Jahrzehnte nach dem Ende der faschistischen Ära, hat die Kontroverse um ihren Charakter nicht nachgelassen, aber wir müssen uns den theoretischen und praktischen Fragen des Faschismus dennoch stellen. Ich habe weitgehend den Modebegriff »revolutionärer Terrorismus« vermieden. Viele terroristische Gruppen, in der Gegenwart und in der Vergangenheit, können nicht als revolutionär betrachtet werden, und das schließt solche ein, die keine Mühe scheuen, ihren revolutionären Charakter hervorzuheben. Etwas anderes wäre es, wenn man ... das Wort ›revolutionär‹ als Synonym für jegliche Art der Veränderung des *Status quo,* benutzte, sei sie nun territorial, politisch, sozial oder machtpolitisch. In diesem Falle wäre »revolutionärer Terrorismus« reiner Pleonasmus.

2. Terrorismus ist heute eines der wichtigsten und gefährlichsten Probleme der Menschheit.
3. Terrorismus ist eine Folge von Ungerechtigkeit. Bestünde politische und soziale Gerechtigkeit, gäbe es keinen Terrorismus.
4. Das einzig bekannte Mittel, die Wahrscheinlichkeit des Terrorismus zu begrenzen, liegt in der Verminderung der ihm zugrundeliegenden Ursachen, Übel und Frustrationen.
5. Terroristen sind Fanatiker, die von unhaltbaren Zuständen zur Verzweiflung getrieben werden. Sie sind arm und ihre Motivation ist in starkem Maße ideologisch.
6. Terrorismus kann überall auftreten.

Es ist nicht das Ziel dieser Studie, falsche Vorstellungen zu widerlegen. Zu dem Zweck genügte eine einfache Gegenüberstellung der Theorien mit den bekannten Tatsachen des Terrorismus. Mein Ziel ist es, das Phänomen aus einer neuen Sicht heraus anzugehen. Dies hat bestimmte Schwierigkeiten der Methode zur Folge: Einige terroristische Bewegungen sind hervorragend dokumentiert. Auf jedes Mitglied der Baader-Meinhof-Gruppe oder der Symbionesischen Befreiungsarmee entfallen mehrere Bücher und Artikel. Das gleiche gilt übrigens auch für eine sehr viel wichtigere Gruppe, die *Narodnaja Volja.* Auf der anderen Seite gibt es zahlreiche terroristische Gruppen, die außerhalb des Landes, in dem sie operierten, kaum Aufmerksamkeit erregt haben, oder die in Vergessenheit geraten sind. Es wäre ein hoffnungsloses Unternehmen, eine »Weltgeschichte« oder eine umfassende Theorie des Terrorismus liefern zu wollen. Ich habe mich deshalb darauf konzentriert, die Hauptstufen in der Entwicklung des Terrorismus und der terroristischen Doktrin und deren maßgebliche Eigenschaften und Probleme darzustellen.

Die Begriffe »Terrorismus« und »Terrorist« sind relativ neu. Die Bedeutung des Wortes »Terrorismus« erscheint in der Ergänzung von 1798 zum »Dictionnaire de l'Académie Française« als: *Système, régime de la terreur.*[1] Einem französischen Wörterbuch aus dem Jahre 1796 zufolge gebrauchten die Jakobiner das Wort zuweilen, um sich selbst in Wort oder Schrift im positiven Sinne darzustellen. Nach dem 9. Thermidor wurde der Begriff »Terrorist« zum Schimpfwort mit kriminellen Implikationen.[2] Es dauerte nicht lange, bis der Begriff in England eingeführt wurde. Burke schreibt in einer bekannten Abhandlung aus dem Jahre 1795 von »Tausenden von Höllenhunden, sogenannten Terroristen«, die auf das

Volk losgelassen wurden. Terrorismus bezog sich zu jener Zeit auf die Französische Revolution, grob gesprochen zwischen März 1793 und Juli 1794, und war mehr oder weniger ein Synonym für »Schreckensherrschaft«. In der Folgezeit erhielt der Begriff in den Wörterbüchern eine Bedeutungserweiterung: Er bezeichnet jetzt ein System der Angst. Als Terrorist galt jeder, der seine Ansichten mit Zwang und Einschüchterung zu verbreiten versuchte.[3]

In letzter Zeit wird der Begriff »Terrorismus« (wie »Guerilla«) in so vielen verschiedenen Bedeutungen benutzt, daß er fast völlig seinen Sinn verloren hat. Fast jede und nicht unbedingt nur politische Art der Gewalt wird so beschrieben. Ein Einwand, der oft gegen die Studie des politischen Terrorismus gemacht wird, besteht darin, daß im Laufe der Geschichte viel mehr Menschen von seiten der Staatsgewalt getötet worden sind als von Terroristen. Das ist unbestreitbar, aber die vorliegende Studie befaßt sich nicht mit politischer Gewalt im allgemeinen und der Unzulänglichkeit der Tyrannei, sondern mit einem mehr spezifischen Phänomen.

Eine Beschreibung des Terrorismus kann unmöglich alle seine Spielarten, die im Lauf der Geschichte vorgekommen sind, umfassen: Bauernaufstände, Arbeitskämpfe und Räuberei bedienten sich des systematischen Terrors, und das gleiche gilt in bezug auf Kriege, Bürgerkriege, revolutionäre Kriege, nationale Befreiungskriege und Widerstandsbewegungen gegen Besatzungsmächte. In den meisten Fällen war Terrorismus allerdings nur eine von verschiedenen Taktiken, und gewöhnlich eine untergeordnete. Meine Aufmerksamkeit in dieser vorliegenden Studie gilt Bewegungen, die systematischen Terrorismus als ihre Hauptwaffe verwandten; andere werde ich nur nebenbei erwähnen. Es wird allgemein angenommen, daß systematischer, politischer Terrorismus ein Phänomen der Neuzeit ist, das sich im vorigen Jahrhundert entwickelte. Das stimmt insofern, als die »Philosophie der Bombe« tatsächlich relativ neu ist. Aber es braucht wohl kaum darauf hingewiesen zu werden, daß systematische Ausrottung von politischen Gegnern im gesamten Verlauf der Geschichte stattgefunden hat. Wie Molières Bürger, der sich, ohne es zu wissen, immer schon in Prosa ausgedrückt hatte, gab es Terroristen (und terroristische Bewegungen) *avant la lettre.* Viele Länder hatten ihre »sizilianische Vesper« oder ihre Bartholomäusnacht. Römische Kaiser, ottomanische Sultane, russische

Zaren und viele andere rotteten ihre wahren und eingebildeten Gegner aus.

Terrorismus »von unten« entstand in den verschiedensten Formen und aus den verschiedensten Beweggründen, wie religiösen Protestbewegungen, politischen Revolutionen und sozialen Aufständen. Eines der frühesten Beispiele einer terroristischen Bewegung sind die *Sicarii,* eine straff organisierte religiöse Sekte, die sich aus Männern der niederen Orden zusammensetzte, die aktiv an den Zeloten-Kämpfen in Palästina (66–73 A. D.) teilnahmen. Die Quellen sind nicht sehr ausführlich und zum Teil widersprüchlich, aber von Josephus wissen wir, daß die *Sicarii* unübliche Taktiken anwandten, z. B. ihre Gegner bei Tageslicht angriffen, hauptsächlich an Feiertagen, wenn sich Menschenmengen in Jerusalem versammelten. Ihre bevorzugte Waffe war ein kurzes Schwert (sica), das sie unter dem Mantel versteckten. In de Quinceys »Club«, in dem der Mord als eine der schönen Künste betrachtet wird, sagt der Experte: »Davon ausgehend, daß große Menschenmengen durch die bedrückende Enge eine Art Dunkelheit erzeugen und es unmöglich ist festzustellen, wer den Stoß ausgeteilt hat, mischten sie sich überall in die Mengen, und wenn gefragt wurde, wer der Mörder sei und wo er sich befinde, ja, dann war die Antwort: *Non est investus.«* [4] Sie zerstörten das Haus des Ananias, des Hohenpriesters, und die Paläste der Dynastie des Herodes. Sie verbrannten die öffentlichen Archive, um die Akten der Geldverleiher zu zerstören und eine Rückforderung der Schulden unmöglich zu machen. Auch Tacitus erwähnt sie, und in den rabbinischen Archiven heißt es, daß sie Kornkammern anzündeten und die Wasserversorgung Jerusalems sabotierten. Die Sicarii waren eine extreme, nationalistische, anti-römische Partei, und ihre Opfer waren die Gemäßigten, die jüdische Friedenspartei, sowohl in Palästina, als auch in der ägyptischen Diaspora. Einige Autoritäten behaupten, sie hätten über eine ausgearbeitete Doktrin verfügt, die sogenannte »vierte Philosophie«, eine Art jüdischen Protestantismus, nach dessen Lehre Gott allein als der Herr angesehen wird. Politische Loyalität gegenüber weltlicher Macht wurde abgelehnt, und den Priestern wurde die Rolle des Vermittlers zwischen den Menschen und Gott abgesprochen. Andere betrachteten die *Sicarii* als eine soziale Protestbewegung, deren Ziel es war, die Armen gegen die Reichen aufzuhetzen. Josephus stellt diese idealistische

Motivation in Frage und behauptet, es handele sich um *listai,* Räuber, denen es nur um das persönliche Wohl gehe und die von außenstehenden Kräften gelenkt würden, wobei sie sich unter dem ideologischen Mantel des Patriotismus und der Forderung nach Freiheit versteckten.[5] Aber selbst Josephus gibt zu, daß unter ihnen religiöse Wahnvorstellungen verbreitet waren. Es bestand die Tendenz, das Martyrium als erstrebenswert anzusehen, ebenso wie der völlig irrationale Glaube, daß nach dem Fall Jerusalems, wenn das sündige Regime nicht mehr an der Macht sei, ein Sieg über die Römer möglich sein und daß Gott sich seinem Volke zeigen und es befreien werde. Solche Ansichten waren unter gewöhnlichen *listai* nicht sehr verbreitet.

Eine ähnliche Mischung messianischer Hoffnung und politischen Terrors war auch besonderes Merkmal einer viel bekannteren Sekte, der *Assassiner,* einer Gruppierung der Ismailiter, die im 11. Jahrhundert entstand und erst im 13. Jahrhundert von den Mongolen bezwungen wurde. Die *Assassiner* üben im Westen seit langem Faszination aus, und dieses Interesse ist in letzter Zeit noch gewachsen, denn einige Eigenarten dieser Bewegung erinnern uns an heutige Gruppierungen. Aus Persien kommend, verbreiteten sich die *Assassiner* über Syrien, sie mordeten Präfekten, Statthalter, Kalifen und sogar den Kreuzritter und König von Jerusalem, Konrad de Montferrat. Zweimal versuchten sie, Saladin umzubringen, allerdings ohne Erfolg. Ihr erster Führer, Hassan Sibai, erkannte offensichtlich schon bald, daß seine Gruppe zu klein war, um dem Feind in offener Schlacht entgegenzutreten, daß aber eine systematisch geplante, lang andauernde Terrorkampagne mit Hilfe einer kleinen, disziplinierten Truppe eine sehr effektive politische Waffe darstellen könnte.[6] Sie gingen immer unter größter Geheimhaltung vor. Die Kämpfer *(fedaiin)* verkleideten sich als Fremde oder sogar Christen.[7] Die *Assassiner* bedienten sich immer des Dolches, niemals benutzten sie Gift oder Geschosse, und das nicht nur, weil der Dolch als die sicherere Waffe galt, sondern weil man den Mord als heiligen Akt ansah. Zeitgenössische Quellen beschreiben die *Assassiner* als eine Sekte von fast asketischer Disziplin; sie suchten Tod und Märtyrertum und glaubten fest an ein neues Zeitalter. In historischer Perspektive gesehen, waren die *Assassiner* eine relativ kleine Sekte, die ihre religiöse Eigenständigkeit (und ihre Lebensart) vergebens mit Hilfe eines terroristischen Kampfes gegen die sie unterdrückenden Seljuken zu verteidigen versuchten. Aber ihre Mittel waren zumindest zeitweilig wirksam, und die Legende des »alten Mannes aus den Bergen« beeindruckte Zeitgenossen und spätere Generationen.

Geheimbünde verschiedener Art existierten über Jahrhunderte hinweg in Indien und im Fernen Osten. Die Anglo-Indischen Behörden bestritten die Existenz der »*Thugs*«, bis Captain (später General-Major) William Sleeman eine genaue Untersuchung anstellte und die Sekte schließlich ausrottete. Die *Thugs* erdrosselten ihre Opfer mit seidenen Tüchern. Europäer waren selten betroffen, aber ansonsten waren die *Thugs* in der Auswahl ihrer Opfer skrupellos. Die Gefolgsleute glaubten, der Ursprung von »*Thuggee*« liege in einer Opferzeremonie für die Göttin Kali. Sie übte eine tödliche Anziehungskraft aus. Mit den Worten Feringeas, eines gefangenen *Thugs*: »Wenn ein Mann den *goor* (Zukker) der Opferung zu schmecken bekommt, wird er ein *Thug,* selbst wenn er ein Meister in allen Berufen ist und allen Reichtum dieser Welt hat. Ich selbst habe hohe Ämter bekleidet und überall war ich so beliebt, daß mir Beförderung sicher war. Und doch war ich immer unglücklich, wenn ich von meiner Bande getrennt war; ich mußte zu *Thuggee* zurückkehren.«[8] Die *Thugs* verachteten den Tod. Ihre politischen Ziele waren nicht leicht zu ergründen, aber sie bestanden wohl nicht darin, die Regierung und die Bevölkerung zu terrorisieren.

In einer Untersuchung des politischen Terrorismus verdient dieses Phänomen nicht mehr als eine Fußnote. Das gleiche gilt für militantere Geheimbünde in China, die sowohl unter den Flußpiraten und Gebirgsbanden als auch unter den angesehenen Stadtbewohnern zu Hause waren. Jeder Bund hatte seinen »Einschärfer«, gewöhnlich einen geschulten Boxer. Einige bedienten sich verbrecherischer Erpressung; unter ihnen waren gedungene Mörder, die sich für das beste Angebot verkauften. Die Bünde unterhielten Spielsalons und schmuggelten Salz. Einige der wichtigeren Gesellschaften hatten ausgeprägte politische Ziele: sie richteten sich gegen die *Mandschus* und haßten Ausländer.[9] Die Geheimbündler steckten hinter dem Boxer-Aufstand und halfen Sun Yat-sen zu Beginn seiner Karriere. Die »Roten Speere« aus den zwanziger Jahren dieses Jahrhunderts verbanden Politik mit Atemübungen und Zauberformeln, fast wie die »Gegengesellschaft« der sechziger Jahre. Aber Politik war nur eine ihrer vielseitigen Beschäftigungen, und in dieser Hinsicht gleichen sie mehr der Mafia als den modernen politisch-terroristischen Bewegungen.[10]

Die Interessen des Ku-Klux-Klan an der Politik waren vielleicht stärker, aber bei ihm handelt es sich doch noch nicht um eine terroristische Bewegung im eigentlichen Sinne. Oft wird vergessen, daß der Klan eigentlich die Geschichte dreier aufeinanderfolgender Vereinigungen ist, die nicht sehr viel Gemeinsames hatten.[11] Der erste Klan, ein Produkt der Rekonstruktionsperiode nach dem amerikanischen Bürgerkrieg, war eine geheime, gewalttätige Verbindung, die die gerade befreiten Neger ächtete. Der zweite Klan (1915–44) stand auch für die Vorherrschaft der Weißen, aber gleichzeitig propagierte er den Nationalismus, bekämpfte Schwarzbrennerei, Glücksspiele und sogar Männer, die ihre Frauen schlugen. Mit all seinen Riten um den »Großen Zauberer« wurde er ein fester Bestandteil der etablierten Politik der Südstaaten. Er nahm auch Einfluß auf verschiedene Wirtschaftszweige, wie z. B. die Asphaltindustrie für den Straßenbau. In der Tat war der zweite Klan eine eingetragene Gesellschaft, deren Geschichte im April 1944 endet, und zwar nicht in einer dramatischen Schießerei mit der Polizei, sondern in einem Gerichtsverfahren wegen einer Steuerhinterziehung von 685 000 $, die die Auflösung der Gesellschaft zur Folge hatte.

Verglichen mit den *Sicarii* und den *Assassinern,* den *Thugs,* den »Roten Speeren« und dem Ku-Klux-Klan scheinen moderne Terroristengruppen ganz anderer Art zu sein. Um den Ausgangspunkt einer Studie des modernen politischen Terrorismus zu finden, muß man offensichtlich andere Perspektiven ansetzen, und das bringt uns wieder zum Wilhelm-Tell-Syndrom. Im Zeitalter des Absolutismus waren politische Attentate auf führende Staatsmänner relativ selten, nachdem die religiösen Konflikte an Wichtigkeit verloren hatten. Über alle Unterschiede und Interessenkonflikte hinweg bestand eine Solidarität unter den Monarchen, so daß sie normalerweise nicht daran dachten, sich gegenseitig umzubringen. Königsmord war zeitweilig aus der Mode geraten, von einigen beachtlichen Ausnahmen abgesehen. Diese Situation änderte sich erst nach der Französischen Revolution und dem Aufkommen des Nationalismus in Europa. Außerhalb Europas gab es Fälle von politischem Mord wie eh und je, aber diese stammten *grosso modo* aus der Tradition der Dynastiekämpfe, dem Streit zwischen Rivalen im Kampf um die Macht, Militärputschen oder Taten von Fanatikern und Irren.

Systematischer Terrorismus beginnt in der zweiten Hälfte des 19. Jahrhunderts, und von Anfang an gab es dabei recht unterschiedliche Kategorien. Die russischen Revolutionäre bekämpften eine autokratische Regierung 1878–81 und dann wieder in den ersten Jahren des 20. Jahrhunderts. Radikale Nationalistenverbände wie die Iren, die Mazedonier, Serben und Armenier bedienten sich terroristischer Taktiken in ihrem Kampf für Selbstbestimmung und nationale Unabhängigkeit. Schließlich gab es die anarchistische »Propaganda der Tat«, hauptsächlich in den neunziger Jahren des vorigen Jahrhunderts in Frankreich, Spanien, Italien und den Vereinigten Staaten. Die wenigen Attentate in Frankreich und Italien erregten großes Aufsehen, aber sie waren nicht wirklich Bestandteil einer systematischen Gesamtstrategie. Der Charakter des Terrorismus in den Vereinigten Staaten und in Spanien war wiederum anders, insofern er die Unterstützung bestimmter Teile der Bevölkerung zum Ziel hatte. In den Vereinigten Staaten entwickelte sich ein Terrorismus der Arbeiterklasse (Molly Maguires und später die »Western Union of Mineworkers«). In Spanien gab es sowohl ländlichen als auch industriellen Terrorismus. In historischem Rückblick gesehen haben die verschiedenen Ausdrucksformen des politischen Terrorismus, wie unterschiedlich ihre Ziele und politischen Zusammenhänge auch sein mögen, einen gemeinsamen Ursprung: Sie stehen im Zusammenhang mit dem Aufstieg von Demokratie und Nationalismus. Die Mißstände existierten seit langem: Minderheiten wurden unterdrückt, Nationen wurde ihre Unabhängigkeit vorenthalten, autokratische Regierungsformen waren an der Tagesordnung. Aber als sich die Ideen der Aufklärung verbreiteten und der Nationalismus an Ansehen gewann, wurden Zustände, die über Jahrhunderte hinweg akzeptiert wurden, unerträglich. Dennoch hatten die Bewegungen des bewaffneten Protestes nur Aussicht auf Erfolg, wenn die herrschenden Klassen bereit waren, sich an die neuen Spielregeln zu halten, die gewalttätige Unterdrückung ausschlossen. Kurz, terroristische Gruppen konnten sich mit Aussicht auf Erfolg nur mit terroristischen Regierungen anlegen. Diesem Paradoxon stand der moderne Terrorismus gegenüber, und was in bezug auf die altmodischen autoritären Regime galt, konnte auch *a fortiori* für die neuen totalitären

Systeme des 20. Jahrhunderts Gültigkeit beanspruchen.

Von all diesen Bewegungen war die *Narodnaja Volja* bei weitem die wichtigste, obwohl sie nur von Januar 1878 bis März 1881 tätig war. Der bewaffnete Kampf begann, als Kovaliski, eines ihrer Mitglieder, sich seiner Verhaftung widersetzte. Daraufhin erschoß Vera Sassulitsch den Generalgouverneur von St. Petersburg. Ein weiterer Höhepunkt war die Ermordung General Mesenzovas (Führer der »Dritten Abteilung«, der zaristischen politischen Polizei) im August 1878. Im September 1879 verurteilte das revolutionäre Volksgericht der *Narodnaja Volja* Alexander II. zum Tode. Schon vorher, im April des gleichen Jahres, hatte Solovjev versucht, den Zaren umzubringen, aber dies war eigenmächtig geplant gewesen und fehlgeschlagen. Weitere Attentate waren ebenso erfolglos. Ein Versuch wurde gemacht, den Zug, in dem der Zar reiste, in die Luft zu sprengen, und eine Mine explodierte im Winterpalast. Der Erfolg stellte sich paradoxerweise erst Anfang März des Jahres 1881 ein, nachdem die meisten Mitglieder der Gruppe bereits verhaftet worden waren. Dies war der Höhepunkt des Terrors und auch sein Ende für mehr als zwei Jahrzehnte.

Die zweite große Welle des Terrorismus ging von der Sozialrevolutionären Partei aus und begann mit dem Attentat auf den Innenminister Sipjagin durch Balmaschov (1902). Im Jahr zuvor hatte ein junger Adliger namens Karpovitsch den Erziehungsminister Bogoljepov erschossen. 1903 übten die Sozialrevolutionäre nur drei Attentate aus, darunter die Ermordung der Gouverneure Obolenski und Bogdanovitsch. Im Jahre 1904 folgten zwei weitere Attentate, aber 1905 (im Kriegsjahr mit Japan) stieg die Zahl auf 54 an; 1906 waren es 82, 1907 noch 71.[12] Danach fiel die Zahl erheblich: drei 1908, zwei 1909 und eines 1910. Das schwerwiegendste Attentat war die Ermordung von Plehve, Innenminister und »starker Mann« des Regimes, auf offener Straße in Petersburg 1904. Im folgenden Jahr tötete Kaljajev den Erzherzog Serge Alexandrovitsch. Stolypins Ermordung in der Oper in Kiew war das letzte spektakuläre Attentat und wiederum das Werk eines Einzelgängers, wahrscheinlich eines Doppelagenten. Es fand nach der Auflösung der Kampftruppe der Sozialrevolutionäre statt. Von einigen sporadischen Unternehmen abgesehen, gab es nach 1911 keinen individuellen Terror mehr. Eine dritte, sehr viel kleinere Welle des Terrors brach nach der

Machtübernahme der Bolschewiki im November 1917 aus. Sie richtete sich teilweise gegen Kommunisten – Uritzki und Volodarski wurden getötet und Lenin verwundet –, aber auch gegen deutsche Diplomaten und Militärkommandeure, um die Friedensverhandlungen zwischen Deutschland und Rußland zu sabotieren. Die kommunistischen Autoritäten konnten diese Herausforderung ohne große Schwierigkeiten unterdrücken.

Zu den Opfern des russischen Terrorismus gehörten Alexander der Zweite, führende Mitglieder der Zarenfamilie, Minister, hohe Polizeibeamte, Provinzgouverneure und Armeeoffiziere. Aber der Kampf forderte auch die Leben derer, die das Regime bekämpften. Die Lebensdauer eines Terroristen war in der Regel recht kurz, und terroristische Organisationen bestanden nicht mehr als drei oder vier Jahre.

In Irland waren die Resultate des Terrorismus (sehr viel) weniger einschneidend, wobei der Kampf über einen sehr viel längeren Zeitraum stattfand. Seit die *United Irishmen* 1791, zum Teil als Folge von Bauernunruhen, entstanden, folgten Zeiten des Terrors auf Zeiten relativer Ruhe. Die Politik des offenen Kampfes um 1860 war ein unbestrittener Fehler. Die Aktivitäten der »Dynamitgruppe« in den 70er und 80er Jahren kulminierte in einem spektakulären Ereignis, den Phoenix-Park-Morden. Darauf folgten mehrere ruhige Jahrzehnte bis zu den neuen Aufständen 1916, 1919–21, vor dem Zweiten Weltkrieg und jetzt wieder in den siebziger Jahren.

Armenischer Terrorismus gegen die türkische Unterdrückung begann in den 90er Jahren des vorigen Jahrhunderts, war aber nur von kurzer Dauer und brach völlig zusammen, da die Armenier es mit einem weniger geduldigen Gegner zu tun hatten als die Iren. Noch einmal flammte der Terrorismus nach 1918 auf, und einige türkische Führer waren die Opfer (die sich während der Massaker des 1. Weltkrieges hervorgetan hatten). Diese terroristische Tradition setzte sich sporadisch bis zum heutigen Tag fort; politische Führer und Persönlichkeiten der Kirche wurden von ihren Gegnern umgebracht, und 1975 starben während einer erneuten Welle des Terrorismus die türkischen Botschafter in Wien und Paris sowie der Erste Sekretär der türkischen Botschaft in Beirut.

Zur gleichen Zeit, als die armenischen Terroristen mit ihren Aktionen begannen, entstand eine weitere separatistische Bewegung, die sich gegen die Türken richtete, die mazedonische IMRO, unter der Führung von Damian Gruev. Ursprünglich eine zivile, propagandistische Gesellschaft, verwandelte sie sich nach wenigen Jahren in eine militante Bewegung des systematischen Terrors und des Volksaufstandes.[13] Die Volkserhebung *(Ilin den)* nahm einen katastrophalen Ausgang, aber die Mazedonier hatten dennoch mehr Glück als die Armenier insofern, als sie Verbündete hatten und Mazedonien auch nicht Teil des türkischen Kernlandes war. Aber Mazedonien wurde nicht unabhängig; 1912–13 wurde es zwischen Griechenland, Bulgarien und Serbien aufgeteilt. Die IMRO setzte ihren Kampf vom Petrich-Distrikt in Bulgarien aus fort. Einige ihrer Unternehmungen richteten sich gegen Jugoslawien, aber in Wahrheit wurden sie zu einem Werkzeug aufeinanderfolgender bulgarischer Regierungen. In dem Jahrzehnt zwischen 1924 und 1934 überstieg die Zahl ihrer eigenen Opfer (und der bulgarischen Oppositionellen) bei weitem die Zahl der getöteten Gegner. Als eine neue bulgarische Regierung Mitte der dreißiger Jahre die IMRO schließlich auslöschte, hatte sie nur noch den Namen mit der Organisation, die vier Jahrzehnte vorher entstanden war, gemein.

Die polnischen Sozialisten und einige indische Gruppen, vor allem in Bengalen, gehören zu weiteren nationalistisch-terroristischen Bewegungen, die vor dem 1. Weltkrieg entstanden.[14] In beiden Fällen wird die terroristische Tradition auch nach dem Erringen der Unabhängigkeit weitergeführt. Nehru warnte vor Terrorismus, und es besteht kein Zweifel, daß der sektiererische Charakter des Terrors das Verhältnis zwischen den Gemeinden noch verschlechterte und schließlich zur Spaltung Indiens beitrug. Der organisierte Terror in Polen zog sich über mehr als ein Jahrzehnt nach dem 1. Weltkrieg hin, und zwar in den Ostgebieten, wo sich die Westukrainer gegen die Regierung in Warschau wandten, nachdem ihre Forderung nach Autonomie nicht beachtet worden war.

Die anarchistische »Propaganda der Tat« in den 90er Jahren des vorigen Jahrhunderts wurde zum Höhepunkt des Terrorismus in Westeuropa. Die Unternehmungen von Ravachol, Auguste Vaillant und Emile Henry zwischen 1892 und 1894 wirbelten viel Staub auf, und da die Bombenattentate von einzelnen zeitlich mit der gewaltbejahenden anarchistischen Propaganda zusammenfielen, entstand der Eindruck einer riesigen internationalen Verschwörung, die es in Wirklichkeit nie gab. Ravachol war in vieler Hinsicht ein ausgeprägter Gauner, ein Bandit, der auch ohne die Existenz einer anarchistischen Bewegung in Frankreich gemordet und geraubt hätte. Vaillant war ein Bohemien und Emile Henry ein heißblütiger junger Mann. Eine Analyse der Verstädterungsstatistiken im Frankreich des 19. Jahrhunderts trüge nicht viel zum Verständnis ihrer Motive bei. Weite Teile der Bevölkerung waren von dem geheimen und mysteriösen Charakter der anarchistischen Gruppen fasziniert; Anarchisten, Sozialisten, Nihilisten und Radikale wurden alle in einen Topf geworfen. Obwohl Regierungen und Polizei einen besseren Einblick hatten, sahen sie keinen Grund, solche Mißverständnisse auszuräumen.

Zwischen 1880 und 1910 wurden zahlreiche Anschläge auf führende Staatsmänner in Europa und Amerika verübt. Unter den Opfern waren die Präsidenten Garfield und McKinley. Mehrere erfolglose Anschläge wurden auf Bismarck und den deutschen Kaiser ausgeübt. Der französische Präsident Carnot wurde 1894 ermordet, Antonio Canovas, der spanische Premierminister 1897, Kaiserin Elisabeth (Zita) 1898 und König Umberto von Italien 1900. Aber soweit es sich bei den Mördern um Anarchisten handelte – viele waren es nicht –, handelten alle auf eigene Faust, ohne Wissen und Unterstützung der jeweiligen Gruppen, denen sie angehörten. Oft wurde auch bequemerweise vergessen, daß der Königsmord und der versuchte Königsmord eine lange Tradition in Europa hatten und zahlreiche Anschläge auf Napoleon I. und Napoleon III. verübt worden waren. Ein zeitgenössischer Beobachter, der wenig Sympathien für die Anarchisten hatte, bemerkt: »Es ist schwierig, ihnen (den Anarchisten) die zahlreichen Übel, vor allem die Ermordung von Herrschern, zur Last zu legen.«[15]

Obwohl aus psychologischer Sicht interessant, war die *ère des attentats* politisch ohne größere Bedeutung. Um 1905 hatte sich die Welle von Morden und Attentaten außerhalb Rußlands verlaufen. Zwar gab es noch weitere aufsehenerregende Ereignisse in den Jahren unmittelbar vor dem 1. Weltkrieg, wie die Aktionen der Bonnot-Bande und polnischer und lettischer (Peter the Painter) Gruppierungen im Londoner East End, aber die Motive waren hier hauptsächlich eigennützig, und das anarchistische Element, auch wenn es bestand, wurde gewöhnlich übertrieben. Zusammenfassend kann man sagen, daß es in Mittel- und Westeuropa keine systematischen terroristischen Kampagnen gab, dafür aber an den Grenzen Europas, in Rußland, auf dem Balkan, und, in abgewandelter Form, in Spanien.

Fast von Anfang an waren Arbeitskämpfe in den Vereinigten Staaten militanter als in Europa. Die Geschichte der Molly Maguires um 1870 ist nur eines von vielen historischen Beispielen. Zu ihrer Zeit wurde die Gruppe – zu Unrecht – als kommunistisch angesehen.[16] Sie hatte natürlich mit Kommunismus nichts zu tun, sondern mit traditioneller Gewaltanwendung von seiten einer Gruppe von Iren, die sich, in ein neues Land versetzt, benachteiligt und ausgebeutet fühlten. Aber sie bekämpften nicht nur die Zechenbesitzer, sondern auch Arbeitskollegen deutscher und walisischer Abstammung. 1886 fand das Bombenattentat auf dem Haymarket Square statt, und es folgten zahlreiche andere blutige Auseinandersetzungen zwischen Werkspolizisten auf der einen, Bergarbeitern und Stahlarbeitern auf der anderen Seite. Die IWW bestritt nie, daß der »Kampf in Rußland« als Vorbild galt. 1910 verübten die McNamara-Brüder einen Bombenanschlag auf das Gebäude der *Los Angeles Times.* Ähnliche Geschehnisse fanden statt, die heute nur noch Spezialkennern der amerikanischen Arbeiterbewegung bekannt sind. Aber der Terrorismus in den Vereinigten Staaten war im Umfang und Zweck begrenzt. Nie bestand die Absicht, die Regierung zu stürzen, die politische Führung zu ermorden oder das System zu verändern.

Spanien war das andere Land, in dem systematischer Terrorismus politische Bedeutung erlangte. Politisch motivierte Gewalttaten waren im Spanien des 19. Jahrhunderts an der Tagesordnung, besonders während der Karlistenkriege. Die Entstehung einer Arbeiterbewegung unter starkem Einfluß Bakunins wurde von zahlreichen Kämpfen begleitet. Terrorismus wurde zum Bestandteil der Gewerkschaften. Auch auf dem Lande gab es Unruhen, vor allem in den südspanischen Provinzen wie Andalusien. Wie Frankreich, so hatte auch Spanien seine *ère des attentats* in den 90er Jahren des vorigen Jahrhunderts, aber im Gegensatz zu Frankreich gab es erneut Aufstände in der Zeit von 1904 bis 1909, sowie während des 1. Weltkriegs und nach seinem Ende. Es gab zahlreiche Anarchistengruppen, aber die militanteste, die FAI, wurde zur treibenden Kraft. Unter ihren Führern ragte besonders Buenaventura Durruti (1896–1936) heraus (»Wir haben keine Angst vor Ruinen«).[17] Politisch gesehen war dieser Terrorismus relativ wirkungslos. Er führte allerdings zu zahlreichen mörderischen Auseinandersetzungen innerhalb der Linken und schließlich zu den fatalen Geschehnissen von 1936–39. Katalonien war der Hauptschauplatz des Terrorismus bis zum Beginn und während des Bürgerkrieges. In den späteren Stadien der Franco-Diktatur verlagerte sich das Zentrum ins Baskenland, aber dort war ein Separatismus die treibende Kraft, der sich zum Teil, wie in Nordirland, hinter marxistischen Parolen verbarg. Von Spanien aus verbreitete sich der terroristische Anarchismus nach Südamerika, insbesondere Argentinien. Barcelona hatte seine »tragische Woche« 1909; die *Semaña Tragica* in Buenos Aires fand ein Jahrzehnt später statt.[18] Durruti erschoß den Erzbischof von Saragossa, der unermüdliche Simon Radowitsky tötete den Polizeipräsidenten von Buenos Aires.

Bis zum 1. Weltkrieg wurde Terrorismus als ein linkes Phänomen angesehen, obwohl der individualistische Charakter des Terrorismus nicht recht in den ideologischen Rahmen paßte. Aber weder die irischen noch die mazedonischen Freiheitskämpfer, weder die armenischen noch die bengalischen Terroristen waren sozialistisch oder anarchistisch orientiert. Die »Schwarze Hundertschaft« war zweifellos eine terroristische Organisation, aber ihr Hauptzweck bestand darin, die russische Revolution zu bekämpfen, Pogrome gegen Juden anzuzetteln, und die Führer der liberal-demokratischen Opposition des Zarismus umzubringen. Die »Schwarze Hundertschaft« bildete die extreme Rechte der russischen Innenpolitik und wurde tatsächlich mit Hilfe der Polizei gegründet. Aber wie so oft in der Geschichte des Terrorismus, entwickelte der Zauberlehrling eine eigenständige Identität. Bald schon wurden Forderungen nach Landverteilung und Kürzung des Arbeitstages laut, und Mitglieder einer Organisation, die zur Verteidigung der Monarchie gegründet worden war, beschwerten sich, daß sie lieber überhaupt keine Regierung hätten, als die bestehende. Es hieß, einige resolute Offiziere, wie es sie in Serbien gäbe, seien dringend nötig – ein Hinweis auf serbische Königsmorde.

In den Jahren nach dem Ersten Weltkrieg wurden terroristische Bewegungen hauptsächlich von rechtsgerichteten und separatistisch-nationalistischen Gruppen unterstützt. Zuweilen waren diese Gruppen sowohl rechtsstehend als auch separatistisch, wie im Falle der kroatischen Ustaschen, die hauptsächlich durch das faschistische Italien und Ungarn unterstützt wurden. Die Kroaten wollten ihre Unabhängigkeit, und sie hatten keine Skrupel, Hilfe aus jeglicher Richtung anzunehmen. Wie bei den Iren, setzt sich auch bei ihnen der Kampf bis zum heutigen Tag fort. Systematischer Terrorismus in den 20er Jahren war hauptsächlich in der Nähe der faschistischen Bewegungen oder deren Vorläufern zu finden, wie etwa den Freikorps in Deutschland, bestimmten faschistischen Gruppen in Frankreich und Ungarn und vor allem den »Eisernen Garden« in Rumänien. Im großen und ganzen gab es jedoch nur vereinzelt terroristische Bewegungen, denn es war das Zeitalter der Massenparteien der Rechten und der Linken. Der Anarchismus hatte längst sein terroristisches Stadium überwunden. Es gab einige aufsehenerregende politische Morde, wie an Liebknecht und Luxemburg 1919, Rathenau 1922, König Alexander von Jugoslawien und Barthou in Marseille im April 1934. Da es sich bei letzterem offensichtlich um einen Fall von internationalem Terrorismus handelte, in den mindestens vier Regierungen verwickelt waren, intervenierte der Völkerbund. Resolutionen wurden verabschiedet und Komitees gegründet, um den Terrorismus auf internationaler Basis zu bekämpfen.[19] Alle Anstrengungen blieben natürlich insofern fruchtlos, als zwar einige Regierungen gegen den Terror waren, andere ihn aber begünstigten, solange er ihren Zielen diente. Drei Jahrzehnte später sahen sich die »Vereinten Nationen« einer ähnlichen Situation gegenüber.

Auch außerhalb Europas waren terroristische Operationen noch selten. Der Mord an dem ägyptischen Premierminister Boutros Pascha (1910) war die Tat eines Einzelgängers. Das gleiche gilt für das Attentat auf Sir Lee Stack, den Generalkommandeur der ägyptischen Armee. In den dreißiger und mehr noch in den vierziger Jahren jedoch wandten sich die »Bruderschaft der Moslems« und andere extrem rechte Gruppen, wie »Junges Ägypten«, dem systematischen Terror zu und brachten zwei Premierminister und mehrere führende Beamte um. In Palästina entschieden sich während der Mandatszeit die *Irgun Zwai Leumi* und *Lehi* (Kämpfer für die Freiheit Israels) für den individuellen Terrorismus. *Irgun* stellte seine anti-britischen Aktivitäten 1939 ein, aber die militantere *Lehi* setzte den Kampf fort. Der Mord an Lord Moyne war ihr spektakulärstes Unternehmen. Selbst in Indien, dem Land der Gewaltlosigkeit, erlebte der terroristische Bhagat Singh eine, nach Nehrus Worten, plötzliche und erstaunliche Blüte der Popularität in den 20er Jahren. Nehru neigte dazu, Terrorismus herunterzuspielen; er schrieb, der Terrorismus sei das Kindheitsstadium eines revolutionären Dranges. Indien habe dieses Stadium überwunden, und Terrorismus sei auf dem besten Wege auszusterben.[20] Aber Nehrus Voraussage kam verfrüht; zehn Jahre später reiste er wieder durch Bengalen, wo er den Terrorismus öffentlich anklagte. Terrorismus, so sagte er, zehre vom Glanz der geheimen und risikoreichen Unternehmen, der abenteuerliche junge Männer und Frauen anziehe: »Es ist der Reiz eines Kriminalromans.«[21] Aber Kriminalromane sind immer schon mehr gelesen worden als die ernsthafte Literatur. In den dreißiger Jahren übte eine Gruppe von jungen Armeeoffizieren in Japan Terror aus und beeinflußte damit in einem gehörigen Maße die japanische Außenpolitik.

In den europäischen Widerstandsbewegungen des Zweiten Weltkrieges spielte individueller Terrorismus nur eine untergeordnete Rolle. Heydrich, der Reichsprotektor der tschechischen Schutzgebiete, wurde ermordet, ebenso Wilhelm Kube, der Reichsprotektor Weißrußlands. Das gleiche Schicksal ereilte einige französische Kollaborateure. Einige Bomben wurden in Pariser Kinos gezündet. Im großen und ganzen gibt es keinen Hinweis darauf, daß die deutschen Kriegsanstrengungen oder die Truppenmoral durch terroristische Anschläge beeinflußt wurden. Noch Jahre nach dem Krieg stand der städtische Terrorismus im Schatten von großen Guerilla-Kriegen, wie z. B. in China. Nur in weitgehend verstädterten Gegenden, wie in den palästinensischen Mandatsgebieten und später in Aden und auf Zypern, setzte sich die terroristische Strategie durch. Das soll nicht heißen, daß nicht auch zuweilen ländliche Guerillas gegnerische Anführer in den Hinterhalt lockten und töteten. Bei der Ermordung des britischen Generalgouverneurs von Malaya, Sir Henry Gurney, kann es sich um ein Versehen gehandelt haben, aber die Morde an Tausenden von südvietnamesischen Dorfältesten in den späten 50er und frühen 60er Jahren waren sicherlich eine systematische Kampagne der Nordvietnamesen und ein Teil ihrer Gesamtstrategie.

Der Stadtterrorist konnte, im Gegensatz zu ländlichen Guerillas, keine kleinen Stoßtrupps in Regimenter oder sogar Divisionen verwandeln, und die Etablierung von befreiten Zonen war ausgeschlossen, es sei denn in ganz wenigen Fällen, in denen die

Regierung nicht mehr funktionsfähig war. Die Kämpfe um Tel Aviv (1945–1947), Nikosia (1955–58) und Aden (1964–67) dauerten jeweils drei Jahre. Die Angriffe der jüdischen und griechisch-zypriotischen Terroristen richteten sich gegen die Briten, aber die Anwesenheit von arabischen und türkischen Bevölkerungsteilen komplizierte die Angelegenheit ungemein. Nach Ausbruch des Bürgerkrieges in Palästina Ende 1947 und dem darauf folgenden Einmarsch der arabischen Armeen gingen die Terroristen in der israelischen Armee auf. Schon 1957 hatten die Aktivitäten der EOKA zu Unruhen in der Bevölkerung geführt, und es besteht wenig Zweifel, daß die terroristischen Aktionen sich auf die darauf folgenden tragischen Ereignisse in Zypern auswirkten. Insgesamt waren die Zahl der Opfer und der durch terroristische Aktionen entstandene Sachschaden in Palästina und Zypern nur sehr gering. Aber durch den 2. Weltkrieg geschwächt, stand Großbritannien sowieso im Begriff, sein *Empire* aufzulösen, und es bedurfte nur geringer Gewalt, diesen Prozeß zu beschleunigen. Aden war einer der letzten Außenposten Großbritanniens, aber als Indien verloren war, hatte die Kronkolonie keine strategische Bedeutung mehr. Der Kampf um Aden begann auf niedriger Ebene 1964 und gipfelte 1967 in der Besetzung der *Crater Zone,* des ältesten Teils der Stadt. Die britischen Streitkräfte eroberten sie ohne große Schwierigkeiten zwei Wochen später zurück, aber die Rebellen hatten trotz allem einen politischen Sieg errungen, der im November desselben Jahres zum Abzug der Briten führte.[22]

Ein Jahrzehnt vorher hatte die algerische FLN in einem sehr viel blutigeren Kampf versucht, ein Stadtgebiet zu erobern und zu halten. Mitte 1956 waren die Slumgebiete Algiers (die Kasbah) fest in ihrer Hand, aber als dann die französische Armee antiterroristische Aktionen startete (Januar 1957), war das Schicksal der Aufständischen besiegelt. Bis zum Kriegsende gelang es der FLN nicht, ihre Position in der Hauptstadt zurückzuerobern. Aber die rauhen Methoden, die General Massus Truppen anwandten, indem sie systematischen Terror mit systematischer Folter bekämpften, führten zu einem weltweiten Aufschrei des Protestes. Der Guerillakampf wurde in den ländlichen Gebieten Algeriens fortgesetzt, seine Bekämpfung aber politisch und ökonomisch zu kostspielig für Frankreich, und schließlich mußten die französischen Truppen abziehen.

Dies waren die wichtigsten Fälle des städtischen Terrorismus in den zwei Jahrzehnten nach Ende des 2. Weltkrieges. Zahlreiche andere Guerillakriege fanden zu der Zeit überall in der Welt statt, aber die Hauptgeschehnisse spielten sich auf dem Lande ab, wie alle Theoretiker von Mao bis Castro und Guevara es übereinstimmend forderten. Urbaner Terrorismus galt bestenfalls als ergänzende Art der Kriegführung, schlimmstenfalls als gefährliche Verirrung. Castro und Guevara waren fest davon überzeugt, daß die Städte die Friedhöfe der revolutionären Freiheitskämpfer darstellten.[23] Erst Mitte der 60er Jahre gewann der Kampf in den Städten an eigenständiger Bedeutung – hauptsächlich als Folge des Versagens der ländlichen Guerillas in Lateinamerika, aber auch wegen der Gründung (oder in einigen Fällen Neugründung) von urbanen terroristischen Gruppen in Nordamerika, Europa und Japan. So ist es also nur wenig mehr als ein Jahrzehnt her, daß städtischer Terror die allgemeine Aufmerksamkeit zu erregen begann. Im historischen Zusammenhang gesehen handelt es sich lediglich um das Wiederaufleben bestimmter Formen politischer Gewaltanwendung, die schon vorher in vielen Teilen der Welt gebräuchlich gewesen waren. Diese Methoden waren zu jener Zeit weitgehend beschrieben, analysiert und von jedem möglichen Blickwinkel aus diskutiert worden. Zieht man jedoch die Schwäche des menschlichen Gedächtnisses in Betracht, ist es vielleicht nicht überraschend, daß die Wiederkehr des Terrorismus in den letzten Jahren als ein völlig neuartiges Phänomen betrachtet wird und daß Ursachen und Auswege diskutiert werden, als hätte es derartige Erscheinungen vorher nie gegeben.

Anmerkungen

1 Dictionnaire, Supplément (Paris, an VII), 775.

2 *Le Néologiste Français,* zitiert in Aulard, *Paris pendant le réaction thermidorienne et sous le directoire* (Paris 1902) Band 5, 490. Ebenfalls F. Brunot, *Histoire de la langue française des origines à 1900,* Band 9 (Paris 1937), 871.

3 James Murray, *A New English Dictionary on Historical Principles* (Oxford 1919). Eine Zeitlang hatte das Wort noch eine andere Bedeutung: Schwarzseher oder Angstmacher.

4 Thomas de Quincey, »On Murder Considered as One of the Fine Arts« in *The English Mail Coach and other Writings* (Edinburgh 1862), 52.

5 Die wichtigsten Quellen sind Hengel, *Die Zeloten* (Leiden 1961), 47–51; Cecil Roth in *Journal of Semitic Studies* (1959), 332–55; S. Kleinfelder, »Sicarius« in Pauly-Wissowa *Real Lexicon*; S. G. E. Brandon, *Jesus and the Zealots* (Manchester 1967), 56–57; *Josephus Flavius* (Thackeray ed.), 2 Bände (London 1956); Y. Yadin, *Megilat Bne Or ubne Khoshekh* (Jerusalem 1957); R. Laqueur, *Der Jüdische Historiker Flavius Josephus* (Gießen 1920).

6 B. Lewis, *The Assassins* (London 1967), 47; ebenfalls M. G. S. Hodgson, *The Order of Assassins* (Den Haag 1955); und die Artikel in *Speculum,* 27 (1952) von C. E. Nowell und B. Lewis.

7 Sowohl die *Sicarii* als auch die Assassiner haben zur Terminologie moderner terroristischer Gruppen beigesteuert. Die *Sikarikin* (und die Biryonim) waren Vorläufer der »abweichlerischen Terroristen« in den palästinensichen Mandatsgebieten, und der Ausdruck *fida'i* wurde natürlich von den arabisch-palästinensischen Terroristen aufgegriffen. Abba Achimair, ein revisionistischer Ideologe, nannte die *Sicarii* in einem Pamphlet aus den 30er Jahren dieses Jahrhunderts »unbekannte Helden, die sich zentrale Figuren des Establishments als ihre Opfer aussuchten . . . wichtig war nicht die Tat, sondern der dahinterstehende Zweck«. Avraham Stern in einem seiner Gedichte mit dem Titel *Jerusalem*: »Die Stadt der Propheten und Biryonim« (›ir nevi'im vebiryonim‹).

8 Die wichtigsten Quellen sind Sleemans Schriften und, jüngst, George Bruse, *The Stranglers* (London 1968), 111.

9 Die jüngste Studie über chinesische Geheimgesellschaften ist Jean Chesneaux (Hrsg.), *Popular Movements and Secret Societies in China* 1840–1950 (Stanford 1972).

10 Mafia und Politik siehe V. Frosini, *Mitologia e sociologia della Mafia* (Mailand 1969); G. C. Maino, *L'opposizione mafiosa 1870–1882* (Palermo 1964); M. Pantelone, *The Mafia and Politics* (New York 1966).

11 Charles C. Alexander, *The Ku Klux Klan in the Southwest* (University of Kentucky Press 1965), 254.

12 *Pamiatnaja Knischka Sozialista Revolutionera* (Paris 1914), 8. Diese Zahlen schließen nicht terroristische Operationen anderer politischer Gruppen ein, geben aber den allgemeinen Trend genau wieder.

13 St. Christowe, *Heroes and Assassins* (New York 1935), 50ff. Es gibt keine Geschichte der IMRO, aber siehe D. Kosev, *Istorija na makedonskoto nationalno-revolutsonno dvischenie* (Sofia 1954) und *Makedonia, minalo i novi borbi* (Sofia 1932).

14 Terroristische Operationen der polnischen Sozialisten siehe T. Ja-

blonski, *Zarys Historii PPS* (Warschau 1946) und Kwapinski, *Organisaçia Bojowa* (London 1943); ebenfalls Georg W. Strobel, *Die Partei Rosa Luxemburgs* (Wiesbaden 1974), 288–94; eine Lokalstudie über Lodz, wo terroristische Aktionen sehr häufig stattfanden: *Zródia do dziejów revolucii 1905–07 w okregu lódzkim* (Warschau 1957), passim. Geschichte des indischen Terrorismus siehe Nirajan Sen, *Bengal's Forgotten Warriors* (Bombay 1945); B. Hardass, *Armed Struggle for Freedom* (Puna 1958); H. Mukerjee, *Indias Struggle for Freedom,* 3 Bände (Bombay 1962), und andere Werke, die weiter unten zitiert werden.

15 E. A. Vizetelly, *The Anarchists* (New York 1912), 293.

16 Wayne G. Broehl, Jr., *The Molly Maguires* (New York 1966), 350.

17 Eine ausgezeichnete Bibliographie des spanischen Anarchismus ist in J. Romeo Maura, »The Spanish Case« in David E. Apter und James Joll, *Anarchism today* (London 1971). Die wichtigsten Studien der jüngsten Zeit sind die John Brademas' und Gerald H. Meakers; siehe unten.

18 David Rock, *Politics in Argentina 1830–1930. The Rise and Fall of Radicalism* (Cambridge 1975), 163 ff.

19 P. Wurth, *La repression internationale du terrorisme* (Lausanne 1941); siehe auch *Journal Official de la SDN,* 1934–35.

20 Jawaharlal Nehru, *An Autobiography* (London 1936), 175.

21 Ebenda, 482.

22 Abdel Fatah Ismail, »How We Liberated Aden« in *Gulf Studies,* April 76, 9.

23 Urbaner Terrorismus hat in Wirklichkeit eine nicht unbedeutende Rolle in Castros Kampagne gespielt, was allerdings in der offiziellen kubanischen Geschichtsschreibung unterdrückt wird.

Zweites Kapitel

Die Philosophie der Bombe

Die ursprüngliche Lehre der »Philosophie der Bombe« entstand im 19. Jahrhundert, aber ihre Vorläufer gehen auf die Zeit vor der Erfindung moderner Sprengstoffe zurück. Terrorismus wurde immer schon als Mittel des Widerstandes gegen die Gewaltherrschaft gerechtfertigt und läßt sich als solcher bis in die Antike zurückverfolgen. Plato und Aristoteles betrachteten die Tyrannei als Verbrechen, Perversion, die schlimmste Form der Herrschaft. Tyrannenmörder wurden im alten Griechenland als nationale Helden gefeiert. Cicero bemerkt in *De officiis,* daß Tyrannen immer eines gewaltsamen Todes gestorben sind und ihre Mörder gewöhnlich die Zustimmung des Volkes erfuhren. Seneca wird der Spruch zugeschrieben, daß den Göttern kein Opfer lieber sei als das Blut eines Tyrannen. Die Zivilcourage eines Brutus wurde von seinen römischen Mitbürgern gepriesen.

Die frühen Kirchenväter ließen sich nicht über den Königsmord aus, aber einflußreiche Schulen vertraten die Ansicht, daß man sich der Tyrannei, die göttliches und weltliches Gesetz verletzte, widersetzen dürfe. Wie der heilige Isidor sagte, war es Aufgabe des Herrschers, die Gerechtigkeit aufrechtzuerhalten, also hatten Tyrannen keinen Anspruch auf Gefolgschaft. Thomas von Aquin unterschied zwischen dem *tyrannus ex defectu tituli,* dem Usurpator, der von jedem Beliebigen getötet werden konnte, und dem *tyrannus ex parte exercitii,* der nur von der *publica auctoritas* bestraft werden konnte. Johannes von Salisbury war der erste mittelalterliche Autor, der sich mit einer ausführlichen Verteidigung des Tyrannenmordes beschäftigte. Unter Berufung auf die Legenden von Jael und Sisara, Judith und Holophernes und zahlreiche andere Beispiele vertrat er die Ansicht, es bestehe ein grundlegender Unterschied zwischen einem guten König, der das Gesetz befolgt und damit zum Hüter über das Wohl seines Volkes wird, und dem Unterdrücker, dessen Herrschaft nur auf Zwang beruht: Wer das Schwert benutzt, soll durch das Schwert sterben.[1]

Dante hatte die Mörder Caesars in die Tiefen seines Infernos verbannt, aber die Renaissance gab ihnen ihren wahren Platz in der Geschichte zurück. Das Konzil von Konstanz (1414–18) wandte sich gegen Tyrannenmord, aber im 16. Jahrhundert wurde die Idee von katholischen und evangelischen Denkern gleichermaßen akzeptiert: Das Volk hatte ein immanentes Recht, die Befehle des Fürsten zu verweigern, wenn sie sich gegen das göttliche Gesetz richteten. Mariana (1536–1623) zufolge beruhte die Macht des Königs auf einem Vertrag mit dem Volke. Wenn der König seinen Teil des Vertrags verletzte, konnte und mußte er abgesetzt werden, und jeder Privatmann hatte das Recht, ihn zu töten. Sogar noch früher wies George Buchanan (1506–1582) in seinem *De Jure Regnis apud Scotos* darauf hin, daß es »höchst gerecht« sei, den Tyrannen zu bekämpfen, der zum Feind der gesamten Menschheit geworden war. Alle anständigen Männer sollten sich im ständigen Kampf gegen einen solchen Feind des Volkes befinden. Der Autor von *De droit des magistrats* (1574) bedauert, daß Tyrannenmörder unter den Juden nur von Gott berufen werden dürfen, und sagt damit, daß die Juden nicht so feinfühlig sein sollten und auch ohne göttlichen Wink die Initiative ergreifen sollten.[2] Die Monarchomachen des 16. und 17. Jahrhunderts diskutierten ausführlich, unter welchen Umständen ein König zum Tyrannen würde. Sie entwickelten eine Theorie der volksverbundenen Souveränität, die zwangsläufig das Recht auf Widerstand beinhaltete.

Die Schriften dieser antiken und mittelalterlichen Verfasser sind von mehr als akademischem Interesse im Zusammenhang mit modernem Terrorismus, denn das uralte Konzept der Vertretbarkeit des Tyrannenmordes inspirierte die Terroristen des 19. Jahrhunderts. Im Programm der *Narodnaja Volja,* das bei ihrem ersten Treffen im Juni 1879 in Lipetsk entworfen worden war, stand wörtlich: »Wir werden mit den Mitteln Wilhelm Tells kämpfen.« Nur wenige dieser jungen Russen hatten von Buchanan gehört, aber alle hatten Schiller gelesen, der Generationen von progressiven Russen so sehr am Herzen lag, daß sie die Schriften »in tyrannos« oft sogar auswendig konnten. Nikolai Morosov, einer der ersten Theoretiker des russischen Terrorismus, wählte als Motto für eine Flugschrift Zitate von Saint Just und Robespierre, die besagten, daß man einen Tyrannen völlig gerechtfertigterweise ohne juristische Formalitäten umbringen könne.[3] Aber Tyrannen standen gewöhnlich nicht allein, ohne

Helfer konnten sie nicht funktionieren, und der Tod eines Tyrannen bedeutete nicht unbedingt das Ende der Tyrannei. Deshalb entstand die Notwendigkeit, das System auf einer breiteren Front anzugreifen, was zuerst in den Geheimbünden des späten 18. und frühen 19. Jahrhunderts erörtert wurde.

Seit Urzeiten hat es in vielen Zivilisationen Geheimbünde mit magischen und religiösen Vorurteilen (aber oft auch sehr handfesten sozialen Absichten) und ihren *rites de passage* gegeben. Gerade wegen ihrer Geheimhaltung sind der Umfang und die Wichtigkeit ihrer Aktivitäten oft überschätzt worden. Die Geheimbünde des 18. Jahrhunderts mögen wohl die Unzulänglichkeiten dieser Welt diskutiert haben, aber in der Regel formten sie keine Verschwörungen, deren Ziel die gewaltsame Beseitigung bestehender politischer und sozialer Ordnungen gewesen wäre. Der italienische Freiheitsdichter Alfieri erörterte in den siebziger Jahren des 18. Jahrhunderts die wirksamsten Methoden, sich der Tyrannei zu entledigen, in *Un instante e con tutta certezza.*[4] Aber erst nach dem Thermidor faßte die Idee Wurzeln. Als Babœuf während seines Prozesses gefragt wurde, welcher Mittel er sich bedienen wolle, antwortete er stolz: »Gegen Tyrannen sind alle Mittel rechtmäßig.« Und später sagte Buonarotti ähnlich: »Kein Mittel ist verbrecherisch, wenn es einem heiligen Zweck dient.« Babœuvismus war eine Bewegung ohne Massenbasis, die auf eine Diktatur abzielte. Das Fehlen von spezifischen Elementen, die eine Verbreitung im Volk bewirkt hätten, ließ ihn in Terrorismus umschlagen.[5] Buonarottis *History of the Babœuf Conspiracy* wurde für zwei Generationen von jungen Revolutionären in ganz Europa zur Bibel. Im historischen Rückblick betrachtet, war er der Vorläufer des Blanquismus, also mehr des bewaffneten Aufstandes als des individuellen Terrors. Aber (mit seiner mangelnden Achtung vor Menschenleben) wirkte er sich auch auf modernere terroristische Ideen aus, und es entstand der Glaube, daß wenige entschlossene Leute eine Revolution »machen« könnten. Was bedeutete schon das Schicksal einiger Individuen, wenn die Zukunft von 25 Millionen auf dem Spiele stand? In der Französischen Revolution gewann die Methode, den Feind mittels Terrors einzuschüchtern, an Bedeutung – ursprünglich instinktiv und spontan, später dann bürokratisch und doktrinär, bis schließlich die *sansculottes* ihren Glauben an den Terror verloren und diejenigen, die in führender Position für die Anwendung von Gewalt waren, selbst deren Opfer wurden. Aber *terreur* ist nicht gleichbedeutend mit Terrorismus, und seine Vertreter hatten noch keine klaren Vorstellungen, wie man sich seiner auf lange Sicht bedienen könne. Eine jakobinische Tradition, deren Ziele vage und kaum definiert waren, konnte gegen eine Regierung, die sich sowohl auf die Unterstützung der Öffentlichkeit als auch auf eine wirksame Polizeistreitmacht stützen konnte, wenig ausrichten.[6]

Anderswo, in Spanien, Piemont und Sizilien, gelang es den Carbonariern, ihren Nachfolgern und ähnlichen Gruppen – sehr zur Überraschung der Heiligen Allianz – Regierungen zu stürzen, aber mehr aufgrund von Aufständen als systematischen Terrorkampagnen. Die Kritiker der Carbonarier beschuldigten sie der fürchterlichsten und blutrünstigsten Revolten; den »guten Vettern« wurde nachgesagt, sie hätten durch ihre *venditi* (Abteilungen, wörtlich Läden) die Angst geschürt, die Häuser ihrer Feinde angezündet und Gefangenen zur Flucht verholfen. »Einige, die sich gegen ihre Lehre wandten, wurden erstochen«, und wenn das zu riskant erschien, bediente man sich des Giftes, um sie zu erledigen.[7] Die Carbonarier sollen mitleidlose, professionelle Revolutionäre gewesen sein, die bereit waren, jeden umzubringen. Wenn sie erst einmal in die Verschwörung aufgenommen waren, verloren die Mitglieder jegliche Individualität, ohne Familie und Vaterland gehörten sie allein ihren Herren. Auf ein Zeichen hin hatten sie ihnen blind zu gehorchen, das Messer gezückt.[8] Es stimmt, daß die Carbonarier sich einer blutrünstigen Sprache bedienten. Folgender Auszug gibt uns eine Kostprobe:

»Man soll sich des Kreuzes bedienen, um den Tyrannen, der uns verfolgt und unsere heiligen Operationen behindert, zu kreuzigen. Mit der Dornenkrone soll man sein Haupt zerstechen. Der Faden bedeutet den Strick, mit dem man ihn zum Galgen führt. Mit der Leiter soll er hochklettern. Die Blätter sind die Nägel, die seine Hände und Füße durchstechen. Mit der Spitzhacke soll man seine Brust durchbohren, um das unreine Blut, das in seinen Adern fließt, zu vergießen. Mit der Axt soll man seinen Kopf vom Körper trennen, wie bei einem Wolf, der unsere friedliche Arbeit stört. Mit dem Salz verhindert man, daß sein Kopf verwest, als Denkmal der ewigen Schande der Tyrannen« usw.[9]

Bis heute weiß man wenig über den Ursprung der Carbonarier, außer der Tatsache, daß die Bewegung zuerst 1807 in Neapel auftauchte. Ob sie sich an ältere anti-österreichische Geheimbünde in Norditalien anlehnte, oder ob französische Republikaner und Freimaurer bei der Gründung der Bewegung ihre Hand im Spiel hatten, ist immer noch eine Streitfrage.[10] Es steht jedoch fest, daß das terroristische Element dieser Bewegung stark übertrieben wurde. Es fanden gelegentliche terroristische Aktionen statt, aber von einer systematischen Kampagne kann keine Rede sein.

An anderer Stelle habe ich die Ideen Carlo Biancos, des Grafen von St. Jorioz, dargelegt, der als erster in Europa die Strategie eines nationalen Befreiungskrieges unter Verwendung von Guerillataktiken entwickelte. Er wies auch auf die Notwendigkeit hin, eine revolutionäre Diktatur aufzubauen und sich mit terroristischen Mitteln gegen die Feinde der Revolution zu wehren.[11] Aber diese Vorschläge fanden kein Echo. Drei Jahrzehnte später versuchte Orsini, Napoleon III. zu ermorden. Cavour beschimpfte die »frevelhafte Doktrin des politischen Attentats, ausgeführt von verdammten Sektierern«. In einem offenen Brief erteilte ihm Mazzini ebenfalls eine vernichtende Antwort: »Sie haben die Theorie des Dolches ausgegraben, eine Theorie, die in Italien unbekannt ist. Halten Sie uns für Verbrecher und Irre? Was und wem könnte der Tod Victor Emmanuels nützen?«[12] Tatsächlich war Mazzinis Einstellung gegenüber Mord nicht so eindeutig. In Briefen an Freunde sprach er von dem heiligen Schwert in Judiths Hand, dem Dolch des Harmodios und Brutus, dem Poignard der Sizilianer, die damit die Vespern einleiteten und dem Pfeil Wilhelm Tells – konnte man nicht die Absicht Gottes in den Personen erkennen, die sich gegen die Gewaltherrschaft der Tyrannen auflehnten?

In einigen mitteleuropäischen Geheimbünden, wie in der »Liga der Gerechten« (aus der später die Kommunistische Liga entstand), wurde die Doktrin des Terrors zuerst diskutiert und schließlich abgelehnt. Wilhelm Weitling, ein Schneider und der erste deutsche Kommunist, schlug in Briefen an Freunde in Paris verschiedene Wege vor, »das Königreich des Himmels durch die Entfesselung der Schrecken der Hölle zu gründen«. Sie waren über seine Vorschläge, die auch den Plan der Weibergemeinschaft enthielten, entsetzt; noch schlimmer fanden sie seine Idee, das »diebische Proletariat« auf die Gesellschaft loszulassen. Weitling glaubte, er könne zwanzigtausend »gerissene und mutige« Mörder und Diebe mobilisieren. Seine Brieffreunde waren der Ansicht, erstrebenswerte Ziele könnten unmöglich mit Hilfe

»jesuitischer Taktiken« erreicht werden.[13] Es würde der Sache nicht wiedergutzumachenden Schaden zufügen, wenn sich Mörder und Diebe stolz als Kommunisten darstellten. Der Stand ihrer Moral werde nicht durch Weitlings Beispiel verbessert: ihre so schmählich gewonnenen Vorteile würden sie nicht einer politischen Bewegung zur Verfügung stellen. Derartige Vorschläge würden sie nur belächeln und wahrscheinlich Weitling umbringen. Dieser Briefwechsel fand 1843 statt, ohne daß Marx und Engels, die sowieso größte Bedenken in bezug auf Weitlings analytische Fähigkeiten hatten, davon wußten. Sie argumentierten, daß es Betrug sei, das Volk in aller Stille aufzuhetzen, und überlegten, ob sie gegen ihn vorgehen sollten. Aber Weitling ließ sich nicht durch die Argumente seiner Freunde in Paris umstimmen, und das Thema des »edlen Räubers« tauchte auch weiterhin in seinen Schriften in späteren Jahren auf. In einer Neuausgabe seines Hauptwerkes, *Garantien der Harmonie und Freiheit,* die nach dem Fehlschlag der Revolution von 1848 erschien, schrieb er, die öffentliche Meinung müsse dahin gelenkt werden, daß ein Räuber, der im Kampf zu Tode käme, als Märtyrer einer heiligen Sache angesehen werde. Wer einen solchen Mann verrate, dürfe keinen Augenblick vor der Rache des Volkes sicher sein, und die, die sich an ihm rächen wollten, sollten Schutz und Unterschlupf finden.[14]

Das Jahr der Revolution, 1848, gab dem Konzept des Terrorismus einen neuen Anstoß, vielleicht am deutlichsten in einem Aufsatz mit dem Titel »Mord« ausgedrückt, der von dem deutschen Radikaldemokraten Karl Heinzen (1809–1880) stammt. Er argumentierte, daß zwar Mord im allgemeinen verboten sei, dies aber nicht im Bereich der Politik gelte. Die Liquidierung von Hunderttausenden könne durchaus im höheren Interesse der Menschheit sein. Heinzens Ausgangspunkt war der Tyrannenmord; er wies darauf hin, daß solche Taten der Befreiung zu allen Zeiten und überall ausgeführt worden seien. Aber es wurde schon bald offenkundig, daß er gewillt war, terroristische Taktiken in viel größerem Umfang zu rechtfertigen: »Und wenn Du einen halben Kontinent in die Luft sprengen mußt und ein Meer an Blut vergießen mußt, um die Partei der Barbaren zu zerstören, hab keine Gewissensbisse. Der ist kein wahrer Republikaner, der für die Genugtuung, eine Million Barbaren vernichtet zu haben, nicht gern mit seinem Leben bezahlt.« Ohne die Beseitigung von

Königen und Generälen, den Gegnern der Freiheit, könne es keinen sozialen und politischen Fortschritt geben.

Rückblickend kann man sagen, daß Karl Heinzen als erster eine vollständige Doktrin des modernen Terrorismus entwickelte. Die meisten Elemente späterer Lehren befinden sich bereits in den Schriften dieses vergessenen deutschen Radikaldemokraten. Sicher handelt es sich um eine verworrene Lehre. Auf der einen Seite heißt es, Mord sei immer ein Verbrechen, auf der anderen Seite behauptet er, Mord könne zur »physischen Notwendigkeit« werden, die Luft oder der Erdboden brauchten eine gewisse Menge Blutes (Die Evolution, 26. Januar 1849). Er behauptete, daß die fortschrittlichen Kräfte sicherlich in jedem Falle den Reaktionären überlegen seien, bezweifelte aber, daß der Geist der Freiheit und die »gute Sache« ohne die Anwendung von Dolch, Gift und Sprengstoff siegen könnten: »Wir müssen energischer, wütender werden.« Dies führte ihn zu Spekulationen über die Verwendung von Massenvernichtungsmitteln. Denn die größere Stärke, bessere Ausbildung und Disziplin der Kräfte der Repression könnten nur mit Waffen ausgeglichen werden, die, von wenigen angewandt, große Zerstörung ausrichten würden. Diese Waffen, so glaubte Heinzen, könnten nicht von Armeen gegen einzelne Freiheitskämpfer angewandt werden. Daher stammten seine großen Erwartungen, die er auf Giftgase, ballistische Geschosse (die damals als Congreve-Raketen bekannt waren) und Minen setzte, »die eines Tages ganze Städte mit hunderttausend Einwohnern zerstören könnten« (Die Evolution, 16. Februar 1849). Heinzen warf den Revolutionären von 1848 vor, nicht unbarmherzig genug gewesen zu sein; die Partei der Freiheit würde geschlagen werden, wenn man nicht der Entwicklung der Kunst des Tötens mehr Wichtigkeit zuerkenne. Wie später Most sah auch Heinzen den Schlüssel zur Revolution in moderner Technologie: neue Sprengstoffe müßten erfunden, Bomben unter dem Pflaster versteckt und neue Mittel der Vergiftung von Lebensmitteln entwickelt werden. Um den Fortschritt zu beschleunigen, schlug er vor, Preise für Forschung auf diesen Gebieten auszusetzen.[15] Heinzens weitere Karriere war allerdings nicht im Bereich des professionellen Terrorismus; er sprengte nicht einen halben Kontinent in die Luft, sondern wanderte nach Amerika aus und betätigte sich als Herausgeber von zahlreichen kurzlebigen Zeitungen in deutscher Sprache, erst in Louisville, Kentucky, später in Boston, »der zivilisiertesten Stadt Amerikas«.

Die Idee einer Allianz zwischen der revolutionären Avantgarde und der kriminellen Unterwelt tauchte von Zeit zu Zeit wieder in der Geschichte der terroristischen Bewegungen des 19. Jahrhunderts (bei aller Hochachtung vor Narodnaja Volja) und auch bei der militanten Neuen Linken der sechziger Jahre in Amerika und der Bundesrepublik Deutschland auf. Pavel Akselrod, einer der Väter des russischen Sozialismus, beschreibt in seiner Autobiographie (1874), wie er und Frau Breschkovskaja, die spätere »Großmutter der russischen Revolution«, in den Wäldern Südrußlands einen bekannten Räuber – offensichtlich ohne Erfolg – suchten, der den Ruf hatte, daß er reiche Landbesitzer und Juden ausplündere und die Beute unter den armen Bauern verteile.[16] Weitlings Theorie war damals längst in Vergessenheit geraten, aber wie alle Revolutionäre seiner Generation hatte Akselrod Bakunin gelesen; Bakunin seinerseits hatte Weitling in Zürich getroffen und war von ihm tief beeindruckt. Dieses Treffen war eines der entscheidendsten Geschehnisse in Bakunins Leben, das seine »Wandlung vom spekulierenden Philosophen zum praktischen Revolutionär« vollendete.[17]

Bei seiner ewigen Suche nach dem Katalysator der zu erwartenden Revolution in Rußland setzte Bakunin große Hoffnungen auf die religiösen Sektierer. Aber er war noch zuversichtlicher im Hinblick auf Rebellen-Räuber wie Stenke Rasin und Pugachov, während er für Marxisten und »Liberale«, die lieber nicht die »niedrigen Leidenschaften« des Volkes heraufbeschwören wollten, nur Verachtung zeigte. Der Räuber (schrieb Bakunin) sei der einzige ernsthafte Revolutionär in Rußland, ein Revolutionär ohne Phraseologie, ohne Buchrethorik, unversöhnlich und unermüdlich, ein Revolutionär der Tat. Traditionell war der Räuber ein Held, ein Retter des Volkes, der Staatsfeind *par excellence.* Ohne den Räuber zu verstehen, könne man die Geschichte des russischen Volkes nicht verstehen; wer auch immer eine echte, populäre Revolution wolle, müsse sich auf diese Ebene begeben. Die Welt sei grausam und erbarmungslos, aber dies sei nur das Resultat staatlicher Unterdrückung. Ein Ende dieser »Unterwelt« würde entweder den Tod des Volkes oder seine endgültige Befreiung bedeuten. Darauf beruht Bakunins Schlußfolgerung, daß eine echte Volksrevolution nur entstehen könne, wenn ein Bauernaufstand sich mit der Rebellion der Räuber zusammentreffe. Und die Zeit sei reif, dieses Ziel zu erreichen.[18] Bakunin betont allerdings nie die Notwendigkeit individuellen Terrors oder sogar Guerillakampfes. 1848 faßt er die Formierung einer regulären revolutionären Armee ins Auge, die mit Hilfe ehemaliger polnischer und vielleicht einiger jüngerer österreichischer Offiziere geschult werden könne.[19] Erst nach Bakunins Tod verpflichteten sich seine anarchistischen Anhänger zur »Propaganda der Tat«.

Obwohl Bakunin niemandem in revolutionärer Begeisterung nachstand, seit er in den vierziger Jahren des vorigen Jahrhunderts zuerst in Europa bekannt wurde, entwickelte er seine Theorie der Zerstörung erst zwei Jahrzehnte später, nachdem er Netschajev (»diesen großartigen jungen Fanatiker, diesen gottlosen Gläubigen, diesen Helden ohne große Worte«) getroffen hatte. In den *Prinzipien der Revolution,* 1869 erschienen, schreibt er: »Wir erkennen keine andere Methode an, als die Zerstörung, obwohl wir zugeben, daß die Formen, in der sich diese Taten offenbaren werden, sehr verschieden sein können – Gift, Messer, Strick usw.« Wer zur Hinrichtung bestimmt sei, sei bereits ausgesondert. Weinen und Klagen würden folgen: die »Gesellschaft« werde Angst und Reue spüren. Die Revolutionäre müßten allerdings dem Jammern der Verdammten gleichgültig gegenüberstehen und dürften sich auf keinen Kompromiß einlassen. Ihre Art könne zwar terroristisch genannt werden, aber das solle sie nicht abschrecken. Das Endziel sei der Sieg der Revolution, die Vernichtung des Übels sei eine heilige Sache, die russische Erde werde durch Schwert und Feuer gereinigt.

Die Forderung, daß der Revolutionär Tag und Nacht nur einen Gedanken haben dürfe, die erbarmungslose Zerstörung, taucht auch in dem berühmtesten Dokument der Zeit, dem *Revolutionären* Katechismus,[20] auf. Der Katechismus ist oft zitiert worden; eine kurze Zusammenfassung genügt für unsere Zwecke. Er beginnt mit einer allgemeinen Liste von Regeln für Organisationen und erörtert dann die Einstellung des Revolutionärs gegenüber sich selbst und anderen. Der Revolutionär ist ein verlorener Mann, ohne Interessen, Eigentum, persönliche Bindungen – ja sogar ohne Namen. (Die Idee des namenlosen Soldaten der Revolution tauchte später in zahlreichen terroristischen Organisationen von Irland bis Serbien wieder auf. Die Mitglieder hatten statt eines Namens lediglich eine Nummer.) Ein Interesse, ein

Gedanke und eine einzige Leidenschaft soll ihn erfüllen – die Revolution. Mit der Gesellschaft, ihren Gesetzen und Konventionen hat er nichts mehr zu tun; er muß starre Doktrinen vermeiden und die öffentliche Meinung verachten. Jederzeit muß er auf Folter und Tod gefaßt sein. Sich selbst gegenüber hart, muß er auch anderen gegenüber hart sein, für Liebe, Freundschaft, Dankbarkeit oder sogar Angst gibt es keinen Platz – er lebt einzig für die kalte Leidenschaft der revolutionären Sache, deren Erfolg ihm Freude, Dank und Belohnung sein wird.

Danach folgen taktische Ratschläge: Um erbarmungslose Zerstörung bewirken zu können, muß der Revolutionär sein wahres Wesen verleugnen, die Kirche, die Geschäftswelt, die Bürokratie oder Armee, die Geheimpolizei und sogar den königlichen Palast unterlaufen. Bakunin unterteilte »die Gesellschaft« in sechs Kategorien: Intelligente und energische Personen, die den revolutionären Organisationen besonders gefährlich werden könnten, müßten zuerst getötet werden; denn ihr plötzlicher, gewaltsamer Tod würde Furcht in der Regierung verbreiten. Danach kämen jene, die zwar genauso schuldig seien, deren Leben aber zeitweilig verschont bliebe; denn ihre furchtbaren Verbrechen förderten objektiv die Revolution. Die dritte Kategorie umfaßte die Oberen, die Reichen und Mächtigen; sie seien lediglich »Tiere«, weder besonders intelligent noch dynamisch, sie müsse man hintergehen und erpressen. Man solle sich viertens der ehrgeizigen Politiker bedienen, unter anderem der Liberalen. Die Revolutionäre sollten sich mit ihnen zu einer Verschwörung zusammentun, ihnen scheinbar blind folgen, aber gleichzeitig ihre Geheimnisse erforschen und sie damit so kompromittieren, daß sie in ihrem Kampf gegen die Autoritäten keine Rückzieher machen könnten. Die fünfte Kategorie, die Maulhelden, die verbalen Befürworter der Revolution, müßten in eine Situation gelenkt werden, in der sie gefährliche Äußerungen machten; die meisten würden in dem Kampf umkommen, aber einige wenige würden sich zu echten Revolutionären entwickeln. Von den Frauen seien einige nutzlos und dumm und würden wie die Kategorien drei und vier behandelt. Andere seien fähig, leidenschaftlich und der Sache ergeben, obwohl sie noch nicht unbedingt ein revolutionäres Bewußtsein entwickelt hätten. Die sechste Kategorie umschloß all jene, die sich voll und ganz der Sache der Revolution ergeben hatten. Sie waren der wertvollste Besitz der revolutionären Partei, und ihre Hilfe war unersetzlich. In seinem Schlußteil betont der Katechismus die Notwendigkeit einer totalen Revolution: Institutionen, soziale Strukturen, Kultur und Moral müßten radikal zerstört werden. Eine abschließende Bemerkung wird in bezug auf die Räuber gemacht, die einzig wahren Revolutionäre, die, wenn sie erst einmal vereinigt seien, eine furchtbare und unbesiegbare Macht darstellen würden.

Bakunins Katechismus wurde für eine nicht existierende terroristische Gruppe, Netschajevs *Narodnaja Rasprava,* geschrieben. Wie Bakunins »Revolutionäre Welt Union« war auch sie eine reine Erfindung. Das einzige Opfer von Netschajevs Terror war ein Mitverschwörer, ein Student, Ivan Ivanovitsch Ivanov, der 1869 aus ungeklärten Gründen von seinen Genossen umgebracht wurde. Trotz all seiner extremistischen Rhetorik fehlte Bakunin die Skrupellosigkeit (selbst wenn er eine Gefolgschaft gehabt hätte), um seine Philosophie der totalen Zerstörung zu praktizieren.

Schon vor Bakunin hatten junge Revolutionäre ähnliche Ideen geäußert, zweifellos ebensowenig in der Lage, sie in die Tat umzusetzen, Saitschnevski, der Sohn eines Großgrundbesitzers aus dem Orel-Distrikt, war 21 Jahre alt, als er ein Flugblatt im Namen des »Jungen Rußlands« veröffentlichte. Seine Gruppe war der Ansicht, daß Revolutionäre sich für jede Aktion, wie gefährlich sie auch sein möge, bereithalten müßten. Sie müßten den Winterpalast, den Wohnsitz des Zaren, stürmen und alle Bewohner umbringen. Vielleicht genüge es aber, nur den Zaren und seine Familie zu töten. Sollte jedoch die ganze »zaristische Partei«, die Grundbesitzer, die reichen Kaufleute usw., wie ein Mann dem Zaren zu Hilfe kommen, dürfe man ihnen gegenüber keine Nachsicht üben, so wie sie den Revolutionären gegenüber keine Nachsicht geübt hätten. Wer nicht für die Revolutionäre sei, sei gegen sie und müsse mit allen möglichen Mitteln ausgeschaltet werden.[21] Saitschnevski zeigte den liberalen Kritikern des Regimes offen seine Verachtung, und diese antworteten, indem sie seine Aufrufe als unreif und unrussisch bezeichneten, die eine Mischung aus unverdautem Schiller (Karl Moor), Babœuf, Blanqui und Feuerbach seien. Selbst Bakunin griff ihn damals wegen seines unverhüllten Elitedenkens und seiner doktrinären Überheblichkeit gegenüber dem Volk an. Saitschnevski und seine wenigen Freunde wurden kurz nach der Veröffentlichung dieses Aufrufes verhaftet. Die Sache blieb ohne politische Bedeutung, aber sie spiegelte eine gewisse Stimmung unter den Studenten wider und kündigte die Terrorwelle der 70er Jahre des vorigen Jahrhunderts an.

Ischutins Organisation entstand zwei Jahre später. Sie hieß »Hölle« und war angeblich die russische Sektion einer (natürlich nicht existierenden) internationalen terroristischen Organisation, des »Europäischen Revolutionären Komitees«. Einige Mitglieder sprachen davon, den Zar zu töten, und ihre Grundideen waren den Konzepten, die Bakunin und Nechaev einige Jahre später entwickelten, sehr ähnlich. Ihr Ziel war es, Mitglieder der Regierung und Großgrundbesitzer umzubringen. Es sollte durch Lose entschieden werden, wer die Attentate auszuführen habe. Der Terrorist sollte unter falschem Namen leben, alle Verbindungen zu Freunden und Familie aufgeben und auf Heirat verzichten. Er sollte sich von seinen eigenen Genossen trennen und in den Untergrund gehen und dort Freunde finden. An dem Tag, der für den Anschlag geplant sei, sollte er sein Gesicht mittels Chemikalien entstellen, um zu vermeiden, daß er erkannt würde. In der Tasche sollte er ein Manifest bei sich tragen, das die Motive seiner Tat erklären würde. Nachdem er seine Aufgabe erledigt hätte, sollte er sich selbst vergiften.[22] Nicht alle Mitglieder von Ischutins Gruppe stimmten mit seinen Vorschlägen für die revolutionäre Aktion überein; sie zogen die Propaganda und die Einrichtung von Schulen und Kooperativen vor. Sie erwogen sogar, ob man die Extremisten nicht in Heilanstalten einsperren sollte, und als Karakosov, ein Mitglied der Gruppe (und Ischutins Vetter), sich auf seinen Anschlag auf den Zar vorbereitete, kamen selbst Ischutin Zweifel, und er versuchte, seinen Vetter umzustimmen. Karakosov führte seinen Anschlag durch, wurde gefaßt und gehängt. Ischutin starb im Gefängnis, und es folgte eine Zeit der Depression, während der die organisierte Opposition in Rußland praktisch ausgerottet war.

Erst 1878 entwickelte sich schließlich eine Lehre des Terrorismus, eine russische Version der »Propaganda der Tat«, und zwar nach Vera Sassulitschs Anschlag auf General Trepov, den Gouverneur der russischen Hauptstadt. Die zaristischen Behörden erklärten diese plötzliche Welle des Terrorismus mit der Unfähigkeit der Narodnikis, unter das Volk zu gehen. Die Bauern hätten überhaupt nicht reagiert, die Arbeiter hätten die »Apostel einer glücklichen Zukunft« verraten. Nach ihrem mangelnden Erfolg in der Mobilisierung der Massen, so behaupteten die Autoritäten, hätten die Revolutionäre den Terror als einzigen Ausweg gesehen, um die Regierung zu diskreditieren und der Gesellschaft zu beweisen, daß eine revolutionäre Partei nicht nur existiere, sondern laufend stärker werde.[23] Diese Interpretation war nicht weit von der Wahrheit entfernt. Plechanov vertrat fast die gleiche Ansicht, als er schrieb, Terror sei ein Resultat der Schwäche der Partei und ihrer Einsicht, daß sie keinen Bauernaufstand herbeiführen könne.[24]

Der russische Terrorismus entwickelte sich in mehreren Stadien. Er begann als sporadischer Widerstand gegen Verhaftungen und als Reaktion gegen einzelne Polizeioffiziere, die gefangene Revolutionäre mißhandelt hatten. In einzelnen Fällen wurden Spione, die die revolutionären Zellen infiltriert hatten, hingerichtet. Das allererste Manifest, das eine neue Ära der revolutionären Aktion ankündigte, war Serge Kravschinskis »Tod um Tod«, in dem er die Gründe für seine Teilnahme an der Ermordung General Mesenzovs (Leiter der »Dritten Abteilung«, der zaristischen politischen Polizei) erläutert.[25] Sein Manifest war voller Widersprüche: auf der einen Seite argumentierte er, daß »Ihr, die Repräsentanten der Macht, unsere Feinde seid und es zwischen uns keinen Frieden geben kann. Ihr solltet und werdet vernichtet werden.« Mesenzov, so behauptete er, sei von einem revolutionären Tribunal zum Tode verurteilt worden als Rache für jene, die in den Gefängnissen grausam behandelt worden seien. Solange die Grausamkeit des Systems bestehe, werde das revolutionäre Tribunal wie ein Damoklesschwert über den Herrschern des Staates hängen. Zur Zeit verfüge die Bewegung nur über begrenzte Kräfte, aber sie wachse stündlich. Kravschinski schien sich allerdings nicht so recht im klaren zu sein, wer seine eigentlichen Gegner waren; denn in demselben Manifest behauptet er, seine wahren Feinde seien die Bourgeoisie und die Kapitalisten. Er schlug sogar vor, daß die Regierung sich in dieser Auseinandersetzung neutral verhalten solle. Aber wo konnte man die Linie zwischen Kapitalismus und dem Staat ziehen? Das Programm der *Narodnaja Volja* betonte besonders, daß die russische Regierung im Gegensatz zu westeuropäischen Staaten zugleich auch der größte kapitalistische Ausbeuter sei und halb Rußland ihr gehöre. Revolutionären sei es erlaubt, Staatseigentum zu enteignen; Privateigentum solle so lange unantastbar sein, solange es nicht im Kampf gegen die revolutionäre Bewegung eingesetzt werde.[26]

Kravschinskis Manifest erschien im August 1878. Im November des gleichen Jahres erschien die erste Ausgabe der Zeitschrift *Semlja i Volja,* in der Kravschinski einen Leitartikel schrieb, in dem es hieß, daß die werktätigen Massen nicht mit Hilfe terroristischer Aktionen befreit werden könnten. Nur die Volksmassen selbst könnten eine Revolution herbeiführen und das System zerstören – gegen eine Klasse könne sich nur eine andere Klasse auflehnen. Die Terroristen seien lediglich die militärische Vorhut der revolutionären Bewegung. Wenn man alle verfügbaren Kräfte für terroristische Aktivitäten verwende, gebe man gleichsam sein Hauptziel auf. Selbst wenn es ihnen gelinge, das System zu zerstören, wäre das ein Pyrrhus-Sieg, da die Macht dann in die Hände der Bourgeoisie überginge.

Diese Einschränkungen in bezug auf den Sinn des Terrorismus beruhigten einige Mitglieder der revolutionären Bewegung (wie Plechanov), die sich schon lange gegen die Konzentration auf terroristische Methoden auf Kosten anderer Aktivitäten gewandt hatten. Aber Uneinigkeit in bezug auf diese Fragen ließ sich nicht lange vermeiden. Als 1879 die terroristischen Angriffe zunahmen, wurde die Diskussion immer gespannter und führte schließlich zu einer Spaltung. Morosov und andere waren für den »reinen Terror«; Scheljabov und andere zielten auf einen Coup im Stil der Jakobiner ab und vertraten die Ansicht, daß man Terror nur als Strafe für den Zaren und seine Anhänger anwenden solle.[27] Aptekman, der sich Plenachov Plechanov schrieb, zur Zeit betrachte man politischen Terror als extremes und ausschließliches Mittel, das nur unter besonderen Umständen angewandt werden dürfe.[28]

Aber die allgemeine Stimmung favorisierte mehr und mehr den »bewaffneten Kampf«. Ein starker Drang zu handeln setzte sich durch, und als das Zentralkomitee im März 1879 abstimmte, ob Drenteln, der neue Leiter der »Dritten Abteilung«, ermordet werden solle, fand sich Plechanov mit seiner einen Stimme in der Minderheit. In gewissem Maße wurde dieser Umschwung zum Terrorismus durch die Massenverhaftungen, die grausamen Strafen und die laufend stattfindenden Exekutionen hervorgerufen. Aber vielleicht war ein sehr viel wichtigerer Grund in dem Glauben zu suchen, daß terroristische Aktionen die Sache der Revolution sehr viel wirksamer vorantrieben, sie es auch nur durch die große Publizität, die sie erreichten – ganz im Gegensatz zu illegaler Propaganda und Organisation, die keine sichtbaren Resultate vorzuzeigen hatten. Im Herbst 1879 war die Spaltung vollzogen. Schon früher (März 1879) war die ideologische Rechtfertigung des Terrorismus im Detail in *Listok Narodnoi Voly,* dem Organ des radikalen, aktivistischen Flügels (herausgegeben von Morosov und Tichomirov) erschienen. Politischer Mord sei zuallererst ein Racheakt, aber zur gleichen Zeit sei er auch eine der besten Waffen der Agitation. Man müsse das Zentrum treffen, um das gesamte System zu erschüttern. Die Zukunft gehöre den Massenbewegungen, aber der Terrorismus müsse den Massen den Weg zeigen. Das Programm des Zentralkomitees der *Narodnaja Volja* zählt zu den Hauptaufgaben im terroristischen Kampf die Ermordung der gefährlichsten Regierungsmitglieder, die Abwehr von Spionen innerhalb der Partei und die Bestrafung jener, die sich bei der Unterdrückung besonders hervorgetan hatten. Wenn zehn oder fünfzehn Stützen des Systems auf einmal umgebracht würden, werde die Regierung in Panik ausbrechen und die Handlungsfreiheit verlieren. Gleichzeitig würden die Massen aufwachen.[29] Aber es wurde nie klar gesagt, wie der Terror zur eigentlichen Machtübernahme führen könne. Würde sich die Regierung einfach auflösen, oder würde es zum Volksaufstand kommen? In diesem Falle würde die Partei ein organisatorisches Netz benötigen, um die Massen anzuführen, und einige terroristische Kampfgruppen wären nicht ausreichend. Eine solche Organisation existierte allerdings nicht. Tichomirov glaubte, daß zwei bis drei Jahre systematischen Terrors genügen würden, um die Regierung zu stürzen; auch andere, unter ihnen Sofia Petrovskaja, waren im gleichen Maße optimistisch. Zumindest wäre die Regierung gezwungen, weitreichende Zugeständnisse zu machen und die Grundrechte, wie Versammlungsfreiheit und Redefreiheit, zu gewähren. In diesem Fall würden die Revolutionäre ihre terroristischen Aktivitäten einstellen. Es ist darauf hingewiesen worden, daß nicht alle *Narodovoltsy* Terroristen (und nicht alle Terroristen *Narodovoltsy*) waren. Von den ungefähr 500 Mitgliedern war nur ein Zehntel an den Angriffen und Attentaten beteiligt.[30]

Wie bereits bemerkt, war die Stimmung überwiegend pro-terroristisch; sie ging weit über die Ränge der Organisation hinaus und umfaßte Studenten, Intellektuelle und andere Bevölkerungsschichten. Selbst die Liberalen waren gewillt, Geld für Bomben zu spenden (allerdings nicht für sozialistische Propaganda). Berühmte russische Emigranten wie Lavrov und Michailovski gaben dem Terrorismus ihren Segen. Selbst Marx und Engels glaubten, daß Rußland aufgrund der Aktionen der *Narodnaja Volja* auf dem Wege zur Revolution sei. Plechanov, der sich immer wieder gegen den Terrorismus ausgesprochen hatte, glaubte, nicht länger dagegen angehen zu können; es wäre sinnlos gewesen, schrieb er später, die Intelligenzia glaubte an Terror »wie an Gott«.[31]

Die freimütigsten Verfechter der terroristischen Methode, Morosov und Romanenko, entwarfen ihre Ansichten in zwei Pamphleten; eines wurde in der Schweiz, das andere in England veröffentlicht.[32] Diese waren keine offiziellen Parteidokumente, aber sie sind insofern interessant, als sie eine weitverbreitete Stimmung wiedergeben. Nach anfänglichem Zögern akzeptierte die Partei mehr oder weniger die Argumentation, die den Schriften zugrunde lag. Es ist wahr, daß die Autoren immer noch ein wenig zurückhaltend in der Wortwahl waren, genau wie *Narodnaja Volja* gewöhnlich von »Desorganisation« sprach, wenn Terror der angebrachtere Ausdruck gewesen wäre. Tichomirov schrieb über »Partisanenkrieg«, und auch Morosov gab später zu, daß er das Wort »Terror« nicht mochte. Ursprünglich hatte er sein Pamphlet »Neopartisanische Kriegführung« nennen wollen.[33]

Morosov beschrieb, wie die Revolutionäre von der Selbstverteidigung zum Angriff übergingen. Die Regierung mit ihren Gewehren, Gefängnissen, Spionen und Millionen von Soldaten hätte einen frontalen Angriff leicht abwehren können, aber gegen terroristische Attacken war sie machtlos. Das einzige, was die Terroristen zu befürchten hatten, war mangelnde Vorsicht ihrer eigenen Mitglieder.[34] Terrorismus war, Morosov zufolge, eine völlig neue Art zu kämpfen, sehr viel »kosteneffektiver« als der altmodische revolutionäre Kampf der Massen. Trotz unbedeutender Kräfte war es möglich, alle Anstrengungen auf den Umsturz zu konzentrieren. Da der menschlichen Erfindungsgabe keine Grenzen gesetzt waren, war es für die Tyrannen praktisch unmöglich, sich gegen Angriffe zu schützen. Nie zuvor waren die Bedingungen vom Standpunkt der revolutionären Partei aus gesehen so günstig, und wenn zahlreiche terroristische Gruppen entstünden, wären die Tage der Monarchie gezählt. Terroristische Anschläge waren in der Vergangenheit oft Verzweiflungstaten und Selbstmord gewesen. Dieser tragische Aspekt existierte nicht mehr: die

Terroristen vollstreckten einfach ein Todesurteil, das von einem Revolutionsgericht verhängt worden war, und mit aller Wahrscheinlichkeit würden die Scharfrichter nicht gefaßt und könnten spurlos verschwinden. Über kurz oder lang war der Sieg unausbleiblich. Um dem terroristischen Kampf die Schärfe zu nehmen und die Bourgeoisie zu gewinnen, würde die Regierung wahrscheinlich eine Verfassung zugestehen. Aber der terroristische Kampf konnte nicht nur gegen die Tyrannei, sondern auch gegen verfassungsmäßige Unterdrückung, wie in Deutschland, angewandt werden. Diktatoren wie Napoleon oder Bismarck müßten gleich zu Anfang ihres Aufstiegs zur Macht liquidiert werden, *pour décourager les autres,* und es spiele keine Rolle, ob sie sich auf eine Armee oder ein Plebiszit stützten. Auf diese Weise werde Terror zur Garantie der Freiheit, eine ewige Abschreckung für potentielle Despoten. Morosov war der Ansicht, daß die Revolutionäre zu jener Zeit zwei Aufgaben hätten: zum einen müsse eine theoretische Grundlage des Terrorismus geschaffen werden, »den jeder bisher auf eigene Art interpretiert hatte«, zum anderen müsse der Terrorismus systematisch angewandt werden, um die Demoralisierung, Schwächung und schließliche Desorganisation der Regierung herbeizuführen.

Romanenkos Ansichten waren ähnlicher Art: Terrorismus war nicht nur effektiv, sondern auch humanitär. Er forderte unendlich viel weniger Opfer als der Kampf der Massen; in einer volkstümlichen Revolution kamen die Besten um, während die wahren Schurken aus sicherer Entfernung zuschauten. Die Schläge des Terrorismus richteten sich gegen die Hauptschuldigen; einige Unschuldige hätten zu leiden, aber das sei im Krieg unvermeidlich. Terrorismus sei also die Anwendung der modernen Wissenschaft auf den revolutionären Kampf. Er interpretierte die russische Geschichte seit den Tagen der Dezembristen als einen Zweikampf zwischen der Intelligenzia und dem Regime. Es war zwecklos, das Volk aufzurufen, sich gegen ihre Unterdrücker zu erheben, denn die Massen waren nicht stark genug. Es war falsch, systematischen Terror als unmoralisch zu bezeichnen, denn alles, was der befreienden Revolution zugute kam, war *a priori* moralisch.[35] Nach dem gleichen Konzept der Effektivität und besonders des humanitären Charakters des Terrorismus handelte Scheljabov, die zentrale Figur der *Narodnaja Volja,* und diese Idee wurde auch in einem Pamphlet von Lev Sternberg,

(1861–1927) *Politicheski Terror v Rossii,* sehr deutlich vertreten.[36] Nach Sternbergs Ansicht war Terrorismus ein Sicherheitsventil; wenn es keinen Terror gäbe, würde es zu einer furchtbaren Explosion von unten kommen. Es war die historische Aufgabe der Intellektuellen, eine solche unkontrollierte Explosion zu verhindern oder, besser gesagt, ihr zuvorzukommen.

Romanenkos Pamphlet war eine Antwort auf die Kritik M. P. Dragomanovs (1841–1895), des führenden ukrainischen Schriftstellers, der im allgemeinen mit der russischen revolutionären Bewegung sympathisierte. Aber Dragomanov wandte sich anklagend gegen den »Machiavellismus« der Terroristen und gegen Anschläge auf Banken und Postämter, bei denen einfache Wächter umgekommen waren. Es sei *eine* Sache, so schreib Dragomanov, den Terrorismus in Rußland als natürliche Reaktion auf den Terror von seiten der Regierung zu akzeptieren, aber eine ganz *andere* Sache, den Terrorismus in ein System zu verwandeln, in das Hauptprinzip des revolutionären Kampfes. Denn letzten Endes sei Terrorismus ein pathologisches Phänomen, und wenn das Ziel der Revolutionäre unbefleckt bleiben solle, könne das nur durch Reinheit der Mittel erreicht werden. Offene Angriffe, Versuche, Revolutionäre aus den Gefängnissen zu befreien, und Anschläge auf die Geheimpolizei seien allesamt zu rechtfertigen. Aber ein System des individuellen Terrors lasse sich moralisch nicht vertreten.[37]

Das Schicksal dieser Protagonisten des Terrorismus ist von einigem Interesse: Morosov verbrachte über 20 Jahre in zaristischen Gefängnissen, wurde aber 1905 entlassen. Er veröffentlichte Gedichte und Aufsätze über Chemie, die Entstehung der Erde, Geschichte und Christentum. In Chemie war er allen Quellen zufolge besser als in Geschichte. Er sympathisierte mit den Kadetten (den Verfechtern einer liberalen Verfassung), aber er entschloß sich nach 1917, in Rußland zu bleiben, und wurde Ehrenmitglied der Akademie der Wissenschaften. Er starb 1946. Gerasim Romanenko (1858–1927) hingegen schloß sich den extrem rechten Kräften an, der »Schwarzen Hundertschaft«. Einige seiner Kritiker hatten ihm von Anfang an vorgeworfen, daß er ein Terrorist sei, ohne Sozialist zu sein. Tichomirov schwor später feierlich dem Terrorismus ab und wurde ein konservativer Publizist. Sternberg nützte seine Zeit im sibirischen Exil gut und wurde ein weltberühmter Völkerkundler.

Zwischen den extremen Mitteln und den relativ gemäßigten politischen Forderungen der *Narodovoltsy* bestand eine scharfe Diskrepanz. In dieser Hinsicht stimmten sie sicherlich nicht mit Bakunins Lehre der totalen Zerstörung überein. In einem Brief, den das Exekutivkomitee der *Narodnaja Volja* an Alexander III. schrieb, zehn Tage nach der Ermordung seines Vorgängers, hieß es, Terror sei eine traurige Notwendigkeit, und die Terroristen wollten weiter nichts als eine allgemeine Amnestie und eine Verfassung, die elementare Bürgerrechte gewähre. Falls diese Bedingungen erfüllt würden, würden die terroristischen Aktivitäten eingestellt, und ein friedlicher Wettstreit der Ideen trete an die Stelle der Gewalt.[38] Es ist behauptet worden, und nicht ohne Grund, daß zumindest einige der *Narodovoltsy* einfach »Liberale mit Bomben« gewesen seien. Kibaltschitsch, der geniale Wissenschaftler, der Dynamit für die *Narodovoltsy* herstellte, war ein ausgesprochen sanfter Mann, sowohl in seinem Privatleben als auch, was seine politischen Ansichten betraf. Wenn ein so friedliebender Mensch willens sei, mit den Terroristen zusammenzuarbeiten, schrieb Lev Deutsch später, so beweise das nur, daß Menschen mit einem Gewissen unter den gegebenen Umständen keinen anderen Ausweg sähen.[39] Auch ist richtig, daß Netschajev (im Gegensatz zu Bakunin) kein Sozialist, sondern ein Jakobiner im Stil Robbespierres war, und daß einige der wichtigsten Fürsprecher und Beteiligten des russischen Terrorismus im ersten Jahrzehnt des 20. Jahrhunderts, wie z. B. Burtsev, Savinkov und Schweitzer, radikale Liberale und keineswegs Sozialisten waren.

Die terroristischen Kampagnen der *Narodnaja Volja* unterschieden sich wesentlich von anarchistischen Aktivitäten in anderen Teilen Europas, die (wie F. Venturi bemerkt) von isolierten Individuen mit obskuren Idealen ausgeführt wurden. Der russische Terrorismus war sowohl ein Aspekt einer im Entstehen begriffenen revolutionären Sozialistischen Partei als auch ein Symptom einer allgemeinen Krise der russischen Gesellschaft.[40] Vera Sassulitsch, die die terroristische Kampagne eröffnet hatte, schrieb später, daß der Terror wie ein gewaltiger Sturm in geschlossenem Raum gewesen sei; die Wellen bäumten sich auf, aber die Unruhe breitete sich nicht aus. Die moralische Kraft der Intelligenzia verausgabte sich.[41] Kravschinski, der einen bewegenden Bericht über die heldenhaften Revolutionäre schrieb, kam zu der Schlußfolgerung, daß Terrorismus als System überholt sei und nicht weiter angewandt werden könne. Die eine Seite hatte nicht mehr den alten Glauben, die andere Seite nicht mehr die Furcht.[42] Kravschinskis Voraussage erwies sich als verfrüht; nur zwei Jahrzehnte später lebte der Terror in einer neuen Generation von Revolutionären wieder auf.

Die Tradition der *Narodnaja Volja* wurde nicht vergessen, und Versuche wurden unternommen, die Partei wieder aufzubauen. Von Zeit zu Zeit wurden ihr Programm (in leicht veränderter Form) und andere Literatur wieder veröffentlicht.[43] In russischen Emigrantenkreisen gab es überzeugte Anhänger, die die Strategie der orthodoxen Marxisten ablehnten. Alexander Ulianov, Lenins älterer Bruder, war der Leiter einer kleinen terroristischen Studentengruppe, deren führende Mitglieder 1887 verhaftet und erhängt wurden. Auch er sprach sich für »systematischen Terrorismus« aus und war der Meinung, daß der Anstoß von der Intelligenzia kommen müsse, da die einfachen Leute keine Rechte hätten und völlig unvorbereitet seien zu handeln.[44] Nach einer Zeit der Ruhe wies Burtsev als erster wieder auf die Wichtigkeit terroristischer Aktion hin. Burtsev war ein radikaldemokratischer Gegner des Regimes, dessen Aufsatz in einer neuen Zeitschrift erschien, die unter dem Titel *Narodovolets* 1897 in London herausgegeben wurde.[45] Gleich in der ersten Nummer vertrat er unzweideutig die Auffassung, daß ein Terrorismus in der Tradition der *Narodnaja Volja* die einzige erfolgversprechende politische Methode sei. Burtsev wurde nach Intervention der russischen Regierung verhaftet, kurz darauf aber wieder entlassen. Er veröffentlichte ein neues Pamphlet, in dem er betonte, daß die Unterstützung des Terrorismus laufend zunehme, daß all diejenigen, die dem Terrorismus zustimmten, einer großen Familie angehörten und, zumindest vorübergehend, alle Meinungsverschiedenheiten aus dem Weg räumen sollten.[46] Unterstützung für den Terrorismus kam aus unerwarteten Richtungen, wie von dem gemäßigten Sozialisten Krichevski, der die neue Welle des Terrors nach der Jahrhundertwende als Wendepunkt von historischer Bedeutung ansah. Auch andere unterstützten die Bewegung, wie Grigorovitsch (Sitlovski); gleichzeitig erschienen Artikel in verschiedenen russisch- und polnischsprachigen Zeitschriften wie *Nakunune, Przedswit, Revolutsionaja Rossija* und *Vestnik Russkoi Revolutsii,* die um diese Zeit aufkamen.

Im Jahre 1900 wurde schließlich die Sozialrevolutionäre Partei in Karkov gegründet, und es war diese Bewegung, die den eigentlichen Anstoß zur zweiten Terrorwelle gab, als sie 1902 den Innenminister Sipjagin ermordete. Die Führer der neuen Partei, die auch einige Überlebende der alten *Narodnaja Volja,* wie Gots und Rusanov, als Mitglieder hatte, vertraten die Ansicht, daß Terrorismus notwendig und unvermeidlich sei. Er solle nicht den Kampf der Massen ersetzen: im Gegenteil, er werde die Revolutionierung der Massen verstärken und ergänzen. Systematischer Terror, Hand in Hand mit anderen Formen des offenen Kampfes wie industrielle Unruhen, Bauernaufstände und Demonstrationen, würde zur Desorganisation des Feindes führen. »Terroristische Aktivitäten werden erst eingestellt, wenn der Sieg über die Zwangsherrrschaft und völlige politische Freiheit erlangt ist.«[47] Eine terroristische »Kampforganisation« (*Boevaja Organisazija,* B. O.) wurde gegründet und erhielt einen autonomen Status innerhalb der Partei. Der politische Zweck des Terrorismus wurde in einem polemischen Angriff auf die Sozialdemokraten definiert.[48] Der alte Streit um die Anwendung terroristischer Taktiken war von der Geschichte gelöst worden. Immer hatte es ideologische Gründe gegen den Terrorismus gegeben, aber die Revolutionäre waren dazu getrieben worden und hatten nicht die Möglichkeit der Wahl der Mittel, deren sie sich bedienen konnten. Man mußte sich gegen die Angriffe der zaristischen Autokratie wehren, die sich der Kosaken und ihrer Peitschen (nagaikas) bediente, um die menschliche Würde ihrer Opfer zu zerstören. Eingekerkerte Revolutionäre wurden zu Selbstmord und Verzweiflung getrieben. *Iskra,* das Organ der Sozialdemokraten, hatte argumentiert, daß der einzige Effekt des Terrors die Isolation der revolutionären Avantgarde von den Massen sei und daß organisatorische Arbeit behindert würde.[49] Doch zur gleichen Zeit forderte *Iskra,* man müsse die Regierung dazu anhalten, sich gegenüber streikenden Arbeitern und politischen Häftlingen menschlich zu verhalten. Aber wie konnte man sie dazu zwingen? Vielleicht mit Reden und Zeitungsartikeln? Das Pfeifen der Kugeln war der einzige Laut, den die Regierung beachtete. Mehr und mehr Leute der Linken verstanden den propagandistischen Effekt terroristischer Aktionen. (Es soll erwähnt werden, daß viele, vielleicht die meisten führenden Mitglieder der »Kampforganisation«, wie z. B. Kaljajev, Balmaschev, Savinkov und Karpovitsch, ursprünglich sozialdemokratischen, anti-terroristischen

Organisationen angehörten.) Terror, so behaupteten die Sozialrevolutionäre, verbreite Chaos innerhalb der etablierten Ordnung. Auch diese Behauptung war nicht übertrieben, wie die Ereignisse zeigen sollten: Gerassimov, damals Leiter der politischen Polizei, schrieb später, daß die terroristischen Aktionen in der Tat das Regime verunsichert hätten: »Alle Minister sind menschlich und wollen leben ...«[50] Innenminister Durnovo bediente sich fast der gleichen Worte in einem späteren Gespräch mit Tichomorov über die Unsinnigkeit des Terrorismus – »unsinnig mag es sein, aber es war eine giftige, eine furchtbare Idee, aus dem Unvermögen Macht zu schöpfen«.[51]

Die Sozialrevolutionäre behaupteten, daß selbst die Aktionen der *Narodnaja Volja* – 25 Jahre vorher und trotz relativ geringer öffentlicher Unterstützung – einen ungeheuren Effekt gehabt und daß die Regierung zeitweilig eine Verfassungsreform erwogen habe. Wieviel stärker sei der Eindruck jetzt, da die revolutionäre Bewegung breitere Kreise der Bevölkerung erreicht habe? Obwohl die Sozialrevolutionäre den Terror als psychologische Notwendigkeit ansahen, war er nur eine unter mehreren Waffen. Er sollte sich nicht aus eigener Kraft weiter fortsetzen. Man sollte keine Illusionen, keine übertriebenen Hoffnungen haben, und es war klar, daß der Terrorismus ein zeitbegrenztes Phänomen war – ein Resultat der spezifischen russischen Bedingungen. Er half lediglich, andere Formen des Kampfes zu stärken. Auch hier kritisierten die Sozialrevolutionäre die sozialdemokratische *Iskra* wieder, die sich gegen geplanten, organisierten, systematischen Terror wandte, zufälligen (»stychik«) Terror aber akzeptierte. Ungeplanter Terror sei notwendigerweise wahllos und werde somit unnötige Opfer fordern. Die Partei, die Organisation müsse entscheiden, wer und wann angegriffen werde. Diese streng rationellen Meinungen, auch von Parteiideologen im Ausland unterstützt, wurden nicht unbedingt von den Terroristen in Rußland geteilt. Allein schon der terroristische Sprachgebrauch war irrational: der Revolutionär war ein Held, vom Haß angetrieben, von Ehre inspiriert, seine Opferbereitschaft beim Bombenwerfen war »heilig«.[52]

Der Einfluß der terroristischen Aktionen auf die öffentliche Meinung in Rußland in den ersten Jahren des neuen Jahrhunderts war überwältigend. 1878–1881 hatte es einige Unterstützung von seiten der Intelligenzia gegeben, zwei Jahrzehnte später zeigte der überwiegende Teil der »Bevölkerung« Sympathien. Nach der Ermordung des Innenministers Plehve im Jahre 1903 war sogar Plechanov, der sein Leben lang gegen Terrorismus gewesen war, bereit, solche Operationen unter bestimmten Umständen zu rechtfertigen, und er schlug vor, mit den Sozialrevolutionären zusammenzuarbeiten. Erst als führende Sozialdemokraten, wie Akselrod und Martov, drohten, aus der Partei auszutreten, zog er seinen Vorschlag zurück.

Als der Zar im Oktober 1905 in seinem berühmten Manifest die Bildung einer gesetzgebenden Versammlung ankündigte, stellten die Sozialrevolutionäre alle terroristischen Aktionen ein. Im Januar 1906 wurden sie wieder aufgenommen, bei der Eröffnung der ersten Duma wieder eingestellt, und, als die Duma im Juli 1906 aufgelöst wurde, erneut aufgenommen.[53] In der Zwischenzeit hatte sich eine radikalere Fraktion, die »Maximalisten«, abgespalten und ihre eigene Kampforganisation gebildet. Zu diesem Zeitpunkt war die Terrorismus-Diskussion praktisch beendet, denn während der Revolution waren Gewalttaten an der Tagesordnung. Die Bolschewiken beteiligten sich zuweilen, die »Schwarze Hundertschaft« veranstaltete Pogrome und ermordete politische Gegner. Die Diskussion ging nur noch um terroristische Taktik. Die »Maximalisten« kritisierten die Kampforganisation der Sozialrevolutionäre wegen ihrer starren, streng zentralistischen Struktur. Die Führung wurde von oben bestimmt, und die Mitglieder hatten nicht das Recht, Planungsdetails zu kritisieren. Solcher Zentralismus könne vorteilhaft sein, argumentierten die »Maximalisten«, vorausgesetzt, an ihrer Spitze stünde ein Genie wie Gerschuni, aber er würde wahrscheinlich zu Unzufriedenheit und Frustration in den Rängen führen, die ihre kreativen Fähigkeiten verlieren würden. Falls der oberste Leiter ein Polizeiagent sei (was vorgekommen war), führe es natürlich ins völlige Verderben.[54] Die »Maximalisten« waren sich bewußt, daß weitreichende Dezentralisierung auch Nachteile hatte: Es würde wahrscheinlich mehr Opfer kosten, und Aktionen würden stattfinden, die vom politischen Standpunkt aus zur falschen Zeit kämen. Dezentralisierte Terrorgruppen wären auch gegen Infiltration von Polizeiagenten nicht immun. Also war die beste Lösung eine Kombination der Vorteile des zentralisierten und dezentralisierten Terrors – mehr Autonomie der einzelnen Gruppen, aber trotzdem eine starke zentrale Führerschaft.

Es war jedoch einfacher, ideale Taktiken auf abstrakte Weise zu diskutieren, als sie in der Praxis durchzuführen, und diese Diskussionen fanden sowieso zu einer Zeit statt, in der terroristische Aktionen fast völlig zum Stillstand gekommen waren. Nach 1907 gab es keine maximalistische Kampforganisation mehr, und das gleiche Schicksal traf die Sozialrevolutionäre, noch bevor Asev 1909 als Spion entlarvt wurde. Auf dem Parteitag der Sozialrevolutionäre im Mai 1909 verurteilte Rubanovitsch den Terrorismus mit scharfen Worten und behauptete, das Ganze habe sich zu einem Geschäft entwickelt. Alle stimmten überein, daß terroristische Aktionen zeitweilig eingestellt werden müßten, aber welche Rolle würden sie in der ferneren Zukunft spielen? Tschernov argumentierte, die Asev-Affäre habe zwar die Terroristen kompromittiert, nicht aber die Idee an sich, während die Kritiker die Auflösung der Kampfgruppen forderten. Jüngste Ereignisse hätten gezeigt, daß die revolutionäre Partei nicht nur dem zaristischen Regime gegenüberstehe. Während der Revolution seien soziale Klassen entstanden, und im Klassenkampf sei individueller Terror nutzlos. Das wiederum wurde als quasi-marxistische Argumentation abgelehnt, und die Debatte dauerte noch weitere drei Jahre an. Obwohl es weiterhin zu sporadischen terroristischen Aktionen kam, hatte der »systematische Terror« aufgehört.[55]

Während und nach der Revolution von 1905 kam es zu zahlreichen unkontrollierten terroristischen Ausbrüchen im Kaukasus. Anarchistische Gruppen predigten »totale, unbarmherzige Rache des Volkes«. Eine dieser Gruppen, die *Besmotivniki* (»die Motivlosen«) planten und führten gelegentlich Taten von willkürlichem Terror unter dem Leitspruch »Tod der Bourgeoisie« aus. Sie bombardierten Cafés, Restaurants und Theater. Anschläge wurden auf das Hotel Bristol in Warschau und das Café Libman in Odessa, ausgeübt, obwohl gerade das Café, wie hinterher bekannt wurde, gar nicht von den Reichen besucht wurde.[56] Aber in Rußland selbst blieb der Anarchismus erfolglos, und seine Aktionen waren von geringerem Ausmaße, verglichen mit der weitreichenden Kampagne der Sozialrevolutionäre. Theoretisch hatte der Anarchismus nichts zum bewaffneten Kampf beizusteuern, außer einigen Appellen im Stil des Futuristischen Manifests von 1909, in dem der »giftige Atem der Zivilisation« angegriffen wurde: »Nehmt die Spitzhacken und Hämmer! Untergrabt die Fundamente der ehrwürdigen Städte! Alles gehört uns. Außer uns ist nur der Tod . . . Alle auf die Straßen! Vorwärts! Zerstört! Tötet!«[57] Appelle dieser Art gehören in die Annalen der expressionistischen Literatur, nicht in die der Geschichte des Terrorismus.

Türkei, Indien und das russische Beispiel

Das Beispiel Rußlands hatte erheblichen Einfluß auf zeitgenössische und spätere terroristische Bewegungen überall in der Welt. In Europa war er deutlich spürbar, und seine Methoden wurden sogar in Irland und Amerika studiert. Polnische Sozialisten gerieten unter seinen Einfluß und übten Anschläge auf Regierungsgebäude und Individuen aus. Vor allem aber kam es zu »Enteignungen«, d. h. bewaffneten Überfällen auf Banken und Züge. Starke Auswirkungen waren auf dem Balkan zu spüren, wo Terrorismus in verschiedenen Formen schon seit langem zu Hause war. Diese Ausstrahlung war nicht einseitig: Kravschinski war in den 70er Jahren des vorigen Jahrhunderts in die Herzogewina gegangen, um dort zu kämpfen, und Kaljajev erzählte einmal einem Genossen, er hoffe, es noch mitzuerleben, wenn in Rußland eine wirklich populäre terroristische Bewegung entstehe, wie es sie in Mazedonien gebe.[58] Aber die Terroristen auf dem Balkan waren vor allem (und gewöhnlich ausschließlich) Nationalisten. Selbst wenn einige Südslawen die Schriften Bakunins und Kropotkins kannten, so verdankte die ideologische Inspiration der »Jungen Bosnier« z. B. Mazzini sehr viel mehr als der *Narodnaja Volja.* Und doch hatten sie Ähnlichkeiten mit den *Narodnikis*: Askese, Keuschheit und der Glaube, daß nur Menschen edlen Charakters zu politischen Morden in der Lage seien.[59]

Es gibt Zeugnisse, die darauf hinweisen, daß die Methoden der armenischen Terroristen in den späten 80er und 90er Jahren des 19. Jahrhunderts sich weitgehend an *Narodnaja Volja* anlehnen. Ihr erster Führer in der Türkei war Avetis Nazarbeck, der von seiner Verlobten zum Sozialismus bekehrt wurde. Sie soll nur russisch gesprochen haben und an der russischen revolutionären Bewegung beteiligt gewesen sein.[60] In dem Programm der Daschnak Partei (1892) hieß es, die revolutionären Banden wollten »Regierungsbeamte, Informanten, Verräter, Wucherer und jegliche Art von Ausbeutern terrorisieren.« Es bestanden enge organisatorische Verbindungen zu in Rußland lebenden Armeniern. Waffen wurden in einer Fabrik von Arbeitern hergestellt, die Erfahrung in der Tula-Waffenschmiede gesammelt hatten, oder sie wurden (wenn auch nicht offiziell) von dem Waffendepot der russischen Regierung in Tiflis gekauft.[61]

Die politischen Probleme, denen sich die armenische terroristische Bewegung gegenübersah, waren natürlich *sui generis*: Sie war eine Minderheit, die sowohl einer tyrannischen Regierung als auch einer feindlichen Bevölkerung gegenüberstand. Einige sprachen sich für einen sofortigen Kampf aus, andere warnten davor, ihre Kräfte zu verausgaben und schlugen vor, man solle warten, bis die ottomanische Regierung mit Arabien, Kreta oder einer europäischen Macht in Streitigkeiten verwickelt sei, und dann zuschlagen.[62] Die Verfechter der sofortigen Aktion setzten sich durch, und da man unmöglich hoffen konnte, die Regierung zu stürzen, gründeten sie ihre Strategie auf Provokation. Sie gingen davon aus, daß ihre Anschläge auf die Türken grausame Gegenschläge provozieren würden und daß als Folge davon die armenische Bevölkerung radikalisiert werden würde. Noch entscheidender: die westlichen Mächte würden, von den Massakern aufgeschreckt, für sie eintreten, wie sie es zwei Jahrzehnte früher für die Bulgaren getan hatten. Schließlich hatten sie wohl gehofft, ihr Beispiel werde dazu führen, daß sich auch andere Nationalitäten innerhalb des ottomanischen Reiches erhöben und vielleicht unzufriedene Türken hinzukämen. Ihre spektakulärste Aktion war die Besetzung der Ottomanischen Bank in Konstantinopel im August 1896.[63] Aber das Ergebnis war schrecklich: es folgte ein dreitägiges Massaker, in dem Tausende von Armeniern umkamen. Europa zeigte mörderische Gleichgültigkeit, und ein Freund der armenischen Sache schrieb in einer Kritik der Revolutionäre: »Wenn unsere Henchakisten und Drojakisten ihre verrückten Unternehmungen fortsetzen, werden eines Tages nur noch sehr wenige Armenier in der Türkei leben, die von den angestrebten Reformen profitieren könnten.«[64]

Das armenische Beispiel zeigt klar die Schwierigkeiten, der eine nationale Minderheit gegenübersteht, wenn sie zu terroristischen Methoden greift. Als Karakosov 1866 auf den Zaren schoß, wurde er von Passanten festgehalten. Seine Rufe: »Narren, ich habe es für Euch getan« nützten ihm nichts, denn die »Massen«, weit davon entfernt, ihm zu helfen, waren dem Zaren gegenüber loyal. (Der Zar fragte: »Sind Sie Pole?«) In den Augen der türkischen Bevölkerung waren die armenischen Terroristen lediglich ausländische Agenten, Verräter, und es bedurfte nicht vieler Ermutigung von seiten der Autorität, um Massaker gegen diese Feinde des Islam und der türkischen Nation heraufzubeschwören.

Das russische Beispiel hatte auch seinen Einfluß in Indien. »Proteste führen zu nichts«, schrieb Tilak 1906, »die Tage des Betens sind vorbei . . . Schaut auf die Beispiele Irlands, Japans und Rußlands und folgt deren Methoden.«[65] Es gab auch Ratschläge praktischerer Art: Ein russischer Chemiker gab Senapati Bapat 1908 ein russisches Handbuch mit Anleitungen zur Herstellung von Bomben, und ein russischer Student übersetzte es für die »Free India Society« in Nord-London.[66] Das Handbuch wurde vervielfältigt und nach Indien geschickt.

Aber die Lehre der *Narodniki* enthielt Elemente, die für Indien unverdaulich waren. Der feurig idealistische Patriotismus Mazzinis übte sehr viel stärkeren Reiz aus als die Polemik zwischen diversen sozialistischen Fraktionen. Savarkar, der eifrigste Apostel des frühen indischen Terrorismus, schrieb eine Biographie Mazzinis in Marathi – das Buch, das das erste Opfer des indischen Pressegesetzes wurde.

Indischer Terrorismus war relativ sporadisch und im ganzen recht wirkungslos: gewöhnlich gelang es indischen Terroristen lediglich, statt der geplanten Opfer einige unschuldige Passanten zu treffen. Und doch ist die Ideologie des indischen Terrorismus von einigem Interesse, denn sie enthält eine eigenartige Mischung aus indischer Tradition und westlichen Einflüssen. 1897 schrieb Tilak, daß der hinduistische Rebellenführer Shivaji vor zwei Jahrhunderten berechtigt gewesen sei, den islamischen General Afzal Khan während einer Friedensverhandlung zu töten: Shivaji war inzwischen zu einem Nationalhelden geworden, zu dessen Ehren Festivals veranstaltet wurden.[66a] Ghandi, sollte man in Klammern erwähnen, hielt Shivaji für einen irregeleiteten Patrioten. Zeitungen in Marathi rechtfertigten öffentlich Morde, wenn sie von höheren Motiven getragen wurden. Die jungen Patrioten, von solchen Lehren angespornt, waren orthodoxe Hindus, die die reformistischen Politiker der Kongreßpartei haßten, weil sie religiöse Prinzipien verletzten, indem sie Kekse, Fleisch und Spirituosen zu sich nahmen. In ihren Manifesten verkündeten sie, sie würden »bestimmt das Blut ihrer Feinde, die die Religion zerstörten, vergießen«.[67] Als zehn Jahre später die erfolgreichste einheimische Tageszeitung *Yugantar* zum erstenmal erschien, predigte sie die gleiche Botschaft noch schärfer. Diebstahl oder Bandentum wurden gewöhnlich als Verbrechen angesehen, aber die Zerstörung des höchsten Gutes war gerechtfertigt, ein religiöses Werk. Der Mord an Ausländern war keine Sünde, sondern *jagna*, eine Opferzeremonie.[68] Man solle heimlich Bomben herstellen und Gewehre aus dem Ausland importieren, denn »die Leute im Westen verkaufen ihr eigenes Vaterland für Geld«. Tilak, der die Göttin Kali in seinen Reden beschwor (»Wir sind alle Hindus und Anbeter Kalis und schämen uns dessen nicht«), verglich die Bombe mit magischen Formeln, Zauberei und einem Talisman. Es war nicht überraschend, daß Savarkar und seine Schüler sich gegen Pazifismus und das universalistische Element (den »Hokus Pokus«) der Hindu-Religion wandten; Gewaltlosigkeit würde die »Fähigkeit zerstören, sich der Sünde zu widersetzen« und die Kraft des nationalen Widerstandes vernichten. In dem (unter Extremisten klassischen) Buch über den indischen Unabhängigkeitskrieg von 1857 schrieb Savarkar, der Dolch des Brutus sei heilig, Wilhelm Tells Pfeil göttlich, und er führt auch Beispiele aus der indischen Geschichte an – jeder Hiranyakashipu habe seinen Narasimha, jeder Dushshasana seinen Bheema, jeder Übeltäter seinen Rächer.[69] Auch der *Indian Sociologist,* von Krishna Varma in London herausgegeben, rechtfertigte politischen Mord. Die britischen Behörden schritten dagegen ein, und wie die Zeitschriften *Bande Mataram und Talvar,* mußte der »*Indian Sociologist*« seine Aktivitäten in Highgate im Norden Londons aufgeben und auf den Kontinent verlegen.

Im Jahre 1909, nachdem Sir William Curzon Wyllie, Lord Morleys politischer Berater, in London von einem von Krishna Varmas Studenten ermordet wurde, kam es zu einer Welle von terroristischen Aktionen. Dies war allerdings nur von kurzer Dauer, und erst 1920 kam es erneut zu zahlreichen Zwischenfällen. Indischer Terrorismus, so predigten Savarkar und andere, richtete sich nicht nur gegen die Briten, sondern auch gegen die Moslems und, folgerichtig, gegen politische Feinde in den eigenen Reihen. In späteren Jahren übernahm Savarkar die Führung der Hindu Mahasabha und der militärisch-terroristischen Unterorganisation, der RSSS (Rashtriya Swayam Sewak Sangh). Sie predigte die Einheit und Unteilbarkeit Indiens, und alle, die diese Lehre nicht akzeptierten, waren Verräter. Die Führungsspitze der RSSS setzte sich aus Brahmanen zusammen, hauptsächlich aus Poona, Savarkars Heimatstadt und politischer Basis. Einer von ihnen, Nathuram Godse, erschoß 1948 Gandhi. Er war mehrere Jahre Savarkars Hauptadjutant gewesen, aber Savarkars Mittäterschaft konnte vor Gericht nicht bewiesen werden. Er wurde freigelassen und starb 1966 im hohen Alter von 83 Jahren.[70]

Die Motivation der nächsten Generation indischer Terroristen schien auf den ersten Blick völlig anders zu sein. Die meisten waren Mitglieder der gewaltlosen, non-kooperativen Bewegung, wie sie Gandhi in seiner frühen Phase vertrat, und erst nachdem die Hoffnung auf Erfolg gering wurde, wandten sie sich revolutionären Ideen zu. Die Hindustan Socialist Republican Association *(HSRA)* wurde 1928 gegründet. Einige ihrer Führer, wie Bhagat Singh, hatten angeblich »Das Kapital« gelesen und bewunderten die Sowjet-Union.[71] In ihrer Lehre, in einem Werk unter dem Titel *The Philosophy of the Bomb* zusammengefaßt, heißt es, man erwarte keine Gnade und kenne keinen Pardon: »Unser Krieg geht bis zum Ende – zum Sieg oder zum Tod.« Gleichzeitig verneinten sie allerdings, daß ihre Revolution mit Gewalt identifiziert werden könne oder, genauer gesagt, mit dem Kult der Pistolen und Bomben. In ihren Schriften betonen sie die führende Rolle der Arbeiterklasse. Leider seien die Arbeiter und Bauern noch »passiv, dumm und ohne Stimme«, und die radikale nationalistische Jugend, idealistisch und unruhig, müsse als Avantgarde der Revolution handeln.[72] Das war ihre historische Aufgabe: Die Jugend Indiens, das Salz der Erde, solle nicht nur »Propaganda der Tat«, sondern »Propaganda des Todes« ausführen. Diese offensichtlichen Widersprüche zwischen Lehre und Praxis sind nicht sehr schwer zu erklären. Die jungen Revolutionäre waren sowohl ungeduldig als auch isoliert. Sich nach russischem Vorbild »ans Volk zu halten«, war nicht möglich; in Indien, wie in Lateinamerika und Afrika wurde körperliche Arbeit von den Mitgliedern der Oberschicht, einschließlich der aus ihr stammenden Revolutionäre, nie hoch eingeschätzt. Ein sympathisierender Historiker bemerkt, daß die HSRA es versäumte, politisch mit den einfachen Leuten zu arbeiten und auch fast keinen Kontakt mit ihnen hatte. In der Theorie waren sie dem revolutionären Sozialismus verpflichtet, aber ihr »revolutionäres Bewußtsein«, das so oft beschworen wurde, war rein nationalistisch ausgerichtet, so daß die militante Jugend fast ausschließlich für nationalistische Aktionen eingesetzt werden konnte.[73]

Die Ursprünge der »Philosophie der Bombe«, des HSRA-Manifests, sollen kurz erwähnt werden.[74] Nach dem Anschlag indischer Terroristen auf den Sonderzug des Vizekönigs im Jahre 1929 hielt Gandhi eine Rede vor dem indischen Kongreß (später als Aufsatz in *Young India* unter dem Titel »The cult of violence« veröffentlicht) und brachte eine Resolution ein, die sich gegen Terrorismus aussprach. Die Terroristen wurden als »Feiglinge« bezeichnet, ihre Taten als »hinterhältig«. Gandhi schrieb, er würde an der Gewaltlosigkeit verzweifeln, wenn er nicht genau wüßte, daß Bombenwerfen »nur der Schaum sei, der sich an der Oberfläche einer quirlenden Flüssigkeit ansammle«. Gandhi warnte auch vor Terrorismus im Hinblick auf mögliche innenpolitische Konsequenzen. Von der Gewaltanwendung gegenüber fremden Herrschern sei es nur ein »einfacher, natürlicher Schritt zur Gewalt gegen unsere eigenen Leute, von denen wir glauben, daß sie dem Fortschritt des Landes im Wege stehen«.[75] Prophetische Worte im Hinblick auf Mahatmas tragischen Tod.

Gandhi hatte natürlich Terrorismus schon häufig vorher öffentlich verdammt. Die Geschichte habe bewiesen, so sagte er vor Studenten in Calcutta im Jahre 1915, daß Attentate (»eine westliche Institution«) zu nichts führten: »Was haben sie in der westlichen Welt bewirkt? Wir würden nicht zögern, uns gegen jene aufzulehnen, die unser Land terrorisieren wollen.«[76] Die Philosophen der Bombe dagegen argumentierten, daß zwar Terrorismus keine vollständige Revolution, eine Revolution ohne Terrorismus aber nicht vollständig sei. Außerdem sei Terrorismus kein europäisches, sondern ein einheimisches Produkt. »Terrorismus flößt den Herzen der Unterdrücker Angst ein, den unterdrückten Massen bringt er Hoffnung auf Rache und Erlösung. Den Unschlüssigen gibt er Mut und Selbstvertrauen, er hilft dem Ansehen der unterworfenen Rasse in den Augen der Welt; denn es gibt keinen besseren Beweis für den Hunger einer Nation nach Freiheit.«[77] Der durchschnittliche Inder, so behaupteten die Terroristen, verstehe die feinen theologischen Notwendigkeiten der Nächstenliebe kaum. Gandhis Evangelium der Liebe werde die britischen Vizekönige und Generäle nicht beeinflussen. Gewalt behindere nicht den Marsch für sozialen Fortschritt und politische Freiheit: »Seht das Beispiel Rußlands oder der Türkei.«[78] Sie behaupteten, Gandhi verstehe die revolutionäre Psychologie nicht. Ein Terrorist opfere nicht sein Leben, damit die Massen »Bravo« riefen; er wende sich dem Terrorismus zu, weil sein Verstand und sein Gewissen ihn dazu zwängen. »Der Vernunft und *nur* der Vernunft beugt er sich.« Es habe kein Verbrechen gegeben, das die Briten in Indien nicht begangen hätten: »Als Rasse und als Volk stehen wir gedemütigt und entsetzt da. Erwartet man immer noch von uns, daß wir vergeben und vergessen? Wir werden unsere Rache bekommen, die gerechte Rache des Volkes an dem Tyrannen.«[79]

Die Terroristen verbreiteten die »Philosophy of the Bomb« und einige andere Manifeste, aber ihre Wirkung auf die Massen war, mit der Gandhis verglichen, unbedeutend. Es kam zu einigen Beispielen der »Propaganda der Tat«: ein Polizeioffizier wurde 1928 in Lahore erschossen. Im April 1929 warfen Bhagat Singh und Batukeswar Datta zwei kleine Bomben von der öffentlichen Tribüne in die Gesetzgebende Versammlung in Delhi. Sie versuchten nicht zu fliehen. Beide wurden hingerichtet. In ihrer Aussage vor Gericht sagten sie, ihr einziger Grund sei gewesen, »die Tauben zum Hören zu bringen«, Protest zu erheben im Namen all derer, die keine andere Möglichkeit mehr hätten, auf ihren herzzerreißenden Todeskampf aufmerksam zu machen. Sie sagten, die gleichen Ideale, denen Guru Govind Singh und Shivaji, Kemal Pasha und Reza Khan, Washington und Garibaldi, Lafayette und Lenin gefolgt seien, hätten auch sie inspiriert.[80]

Es kam noch zu weiteren Beispielen der »Propaganda der Tat«, wie dem Überfall in Chittagong im Jahre 1930. Im gleichen Jahr entwarf die Yugantar Partei in Calcutta ein terroristisches Manifest, in dem sie dazu aufrief, Europäer in Hotels, Clubs und Kinos umzubringen, den Flughafen in Dum-Dum anzuzünden und die Gas- und Elektrizitätswerke zu zerstören.[81] Doch von diesen wenigen Aktionen und Appellen abgesehen, war nach 1932 eine deutliche Abnahme von terroristischen Aktivitäten zu verzeichnen, was zeitlich mit dem Zusammenbruch der *Civil Disobedience* (Verweigerung der Bürgerpflichten)-Bewegung zusammenfiel. Die Notstandsmaßnahmen der Regierung waren recht wirksam, und die Verfassungsreform von 1935 entschärfte (mit den Worten eines Historikers) die gewaltsamen und gewaltlosen

Methoden der indischen Politik.[82] Nur während des Zweiten Weltkrieges kam es noch einmal kurzfristig zu terroristischen Ausbrüchen. Mit der Teilung Indiens verlagerte sich die revolutionäre Gewalt von der individuellen Ebene zum Massenterror und Bürgerkrieg.

Propaganda der Tat

Das Konzept der »Propaganda der Tat« läßt sich einem Historiker des Anarchismus zufolge bis auf Carlo Pisacane zurückverfolgen, dem Helden des Risorgimento, der auf einer tragisch sinnlosen Expedition nach Kalabrien im Jahre 1857 umkam. Pisacane schrieb, daß Propaganda der Ideen ein Hirngespinst sei und daß Ideen durch Taten entstünden.[83] Tatsächlich tauchen ähnliche Gedanken schon sehr viel früher auf, aber das Zeitalter der »Propaganda der Tat« begann mit den italienischen Anarchisten Malatesta und Cafiero im Jahre 1876. Sie gaben bekannt, ihre Organisation sei der Meinung, daß »ein Aufstand, der die sozialistischen Prinzipien durch die Tat bekräftigt, die wirksamste Form der Propaganda und die einzige ist, die, ohne die Massen zu betrügen oder zu verderben, die sozialen Schichten am tiefsten durchdringt und die lebendigen Kräfte der Menschheit in den Kampf der ›Internationale‹ miteinbezieht«.[84] Kurz darauf prägte der junge französische Arzt Paul Brousse in derselben Zeitschrift den Ausdruck »Propaganda der Tat«.[85] Theoretische Propaganda – Massenversammlungen, Zeitungen oder Flugschriften – hatten begrenzte Wirkung; zudem könnte die käufliche bürgerliche Presse die wahre Botschaft immer verleumden und verzerren (»manipulieren« im heutigen Sprachgebrauch), und bürgerliche Redner könnten Volksversammlungen beschwatzen. Weiterhin hätten Arbeiter, die nach einem elf- oder zwölfstündigen Arbeitstag erschöpft nach Hause kämen, wenig Lust, sozialistische Schriften zu lesen. Proudhon hatte hervorragende Schriften verfaßt, aber wer, außer wenigen Leuten, hatte sie gelesen? Praktische Demonstrationen hingegen, wie die Pariser Kommune, hätten die Probleme auf so dramatische Weise präsentiert, daß man sie nicht länger umgehen könne. Kurz gesagt, die »Propaganda der Tat« sei ein machtvolles Mittel, um das Bewußtsein des Volkes zu wecken.[86]

Aber Prousse predigte nicht den politischen Mord; im Gegenteil, er bezweifelte, daß ein System durch politische Attentate verändert werden könnte. Nur zwei Jahre später erschien Korpotkins klassische Formulierung, in der er anarchistische Aktion als permanente Anstiftung durch das gesprochene oder gedruckte Wort, Messer, Gewehr, Dynamit, alles, solange es nicht legal sei, definierte. Eine einzige Tat schaffe mehr Propaganda in wenigen Tagen als tausend Flugblätter. Die Regierung werde sich bemühen, sich durch Verschärfung der Unterdrückung zu verteidigen, aber weitere Aktionen würden folgen, und die Revolutionäre würden zu immer heldenhafteren Taten angetrieben. Eine Aktion lasse die nächste folgen, immer mehr Menschen würden in den Kampf eintreten, und die Regierung verliere Einheit und Selbstvertrauen. Jegliche Art von Zugeständnissen werde zu spät kommen, und schließlich finde eine allgemeine Revolution statt.[87]

Prinz Kropotkin, Sohn eines hohen russischen Offiziers, hatte im Pagencorps gedient; er schloß sich einer revolutionären Gruppe an, wurde 1874 verhaftet, konnte aber zwei Jahre später entkommen. Seine politische Karriere ist ein Teil der Annalen der anarchistischen Bewegung, in der er zu den führenden Ideologen gehörte. Was in diesem Zusammenhang noch erwähnt werden muß ist, daß er, im Gegensatz zu Leuten wie Netschajev, ein ausgesprochen sanfter Mann war, fast eine Heiligenfigur, und daß er sich in späteren Jahren sehr gegen »sinnlosen Terror« wandte. Als er aber die Führung der anarchistischen Bewegung in den späten 70er Jahren des 19. Jahrhunderts übernahm, war er zweifellos einer der Hauptbefürworter des individuellen Terrors als Mittel zur Revolutionierung der Massen.[88] Selbst in späteren Jahren war er noch bereit, die Ermordung Alexanders II. zu rechtfertigen und Attentate auf führende politische Persönlichkeiten des Westens in den 80er und 90er Jahren des 19. Jahrhunderts als die verzweifelte Reaktion auf unhaltbare Zustände zu entschuldigen. Nicht die individuell Verantwortlichen, sondern die Gesellschaft, die sie Mißachtung des menschlichen Lebens gelehrt hatte, war schuldig. Er teilte völlig Kravschinskis Meinung, daß Terror zwar ekelhaft, sich der Gewalt zu beugen jedoch noch schlimmer sei.[89]

»Propaganda der Tat« war eine der wichtigsten Konzeptionen auf dem Internationalen Anarchistenkongreß, der im Juli 1881 in

London stattfand. Ganz, einer der Delegierten, schlug vor, man solle sich mehr den Studien der Chemie und Technik widmen, um abschreckende Waffen im Kampf gegen die Unterdrücker zu entwickeln. Kropotkin hielt diese Vorschläge für lobenswert, warnte aber vor der Illusion, daß man in ein paar Stunden den Beruf eines Chemikers oder Elektrikers erlernen könne; einige wenige Experten könnten diese Aufgaben auf kompetentere Weise erledigen.[90] Außerdem seien Chemie und Pyrotechnik keine Allheilmittel; es sei wichtiger, sich in der Mobilisierung der Massen auszukennen. Dennoch verabschiedete der Kongreß eine Resolution, die empfahl, daß die angeschlossenen Organisationen und Mitglieder sich mit den technischen und chemischen Wissenschaften auseinandersetzen sollten, da sich diese bereits der revolutionären Sache gegenüber als nützlich erwiesen hätten und in Zukunft noch wichtiger werden würden.[91] Diese Vorschläge beruhten auf der Annahme – um noch einmal die Resolution zu zitieren –, daß in naher Zukunft mit einer allgemeinen Erhebung zu rechnen sei. »Propaganda der Tat« sollte die mündliche Propaganda unterstützen und das Bewußtsein der Massen stärken, insofern, als immer noch Illusionen bestanden bezüglich der Effektivität legaler Methoden. Aber es kam zu keiner allgemeinen Erhebung, und es verstrich mehr als ein Jahrzehnt, bis sich französische, italienische und spanische Anarchisten der »Propaganda der Tat« bedienten. In den 80er Jahren kam es nur zu wenigen Bombenanschlägen und Attentaten in Westeuropa, und die meisten, wie der Anschlag auf Kaiser Wilhelm I., wurden nicht von Anarchisten ausgeführt. Den ursprünglichen Impuls für die neue Doktrin hatte natürlich das Beispiel der russischen Revolutionäre geliefert, aber zu dem Zeitpunkt, als die Resolution in London verabschiedet wurde, hatte sich die terroristische Welle selbst in Rußland verlaufen.

So hatten die anarchistischen Appelle keine ernsthaften Folgen außer der, die Öffentlichkeit in Angst zu versetzen. Es ist bewiesen, daß die Polizei in ihren Bemühungen, die anarchistischen Gruppen zu unterwandern, tatsächlich Geld für anarchistische Publikationen und in einigen Fällen offensichtlich sogar für Aktionen zur Verfügung stellte. Einer der blutrünstigsten Aufrufe wurde in einer französischsprachigen Zeitschrift, die in London mit polizeilicher Unterstützung erschien, veröffentlicht: Er forderte dazu auf, Schläge gegen die Linke, die Rechte und die Mitte, gegen Religion und Patriotismus auszuteilen. Diebstahl, Mord und Brandstiftung wären legitim, und so natürlich auch der große Freund, der »Donner des Dynamits«.[92] Im Jahre 1880 begann die französische anarchistische Zeitschrift *La Revolution Sociale* Anleitungen zum Bau von Bomben zu veröffentlichen. Zu dem Zeitpunkt wurde die Zeitung von Serreaux, einem Polizeispitzel, herausgegeben, mit finanzieller Unterstützung von Louis Andrieux, dem Pariser Polizeipräsidenten, der uns tiefsinnigerweise ausführliche Memoiren hinterlassen hat. Dagegen sprachen sich auch *bona fide* anarchistische Publikationen wie Mosts *Freiheit, La Lutte Sociale* und Schweizer Veröffentlichungen für die Bombe, »die letzte Waffe der Revolte«, aus. Es wurde empfohlen, Bomben oder brennbare Materialien in die Nähe von Lagerhäusern für Baumwolle oder Alkohol zu benutzen. Chemische Formeln zur Herstellung von *produits anti-bourgeois* wurden abgedruckt. Natürlich durfte man nicht zu sehr in die Einzelheiten gehen: »*L'action ne se conseille, ni ne se parle, ni ne s'écrit – elle se fait.*« [93] Marie Constant, ein revolutionärer Pariser Schuster, verfaßte ein populäres Lied mit dem Schluß:

Maintenant la danse tragique
vent une plus forte musique
Dynamitons, dynamitons.

Nach der Hinrichtung von Ravachol entstand ein neues Wort: *ravacholiser*; die *Ravachole* wurde zu der Melodie *Carmognole, vive le son, de l'explosion* gesungen. Ein Kult um Ravachol stärkte den Anarchismus erheblich.[94] Unter den ausgefalleneren Vorschlägen waren Empfehlungen für Dienstpersonal, seine Herrschaften zu vergiften, für Kirchgänger, Priester zu vergiften, und für Anarchisten, Ratten in Benzin zu tränken, anzuzünden und dann in der Nähe von ausgewählten Gebäuden loszulassen.[95] Anarchistische Zeitungen riefen ihre Anhänger dazu auf, sich mit allen Waffen, die die Wissenschaft zur Verfügung stellte, zu rüsten und die kriminellen Institutionen einer Gesellschaft zu zerstören, die auf dem schlimmsten Egoismus basierte: »*Pillons, brûlons, détrusions.*« Die neue revolutionäre Strategie, so wurde verkündet, kannte nicht mehr den offenen, frontalen Kampf, »mais une guerre de partisans menée de façon occulte«.[96]

Während in London militante Resolutionen verabschiedet wurden, waren die italienischen Anarchisten, die in den 70er Jahren bemerkenswerten Einfluß gehabt hatten, bereits im Abstieg begriffen. Nach einigen wirkungslosen Erhebungen verlief die Bewegung völlig im Sande. Die Ermordung eines Wiener Schusters im Jahre 1882, eines Polizeiinspektors ein Jahr später, eines Polizeispitzels und eines Geldwechslers im Jahre 1884 brachte die Revolution nicht näher. Die Tatsache, daß die kleinen Kinder des Geldwechslers mit ermordet wurden, um Zeugen auszuschalten, machte die Terroristen im Volk auch nicht beliebter. Ein Apotheker wurde in Straßburg und ein Bankier in Mannheim ermordet. In beiden Fällen war das Motiv wohl eher Raub als Politik. Einige kleinere Vorfälle passierten in der Schweiz. Das war so ziemlich die Gesamtsumme der »Propaganda der Tat« in Mitteleuropa. Der Umschwung kam erst nach einer Anzahl von Anschlägen, die zwischen März 1892 und Juni 1894 in Frankreich stattfanden. Nach 1894 kam es noch zu einigen spektakulären politischen Attentaten, die hauptsächlich von Italienern ausgeführt wurden. Aber diese Aktionen wurden von individuellen Terroristen unternommen, und soweit sich das feststellen läßt, wurden sie von keiner Organisation unterstützt. (Die einzige mögliche Ausnahme war die Ermordung König Umbertos von Italien im Jahre 1900 durch Bresci, der offensichtlich von einer Gruppe von italienischen Anarchisten aus Paterson, Jew Jersey, ausgewählt und unterstützt worden war.)[97] Die »große internationale anarchistische Verschwörung« existierte nur in der Phantasie der Polizeipräsidenten und Presse; rückblickend war ihre wichtigste Funktion, Stoffe für Romane von Henry James, Joseph Conrad, Emile Zola und einigen anderen zu liefern, so, wie die russischen Anarchisten Dostojewski inspiriert hatten. Aber es gab keine »anarchistische Partei«. Als Emile Henry, der die Bombe in das Café Terminus geworfen hatte, während seines Prozesses verkündete: »Wir fordern kein Mitleid in diesem mitleidlosen Krieg, den wir der Bourgeoisie erklärt haben«, sprach er für niemanden als sich selbst.[98] Anarchistische Publikationen hatten praktisch seit Jahren aufgehört, die »Propaganda der Tat« zu empfehlen, seitdem es offensichtlich wurde, daß der Glaube an individuellen Terror als Basis einer rationellen und vertretbaren Propaganda utopisch war.[99] Kropotkin, der einst einer der offensten Befürworter des Terrorismus gewesen war, gab 1891 zu, daß das ein Irrtum gewesen sei: Die Revolution würde nicht aufgrund einiger heroischer Taten kommen. Beflügelt von den russischen Revolutionären von 1881, hatten europäische Anarchisten irrtümlicherweise angenommen, daß einige wenige entschlossene Revolutionäre mit einigen Bomben bewaffnet einen sozialen Umsturz herbeiführen könnten, als ob ein Gebäude, das seit Jahrhunderten verwurzelt war, mit einigen Kilogramm Dynamit zerstört werden könnte.[100] Aber wie der Aufruf zur »Propaganda der Tat« zehn Jahre lang ignoriert worden war, so blieb auch der Aufruf zum Rückzug 1891 ohne Erfolg. Es gab keine weltweite Verschwörung, kein Oberkommando, keine »Parteidisziplin«; jeder individuelle Anarchist, jede Gruppe konnte ihren Protest anmelden, wann und wo sie es für richtig hielten.

Waffen und der Klassenkampf

In Spanien behaupteten sich terroristische Operationen länger als anderswo. Es begann mit der mysteriösen *Maño Negra*-Bewegung, einer Bauernrevolte in Andalusien in den 80er Jahren des 19. Jahrhunderts, setzte sich, hauptsächlich in Katalonien, in den 90er Jahren fort und erreichte einen Höhepunkt in Barcelona in den Jahren 1904 bis 1909 und dann noch einmal zwischen 1917 und 1922. Zwei hervorstechende Besonderheiten des spanischen Terrorismus waren die *atentados sociales,* d. h. gewalttätige Arbeitskämpfe (und Konflikte zwischen Gewerkschaften) und die weitverbreitete Beteiligung von kriminellen Elementen (Pistoleros), »Dieben und Pistolenschützen, die sicherlich von keiner anderen Arbeiterpartei zusammen mit Idealisten der reinsten und selbstlosesten Form akzeptiert worden wären«.[101] Hinter dem »strategischen Terrorismus« von 1905, der in der versuchten Ermordung König Alfonsos gipfelte, mag der Plan gesteckt haben, eine revolutionäre Bewegung auszulösen. Aber der Terror während des Ersten Weltkrieges und nach ihm war, Angel Pestaña zufolge, in einem »mystischen und apokalyptischen Idealismus« verwurzelt und wurde bald durch die *pistoleros* kommerzialisiert, die als Geldeintreiber für die Gewerkschaften sowohl Arbeiter als auch Aufseher und Arbeitgeber terrorisierten.[102] Terrorismus in Spanien muß im Licht der langen spanischen Tradition politischer Gewalttätigkeit und der besonderen sozialen Strukturen gesehen werden. Die Rolle der Ideologie war unbedeutend, tatsächlich war eine solche Doktrin nicht notwendig.

Terrorismus in den Vereinigten Staaten war insofern ähnlich dem in Spanien, als auch hier eine Tradition der Gewaltsamkeit bestand und es schon seit langer Zeit stürmische, oft blutige Arbeitskämpfe gegeben hatte. Das trifft vor allem auf die Bergarbeiter zu, die die Tradition von den Molly Maguires bis zu Bill Haywoods *Western Federation of Miners* und der I. W. W. fortsetzten. Nachdem sich zuerst aus Deutschland und später aus Osteuropa die Theorie der »Propaganda der Tat« verbreitet hatte, kam ein ideologisches Element hinzu, das in Südeuropa nicht existierte: Die anti-parlamentarische »International Working Peoples Association«, die 1883 in Pittsburgh gegründet wurde, war syndikalistisch und bejahte Gewalt nur in Form von Massenstreiks und Sabotage, nicht Terroraktionen. Chicago war das Zentrum dieser Aktivitäten.

Als sich aber die industriellen Konflikte verschärften und die Wellen höher schlugen, befürworteten *Alarm* und die *Chicagoer Arbeiterzeitung* sowohl individuellen als auch Massen-Terror. Dynamit wurde die große soziale Lösung der Emanzipierer, und den Arbeitern wurden offen Anleitungen angeboten, wie die Waffen zu bedienen seien: »Die Waffen der sozialen Revolution sind in die Reichweite aller gerückt.« Ein Leser schrieb: »Von allen guten Dingen ist Dynamit das Beste . . . Es ist nicht sehr schmückend, aber außerordentlich nützlich, kann gegen Personen und Dinge angewandt werden; es ist besser, es gegen erstere als gegen Ziegel und Mauerwerk zu verwenden.« [103] C. S. Griffin argumentierte, daß keine Regierung ohne Haupt existieren könne, und »wenn man das Haupt ermordet, genauso schnell, wie es erscheint, könnten die Regierung zerstört und, allgemein gesprochen, alle Regierungen an der Existenz gehindert werden. Diejenigen, die dem Volk am wenigsten unangenehm seien, würden zuletzt zerstört.« [104] Albert Parsons, einer der Angeklagten in der Haymarket-Affäre, Herausgeber vom *Alarm* und ehemaliger Finanzbeamter in Austin, Texas, verteidigte die Anwendung von Dynamit sogar vor Gericht: Es sei demokratisch, es mache alle gleich. Es sei ein Friedensstifter, der beste Freund des Menschen. Da Gewalt das Gesetz des Universums sei, mache Dynamit alle Menschen gleich und damit frei. Aber Parsons bestritt, daß er irgend etwas mit dem Werfen der Bombe zu tun gehabt hätte.[105] Diejenigen, die angeblich in die Haymarket-Affäre verwickelt waren, waren Zeitgenossen und Schüler von Johannes Most, dem Hohenpriester des amerikanischen Terrorismus für viele Jahre.

In den 90er Jahren tauchten noch radikalere Aktivisten wie Emma Goldmann und Alexander Berkman auf. Im Juli 1892 versuchte Berkman Henry C. Frick von der Carnegie Company zu erschießen, den er für verantwortlich für die Ausschreitungen im Homestead-Streik Anfang desselben Jahres hielt. Zu jener Zeit 21 Jahre alt, war Berkman fünf Jahre vorher in den Vereinigten Staaten angekommen. Er war ein Enthusiast; Basarov, Hegel, »Freiheit« und Tschernischevski (offenbar in dieser Reihenfolge) waren seine Idole.[106] Seiner Ansicht nach zählten nur die, die sich abmühten, die etwas produzierten. Der Rest waren Parasiten, die kein Existenzrecht hatten. Alle Mittel waren gerechtfertigt, empfehlenswert im Kampf gegen sie: je radikaler die Behandlung, um so schneller die Heilung. Die Gesellschaft war ein Patient, mit kranker Verfassung und Funktion; unter diesen Umständen war ein operativer Eingriff notwendig. Die Beseitigung eines Tyrannen war ein Akt der Befreiung, die höchste Pflicht eines jeden Revolutionärs. Da er ein Feind des Volkes war, konnte seine Ermordung keinesfalls als Vernichtung menschlichen Lebens aufgefaßt werden.[107] Berkmans Aktion wurde nicht nur von den meisten Amerikanern abgelehnt, sie hatte auch eine tiefe Spaltung der anarchistischen Bewegung zur Folge; in der Zeitschrift *Freiheit* lehnten ihn die meisten ab, während Emma Goldmann ihn in *Anarchist* verteidigte. Die Tatsache, daß Most, die »Inkarnation des Trotzes und der Rebellion«, Berkman verleugnete, schlug in ihrem Kreis wie eine Bombe ein.[108] Es war fast, als wäre Marx in hohem Alter zum Kapitalismus bekehrt worden.

Most

Johann Most wurde 1846 in Deutschland geboren, wo er eine unglückliche Kindheit verlebte. Nach einer Lehre als Buchbinder und den Wanderjahren, die damals unter Handwerkern üblich waren, wurde er als radikaler Agitator in Österreich verhaftet. Später wurde er eine der führenden Persönlichkeiten der deutschen Sozialdemokratie. Er war ein unermüdlicher Organisator, ein wirksamer Redner, sein Stil war schrill, seine Ausdrucksweise flüssig, aber oft grob und unflätig. Obwohl er Mitglied des

Reichstags war, mußte er nach Bismarcks anti-sozialistischen Notverordnungen aus Deutschland fliehen. Most wurde Gründer und Herausgeber der *Freiheit,* einer sozialdemokratischen Wochenschrift in London. 1879 war er immer noch Marxist; »als alte Sozialisten predigen wir Revolution, nicht Putsch«, schrieb er. Aber vom Temperament her war er immer radikaler als die Parteiführung. Zu Anfang sicherte er sich immer noch ab, indem er die Autorität anderer vorschob, wenn er extremere Lehren verbreitete. Zum Beispiel zitiert er beifällig Wilhelm Liebknechts Aussage, daß es unter bestimmten Voraussetzungen, z. B. in einem barbarischen Land wie Rußland, möglich sei, das System mit Dolch und Revolver zu zerstören.[109]

Aber warum nur in Rußland? Most war mit marxistischen Analysen unzufrieden, und im September 1880 entschloß er sich, anarchistische Lehren in seiner Zeitung zu diskutieren. Schließlich hatten diese sehr viel mehr Enthusiasmus hervorgerufen (wie die Ereignisse in Rußland zeigten) als die Schritt-für-Schritt-Politik der Sozialdemokraten. Er veröffentlichte Bakunins »Revolutionären Katechismus« für die deutschen Revolutionäre, die (wie er voraussagte) auf dem Wege waren, die Taktiken der russischen Anarchisten nachzuahmen.[110] Er pries die irischen »Dynamiter«: kein ehrlicher Sozialrevolutionär könnte ihnen Vorwürfe machen, selbst wenn sich ihre Racheakte als grausam darstellten. »Wenn wir erst stärker sind, werden wir wie sie handeln; eine kriegführende Partei kann keine Verräter in ihren Reihen dulden. Zum Teufel mit dem schwächlichen, falschen humanitären Getue. Es lebe der Haß! Es lebe die Rache!« Oder bei einer anderen Gelegenheit: »Laßt uns alle unsere Pflicht tun. Laßt uns alle auf den Tag hinarbeiten, an dem sich die Angriffe vervielfältigen auf die, die für die Sklaverei, Ausbeutung und das Elend des Volkes verantwortlich sind.« Nach einem enthusiastischen Leitartikel (»Sieg! Sieg!«), der die Ermordung Alexanders II. feierte, wurde Most von einem Londoner Gericht zu Gefängnis verurteilt.[111] Zwischenzeitlich war er auch aus den Reihen der deutschen Sozialdemokraten ausgestoßen worden.

Freiheit wurde in die Vereinigten Staaten verlegt, und in den folgenden Jahren wurde es zum hemmungslosesten Organ der Welt, das die anarchistische Propaganda der Tat predigte. Es wurde auch das einflußreichste; einige Ausgaben hatten eine Auflage von 25 000, und Mosts Schriften wie *The Beast of Property* und

Die Revolutionäre Kriegswissenschaft waren weit verbreitet.

Most wies die Taktiken der europäischen sozialistischen Parteien zurück. Er glaubte nicht wie sie an geduldige organisatorische und propagandistische Arbeit; er verwies ihre Theorie, daß sich früher oder später starke linke Parteien formieren würden und das System an seinen eigenen Widersprüchen zugrunde gehen würde. Er war überzeugt, daß das Volk jederzeit und in jedem Land zur Revolution (und zu der ihr folgenden Freiheit) bereit sei, daß die Menschen aber nicht genug Mut hätten, um gezielt etwas zu unternehmen. Deshalb bedürfe es einer kleinen Minderheit, um den Weg zu zeigen: die Masse des Volkes habe immer etwas vom Affen und Papagei an sich gehabt, und es sei unsinnig, auf die Initiative der unaufgeklärten, unbeständigen und zögernden Menge zu warten.[112] Einige wenige, die in Sklaverei geboren worden seien, könnten ihre Ketten aus eigener Kraft sprengen, aber nichtsdestoweniger solle man von ihnen erwarten, daß sie sich der Mehrheit beugten. Selbst in der freien Gesellschaft der Zukunft sollte es dennoch keine Tyrannei der Mehrheit geben. Ein Revolutionär, der es ernst meine, müsse sich der Verschwörung bedienen. Sobald er sich für sein Ziel einsetze, könne er unmöglich die Mittel ablehnen, die zu dessen Verwirklichung führen würden.[113] Die Mittel seien sicherlich barbarisch – nicht weil die Revolutionäre sie gewählt hätten, sondern weil das bestehende System im Grunde barbarisch sei und nur mit seinen eigenen Waffen geschlagen werden könne. Die Mörder selbst müßten ermordet werden. Der Weg zur Humanität müsse durch die Barbarei führen.[114] Das Gesetz des Urwalds sei in der Geschichte immer ausschlaggebend gewesen; der Sieger sei immer im Recht gewesen. Keiner der russischen Revolutionäre um 1880 hätte eine solche Doktrin akzeptiert, aber im Gegensatz zu ihnen standen Most und einige seiner anarchistischen Genossen unter dem Einfluß zeitgenössischer Sozial-Darwinisten, die den Elitegedanken und sogar den Übermenschen verherrlichten. Einer der vergessenen Propheten dieser Subkultur war Ragnar Redbeard, dessen Schriften sowohl die Linke wie die Rechte ansprachen. Er soll hier kurz erwähnt werden.

Gesegnet sind die Starken, schrieb Redbeard, denn ihnen wird die Erde gehören; verdammt sind die Schwachen, sie werden das Joch erben. Gesegnet sind die Gnadenlosen, ihre Nachfahren werden die Welt besitzen. Menschliches Gut und Böse sind nicht durch Gerechtigkeit und Macht bestimmt. Das nackte Schwert schafft oder tötet die Könige wie eh und je, alle anderen Lehren sind Lügen und Verlockungen. Jedes Molekül, jedes Tier kämpft um sein Leben, die Arbeiter müssen um ihres kämpfen oder aufgeben. Das Überleben des Stärksten ist das eiserne Gesetz der Geschichte; persönliche Feigheit ist das größte Laster eines demoralisierten Zeitalters. Mut, der sich an der Gefahr freut, ist gefragt, Verzweiflung darf nicht aufkommen.[115] Teile von Redbeards Buch lesen sich wie *Mein Kampf* oder Alfred Rosenberg mit seinen langen Tiraden gegen die Nicht-Arier und Aufrufen wie »Wir müssen entweder den Verstand oder Christus aufgeben«. Jesus, Petrus, Paulus und Jakobus waren grobe sozialistische Reformer mit mißgestalteten Seelen, Volksverhetzer, Slum-Politiker. Nichts Edles kann jemals aus den Elendsvierteln kommen. Sozialismus, Christentum, Demokratie, Gleichheit, sie alle entsprangen dem weinerlichen Kläffen bastardischer Massen.[116]

Solcherlei Argumentation war Ende des 19. Jahrhunderts keine Seltenheit. Ein Vorbild Redbeards war Cecil Rhodes (»ein Mann ohne Heuchelei und Scheinheiligkeit«). Dem Präsidenten Theodor Roosevelt gefiel das Buch anscheinend. Es war eine Allzweck-Philosophie: die Linke fand Unterstützung in Redbeards These, daß niemals im Verlauf der Geschichte ein unterworfenes Volk seine Freiheit zurückerlangt habe, ohne zuerst seine Unterdrücker abgeschlachtet und dann das Eigentum seiner ehemaligen Herren konfisziert zu haben. Redbeard war jedenfalls seiner Sache sicher: demjenigen, der ihm schlüssig das Gegenteil beweisen konnte, bot er 50 000 Unzen reinen Goldes an.[117]

Spuren von Redbeards Botschaft können auch in Mosts Schriften gefunden werden. Um frei zu sein, müssen die Herrscher getötet werden. Schießpulver und Blei, Gift, Dynamit, Feuer und Messer besagen mehr als tausend revolutionäre Reden. Most schloß Propaganda nicht aus, aber nur »Propaganda der Tat« könne als effektiv bezeichnet werden, denn sie verwirre die Herrscher und mobilisiere die Massen. Er war einer der ersten, der die Bedeutung der Medien erkannte: durch die modernen Mittel der Kommunikation würden terroristische Aktionen sofort in der ganzen Welt bekannt werden. Wo auch immer Leute zusammenkamen, sie würden die Zusammenhänge diskutieren. Most sah auch voraus, was später als Echo-Effekt bekannt wurde: Die Tat würde jeden Tag, ja, jede Stunde nachgeahmt werden.[118] Er zeigte keine Geduld denen gegenüber, die behaupteten, Revolutionäre bekämpften Systeme und nicht einzelne Personen. Es gab keine sozialen Systeme, die nicht von Personen repräsentiert, funktionsfähig gemacht wurden. Das System wurde von den Kräften der »Ruhe und Ordnung« verteidigt; diese zu töten war kein Mord, denn Polizisten und Spitzel waren keine Menschen.[119] Die Feinde waren Schweine, Hunde, bestialische Ungeheuer, Teufel in menschlicher Gestalt, Reptilien, Parasiten, Abschaum, die Hefe der Gesellschaft, Kanaillen, Höllenhunde. Wie konnte man diese alle auf die wirksamste Weise ausrotten? *Freiheit,* wie auch einige französische Zeitschriften, bot großzügig Ratschläge an und sah wie sie und die Russen in Dynamit das Werkzeug zur Zerstörung der Gesellschaft. Der neue Messias wurde in Leitartikeln und sogar Gedichten gefeiert:

> Zuletzt ein Hoch der Wissenschaft.
> Dem Dynamit, das heißt der Kraft,
> Der Kraft in unseren Händen
> Die Welt wird besser Tag für Tag.[120]

Eine Zeitlang arbeitete Most in einer Sprengstoff-Fabrik in Jersey City Heights, wo er die Herstellung von Sprengstoffen lernte. Er stahl Dynamit und fand heraus, daß es zuverlässiger als die hausgemachte Art war.[121] Er erfand einige Neuerungen wie Briefbomben, und mit bemerkenswerter Phantasie stellte er sich vor, den Feind aus der Luft zu bombardieren. Mit Hilfe von lenkbaren Luftschiffen würde es eines Tages möglich werden, Dynamit auf Militärparaden in Anwesenheit von Zaren und Kaisern abzuwerfen; weder Infanterie, Kavallerie noch Artillerie könnten solche Anschläge verhindern.[122] Kurz gesagt, Dynamit war eine unbesiegbare Waffe. Einige »Unschuldige« (Anführungszeichen von Most) würden wahrscheinlich verletzt werden, aber das störte ihn nicht übermäßig: was hatten diese auch in Gegenden zu suchen, wo Bomben explodieren konnten! Britische Frauen und Kinder waren von irischen Bomben verletzt worden, aber die Briten hatten in vielen Teilen der Welt in ihren Vernichtungskriegen viel schlimmere Verbrechen begangen. (Most war jedoch kein unkritischer Bewunderer der Iren und distanzierte sich häufig von dem sektiererischen Kampf.) Der Revolutionär sollte sich nicht von Gefühlen der Ritterlichkeit leiten lassen. Bomben sollten recht willkürlich überall dort gelegt werden, wo sich die oberen Zehntausend treffen könnten, wie in Kirchen und Tanzlokalen. Hinzu kam, daß ein Revolutionär, der im Begriff war, eine terroristische Aktion zu unternehmen, verpflichtet war, alle möglichen Zeugen, die ihn verraten könnten, zu beseitigen.[123]

Die Frage, ob Attentate auf individuelle Monarchen, Minister und Generäle entscheidenden politischen Einfluß haben könnten (und die widersprechenden Argumente seiner sozialistischen Gegner), beschäftigten Most die längste Zeit seines Lebens. In späteren Jahren gab er zu, daß es illusorisch sei anzunehmen, man könne eine feindliche Armee besiegen, indem man einzelne Generäle beseitige. Dies treffe nicht zu, solange nicht das Proletariat selbst auch bewaffnet sei. Gleichzeitig betonte er aber, daß das repressive System sehr zentralisiert sei und daß ein Schlag gegen das Herz der Tyrannei einen nicht so leicht zu ersetzenden Feind beseitigen würde (ähnlich der Argumentation der russischen Revolutionäre: »das Zentrum treffen«). Wenn er sich gegen Vorwürfe gegen den unmenschlichen Charakter des von ihm propagierten Krieges wehrte, wies er darauf hin, daß die Regierungen genau die gleichen Waffen, die er befürwortete, anwandten – nur waren ihre hundertmal stärker und zerstörerischer. Er gab bekannt, daß ein von ihm verfaßtes Pamphlet über die revolutionäre Kriegführung weitgehend aus einem Buch abgeschrieben worden war, das vom österreichischen Generalstab herausgegeben worden war.[124] Die revolutionäre Partei sei kein Staat und könne sich nicht mit solchen Spielereien befassen wie dem Abbruch der diplomatischen Beziehungen. Auf den Vorwurf, daß er schlecht beraten gewesen sei, die Anwendung von Gift zu diskutieren, wies Most darauf hin, daß Arsen und Strychnin zuerst von amerikanischen Tageszeitungen empfohlen worden seien, um unnütze Elemente der Gesellschaft auszurotten.[125]

Most behauptete, daß der Schlüssel zum Erfolg im Geld liege, noch mehr als im Dynamit. Mit Geld konnte man zuverlässigere und wirksamere Sprengstoffe kaufen als man zu Hause herstellen konnte. Ein Revolutionär, der irgendwie hundert Millionen Dollar auftreiben konnte, tat der Menschheit einen größeren Dienst als wenn er zehn Monarchen umbrächte. Soviel Geld könne die Erde auf den Kopf stellen. Die wenigen Pfennige, die man von

Arbeitern sammelte, waren für sinnvolle verschwörerische Arbeit völlig unzureichend. Gold würde zahlreiche Türen öffnen, die den Terroristen normalerweise verschlossen waren. Man könnte feindliche Agenten korrumpieren und entwaffnen, und Revolutionäre könnten die »Gesellschaft« infiltrieren. Kurz gesagt, Geld war nötig, um die »Tat« auszuführen, und es mußte »beschlagnahmt« werden.[126]

Es wurde behauptet, daß Most gegen Mitte des Jahres 1885 an Radikalität verlor und allmählich die Wirksamkeit der »Propaganda der Tat« bezweifelte.[127] 1890 hingegen argumentierte er immer noch, daß Aktionen, selbst grausamer Art, notwendig seien, und er verteidigte weiterhin politische Mordanschläge, wo auch immer sie passierten.[128] Es stimmt jedoch, daß sich seine Schwerpunkte langsam verlagerten und daß er in späteren Jahren die Rolle der Propaganda mehr betonte. Most lobte die russischen Revolutionäre nicht nur, weil sie Bomben warfen, sondern auch, weil sie ihr Leben riskierten, indem sie illegale Druckereien einrichteten. Er vertrat die Ansicht, daß terroristische Aktionen *per se* wenig oder keinen Einfluß hätten, es sei denn, sie fänden zum richtigen Zeitpunkt und am rechten Ort statt. Die »Propaganda der Tat« sei kein Kinderspiel.[129] Most befürwortete eine Doppelstrategie: legale oder halblegale Organisationen mit Versammlungen und Publikationen auf der einen Seite, auf der anderen Aktionen von kleinen, verschwörerischen Gruppen. Je weniger Leute eingeweiht würden, desto sicherer der Erfolg. Militante Revolutionäre hatten gewöhnlich Familien, und es war unverantwortlich, deren Lebensunterhalt zu gefährden; Intellektuelle würden sofort ihre Stellung verlieren, wenn es bekannt würde, daß sie einer anarchistischen Bewegung angehörten.[130] Noch eine weitere Erwägung ließ die Arbeitsteilung notwendig erscheinen: einige Revolutionäre waren geübte Redner und Verfasser und vielleicht auch gute Kämpfer in der Hitze der Schlacht, aber vom Temperament her war es ihnen nicht möglich, kaltblütig Anschläge zu planen. Das war keine Feigheit – solche Männer und Frauen waren einfach zu gutherzig, zu idealistisch. Obwohl es wünschenswert war, daß jeder »theoretische Revolutionär« auch ein Mann der Tat sei, war es offensichtlich unrealistisch, das von jedem zu erwarten. Aus einem falschen Schamgefühl heraus konnte mancher Theoretiker nicht einmal sich selbst gegenüber zugeben, daß er nicht zum Mord geboren sei. Die revolutionäre

Bewegung mußte diese Tatsache akzeptieren, die allerdings leider bedeutete, daß weniger Anschläge unternommen wurden und dadurch die »Übergangsperiode« verlängert wurde. Aber das ließ sich nicht ändern. Das waren also Mosts Ansichten in späteren Jahren, und deshalb war es nicht überraschend, daß er Berkmans Anschlag verurteilte – was Emma Goldmann so wütend machte, daß sie ihren ehemaligen »Guru« mit der Reitpeitsche angriff.

Die amerikanische Atmosphäre war zersetzend. Mosts New Yorker Gruppe mit ihren Bierabenden, Ausflügen und Laientheatervorführungen ähnelte einem deutschen Verein immer mehr als einer russischen terroristischen Organisation. Ein Großteil seiner Aktivitäten wurde von internen Meinungsverschiedenheiten aufgesaugt. Sein Einfluß beschränkte sich mehr oder weniger nur auf deutschsprachige Arbeiter; einige Italiener und osteuropäische Juden kamen zu den Versammlungen, gelegentlich auch einige Amerikaner, aber sie waren die Ausnahme. Trotz all seiner unerschöpflichen Energie erkannte Most gegen Ende seines Lebens, daß Amerika nicht das Zentrum einer Weltrevolution sein werde und daß seine Rolle die eines Rufers in der Wüste war. Letzten Endes verstand er auch, daß die Mauer, die die Anarchisten von der Gewerkschaftsbewegung trennte, niedergerissen werden mußte, und obwohl er weiterhin gegen die amerikanischen Gewerkschaften war, bejahte er die Prinzipien der Arbeiterorganisation.

Aus der Distanz eines Jahrhunderts gesehen erscheint Mosts Hyperradikalismus absurd und unsinnig. Um ihm gerecht zu werden, muß man seine Ansichten in bezug auf die damalige Zeit und den Ort sehen. Es war ein gewalttätiges Zeitalter, die öffentliche Meinung hielt es für richtig, daß Arbeiter, die für höhere Löhne und kürzere Arbeitszeit streikten, erschossen wurden. Arbeitskämpfe wurden auf brutalste Weise ausgetragen, und Anarchisten waren der dauernden Verfolgung durch die Polizei ausgesetzt. Auf der anderen Seite war es nur in Amerika möglich, daß eine Zeitung wie *Freiheit* überhaupt erscheinen konnte. Obwohl die Arbeitgeber das Recht hatten, ihre Arbeiter auszubeuten, konnten sich die Arbeiter dennoch unbehindert organisieren und Gegenmaßnahmen ergreifen. Amerika war schließlich weder das zaristische Rußland noch Irland. Außer der Gewaltanwendung gab es noch andere wirksame Mittel des politischen Kampfes. Es gelang Most nicht, überzeugend darzustellen, warum Terrorismus in den Vereinigten Staaten notwendig und aussichtsreich sei, und aus diesem Grund blieb sein Einfluß auf kleine Gruppen von gerade angekommenen Einwanderern beschränkt.

Marx, Engels und das Problem des Terrorismus

Marx und Engels hielten Most und seine Anhänger für halbgebildete Wirrköpfe – oder auch für gefährliche Scharlatane. Dennoch beschäftigte die Frage des individuellen Terrors lange Zeit den orthodoxen Marxismus. Engels Gefährtin, Lizzy Burns, war eine Anhängerin des *Fenian Movement,* und in ihrem Haus in Manchester konnten militante Iren Unterschlupf finden. In einem Brief an Kugelmann begrüßte Engels den Überfall der Fenianer auf einen Gefangenentransport in Manchester (September 1867), bei dem sie ihre eigenen Leute befreien wollten. Drei Monate später wurden die drei Hauptangeklagten gehängt. Engels schrieb, das einzige, was den Fenianern gefehlt habe, seien ein paar Märtyrer gewesen; er bewunderte den gewalttätigen, antienglischen Charakter der Bewegung und hielt den Terror der Bauern für die einzig wirksame Methode, die Iren vor der Ausrottung durch die Großgrundbesitzer zu schützen. Trotz ihrer Zustimmung im Prinzip verurteilten Marx und Engels »die Narrheit, die in jeder Verschwörung zu finden ist«. Sie lehnten die sinnlose »Propaganda der Tat« ab, für die ihre Partei nicht verantwortlich gemacht werden könne, und distanzierten sich von individuellen Aktionen wie dem Bobenanschlag der Fenianer auf das Clerkenwell-Gefängnis. Zur Vernichtung des irischen Großgrundbesitzes aufzurufen und Britanniens »echt preußisches Benehmen« in Irland anzuprangern, war eine Sache, eine andere war es, den rein nationalistischen, religiös-sektiererischen Kampf der irischen Radikalen, die gegenüber dem Marxismus und der Politik der Ersten Internationale keine Sympathien hegten, bedingungslos zu unterstützen.[131]

Die Frage des individuellen Terrors spielte auch eine gewisse Rolle in der Auseinandersetzung zwischen Marx/Engels und Bakunin, ihrem stärksten Rivalen innerhalb der Ersten Internationale. In ihren Angriffen benutzten Marx und Engels die Offenbarungen des Netschajev-Prozesses und die Broschüren, die

Bakunin, zum Teil von Netschajev inspiriert, 1869 geschrieben hatte. Engels schrieb, daß nur ein Polizeispitzel einen Verbrecher mit einem echten Revolutionär und die Revolution mit individuellem und kollektivem Mord gleichsetzen könne.[132] Ohne Bakunins Panslawismus und vor allem ohne seinen Einfluß auf bestimmte Sektionen der Ersten Internationale hätten sie vielleicht der Sache etwas toleranter gegenübergestanden. Denn die marxistische Einstellung zu *Narodnaja Volja* war keineswegs gleichbleibend und unzweideutig. Plechanov hatte 1879 richtig vorausgesagt, daß eine terroristische Kampagne in einer Katastrophe und Rückschlägen für den Sozialismus in Rußland enden werde. Aber Plechanov war zu dem Zeitpunkt noch kein reiner Marxist, und seine Bekehrung wurde ihm sicherlich nicht erleichtert, als er entdeckte, daß Marx und Engels, die Bakunin so bitterlich kritisiert hatten, ermutigende Worte für die Neo-Bakuninisten übrig hatten und deren offensichtlich unsinniges Programm nicht kritisierten. Als Plechanov 1884 *Nasche Rasnoglasija* (Unsere Unterschiede) veröffentlichte, bemerkte Engels nur, daß die *Narodniki* schließlich die einzigen Leute in Rußland gewesen seien, die überhaupt etwas unternommen hätten. Auch Marxens Kommentar zu den Attentätern Alexanders II. ist erwähnenswert: In seinen Augen waren sie durch und durch solide Leute; einfach, professionell und heroisch. Sie bemühten sich zu zeigen, daß ihr *Modus operandi* spezifisch russisch und historisch unvermeidlich war. Man konnte über ihre Aktionen (dafür oder dagegen) genausowenig moralisieren, schrieb Marx, wie über das Erdbeben von Chios.[133]

Marx und Engels übertrieben die Stärke der *Narodnaja Volja* und unterschätzten die Schwäche des zaristischen Despotismus. »Rußland ist das Frankreich dieses Jahrhunderts«, sagte Engels zu Lopatin, einem russischen Emigranten. Und in einem Brief an Vera Sassulitsch schrieb er, die Revolution könne jeden Tag in Rußland ausbrechen, es bedürfe nur eines Anstoßes. Vielleicht hatte Blanqui mit seinen Phantasien doch recht, natürlich nur in bezug auf Rußland? Vielleicht konnte eine kleine Verschwörung eine ganze Gesellschaft stürzen? Vielleicht war das einer der wenigen Fälle, in denen eine Handvoll Leute eine Revolution »machen« konnten? Solche Bemerkungen erschienen Plechanov als Lästerung, und die Tatsache, daß Engels sie später revidierte, muß ihm willkommen gewesen sein. Rückblickend bemerkte Engels 1894, daß eine offene revolutionäre Situation geherrscht und daß Marx deshalb den russischen Revolutionären in den späten 70er Jahren geraten habe, sie sollten sich nicht zu sehr beeilen, zum Kapitalismus »überzuspringen«. Es hätte tatsächlich zwei Regierungen gegeben: einmal den Zaren und dann das Exekutivkomitee der Verschwörer und Terroristen, deren Macht von Tag zu Tag zunahm. Der Sturz des Zarismus schien direkt bevorzustehen.[134] Fünfzehn Jahre später waren diese Illusionen verblichen, und die Einstellung des Marxismus zum Terrorismus hatte sich geändert. In bezug auf Westeuropa waren Marx und Engels nie gewillt gewesen, dem Terrorismus Zugeständnisse zu machen: Revolutionen wurden von Klassen erkämpft, nicht von einigen wenigen Verschwörern. Deshalb Marxens vernichtende Äußerungen zu Mosts theoretischen Versuchen, die Ermordung des Zaren als Allheilmittel darzustellen – das war einfach »kindisch« (Marx in einem Brief an seine Tochter Jenny im April 1881). Im Januar 1885 verurteilte Engels die Aktivitäten der irischen Dynamiter und anderer Gruppen in Westeuropa, die den terroristischen Kampf nachahmen wollten, noch schärfer. Das war Revolution à la Schinderhannes, denn man richtete seine Waffen nicht gegen den wirklichen Feind, sondern gegen die Öffentlichkeit im allgemeinen, sagte er. Solche Terroristen wären nicht die Freunde der russischen Revolutionäre, sondern ihre ärgsten Feinde. Nur die russische Regierung konnte an Aktionen dieser Art Interesse haben. Möglicherweise konnte man die Motive der Iren verstehen, die zur Verzweiflung getrieben worden waren, aber effektiv beschworen sie nur blinden Haß der britischen Bevölkerung herauf. Wie schon erwähnt, standen Marx und Engels den Führern der Fenian-Bewegung sehr kritisch gegenüber; sie waren »meistens Esel und teilweise Ausbeuter«. Der Bombenanschlag von Clerkenwell, schrieb Marx an Engels, war eine Dummheit. Man konnte von dem Londoner Proletariat nicht verlangen, daß es sich zu Ehren der Fenianischen Sendlinge in die Luft sprengen lasse: »Solche geheimen, melodramatischen Verschwörungen haben immer etwas Fatales an sich.«[135] Engels drückte es noch stärker aus: »Kannibalen«, »Feiglinge«, »dumme Fanatiker« waren einige der Beiwörter, deren er sich bediente. Nach den Phoenix-Park-Morden schrieb Engels, solch prahlerische, sinnlose *propaganda par le fait* solle man den Bakuninisten, Mostianern und denen überlassen, die dauernd die irische Revolution androhten, die nie erscheine. Es ist wahr, daß Marx bei einer anderen Gelegenheit an seine Tochter schrieb, daß seine ganze Familie die Fenianer unterstütze. Aber er bot eine interessante Erklärung an – seine Motive waren nicht nur humanitärer Art –: »Um die soziale Entwicklung in Europa zu beschleunigen, muß man die Katastrophe des offiziellen Englands vorantreiben. Um das zu tun, muß man England in Irland angreifen.«[136]

Trotz all dieser Einschränkungen war der Einfluß des Blanquismus (der immer ein Element des Terrorismus beinhaltet) auf Marx und Engels und *a fortiori* Lenin stärker, als sie im allgemeinen bereit waren zuzugeben. Natürlich wiesen sie primitiven Blanquismus zurück, die Verschwörung einiger weniger Leute, die auf den Umsturz zielte. Solche Versuche waren von vornherein zum Scheitern verdammt, da sie nicht die Unterstützung der Massen hatten. Aber Marx und Engels wußten oder fühlten instinktiv, daß die Massen nicht ohne Hilfe die Macht an sich reißen konnten, daß sie der Führung bedurften und daß letzten Endes »Blanquismus auf einer höheren Ebene« notwendig war. Eine Verschwörung war nötig, die die Massen mobilisieren konnte. Ob eine solche Verschwörung auf Volksaufstand, Bürgerkrieg, Sabotage, terroristische Aktion oder eine Kombination dieser und anderer Elemente abzielte, war eine nebensächliche Frage. Während die Marxisten den Terrorismus als ungeeignet für die entwickelten westlichen Länder ablehnten, konnten sie ihn unmöglich *tout court* verdammen.

Die deutschen Sozialdemokraten äußerten sich noch nachdrücklicher zur Terrorismusfrage als ihre Lehrer in London. Wilhelm Liebknecht hielt Most für geistesgestört, Bebel sah es etwas wohlwollender: Most war ein begabter Mann, aber er brauchte jemand, der ihn disziplinieren und führen konnte. Die terroristischen Organisationen waren von Polizeispitzeln und »agents provocateurs« völlig unterwandert. Außerdem halfen die Terroristen der Polizei, indem sie eine Stimmung schufen, in der alle linke Opposition als terroristisch gebrandmarkt werden konnte. Tatsächlich hielt die Polizei die Anarchisten für harmlos; sie fürchtete die Sozialdemokraten und war für jeden Vorwand dankbar, sie unterdrücken zu können.

Die russischen Marxisten nahmen die Terrorismus-Diskussion wieder auf, als die Sozialrevolutionäre um die Jahrhundertwende mit ihrer terroristischen Kampagne begannen. Lenins Haltung zu individuellem Terror war zwiespältig: während er seine heroische Haltung anerkannte, wies er Terrorismus im Stil der *Narodovoltsy* zurück. Damals war er auf eine Gruppe von Intellektuellen beschränkt, die von der Arbeiterklasse und den Bauern getrennt waren. Lenin zitierte seinen verstorbenen Bruder, der Terrorismus unterstützte, und distanzierte sich gleichzeitig von ihm, als er schrieb: »Der russische Terror ist und bleibt eine besondere Art des Kampfes, ausgeführt von der Intelligenzia.«[137] Um so mehr war er gegen den Terror der Sozialrevolutionäre, die ihn »im alten Stil« ausübten, als bereits eine revolutionäre Massenbewegung entstanden war. Bestenfalls würde er die politische und organisatorische Arbeit unter dem Volk komplizieren. Lenin zufolge hatte die Erfahrung gezeigt, daß anarchistischer Terror in Form individueller Attentate schädlich und unproduktiv war. Er stellte Attentate, die im Namen des Volkes begangen worden waren (von den Sozialrevolutionären), revolutionären Aktivitäten der Bolschewiken »zusammen mit dem Volk« (was auch immer das in Wirklichkeit bedeutet haben mag) gegenüber.[138] Die lange und schwierige Arbeit der Organisationen und politischer Propaganda war der Wiederholung »leichter« Taktiken, die nie ihren Wert bewiesen hatten, vorzuziehen. Letzten Endes war Lenins Ablehnung des Terrorismus eine Frage der Taktik und nicht, wie in Plechanovs Fall, des Prinzips. Er hielt Plechanovs völlige Ablehnung des Terrorismus für philisterhaft und schrieb in *Iskra,* daß er Terror im Prinzip aus dem einfachen Grunde nie abgelehnt habe, da er eine militärische Taktik sei, die in bestimmten Stadien der Schlacht nutzbringend angewendet werden könne oder sogar notwendig sei.[139] Als Friedrich Adler den österreichischen Premierminister Stürgkh im Oktober 1916 erschoß, schrieb Lenin, daß er nicht *per se* gegen politischen Mord sei. 1901, fünfzehn Jahre vorher, waren die Verhältnisse anders, und zu jener Zeit hielt er Terror für nicht empfehlenswert, da er wahrscheinlich die revolutionären Kräfte und nicht die Regierung durcheinanderbringen würde. Im Gegensatz dazu zeigte er 1905 im Höhepunkt der ersten russischen Revolution echte Besorgnis, daß seine Partei nur von Bomben gesprochen habe, daß aber keine einzige fabriziert worden sei. Terrorismus war zu empfehlen, vorausgesetzt, daß die Stimmung der Massen und der Arbeiterbewegung in Betracht gezogen wurde.

Rosa Luxemburg und Martov hielten es für schädlich (nicht nur vom ästhetischen Standpunkt aus), daß gemeine Banditen mit revolutionären Arbeitern kollaborieren sollten. Solche Skrupel hatte Lenin nicht. Verschiedene prominente Bolschewiken arbeiteten sogar in terroristischen Unternehmen mit: Krassin, der Ingenieur war, überwachte die Herstellung von Bomben für die Maximalisten; Kamo (Ter Petrosian) organisierte einige gewagte und erfolglose bewaffnete Überfälle im Kaukasus. Litvinov und Semaschko (der spätere Gesundheitsminister) wurden in Deutschland verhaftet, als sie versuchten, »enteignetes« Geld umzutauschen. Die Menschewiken wandten sich gegen die Taktiken der Bolschewiken, aber Lenin hielt es nicht einmal für nötig, zu antworten.[140] Nach der Niederschlagung der ersten Revolution argumentierte Lenin (und auch Trotzki) wieder, daß Terror unwirksam sei: die Ermordung eines Ministers würde den Umsturz des kapitalistischen Systems nicht näherbringen. 1911 schrieb Trotzki in dem österreichischen sozialdemokratischen Organ *Der Kampf,* daß er sehr an der Wirksamkeit des Terrors zweifele. Obwohl erfolgreiche terroristische Aktionen zeitweilig Verwirrung in die Reihen der Regierung brächten, beruhe der kapitalistische Staat nicht allein auf seinen Ministern und könne nicht mit diesen zerstört werden.

Die Klassen, denen der Staat dient, werden immer neue Männer finden – der Mechanismus bleibt heil und funktioniert weiter. Viel schlimmer ist die Verwirrung, die terroristische Aktion in die Reihen der Arbeitermassen trägt. Wenn es ausreicht, sich mit einer Pistole zu bewaffnen, um unser Ziel zu erreichen, was sind denn dann die Ziele des Klassenkampfes? Wenn eine Prise Pulver und ein Klümpchen Blei genug sind, den Feind zu vernichten, weshalb soll man die Klasse organisieren? Wenn es mit Sinn und Verstand zugeht, daß man titulierte Herrschaften mit dem Krach einer Explosion erschrickt, wofür braucht man dann eine Partei?[141]

Diese Bemerkungen Trotzkis sind häufig von den folgenden Generationen von Trotzkisten zitiert worden, wenn sie mit Genossen diskutierten, die eine militantere Linie vertraten. Aber es stimmt auch, daß Trotzkis Einstellung, ebenso wie die Lenins, in Wirklichkeit nicht so eindeutig war, wie es scheint. Er verspottete die »Eunuchen und Pharisäer«, die Terrorismus aus Prinzip ablehnten. Die Rechnung mit dem Kapitalismus war jedoch zu groß, als daß sie durch die Ermordung einiger Minister beglichen werden könnte – nur kollektive Aktion konnte die Schuld zurückzahlen. An anderer Stelle bemerkte er, daß Terrorismus in Rußland zwar überholt sei, er aber in dem, was wir heute die »dritte Welt« nennen, noch eine Zukunft habe; die Voraussetzungen in Bengalen und dem Punjab seien günstig; in diesen Ländern sei er Teil des politischen Erwachens.[142] 1934, nach dem Mord an Kirov, definierte Trotzki individuellen Terror als »umgestülpte Bürokratie« – nicht gerade seine beste Formulierung und auch ohne bezug zu dem Fall Kirov, aber bezeichnend für seine Ansichten über individuellen im Gegensatz zu kollektivem Terrorismus, den er in einer berühmten Auseinandersetzung mit Kantski verteidigte.

Seitdem haben kommunistische Einstellungen zum individuellen Terror immer die gleiche Zweideutigkeit an sich gehabt. Terrorismus ist an sich im allgemeinen abzulehnen; trotzdem kann er unter bestimmten Voraussetzungen in der Praxis nicht ausgeschlossen werden (Spanien nach dem 1. Weltkrieg, Bulgarien 1923, Deutschland 1929–1931 oder Venezuela in den frühen 60er Jahren). Als sich im November 1931 das Zentralkomitee der KPD gegen individuellen Terror aussprach, wandten sich viele militante Mitglieder gegen diesen Wechsel in der Parteilinie.[143] Die Textbücher verurteilten individuellen Terror aufs schärfste, aber das hielt die G.P.U., ihre Vorgänger und Nachfolger nicht davon ab, politische Gegner, die als besonders gefährlich galten, wie Trotzki, zu liquidieren. In der jüngeren Vergangenheit wurde individueller Terror in ziemlich großem Umfang von kommunistisch geführten Bewegungen der nationalen Befreiung wie in Vietnam – weniger in China – ausgeübt. Terror wird allerdings, um noch einmal Lenin zu zitieren, nur als *eine* Art militärischer Operation betrachtet – gewöhnlich nicht als die entscheidende. Kommunistische Parteien haben rivalisierende linke Bewegungen scharf angegriffen, weil sie sich auf Terrorismus auf Kosten anderer Formen des politischen und militärischen Kampfes konzentrierten: die Geschichte des Kommunismus in Lateinamerika während der letzten beiden Jahrzehnte bietet viele derartige Beispiele.

In den letzten Jahren hat der Glaube an Boden gewonnen, daß Terrorismus das Monopol der extremen Linken war und ist. Das stimmt nur insofern, als die theoretischen Probleme des Terrorismus innerhalb der Linken immer sehr viel eingehender diskutiert werden. Zumindest genauso häufig haben sich rechtsgerichtete und nationalistische Bewegungen des Terrorismus bedient. In den 90er Jahren des vorigen Jahrhunderts hatte der Terrorismus in Indien einen klar religiösen Charakter (der Kult um Kali und Durga und die Kampagne gegen das Töten von Kühen) und wurde vielfach von Brahmanen der oberen Kasten ausgeübt. Der irische Terrorismus des 19. und frühen 20. Jahrhunderts ist ein gutes Beispiel für den empirischen Terrorismus. Während der amerikanische Clan na-Gael für »unblutigen Terror« gegen Gebäude und ähnliche Ziele eintrat, war O'Donovan Rossa für wahllose Anschläge. Die »Invincibles« (Unbesiegbaren) der 80er Jahre des vorigen Jahrhunderts praktizierten individuellen Terror, so die Phoenix-Park-Morde. Die irischen Propagisten des Terrors waren sehr viel mehr an Effekten interessiert, theoretische Fragen kümmerten sie kaum. Sie gaben 60 000 Dollar für den Bau von drei Unterseebooten in den Vereinigten Staaten aus, die sie nie benutzten; O'Rossa wollte das britische Unterhaus mit osmotischem Gas besprühen; Geld wurde gesammelt, um vergiftete Stilette, Luzifer-Streichhölzer und andere phantastische Waffen zu kaufen.[144] Komplizierte theoretische Rechtfertigungen hielten sie für unnötig: Hatten die Briten sich nicht überall in der Welt viel schlechter benommen, indem sie Frauen und Kinder in Afrika töteten, in unbewaffnete Menschenansammlungen schossen, indische Soldaten aus Kanonenrohren feuerten? Der Sinn der »Dynamit-Kampagne« um 1880 war es gewesen, ein Höchstmaß an Verwirrung und Verärgerung zu erzeugen, dem Fremdenverkehr zu schaden, die Benutzung der Untergrundbahn zu gefährden, »moralische Panik« zu verbreiten und das Geschäftsleben lahmzulegen.[145] Die *Invincibles* sagten voraus, der neue »geheimnisvolle und überschattende Zerstörungskrieg« werde dazu führen, daß die Briten im eigenen Land strengere Zwangsmaßnahmen einführen müßten, als es sie in Irland je gegeben habe. Aber selbst wenn die irischen Führer keine Ideologen waren, waren sie nicht ungebildet und konnten sich zu dem

Thema Terrorismus, wenn die Gelegenheit es erforderte, recht gewandt äußern: »Gewaltherrschaft verletzt die moralischen Grenzen, so wie eine Invasion die geographischen Grenzen verletzt«, schrieb einer von ihnen. »Den Tyrannen oder die Engländer zu verjagen, bedeutet in beiden Fällen nur, unser eigenes Gebiet zurückzugewinnen. Es kommt der Zeitpunkt, da Protest allein nicht mehr genügt. Nach der Philosophie kommt die Tat. Die starke Hand führt aus, was die Idee geplant hat. Prometheus begann, Aristogeiton vollendete; die Enzyklopädisten illuminieren die Seelen, der 6. Mai elektrifiziert sie.«

Oder über Massenpsychologie: »Die Menge hat eine Tendenz, einen Führer zu akzeptieren. Ihre Masse hinterläßt Apathie. Der Pöbel zwingt sich selbst Gehorsam auf. Die Menschen müssen zu den wahren Wohltaten ihrer Befreiung erweckt, getrieben und erschreckt, ihre Augen mit der Wahrheit verletzt, das Licht in schrecklichen Bündeln auf sie geworfen werden.«[146]

Erhitzte Debatten fanden unter den irischen Führern statt, aber in ihnen ging es mehr um Taktiken als um Fragen des Prinzips. John Devoy hielt O'Rossas »Dynamiter« für Narren, Schwachsinnige, verrückte Planer«, die ganze Veranstaltung war eine Burleske, »die uns als Narren und Dummköpfe erscheinen läßt«.[147] Aber das hielt Devoy nicht davon ab, im Jahre 1881 anzudrohen, für jeden ermordeten Iren würde ein britischer Minister umgebracht werden. So wiederholte er O'Rossas Drohung, die jener fünf Jahre vorher ausgesprochen hatte, daß für jeden gehängten Kämpfer der verantwortliche Minister getötet und die Stadt, in der der Patriot hingerichtet worden sei, niedergebrannt werden würde.[148] Selbst Parnell, der in der Öffentlichkeit nie mit Terrorismus sympathisierte, erweckte privat oft den Eindruck, als ob er den Militanten gegenüber positiv eingestellt sei. Er vertrat auch eine Doppelstrategie: verfassungsmäßige Mittel, verstärkt durch die Aktionen von Geheimorganisationen. Niemand weiß, in welchem Maße er an der terroristischen Kampagne beteiligt war.[149] Die Gründe, weshalb Devoy und die meisten anderen irischen Führer vor dem 1. Weltkrieg gegen individuelle Attentate waren, beruhten allein auf der Tatsache, daß Britannien zu mächtig war, daß Irland nicht genügend Reserven hatte und daß es vorerst andere, effektivere Mittel des Kampfes gab.

Die Philosophie der Bombe – die rechtsgerichtete Version

Anschläge auf politische Gegner, ausgeübt von der »Schwarzen Hundertschaft« in Rußland vor dem Krieg, sind Beispiele eines extrem rechtsgerichteten Terrorismus. Nach dem Ende des 1. Weltkrieges kam es zu zahlreichen weiteren Mordanschlägen in anderen Teilen Europas. Mehr als einmal sagte Hitler, daß »Köpfe rollen müßten, unsere oder die der anderen«, und die Nazis sorgten dafür, daß es die der anderen waren. Als Zeuge in einem Prozeß gegen vier Nationalsozialisten 1931 in Berlin argumentierte er, das sei nur ein Gleichnis gewesen, ein Synonym für ideologische Konfrontation, und er habe immer zur strengen Einhaltung der Gesetze aufgefordert. Wenn sein Verbot der Illegalität mißachtet werde, würden die Verantwortlichen zur Rechenschaft gezogen. Gewalttaten seien von seiner Partei nie erwogen worden.[150] Aber auch wenn Hitler sich an gewisse legalistische Feinheiten halten mußte, seine Helfer waren diesen Beschränkungen nicht unterworfen. So Joseph Goebbels: wer seine eigene Weltanschauung mit Terror und Brutalität verteidigt, wird eines Tages die Macht erlangen. Die Straße war der entscheidende Ort, an dem Politik gemacht wurde. Eroberung der Straßen hieß Kontrolle der Massen: Wer die Massen auf seiner Seite habe, werde den Staat erobern.[151] Somit war die Basis der Nazi-Strategie, die Massen zu mobilisieren, um die Straßen zu erobern, die Versammlungen anderer Parteien zu stören und die Demonstrationen ihrer Gegner anzugreifen. Gelegentlich würden sie sich des Terrorismus bedienen, zur Verteidigung zitierten sie Mussolinis Autorität: »Terror? Nie. Das ist einfach Sozialhygiene, daß man diese Individuen aus dem Verkehr zieht, wie ein Arzt einen Bazillus erledigen würde.«[152] Mussolini, in seiner Jugend ein radikaler Sozialist, hatte Terroraktionen in den verschiedensten Teilen der Welt begrüßt: *»il proletario deve essere psicologicamente preparato all'uso della violenza liberatrice«*, schrieb er einst.[153] Seine Einstellung zum Proletariat wandelte sich, aber sein Glaube an die »befreiende Gewalttätigkeit« blieb bestehen. Es gab fortschrittliche, befreiende Gewalt, sagte er einmal, und dumme reaktionäre Gewalt – diejenige, die seine politischen Gegner anwandten. »Die Sozialisten fragen uns nach unserem Programm«, schrieb er in *Populo d'Italia.* »Unser Programm ist, den Sozialisten die Köpfe einzuschlagen.«

Auch dies war Terror, aber anderer Art. Es war Massengewalt, um Gegner einzuschüchtern, und nicht so sehr, um individuelle gegnerische Führer auszuschalten. Die Nazis betonten immer, daß sie nie mit der Gewalt anfingen. Es sei wahr, sie seien keine »bürgerlichen Ästheten«, aber sie wandten nur »Terror gegen Terror« in Notwehr an.[154] Auf der anderen Seite schätzte keine politische Partei in Deutschland die Rolle, die politische Gewalt spielen konnte, um ein Maximum an Publizität der Massenmedien zu erreichen, besser ein als die Nazis. Jede Auseinandersetzung werde auf der ersten Seite der Zeitungen berichtet, und eine kleine und einflußlose Gruppe könne bald auf nationaler Ebene bekannt werden. Das war in groben Zügen Goebbels Strategie für die »Eroberung Berlins«, und sein Beispiel wurde anderswo nachgeahmt.[155]

Weder die Nazis noch die italienischen Faschisten bedurften ideologischer Rechtfertigung für politische Gewalttaten. Ihre Generationen hatten im 1. Weltkrieg gekämpft, und sie hielten es für völlig selbstverständlich, daß im Kampf um die Macht alle Formen der Gewalt erlaubt seien. Die Freund-Feind-Einteilung war die Basis ihrer Politik, die Überzeugung, daß man den Feind mit Überredung allein nicht schlagen könne. Der Gegner war das demokratisch-liberale System, und radikale, pseudosozialistische Untertöne fehlten nicht in ihrem Angriff auf das »System«. Sie waren in Mussolinis ersten Programmen zu finden und tauchten auch in den Nazi-Schlagworten der Kampfzeit auf. Die Nazis gaben offen zu, daß sie ein Höchstmaß an Zerstörung anrichten würden, denn solange »die Geschäfte gut liefen«, würde man sie nicht fürchten.[156] In einem Prozeß in Berlin gegen Angehörige der SA argumentierte ihr Leiter, Graf Helldorf, es sei völlig absurd, ihnen vorzuwerfen, sie hätten Juden angegriffen, da sie das kapitalistische System bekämpften, das schließlich nicht nur von Juden repräsentiert werde . . .[157]

Im ganzen gesehen war individueller Terror in Deutschland und Italien relativ selten, er wurde mehr von den kleinen faschistischen und proto-faschistischen Gruppen angewandt – gerade, weil sie klein waren. Diese Gruppen werden im allgemeinen als »rechtsgerichtete Extremisten« bezeichnet, aber solche Bezeichnungen tragen nur begrenzt zum Verständnis ihrer Motive und Strategien bei. Bestimmte deutsche Freikorps wie die *Organisation Consul* übten in den Jahren 1921/22 systematischen Terror aus.[158] Aber es handelte sich um Radikale und nicht um Konservative, und sie wollten nichts weniger, als eine »dem Untergang geweihte bürgerliche Gesellschaft« zu stürzen. Einige der Mitglieder waren reine Nihilisten; Ernst von Salomon schrieb später über sich und seine Genossen, daß sie »alle, die in unsere Hände fielen, umbrachten, niederbrannten, was sich niederbrennen ließ ... der Marsch in eine ungewisse Zukunft war für uns bedeutungsvoll genug und paßte den Forderungen unseres Blutes«.[159] Das war natürlich Unsinn, gab aber doch die in diesen Kreisen vorherrschende Stimmung recht genau wieder. Als die Terroristen den Außenminister Rathenau ermordeten, taten sie es nicht, weil sie ihn haßten oder für besonders schlimm hielten; im Gegenteil, sie bewunderten ihn. Er mußte beseitigt werden, weil er unter den Kleingeistern hervorragte. Sie sahen die Auseinandersetzung als »Kampf der Giganten« (ein Bild, das auch häufig von der terroristischen Fraktion der *Narodnaja Volja* beschworen wurde). Zu einem gewissen Zeitpunkt planten die Terroristen der Freikorps sogar, den Chef der Reichswehr, von Seeckt, umzubringen; ungarische Faschisten wollten den rechtsextremen Innenminister ermorden. Die rumänischen »Eisernen Garden« töteten zwei Premierminister – Duca 1933 und Calinescu 1939. Keines dieser Opfer oder geplanten Opfer war ein Mann der Linken oder ein Liberaler.

Die Zusammensetzung »rechtsgerichteter« terroristischer Gruppen unterschied sich sehr von einem Land zum anderen. Unter den ungarischen »Pfeilkreuzlern« befanden sich zahlreiche kriminelle Elemente; die mazedonische IMRO, einst eine patriotische Bewegung, entwickelte sich zu einer Art Mafia-Organisation, die »Aufträge« gegen das höchste Angebot annahm und *inter alia* sich am Rauschgifthandel beteiligte.[160] Die rumänischen »Eisernen Garden« dagegen setzten sich hauptsächlich aus jungen Idealisten verschiedener Art (den »Legionären«) zusammen, die für religiöse Erweckung, innerliche Erneuerung, Opferbereitschaft und Märtyrertum eintraten: »Ihr wollt Programme?« fragte das »Handbuch der Legionäre«. »Sie sind auf aller Lippen. Besser sucht nach Männern. Jeder kann ein Programm in einer Nacht entwerfen: das ist es nicht, was das Land braucht.«[161] Die Legionäre gerieten in moralische Verlegenheit: als gute Christen glaubten sie an Vergebung, aber als Patrioten glaubten sie, die Nation könne nur durch unchristliche Taten gerettet werden.

Mord mußte begangen, mußte aber auch gesühnt werden, entweder indem sie sich nach der Tat aufgaben oder indem sie zumindest in ihren Herzen für ihre Sünden litten. Ähnlich wie einige anarchistische Gruppen vor ihnen, kamen die Legionäre zu der Überzeugung, daß es nur eine Ideologie gäbe: die Tat *(Vasile Marin).* Wie vor ihnen Sorel und nach ihnen zahlreiche unbedeutendere Denker, glaubten sie an den »ethischen Wert der Gewalt«.[162] Ihr Terrorismus umschloß eine Mystik des Todes. »Legionäre werden geboren, um zu sterben«, hieß es in ihren Liedern, und »Tod ist eine freudige Hochzeit für uns«. Lombroso hatte als erster einen selbstmörderischen Impuls innerhalb anarchistischer Gruppen in Westeuropa entdeckt, und dieser Impuls konnte auch bei ihnen gefunden werden. Obwohl die rumänischen Behörden behaupteten, die Legionäre planten, die Macht zu ergreifen, steht es nicht fest, ob sie das jemals ernsthaft vorhatten.

Ein gemeinsamer Nenner terroristischer Bewegungen der Linken und der Rechten in Europa weist auf einen Protest gegen die moderne Gesellschaft, korrupte politische Parteien und »Plutokratie« hin. Patriotische und religiöse Motivationen wurden zur Verstärkung aufgerufen. Diese Reaktion beschränkte sich nicht nur auf Europa. Japanische Terroristen ließen sich von dem ritterlichen Geist der Samurai inspirieren; überraschender ist die Tatsache, daß einige der prominentesten Beteiligten einst Anarchisten gewesen waren oder Tolstois »Schule der Liebe des Heimatbodens« angehört hatten.[163] Kapitalismus und westliche Zivilisation mußten zerstört werden; die Mitglieder der »Terroristischen Liga des Blutes« wurden aufgefordert, sich für die Prinzipien der Liebe zur Muttererde zu opfern, ihre Familien zu verlassen (an Ischutin und Netschajev erinnernd) und ihre persönliche Existenz für immer aufzugeben. Die japanischen Terroristen der 20er Jahre dieses Jahrhunderts wurden von militärischen Führern und rechtsgerichteten Abenteurern gelenkt, die den Kaiser, den Hof und die Regierung zu einer aggressiveren Politik zwingen wollten: Friede nach innen, Expansion nach außen.[164] Aber Morddrohungen allein hätten in einem Land mit Traditionen wie Japan nicht ausgereicht. Terrorismus war auch eine moralische Kraft, die ein schlechtes Gewissen unter denen erzeugte, die bedroht wurden, und die Politiker einschüchterte, die dem Konzept der Terroristen von der historischen Mission des japanischen

Volkes gegenüber nicht untreu erscheinen wollten.

Rechtsgerichteter Terror in Europa zwischen den Weltkriegen nahm viele verschiedene Formen an. In Frankreich beschränkten die Aktivisten der extrem Rechten ihre Aktionen auf Universitäten und Theater, wo sie unbeliebte Professoren und Verfasser einschüchterten. Es war ein Terror der Hetze – der Rede, des geschriebenen Wortes, der Roger Salengro zum Selbstmord trieb. Es gab auch einen handfesteren Terrorismus, wie die Aktivitäten der CSAR, einer kleinen faschistischen Gruppe, die später ausführlicher erwähnt wird. Während die französische Rechte sich des Journalismus bediente, sahen die frühen österreichischen Nazis (und die japanischen Extremisten) in der Presse einen ihrer Hauptfeinde. »Man tötet diese Hunde, indem man sie erschießt oder vergiftet, jedes Mittel ist recht«, schrieb einer der frühen Fürsprecher des österreichischen Terrorismus. Seine Kameraden wollten Briefbomben an führende Journalisten schicken und die Druckerpressen zerstören.[165] Die finnische *Lapua*-Bewegung tötete ihre Gegner nicht, sondern entführte sie, schlug sie zusammen und ließ sie auf der anderen Seite der russischen Grenze wieder laufen. Die italienischen Faschisten fütterten ihre Gegner zwangsweise mit Rizinusöl, sie damit zusätzlich entehrend und lächerlich machend.

Aber individueller Terror, um das noch einmal zu wiederholen, war innerhalb der faschistischen Massenparteien relativ selten; Rathenau und Erzberger wurden von kleinen Gruppen ohne klare politische Programme umgebracht. Dollfuß, der österreichische Kanzler, wurde während eines bewaffneten Aufstandes ermordet, und Matteoti wurde umgebracht, als die Faschisten bereits an der Macht waren. In faschistischer wie auch in kommunistischer Strategie wurde dem Terrorismus nur eine untergeordnete Rolle eingeräumt – aus Gründen der mangelnden Effektivität. Faschistische Doktrin an sich schließt Terrorismus im Prinzip nicht aus. Die Ansichten des rechten Flügels zu diesem Thema drückt Carl Schmitt in seinen Schriften über den »politischen Soldaten« am klarsten aus: Die Ethik der Bergpredigt bezieht sich auf den persönlichen Feind, den *inimicus,* nicht auf den *hostis,* den öffentlichen Feind. Politische Auseinandersetzungen ließen sich nicht durch Diskussionen, Überredung oder Kuhhandel lösen, wie die Liberalen fälschlich annahmen, sondern nur durch Kampf, sowohl in der Außen- wie in der Innenpolitik.[166]

Letzten Endes brauchten die Nazis, Faschisten und anderen rechtsextremen Gruppen keine Philosophen, die ihnen beibrachten, daß »liebet Eure Feinde« sich in der Politik nicht anwenden lasse. Sie wußten das instinktiv.

Die ähnlichen Ausgangspunkte des Terrorismus der »Rechten« und der »Linken« sind erwähnt worden: Die Annahme, daß die Tat wichtiger als das Wort ist; der Glaube, daß *jede* Änderung eine Besserung ist; Verachtung gegenüber der liberalen und bürgerlichen Demokratie; ein Gefühl der historischen Mission der kleinen auserwählten Schar. Es ist kein Zufall, daß Carl Schmitt, der die ausführlichste Rechtfertigung der politischen Gewalttätigkeit der Rechten lieferte, nach dem 2. Weltkrieg eine »Theorie des Partisanenkampfes« entwickelte, in der er offene Bewunderung für Mao und linke Revolutionäre ausdrückte – seine Philosophie der Gewalt war wahrlich wertfrei. An beiden Enden des politischen Spektrums betrachtete man Terrorismus als nützliche Waffe, um das »System« zu diskreditieren. Selbst in der SS herrschte ein perverser Idealismus, ein Glaube, daß nur sie auserwählt sei, der gleiche quasi-religiöse Opfertrieb. Die *Narodovoltsy* töteten mit schlechtem Gewissen, während die Faschisten ohne solche Qualen auskamen. Die Anarchisten der »Propaganda der Tat« weinten auch nicht um ihre Opfer. Als Emile Henry, der die Bombe in das Café Terminus geworfen hatte, vor Gericht stand, erklärte er, »es gibt keine unschuldigen Bürger«; einige seiner Freunde gingen noch weiter, für sie gab es keine unschuldigen Menschen im allgemeinen. Natürlich gab es Unterschiede zwischen dem Terror der Linken und der Rechten in anderer Beziehung: die *Narodovoltsy* praktizierten Terror, da sie keine andere Möglichkeit sahen, ihren Forderungen in einem Regime, das jegliche Opposition verbot, Gehör zu verschaffen. Sie lehnten terroristische Aktionen in Ländern ab, in denen normale politische Betätigung möglich war (wie in ihrer Botschaft nach der Ermordung Präsident Garfields). Sie glaubten ernsthaft an eine freie und gewaltlose Gesellschaft. Die Terroristen der Rechten teilten diesen Glauben an das grundsätzlich Gute in der menschlichen Natur nicht. Ihre ideale Gesellschaft war ganz anderer Art.

Terroristische Doktrin ist von einiger Bedeutung für das Verständnis des terroristischen Phänomens, aber sie ist nur eine der treibenden Kräfte, und nicht immer die entscheidende. Die mazedonische IMRO und die kroatische Ustacha entstanden als echte patriotische Bewegungen. Mitte der 30er Jahre waren sie zum Spielball ausländischer Interessen geworden: die Mazedonier mußten wissen, daß sie unmöglich nationale Unabhängigkeit erreichen konnten, und die kroatischen Separatisten waren sich bewußt, daß sie für ihr Ziel teuer bezahlen mußten, etwa mit der Abgabe Dalmatiens an die italienischen Beschützer. Die Kroaten verbreiteten wahllosen Terror innerhalb Jugoslawiens; die mazedonischen Terroristen brachten sich gegenseitig um und wurden von der bulgarischen Regierung dazu benutzt, um politische Gegner auszuschalten. Die Kroaten und die Mazedonier glaubten wahrscheinlich immer noch, daß ihre Aktionen gegen ihre Unterdrücker zusammen mit fremder Hilfe eines Tages eine günstige internationale Lage hervorrufen konnten, in der sie ihre Ziele erreichen könnten. Aber es ist unmöglich, mit einiger Gewißheit zu sagen, ob sie (und andere Gruppen) nach wie vor überwiegend politische Bewegungen darstellten oder ob der Schlüssel zu ihren Aktivitäten auf anderen Ebenen sozialen Verhaltens zu suchen ist. Weiterhin gab es »instinktiven Terrorismus« von Bewegungen mit nationalen oder sozialen Belangen, die sich in keine bekannte ideologische Kategorie einordnen ließen. Es ist anzunehmen, daß die Ukrainer in Ostpolen und die schleswig-holsteinischen Bauern zur Zeit der Weltwirtschaftskrise nie terroristische Traktate gelesen hatten.[167] Aber sie wußten, selbst wenn sie es nicht in Büchern gelesen hatten, daß sie die Öffentlichkeit brauchten, um ihrem Protest Gehör zu verschaffen. Es war sehr viel wahrscheinlicher, daß man sie beachtete, wenn politischer Druck durch terroristische Aktion verstärkt würde. Zuweilen kam es zu einfacher Arbeitsteilung: der militantere Flügel einer Bewegung, unzufrieden mit mangelndem Fortschritt, wandte sich der direkten Aktion zu, während die Gemäßigteren ihre gewaltlosen Aktivitäten fortsetzten. Kurz gesagt, seit eh und je war es möglich, zu lieben oder zu kochen ohne die Hilfe von Textbüchern, und das gleiche gilt auch für Terrorismus. In einigen Fällen wurde die Entscheidung, sich terroristischer Taktiken zu bedienen, aufgrund von detaillierten politischen Analysen gefaßt. Gewöhnlich aber war die Stimmung zuerst da, ideologische Rationalisierung folgte erst später. Zuweilen führte das zur Entstehung einer systematischen Strategie des Terrorismus und zu erbitterten Diskussionen zwischen Fürsprechern und

Kontrahenten. Aber Terrorismus fand auch ohne genaue Lehre und systematische Doktrin statt, mit nur verschwommenen Ideen in bezug auf die Richtung des Kampfes und seines Ziels. Wie Faust können auch die Terroristen wahrhaft behaupten: *Am Anfang war die Tat.*

Anmerkungen

1 Eine neuere Zusammenfassung der klassischen und mittelalterlichen Schriften über Tyrannenmord, Roland Mousnier, *L'Assassinat d'Henry IV* (Paris 1964, 47–90). Oliver Lutaud verfolgt die Diskussion über Tyrannenmord im 17. und 18. Jahrhundert, *De revolution d'Angleterre à la revolution Française (Den Haag 1973).*

2 *J. W. Allen, A History of Political Thought in the Sixteenth Century* (London 1960), 320.

3 N. A. Morosov, *Povest moei schisni* (Moskau 1965), Band 2, 420. N. A. Morosov, *Terroristicheskaja Borba* (London 1880), passim.

4 *Della Tirannide, Opere di Vittorio Alfiere,* Band 20 (Piacenza 1811), 252. Paul Sirven, *Vittorio Alfieri,* Band 3 (Paris 1938), 257 ff.

5 Buonarroti, *History of Babœuf's Conspiracy for Equality,* London 1836, 244; Richard Cobb, *The Police and the People* (London 1970), 195.

6 A. Spitzer, *Old Hatreds and Young Hopes,* Cambridge Mass. 1971, 293. Pierre Mariel, *Les carbonari: idealisme et la revolution,* Paris 1971, pass.

7 Bartoldi, *Memoirs of the Secret Societies of the South of Italy,* London 1821, 176/77.

8 Vicomte d'Arlincourt, *L'Italie Rouge,* Paris 1850, 4 ff.

9 Bartoldi, op. cit., 30.

10 A. Ottolini, *La Cabonaria, della Origini ai primi tentativi insurrezionali,* Modena 1946; A. Falcionelli, *Les sociétés secrètes italiennes,* Paris 1969; P. Mariel, *Les Carbonari,* Paris 1971.

11 *Della guerra nazionale d'insurrezione per bande,* Italia 1930, Band I, 235. Siehe W. Laqueur, *Guerilla,* New York 1976, passim.

12 G. Mazzini, *Scritti editi ed inediti,* Band 59, Imola 1931, 331/32.

13 J. K. Bluntschli, *Die Kommunisten in der Schweiz,* Zürich 1843, 106–113.

14 *Garantien der Harmonie und Freiheit,* Hamburg 1849, 221, 225, 236.

15 Der Artikel wurde zuerst in der Monatszeitschrift *Die Evolution* in Biel/Schweiz veröffentlicht. Siehe C. F. Wittkes Heinzen-Biographie *Against the Current,* Chikago 1945, 74/5. Der Artikel ist oft

nachgedruckt worden, u. a. in Mosts *Die Freiheit,* die später ausführlicher erwähnt wird. Als Folge einer weiteren Veröffentlichung nach der Ermordung Präsident McKinleys wurde Most zu einem Jahr Gefängnis verurteilt, obwohl Mosts Anwalt, Morris Hillquit, das Gericht auf die Tatsache hinweis, daß der Autor des Artikels schon lange tot sei und daß er sich ohnehin gegen europäische Könige und nicht amerikanische Präsidenten gerichtet habe. Tatsächlich war Mosts Artikel eng an Heinzens Aufsatz angelehnt, kein eigentlicher Nachdruck.

16 *Pereschitoe i Peredumannoe,* Berlin 1923.

17 E. H. Carr, *Michael Bakunin,* London 1961, 128.

18 Zitat aus einem Pamphlet, das in Genf im Jahre 1869 erschien. Die Idee taucht auch in Bakunins Briefen an seine Freunde auf und wird ebenfalls in M. Confinos und Arthur Lehnings jüngsten Studien erwähnt.

19 M. Bakunin, *Sobranie sotschinenii i pisem,* Band IV, Moskau 1935, 172/73.

20 Zuerst erschienen in *Pravitelstvenni Vestnik,* Juli 1871. Es ist seitdem übersetzt und häufig nachgedruckt worden, gewöhnlich gekürzt. Hier zitiert von M. Confino, *Violence dans la violence,* Paris 1973, 97ff.

21 Burtsev, *Sa sto let,* London 1897, 40/46; zur Literatur über den Saichnevski-Kreis siehe F. Venturi, *Roots of Revolution,* London 1960, 763.

22 Venturi, 336/37; zur Literatur über die Ischutin-»Organisation« siehe Venturi, 768/69.

23 N. I. Scheveko, *Chronika sozialistitscheskovo dvischenija v Rossii 1878–1887,* Moskau 1906, 19. Dies sind die internen Jahresberichte des Innenministeriums.

24 G. V. Plechanov, *Sotschinenia,* Band IX, 20.

25 Seite 19. Die Broschüre wird hier nach dem Petrograd 1920 Nachdruck zitiert. Kravschinski-Stepniak wurde in der Folgezeit zum bekanntesten Chronisten der *Narodnaja Volja.* Sein *Podpolnaja Rossija* (Untergrund Rußland) erschien in vielen Sprachen.

26 N. A. Morosov, *Provest moi schisni,* Moskau 1965, Band II, 48.

27 S. S. Volk, *Narodnaja Volja,* Moskau 1966, 89.

28 O. V. Aptekman, *Obschestvo Semlja i Volja,* Moskau 1966, 89.

29 Burtsev, op. cit. 149, 154.

30 Felix Kon zitiert in S. Volk, op. cit. 234.

31 Plechanov, *Sotschinenija,* Band II, 350.

32 Nikolai Morosov, *Terroristicheskaja Borba,* London, 1880; Romanenkos Pamphlet wurde unter dem Pseudonym V. Tarnowski: *Terrorism i rutina* in Genf im gleichen Jahre veröffentlicht. Artikel, die den Terrorismus befürworteten, waren in der russischen Emigran-

tenpresse schon vorher erschienen, vor allem von Kaspar Turski in Tkaschevs *Nabat.* Tkaschev war allerdings ein Blanquist, der einseitige Konzentration auf terroristische Aktionen nicht akzeptierte.

33 Morosov, *Povest,* Band II, 418.

34 Morosov, *Terroristicheskaja Borba,* 7ff.

35 V. Tarnowski (G. Romanenko), *Terrorisme i rutina,* Genf, 1880, 18ff.

36 Dieses Pamphlet erschien 1884; es war hektographiert, nicht gedruckt. Es stand mir nicht zur Verfügung und ich habe zitiert nach S. Ivianski, *Individual Terror as a Phase in Revolutionary Violence in the Late 19th and the Beginning of the 20th Century* (in Hebräisch), Doktorarbeit, Jerusalem 1973.

37 M. P. Dragomanov, *Terrorism i Svoboda,* Genf 1880, *passim*; siehe auch sein späteres Werk, *La tyrannicide en Russie et l'action de l'Europe Occidentale,* Genf 1883.

38 *Literatura partii Narodnoi voli,* Moskau 1907, 451ff.

39 L. Deutsch, *Delo pervovo marta 1881 goda,* Moskau 1906, 412.

40 Venturi, op. cit. 597.

41 *Sozial Demokrat* I, 1.

42 *Podpolnaja Rossija,* nach der jüngsten Ausgabe zitiert, Moskau 1960, 201.

43 *Podgotovitelnije Raboti Partii Narodnoi Volni,* St. Petersburg 1892.

44 A. I. Ulianova-Elizarova, *A. I. Ulianov i delo i marta 1887,* Leningrad 1927; A. I. Ivanski, *Schisn Kak Fakel,* Moskau 1960; B. C. Henberg und A. Y. Tscherniak, *Schisn A. Ulianova,* Moskau 1966.

45 Eine noch frühere Broschüre (1893) von Alisov über Terrorismus war mir nicht zugänglich.

46 Vl. Burtsev, *Doloi Zaria,* London 1901, 22.

47 *Nascha Sadascha,* 1902.

48 »Terroristicheskii element v naschei progamme«, in: *Revoliuzionaja Rossija,* 7. Juni 1902.

49 *Iskra,* 1. Mai 1902.

50 Alexander Gerassimoff, *Der Kampf gegen die erste russische Revolution,* Berlin 1933, 205.

51 L. Tichomirov, *Vospominanija,* op. cit. 104f.

52 Manfred Hildermeier, »Sozialstruktur und Kampfmethode der Sozialrevolutionären Partei«, in: *Jahrbücher für Geschichte Osteuropas,* Dezember 1972, 539f.

53 *Protokoli Pervovo sesda partii Sozialistov-Revoliuzionerov,* 314.

54 G. Nestroev, *Is dnevnika Maximalista,* Paris 1910, 153.

55 »Vopros o Terrore« in *Sozial Revoliuzioner,* 2, Paris 1910, 1/52. Dies ist eine gekürzte Fassung der Reden und Diskussionen des Treffens vom Mai 1909. Weitere Beiträge erschienen in der Zeitung *Snamja Truda* zwischen 1909 und 1912.

56 P. Avrich, *The Russian Anarchists,* Princeton 1971, 48 ff.

57 P. Avrich (Herausg.), *The Anarchists in the Russian Revolution,* London 1973, 54.

58 Boris Savinkov, *Erinnerungen eines Terroristen,* Berlin 1929, 29.

59 V. Dedijer, *The Road to Sarajevo,* New York 1966, 178, 205.

60 William L. Langer, *The Diplomacy of Imperialism 1830–1902,* New York 1956, 156 ff.

61 Louise Nalbadian, *The Armenian Revolutionary Movement,* Berkeley 1963, 168–73.

62 Avetis Nazarbeck, *Through the Storm,* London 1899, 212.

63 *St. James Gazette,* 29. August 1896; *Foreign Relations of the United States 1895,* Washington 1896, 1416.

64 *La verité sur les massacres d'Armenie,* par un Philarmene, Paris 1896, *passim.*

65 *Bad Ganjadhar Tilak His Writings and Speeches Madras.*

66 *Dhanonjay Keer, Veer Savarkar,* Bombay 1950, 41.

66a S. Wolpert, *Tilak and Gokhale: Revolution and Reform in the Making of Modern India,* Berkeley 1962, 81.

67 *Source Material for a History of the Freedom Movement in India,* Band II, Bombay 1958, 978 ff.

68 Valentine Chirol, *Indian Unrest,* London 1910, 71.

69 Das Buch erschien zuerst in Holland im Jahre 1909; eine französische Ausgabe erschien ein Jahr später.

70 D. Keer, *Veer Savarkar* 401; J. C. Jain, *The Murder of Mahatma Gandhi-Prelude and Aftermath,* Bombay 1961, *passim.*

71 Bipan Chanda, »The Revolutionary Terrorists in Northern India in the 1920s« in B. R. Nanda (Herausg.), *Socialism in India,* Delhi 1972, 165 ff.

72 *Peaceful and Legitimate,* zitiert in Bipan Chanda, 181.

73 Bipan chanda, loc. cit. 183.

74 Dieses Dokument wurde Ende Februar 1930 heimlich in verschiedenen Teilen Indiens verteilt und ist heute außerordentlich selten. Ich bin Herrn Professor Bipan Chanda von der Jawaharlal-Nehru-Universität in Neu Delhi dankbar, daß er mir eine Kopie beschaffte.

75 *Young India* 2. Januar, 1930.

76 *Speeches and Writings of M. K. Gandhi,* Madras, 231.

77 *Philosophy of the Bomb,* passim.

78 ebenda.

79 ebenda.

80 Virendra Sandhu, *Yugdrastha Bhagat Singh,* Delhi 1968; Ghopal Thakur, *Bhagat Singh,* Neu Delhi 1957; *Lahore Conspiracy Case* (Protokolle).

81 Secretary of State for India, *Terrorism in India,* 1933, 328.

82 R. C. Majumdar, *History of the Freedom Movement in India,* Band II, Kalkutta 1963, 529.
83 George Woodcock, *Anarchism,* London 1962, 308.
84 *Bulletin de la Fédération Jurassienne,* 3. Dez. 1876.
85 David Stafford, *From Anarchism to Reformism. A Study of the Political Activities of Paul Brousse 1870–1890,* London 1971, 76 ff.
86 *Bulletin 31,* 5. Aug. 1877 in J. Guillaume (Herausg.), *L'Internationale, Documents et Souvenirs 1864–1878,* Paris, 1910, Band II, 224; Guillaume zufolge (Band IV, 206) wurde der Ausdruck zuerst in einer Rede von Andrea Costa in Genf am 9. Juni desselben Jahres angewandt. Die Ära der »Propaganda der Tat« ist außerordentlich gut dokumentiert. Die folgenden sind besonders interessant: R. Hunter, *Violence and the Labour Movement,* New York 1914, Kapitel III; Andrew R. Carlson, *Anarchism in Germany,* New York 1972, Kapitel VIII; Richard Hostetter, *The Italian Socialist Movement,* New York 1958, Kapitel XIV und XV; E. Semicoli, *L'Anarchia,* Band I, La Propaganda di fatto, Mailand 1894; Zoccoli, *L'Anarchia,* Turin 1907, 43 ff.; ebenfalls die Geschichten des Anarchismus von Nettlau, Maitron und anderen, die später erwähnt werden.
87 *Le Révolté,* 25. Dez. 1880; Guillaume, op. cit. B. II, 96.
88 *Le Révolté,* 18. Okt. 1879.
89 Kropotkin an Georg Brandes, *Freedom,* Okt. 1898: P. A. Kropotkin, *Selected Writings on Anarchism and Revolution,* London 1973, 20–23.
90 Max Nettlau, *Anarchisten und Sozialrevolutionäre,* Berlin 1919, 217 f.
91 *La Révolté,* 23. Juli 1881.
92 *L'Internationale,* London, Mai 1890.
93 *La Dynamite et l'Anarchie,* Genf; viele Zitate, einige zweifelhaft, erscheinen in Felix Dubois, *Le Péril Anarchiste,* Paris 1894, *passim.*
94 J. Maitron, *Histoire du movement anarchiste en France (1880–1914),* Paris 1955; 211; E. V. Zenker, *Anarchism,* London 1895, 262.
95 Maitron, loc. cit. 196; ähnliche Vorschläge waren auch von Colonel de Wüst und anderen »petite guerre«-Theoretikern des 19. Jahrhunderts gemacht worden, wurden aber als altmodisch abgelehnt. Laqueur, *Guerilla,* op. cit. 3. Kapitel, *passim.*
96 Maitron, op. cit. 197.
97 George Woodcock, Anarchism, London 1962, 326.
98 Prolo, *Les Anarchistes,* Paris 1912, 55.
99 *Le Révolté,* Sept. 1886, in Maitron zitiert, 245.
100 *Le Révolté,* 18. März 1891.
101 Gerald Branan, *The Spanish Labyrinth,* Cambridge 1960, 251.

102 Romero Maura, »Terrorism in Barcelona and its Impact on Spanish Politics 1904–19«, *Past and Present,* Dez. 1968, Gerald H. Meaker, *The Revolutionary Left in Spain 1914–23,* Stanford 1973, 173–75.
103 Zitiert in H. David, *History of the Haymarket Affair,* New York 1936, 121; Samuel Yellen, *American Labor Struggles,* New York 1936, *passim.*
104 David, 122.
105 ebenda 343. Siehe auch H. Kasarek (Herausg.), *1886, Haymarket. Die deutschen Anarchisten von Chikago,* Berlin 1975, 65 ff.
106 A. Berkman, *Prison Memoirs of an Anarchist,* New York 1970, 5.
107 ebenda, 7.
108 Emma Goldman, *Living my Life,* New York 1970, Band I, 97.
109 *Freiheit,* 17. Mai 1879.
110 *Freiheit,* 18. Sept. 1880.
111 *Freiheit,* 19. März 1881; 4. März, 11. März 1882.
112 *Freiheit,* 8. März 1884; 15. Nov. 1884.
113 *Freiheit,* 8. März 1884.
114 *Freiheit,* 14. März 1885.
115 Ragnar Redbeard, *Might is Right,* 1921. (Zuerst erschienen in Chikago 1903.) Eine frühe Ausgabe des Werkes erschien unter dem Titel *Survival of the Fittest* (1896). Die Idee, daß der Macht das Recht gehört, taucht in anarchistischen Schriften erstaunlich häufig auf. So der »Schwarze September« nach dem Münchner Massaker 1972: *»Le monde ne respecte que les forts...«* *Problèmes politiques et sociaux,* 30. Mai 1975, 70.
116 ebenda, 60.
117 ebenda, 39.
118 *Freiheit,* 7. Juni 1884.
119 *Freiheit,* 16. Feb. 1884.
120 *Freiheit,* 5. Mai, 26. Mai 1883.
121 Andrew R. Carlson, *Anarchism in Germany,* New York 1972, 255.
122 *Freiheit,* 5. Mai 1883, Revolutionäre Kriegswissenschaft, 69–71.
123 *Freiheit,* 13. Sept. 1884.
124 *Freiheit,* 16. April 1887.
125 *Freiheit,* 30. Okt. 1886.
126 *Freiheit,* 12. Jan. 1884.
127 Carlson, op. cit. 279; Rudolf Rocker, *Johann Most, das Leben eines Rebellen,* Berlin 1924, 162.
128 *Freiheit,* 11. Okt. 1890.
129 *Freiheit,* 30. Juli 1887.
130 *Freiheit,* 24. Apr. 1886.
131 Wisnitzer, »Marx und Engels und die irische Frage«, in: *Archiv für Geschichte des Sozialismus,* X, 1922; Eduard Bernstein, »F. Engels und das heutige Irland«, *Neue Zeit* 1916.

132 Gustav Mayer, *Friedrich Engels,* Band II, Den Haag 1934, 256.
133 *Karl Marx, Friedrich Engels i revoliuzionnaja Rossija,* Moskau 1867, *passim*; *Perepiska K. Marksa i. F. Engelsa s russkimi politicheskimi dejatelami,* Moskau 1951.
134 *Perepiska* loc. cit., 294; S. S. Volk, op. cit. 436f.; Mayer, op. cit., 423.
135 *Ireland and the Irish Question. A Collection of Writings by Karl Marx and Friedrich Engels.* New York 1972, 149.
136 ebenda, 230.
137 Lenin, *Polnie sobranie sotschinenija,* Band 9, 130.
138 ebenda, Band 49, 312.
139 Lenin, *Sotschinenija,* Band V, 7.
140 Bolschewistische Enteignungen werden ausführlich in Boris Souvarine, *Stalin,* Paris 1939, beschrieben.
141 *Der Kampf,* November 1911.
142 *Przeglad Socyal-demokratyczny,* Mai 1909.
143 Hsi-huey Liang, *The Berlin Police in the Weimar Republic,* Berkeley 1970, *passim.*
144 Thomas N. Brown, *Irish American Nationalism,* New York 1966, 67.
145 P. J. P. Tynan, *The Irish Invincibles,* New York 1894, 488.
146 ebenda, 490.
147 *Devoys Post Bag* (Herausg. W. O'Brien und D. Ryan), Band II, Dublin 1953, 41.
148 *Irish World,* 3. März 1876.
149 Tom Corfe, *The Phoenix Park Murders,* London 1868, 31, 138.
150 *Frankfurter Zeitung,* 9. Mai 1931.
151 W. Kube (Herausg.), *Almanach der nationalsozialistischen Revolution,* Berlin 1933, 107.
152 J. Goebbels, *Knorke. Ein neues Buch Isidor,* München 1929, 18. J. Goebbels, *Kampf um Berlin,* München 1941, 62f.
153 Renzo de Felice, *Mussolini, il rivoluzionario,* Turin 1965, 120.
154 Hermann Okrass, *Hamburg bleibt rot,* Hamburg 1934, 198; Wilfrid Bade, *Die SA erobert Berlin,* München 1937, 88.
155 J. Goebbels, *Kampf um Berlin,* loc. cit.: es gab 85 Verletzte; alles lief planmäßig, vorher waren wir ein kleiner Verein, jetzt haben wir die Öffentlichkeit . . .«
156 Thor Goote, *Kameraden, die Rotfront und Reaktion erschossen,* Berlin 1934, 231.
157 *Abwehrblätter,* Okt. 1931, 182.
158 Gabriele Krüger, *Die Brigade Ehrhard,* Berlin 1932, *passim.*
159 Ernst von Salomon, *Die Geächteten,* Berlin 1932, *passim.*
160 M. Lacko, *Arrow Cross Man, National Socialists,* Budapest 1969, 43.

161 Eugen Weber, in: H. Rogger und E. Weber, *The European Right,* Berkeley 1963, 531.
162 E. Weber, loc. cit. 537; siehe auch Corneliu Zelea Codreanu, *Pentru Legionari,* Bukarest 1936, *passim.*
163 O. Tanin und E. Yohan, *Militarism and Fascism in Japan,* London 1934, 125, 219.
164 R. Storry, *The Double Patriots,* London 1957, 70, 192.
165 Friedrich Berg, *Die Weiße Pest,* Wien 1926, 32.
166 Carl Schmitt, *Der Begriff des Politischen,* München 1932, *passim.*
167 Über das *Landvolk*; Herbert Volck, *Rebellen um Ehre,* Berlin 1932, 278 ff.; Rudolf Heberle; *Landbevölkerung und Nationalsozialismus,* Stuttgart 1965, *passim.*

Drittes Kapitel

Soziologie des Terrorismus

Terrorismus, hier als Anwendung versteckter Gewalt durch eine Gruppe zu politischen Zwecken verstanden, ist gewöhnlich gegen Regierungen, seltener gegen andere Gruppen, Klassen oder Parteien gerichtet. Die Ziele können von der Beseitigung eines spezifischen Mißstandes bis zum Sturz einer Regierung und der Machtübernahme reichen oder die Befreiung eines Landes von Fremdherrschaft beinhalten. Terroristen wollen politische, soziale und ökonomische Verwirrung stiften, und zu diesem Zweck bedienen sie sich häufig des gezielten oder willkürlichen Mordes.*

Terrorismus kann im Zusammenhang mit einer politischen Kampagne oder einem Guerillakrieg, aber auch in einer »reinen« Form auftreten. Er ist von nationalen und religiösen, linken und rechten, nationalistischen und internationalistischen Bewegungen und in einigen seltenen Fällen sogar von Liberalen und Konservativen angewandt worden. Terroristische Bewegungen setzten sich hauptsächlich aus Mitgliedern der gebildeten Mittelschicht zusammen, aber es gab auch agrarischen Terrorismus, Terror der Entwurzelten und Übervorteilten, der Gewerkschaften und Arbeiterklasse (USA 1880–1910; Spanien 1890–1936). Terror hat sich gegen Diktaturen und Demokratien gerichtet; zuweilen bestand eine offensichtliche Verbindung mit sozialen Mißständen und Wirtschaftskrisen; zu anderen Zeiten lagen solche Zusammenhänge nicht vor. Bewegungen der nationalen Be-

* Jede Definition des politischen Terrorismus, die sich über das Gebiet der systematischen Anwendung von Mord, Verletzung und Zerstörung oder der Androhung solcher Taten mit politischem Ziel hinaus wagt, wird notgedrungen zu endlosen Kontroversen führen. Einige terroristische Gruppen sind wahllos vorgegangen, ihre Opfer waren »symbolisch«, andere haben sich anders verhalten. Einige wollten lediglich ein Klima der Angst erzeugen, andere zielten auf die physische Zerstörung ihrer Gegner *tout court* hin. Puristen werden argumentieren, daß man nicht einmal von einem systematischen Aufbau des Terrorismus sprechen könne, da in einigen Fällen die Ausführung einer einzigen Tat den gewünschten Erfolg herbeigeführt habe (Sarajewo 1914). Es kann mit großer Wahrscheinlichkeit vorausgesagt werden, daß sich der Streit um eine umfassende, detaillierte Definition des Terrorismus noch lange Zeit hinziehen wird, daß er zu keinem Konsensus führen und nichts Bemerkenswertes zum Verständnis des Terrorismus beitragen wird.

freiung und sozialen Revolution (oder Reaktion) haben sich dem Terrorismus zugewandt, nachdem die politische Aktion versagt hatte. Aber anderswo und zu anderer Zeit war Terrorismus nicht die Folge politischen Versagens, sondern militante Gruppen wandten ihn an, bevor andere Mittel versucht worden waren. Terrorismus ist nie in totalitären Staaten der jüngsten Geschichte aufgetreten; vereinzelt wurden Anschläge verübt, aber die Mittel zur Kontrolle und Repression, die einem totalitären Staat zur Verfügung stehen, schließen organisierten Terrorismus aus. In modernen Gesellschaften, in denen Gewalt nicht Teil des politischen Lebens ist, trat Terrorismus nur selten auf, aber außerhalb der totalitären Herrschaft sind nur wenige Teile der Welt vollständig verschont geblieben.

Nationale Unterdrückung und soziale Ungleichheit werden oft als die Hauptfaktoren der Verbreitung des Terrorismus genannt, und es stimmt natürlich, daß glückliche und zufriedene Menschen selten oder nie Bomben werfen. Aber das erklärt nicht, weshalb der Kampf für nationale Freiheit oder Unabhängigkeit oder für andere Ziele manchmal zu Terrorismus führt und manchmal nicht. Weiterhin ist jede Analyse des Terrorismus unvollständig, solange sie nicht auch diejenigen einbezieht, gegen die der Terror gerichtet ist: Terroristische Gruppen sind in jüngster Vergangenheit in Großbritannien und Frankreich, in Spanien und Äthiopien aktiv geworden; sie sind nicht in Rußland oder China oder den Ländern Osteuropas entstanden. Allgemeingültige Aussagen über den Terrorismus sind noch aus folgendem Grund ausgesprochen schwierig: terroristische Bewegungen sind ungewöhnlich klein; einige sind wirklich sehr klein, und während Historiker und Soziologen gewöhnlich Massenbewegungen erklären können, widersetzen sich die Bewegungen kleinster Partikel in der Politik wie in der Physik oft jeglicher Erklärung.

Einige der aufsehenerregendsten Attentate der letzten hundert Jahre sind von Einzelpersonen ohne die Hilfe oder Mitwisserschaft organisierter Gruppen begangen worden – die Morde an Stolypin und Präsident McKinley, Präsident Carnot, Gandhi und Präsident Kennedy. Von solchen individuellen Aktionen abgesehen, gab es Gruppen, die Morde und Bombenanschläge ausführten, mehr um zu protestieren als in der Hoffnung, ihre Gegner schlagen zu können. Die anarchistischen Propagandisten der Tat gehörten sicher zu dieser Kategorie. Einige drückten ihren Protest in ihren Romanen aus, andere in ihren Bildern und wieder andere in Bomben. Oft lag den terroristischen Aktionen ein Konzept zugrunde, manchmal vage, manchmal recht präzise. Die Befürworter des »reinen Terrors« in Rußland glaubten, daß die Ermordung einiger führender Persönlichkeiten und anderer Stützen der Gesellschaft zum Fall des Regimes führen werde. Sie waren im allgemeinen nicht besorgt, was danach passieren würde; ihre historische Mission, so wie sie sie sahen, wurde mit der Zerstörung des Systems (oder der Fremdherrschaft) erfüllt. Doch während die terroristische Kampagne sich fortsetzte, wandten sich die Terroristen unvermeidlich der Machtübernahme und ferneren Zielen zu. Das geschah z. B. im Fall der *Narodnaja Volja,* die einen allgemeinen Aufstand ins Auge faßten, obwohl sie sich bewußt gewesen sein müssen, daß sie viel zu wenige waren, um eine Massenbewegung organisieren und leiten zu können. Rechtsgerichtete Terroristen, wie die deutsche *Organisation Consul* oder die japanischen Offiziere der dreißiger Jahre, hatten »bescheidenere« Ziele – sie wollten die Politik der Regierung verändern, um »nationalen Verrat« zu verhindern. Es ist zweifelhaft, ob die rumänischen »Eisernen Garden« jemals ernsthaft an die Machtübernahme dachten, obwohl sie zu einem bestimmten Zeitpunkt eine ernsthafte Gefahr für die Regierung darstellten. Der O'Rossa-Flügel der Fenianer verkündete 1885, daß »dieses Dynamitwerk fortgeführt wird, bis Irland frei ist oder London in Schutt und Asche liegt«.[1] Doch ist es sehr unwahrscheinlich, daß sie das für eine realistische Alternative hielten. In Wirklichkeit erwarteten sie eine kompliziertere Folge von Aktion und Gegenaktion: Wie Captain Lomasney Jim Devoy erklärte, wollten die irischen Bombenanschläge britische Gegenmaßnahmen herausfordern, die aber erfolglos blieben, da die Iren eine kämpferische Rasse seien und ihr Kampfgeist in der Auseinandersetzung entfacht werde; die Sympathien der Welt würden auf seiten Irlands sein, die Engländer müßten Zugeständnisse machen, die benutzt werden könnten, um weitere Zugeständnisse zu erreichen, bis Irland schließlich völlige Freiheit erringen werde.[2] Ähnlich dachten die russischen Sozialrevolutionäre 1918, die glaubten, daß die Morde an dem deutschen Botschafter in Moskau und dem deutschen Generalgouverneur des besetzten Teils der Ukraine zur Wiederaufnahme der Feindseligkeiten zwischen Rußland und Deutschland führen würden.

Das ist im Kern die Strategie der Provokation. Die Armenier hofften, daß ihre Aktionen eine europäische Intervention hervorrufen würden; mit einer ähnlichen Strategie, die von einer auswärtigen Hilfe ausging, operierte die Kampagne der Irgun, Lehi, der palästinensischen Araberorganisationen und anderer solcher Gruppen. Die serbische »Schwarze Hand« ermordete Erzherzog Ferdinand nicht, weil sie ihn für besonders böse hielt, sondern im Gegenteil, weil sie fürchtete, er werde politische Zugeständnisse machen und damit den Geist der nationalistischen Bewegung in Bosnien schwächen.[3]

Aus ähnlichen Gründen ermordeten die Freikorps-Terroristen Rathenau, den Außenminister der Weimarer Republik. Der Nachteil dieser Strategie war, daß sie nur funktionierte, wenn die internationale Konstellation günstig war. Wenn das nicht der Fall war, hatten terroristische Aktionen keinen Einfluß oder führten sogar zur Katastrophe, wie die Armenier zu ihrem Nachteil herausfanden. Orsinis Anschlag auf Napoleon III. war ein politischer Erfolg, obwohl er nicht glückte. Orsini wurde hingerichtet, aber er wurde mit Napoleons Zustimmung zum Helden: Sein Brief an den Kaiser (»Gib meinem Land die Freiheit«) wurde vollständig im *Moniteur* abgedruckt. Es war ein Erfolg, denn Napoleon neigte bereits zu einer anti-österreichischen Politik.[4] Einige Jahre später versuchte ein Pole, Napoleon III. zu töten. Die politische Wirkung war gleich Null, denn Polen war weit entfernt, und der französische Kaiser hatte nicht vor, sich die Russen zum Gegner zu machen. Wo der Terrorismus erfolgreich war, waren seine Ziele gewöhnlich beschränkt und klar umrissen. Der Tagelohn eines amerikanischen Metallarbeiters (AFL) stieg zwischen 1905 und 1910 von $ 2.00 auf $ 4.30 (für weniger Stunden) als Folge von Anschlägen auf einige hundert Brücken und Gebäude.[5] Spanische Arbeiter verbesserten ihren Lohn mit ähnlichen Methoden während des 1. Weltkrieges.[6] Andererseits waren terroristische Aktionen erfolgreich, wenn sie im Rahmen einer breiteren Strategie angewandt wurden. Ein gutes Beispiel ist die systematische Ermordung von einigen zehntausend Dorfältesten durch die Vietcong in den späten 50er und frühen 60er Jahren, womit eine Machtübernahme von innen heraus vorbereitet wurde.[7] Sie wandten die gleiche Taktik gegenüber linken Gegnern an, wie z. B. gegen die Saigoner Trotzkisten; ebenso ging die algerische FLN gegenüber ihren nationalistischen Rivalen, den

Messalisten vor. Aber die Aktivität der Stadtguerilla gegen die Franzosen war sehr viel weniger erfolgreich – und ohnehin waren weder die Vietcong noch die FLN überwiegend terroristische Bewegungen.

Es herrscht weitgehend die Meinung, daß mit der wachsenden Verletzlichkeit der modernen technologischen Gesellschaften die Aussichten für urbanen Terror jetzt günstiger seien denn je. Aber der »reine Terrorismus« war bisher nur unter sehr spezifischen Umständen, die später diskutiert werden sollen, erfolgreich. Terroristen in den Städten sind sich im allgemeinen der Schwierigkeiten bewußt gewesen, denen sie gegenüberstehen, und theoretisch sollte der urbane Terrorismus mit ländlichem Guerillakampf gekoppelt sein oder mit Versuchen, Teile der Armee für sich zu gewinnen, oder mit der Aussicht auf eine allgemeine Erhebung oder einen Volkskrieg. Aber in der Praxis liegt die Betonung meist auf urbanem Terror, entweder weil die betroffenen Länder überwiegend verstädtert sind oder weil die Massen nicht reagieren oder weil die Armee nicht dazu geneigt ist, sich mit den Terroristen zu vereinigen. Hier soll erwähnt werden, daß terroristische Bewegungen, einschließlich der rechtsgerichteten Terroristen Mitteleuropas, Ungarns und Rumäniens, die Polizei ohne Zögern angriffen, während sie nicht gewillt waren, sich mit der Armee anzulegen, und das nicht nur, weil sie das Resultat eines so ungleichen Kampfes fürchteten. Weder *Narodnaja Volja* noch die polnischen Terroristen von 1905/06 griffen militärische Einrichtungen oder Armeeangehörige an in der Hoffnung, einige Offiziere für sich gewinnen zu können. Diese Hoffnung war keineswegs ungerechtfertigt, denn die russische »militärische Organisation« bestand schließlich gänzlich aus Offizieren und ehemaligen Offizieren. Die arabisch-palästinensischen Terroristen und die IMRO bevorzugten Aktionen gegen die Zivilbevölkerung, da diese ein geringeres Risiko mit sich brachten. Die IRA dagegen hatte solche Hemmungen nicht; aber sie wußte natürlich, daß die Gefahr von Vergeltungsschlägen gering war, da die britische Armee starken politischen Beschränkungen unterworfen war. Lateinamerikanische Terroristen haben mit unterschiedlichem Erfolg versucht, Armeeoffiziere in ihre Reihen aufzunehmen; gewöhnlich mußten sie schwere Niederlagen einstecken, wenn sie mit Soldaten aneinandergerieten.

Zwischen terroristischer Lehre und Praxis hat immer eine gewisse Diskrepanz bestanden. Selbst auf rein theoretischer Ebene gab es eine Menge Widersprüchlichkeiten, und einige der Schlüsselfragen blieben ungelöst. War der terroristische Kampf die Einleitung der Revolution (oder der nationalen Befreiung) – oder war es bereits die Revolution? Waren die Terroristen die Avantgarde der revolutionären (oder nationalistischen) Bewegung – oder waren sie die Bewegung? Nur wenige terroristische Gruppen haben je behauptet, eine radikale Veränderung könne ohne die aktive Teilnahme der Massen erreicht werden, aber die meisten haben so gehandelt, als ob es möglich wäre. Doch wie lange konnten sie für die Massen handeln (oder sprechen), ohne ihre Glaubwürdigkeit zu verlieren, wenn die Bevölkerung gleichgültig oder sogar feindlich eingestellt war? Die Position terroristischer Gruppen, die im Rahmen einer politischen Bewegung handelten, war weniger kompliziert; sie hatten eine Aufgabe zu erfüllen, und keiner erwartete, daß sie sich um langfristige Perspektiven kümmerten. Das trifft zum Beispiel auf die Sozialrevolutionäre, die irischen Terroristen, *Irgun* und ähnliche Gruppen zu. Aber die Arbeitsteilung hat in der Theorie immer besser funktioniert als in der Praxis, denn die »Kampforganisationen« bedurften immer einer gewissen Autonomie, und ihre politischen Anschauungen waren gewöhnlich in einem bestimmten Maße verschieden. Es gab immer ein gewisses Ressentiment gegen die »Politiker«, die so wenig riskierten und deshalb nicht das moralische Recht hatten, den Terroristen ihre Aufgabe vorzuschreiben, es sei denn, sie stimmte mit den Wünschen und Überzeugungen der »Kämpfer« überein. Es gab also fast immer Meinungsverschiedenheiten und Konkurrenz zwischen den politischen und terroristischen Flügeln einer Bewegung und eine Tendenz zur vollen Autonomie unter den Terroristen.

Terroristische Organisationen

Systematische terroristische Operationen erfordern vorsichtige Planung, vergleichbar mit der Aufgabe des Stabes einer kleineren militärischen Kampagne. Das ausgewählte Opfer muß eine gewisse Zeit beobachtet, seine Gewohnheiten und Bewegungen müssen studiert werden, um den besten Ort und den günstigsten Zeitpunkt für die Aktion festzulegen. Die Terroristen brauchen

Transportmittel, um zum Ort des Geschehens und zurück zu gelangen; sie brauchen gefälschte Ausweispapiere, wirksame Waffen und vor allem Geld. Um ihre Aktion so effektiv wie möglich zu machen, brauchen sie eine Publizitätsabteilung. Alle wichtigen terroristischen Bewegungen hatten ein zentrales Kommando, manchmal höchst professionell und effektiv, manchmal nur rudimentär und amateurhaft. Wichtige Entscheidungen innerhalb der *Narodnaja Volja* wurden auf Komiteeversammlungen beschlossen, aber dieses System hat sich in Notfällen gewöhnlich als unwirksam erwiesen, und da terroristische Gruppen häufig Notsituationen gegenüberstehen, lief die allgemeine Tendenz in Richtung Zentralisation und Führungsprinzip. Aber starke Führung neigt dazu, Rivalitäten und Opposition zu erzeugen, und auch die unvermeidliche Zentralisation schafft gewisse praktische Probleme. Terrorismus umschließt immer ein gewisses Element der Improvisation, selbst die sorgfältigste Planung kann unmöglich alle Entwicklungen voraussehen. Sorgfältige Planung, die das Element der Improvisation ausschließt, könnte sich als Nachteil der Terroristen erweisen. Eine kleine, örtlich gebundene Gruppe dagegen hat gewöhnlich nicht die Mittel und Möglichkeiten, größere Aktionen auszuführen. Das ideale Muster ist eine starke zentrale Führung, die sich mit der allgemeinen Strategie befaßt, aber die Details den Ortsgruppen überläßt. Mao hat zu diesem Thema in seinen Schriften über den Guerillakrieg eine Menge zu sagen, aber es handelt sich wiederum um ein Prinzip, das in der Theorie einfacher zu befolgen ist als in der Praxis.

Das zentrale Kommando terroristischer Bewegungen hat zuweilen vom Ausland aus gearbeitet; die Schweiz, die Vereinigten Staaten und der Libanon bildeten Zentren für Bewegungen, die anderswo tätig waren. Die Vorteile sind offensichtlich: die terroristischen Führer können sich frei bewegen, ohne befürchten zu müssen, verhaftet zu werden. Aber ebenso groß sind die Nachteile: je weiter sich die Hauptquartiere vom Ort des Geschehens entfernt befinden, desto unvollständiger wird ihr Verständnis für das laufende Geschehen, desto spärlicher der Kontakt mit den eigenen Leuten. Während die *Narodnaja Volja* niemals Aktionen außerhalb Rußlands in Betracht gezogen hätte, spezialisieren sich einige moderne Bewegungen auf »Operationen in dritten Ländern«. 1973 zum Beispiel fanden von 221 wichtigen terroristischen Operationen in der ganzen Welt 47 in »dritten« Ländern statt.[8]

Je größer eine terroristische Bewegung, desto größer ist die Gefahr der Entdeckung. Die *Narodnaja Volja* hatte zum Höhepunkt ihrer Aktionen 500 Mitglieder. Die Kampforganisation der Sozialrevolutionäre war wesentlich kleiner, obwohl sie einen großen Kreis um sich hatte, aus dem sie Unterstützung erwarten konnte. Sowohl IZL als auch Lehi hatten nur ein paar hundert Mitglieder, die zu terroristischen Operationen herangezogen werden konnten. Die irischen Terroristen des 19. Jahrhunderts zählten nur wenige Dutzend. Die IRA und die palästinensischen Araber hatten sehr viel mehr Mitglieder, aber nur eine kleine Zahl war für terroristische Aktionen ausgebildet. Terroristische Gruppen, im Gegensatz zu Guerillaeinheiten, wachsen über eine bestimmte Anzahl von Mitgliedern nicht hinaus. Die Grundeinheit besteht gewöhnlich aus 3–10 Personen. Einige der terroristischen »Armeen« der jüngeren Vergangenheit, wie die Japanische Rote Armee, die Baader-Meinhof-Gruppe (Rote Armee Fraktion), die Angry Brigade, die Symbionese Liberation Army usw. bestanden zu ihrer Blütezeit nur aus ein paar Dutzend Mitgliedern. Die Tupamaros begannen ihre Operationen Ende 1966 mit fünfzig Mitgliedern; fünf Jahre später waren es 3000. Aber ihr Erfolg wurde ihr Untergang, denn die Größe der Bewegung erleichterte es den Sicherheitskräften, die Terroristen ausfindig zu machen, viele von ihnen zu verhaften und schließlich die Organisation zu zerschlagen. Die argentinische ERP soll 1975 5000 Mitglieder gehabt haben, aber wiederum war nur ein Teil davon in kämpferische Aktivitäten verwickelt.*

Die Montoneros waren zahlenmäßig noch stärker, aber es fehlte ihnen am Zusammenhalt, und sie spalteten sich in mehrere Fraktionen.

Städtische terroristische Kampagnen haben selten länger als drei bis vier Jahre gedauert. Sobald die Sicherheitskräfte Gegenmaßnahmen ergriffen, wurden die Verluste der Terroristen gewöhnlich so hoch, daß sie nicht mehr tragbar waren. Weiterhin schwindet gewöhnlich der ursprüngliche Enthusiasmus in den Reihen der Terroristen dahin, sobald es offensichtlich wird, daß selbst eine Serie von erfolgreichen Aktionen nicht zum Sturz des

* Die ERP wiederholte einige der Fehler, die auch den Tupamaros unterlaufen waren, und zusätzlich griffen sie noch gegen alle Regeln des urbanen Terrors große Armee-Einheiten an. Ungefähr siebzig kamen im Frühjahr 1976 bei dem Versuch um, ein Armeelager in Monte Chingolo zu stürmen.

Systems führt. In einigen Fällen haben terroristische Kampagnen länger gedauert – wenn sie von Schutzgebieten aus geführt werden, wie im Fall der palästinensischen Organisationen, oder wenn sich die Terroristen auf eine relativ starke Unterstützung der Massen berufen können, gewöhnlich in nationalistisch-separatistischen oder religiösen Kampagnen (IRA, Euzkadi). Z. Ivianski zufolge tritt Terrorismus häufig in zyklischen Erhebungen auf.[9] Die *ère des attentats* in Frankreich fand zwanzig Jahre nach der Pariser Kommune statt, zwei Jahrzehnte später kam es zu einer neuen, wenn auch unbedeutenderen Welle terroristischer Aktionen. Auch in Rußland vergingen zwanzig Jahre, bis eine neue Generation die Tradition der *Narodnaja Volja* fortsetzte. In Irland dagegen war der Zeitraum zwischen den einzelnen terroristischen Erhebungen bedeutend länger. Sobald eine terroristische Organisation in der Erreichung ihrer Ziele versagt hat, bedarf es einer neuen Generation, um die Flammen erneut zum Lodern zu bringen. In diesem Licht betrachtet, ist Terrorismus ein Begleitumstand des Generationskonfliktes; aber es gibt kein allgemeines Gesetz des Generationskonfliktes, und selbst wo er zutage tritt, braucht er sich nicht unbedingt in der Form des Terrorismus zu entfalten. Weiterhin gibt es eine Menge Faktoren, die den Ausbruch terroristischer Kampagnen entweder beschleunigen oder verlangsamen, selbst in Ländern, in denen Gewalttätigkeit mehr oder weniger an der Tagesordnung ist; die internationale politische Lage ist ein Beispiel hierfür. Andererseits hat der Echo-Effekt offensichtlich eine gewisse Wirkung gehabt, insofern als terroristische Kampagnen in einem Land die Inspiration für andere in anderen Teilen der Welt geliefert haben.

Finanzierung des Terrorismus

Moderne Terroristen leben nicht vom Enthusiasmus allein; sie brauchen eine Menge Geld. Die Vorbereitungen für wichtige Operationen können kostspielig sein, und Geld ist nötig, um Regierungs- und Polizeibeamte zu bestechen. Terroristische Bewegungen des 19. Jahrhunderts konnten manchmal mit sehr geringen Mitteln unterhalten werden. Die *Narodnaja Volja* bezogen alle Mittel, die sie benötigten, von begüterten Mitgliedern oder Sympathisanten; die Sozialrevolutionäre verließen sich hauptsächlich auf »Enteignungen«. Die Anarchisten waren arm und hatten, von gelegentlichen Spenden abgesehen, kaum wirksame Unterstützung von außen. So erhielt Francisco Ferrer, der spanische Anarchist, von einer befreundeten französischen Dame eine Million Franc. Die *Irish Revolutionary Brotherhood* wurde am St. Patrickstag 1858 in einem Holzlager in Dublin mit einer 400 Dollar-Spende aus den USA gegründet; in späteren Jahren erhielt sie größere Summen (den »Special National Fund«, O'Rossas »Skirmishing Fund«). Ein Teil des Geldes wurde von einem Sympathisanten beigesteuert, der Billardmeister war. Irgun und in geringerem Maße Lehi erhielten finanzielle Unterstützung von Juden in den Vereinigten Staaten und beteiligten sich auch an »Enteignungen«. Zuweilen steuerte auch die politische Polizei zu den Fonds anarchistischer und terroristischer Gruppen bei, aber das war selten von größerer Bedeutung. 1906/07 versuchten indische Terroristen, gefälschte Banknoten und Münzen und sogar »chemisches Gold« herzustellen. Als diese Versuche der Finanzregierung fehlschlugen, wandten sie sich Raubüberfällen (dacoity) zu. Einige schlugen vor, nur Mittel der Regierung sollten gestohlen werden, aber das erwies sich als undurchführbar, und es wurde eine Resolution verabschiedet, daß genau Buch geführt werden sollte, was von Privatpersonen entwendet worden war, um es ihnen nach Erreichung der Unabhängigkeit zurückzuzahlen. Auch wurde vorgeschlagen, nur jene als Opfer auszusuchen, die ihren Reichtum auf unehrliche Weise angesammelt hätten. Aber, wie ein Historiker der indischen Freiheitsbewegung bemerkt, »es ist schwer zu glauben, daß dieses Prinzip in der Praxis immer befolgt wurde«. Auch konnten nicht alle Terroristen, »wie die menschliche Natur nun einmal ist«, nach den Idealen hochmoralischer Vorsätze und mangelnder Gier leben; »dacoities« wurden aus Eigennutz begangen und politische Ziele nur als Vorwand benutzt.[10] Die *Ustascha* fälschte jugoslawische 1000-Dinar-Noten, offensichtlich mit italienischer Hilfe, und Lehi druckten staatliche Obligationen mit Hilfe eines Spezialisten, der in der polnischen Armee im Exil diente.*

Nach dem Ersten Weltkrieg wurden terroristische Gruppen häufiger von Regierungen finanziert; die Italiener und die Un-

* Die IRA in Ulster soll einen Teil ihres Einkommens von legalen Geschäften (wie Taxiunternehmen) bezogen haben, aber auch durch Erpressung von »Schutzgeldern«.

garn unterstützten die Kroaten und IMRO (44 Millionen Lire 1929/30). IMRO erhielt auch Mittel von den Bulgaren, und die Polen zahlten angeblich an die rumänischen *Eisernen Garden*, was allerdings nicht bewiesen ist. Dieser Trend verstärkte sich noch nach dem Zweiten Weltkrieg. Die Sowjetunion lieferte entweder direkt oder durch ihre osteuropäischen Satelliten Waffen, technische Hilfe und möglicherweise Geld an terroristische Gruppen in verschiedenen Teilen der Welt; Libyen, Algerien und andere arabische Staaten haben Geld in großem Umfang verteilt – manchmal, wie in Ulster, unterstützten sie sogar beide Seiten eines Konflikts. Die IRA erhält nach wie vor Unterstützung aus den Vereinigten Staaten, und die arabisch-palästinensischen Terroristen haben hunderte Millionen Dollar von den erdölproduzierenden Ländern erhalten. Lateinamerikanische Gruppen wie die ERP und die Montoneros erpreßten Millionen Dollar von Firmen und Familien entführter Geschäftsleute. Die terroristischen Gruppen des 19. Jahrhunderts waren alle mehr oder weniger verarmt gewesen, während in jüngster Zeit ein klarer »Klassenunterschied« sichtbar wird: eine terroristische Aristokratie mit reichen und mächtigen Beschützern auf der einen Seite, ein terroristisches Proletariat auf der anderen Seite.

Diese Entwicklung ließ sich zuerst in den dreißiger Jahren feststellen. Wer sind die Attentäter? fragte ein zeitgenössischer Kommentator nach der Ermordung König Alexanders von Jugoslawien in Marseille im Jahre 1934.[11] Sind sie Kroaten oder Tschechen oder Deutsche oder vielleicht Ungarn? Alles an ihnen ist falsch – mit Ausnahme ihres Geldes und ihrer Waffen. Woher kam das Geld, wie konnten diese armen, verfolgten Kroaten teure Reisen in viele Länder bezahlen? Wer hat sie mit Waffen und Geld ausgerüstet, wer hat ihnen falsche Pässe verschafft? Kurz gesagt, wer hat sie beauftragt?[12] Niemand hatte solche Fragen im Zusammenhang mit den Narodovoltsy oder den Anarchisten gestellt, denn sie waren arm, und über ihre Finanzen bestand keine Ungewißheit. Aber in den dreißiger Jahren und *a fortiori* nach dem Zweiten Weltkrieg entwickelte sich Terrorismus zuweilen zum großen Geschäft mit multi-nationalen Verästelungen, und man gab sich größte Mühe, die Quellen des Einkommens im dunkeln zu halten. Die »Proletarier«, wie die Südmollucker, konnten keine Hilfe von außerhalb erwarten, da ihre Ziele nicht mit denen ausländischer Regierungen übereinstimmten. Die reichen Gruppen konnten sich kostspielige Aktionen leisten, die weit außerhalb der Reichweite armer Terroristen lagen, sie konnten teure Ausrüstung verwenden, sich Hilfe anheuern, Information kaufen, ohne sich Sorgen machen zu müssen, woher das Geld kam. Diese Mittel wurden manchmal in Form jährlicher Beiträge, manchmal als Belohnung für spezifische Aktionen gezahlt. Der »Schwarze September« soll für die Ermordung der israelischen Sportler in München angeblich $ 7000000 erhalten haben.[13] Andererseits schuf dieser neue Reichtum Verlockungen, die es vorher nicht gegeben hatte. Es ist richtig, daß auch den Fenianern der 80er Jahre des vorigen Jahrhunderts und den russischen Maximalisten gelegentlich vorgeworfen wurde, sie hätten Geld veruntreut, Finanzmittel verschwendet und für private Zwecke ausgegeben. Aber die Summen waren unbedeutend, verglichen mit den Millionen, die den arabischen und lateinamerikanischen Terroristen der sechziger und siebziger Jahre zur Verfügung stehen.

In der begüterten Klasse erhalten Mitglieder mit gehobenen Posten Gehälter, die weit über dem liegen, was sie in einem legitimen Beruf verdienen könnten. Schweizer Bankkonten wurden eröffnet, man investierte in Immobilien und anderen Anlagen, die mehr modernen Geschäftspraktiken als dem traditionellen terroristischen Ethos der *Narodnaja Volja* oder der Fenianer ähnelten. Längere Aufenthalte in Luxushotels ließen einen neuen Typus des Terroristen entstehen, sehr verschieden von den mageren, hungrigen Kämpfern früherer Generationen. Ein Mitglied der Berliner Stadtguerillas berichtet, wie sich seine Gruppe aufgrund des Geldes spaltete: »Wenn zuviel Geld da ist, werden unnötige Sachen gekauft, erst ein Plattenspieler und Fernsehgerät, dann teure Anzüge und Autos, und schließlich sieht man aus wie direkt aus dem *Playboy* . . .«[14] In der Geschichte des irischen Terrorismus kam es zu zahlreichen Anklagen wegen Mißbrauchs von Geldern und Veruntreuung; erst kürzlich ging es um ein Mitglied der provisorischen IRA aus der Grafschaft Tyrone, der mit 100.000 Pfund Sterling aus einem Banküberfall in der Grafschaft Meath 1975 in die USA flüchtete. Ein Sprecher seiner Organisation sagte: »Eine gewisse Entscheidung ist in bezug auf Hughes getroffen worden, und sie schließt militärische Ehren bei seiner Beerdigung nicht ein.«[15]

*Terroristische Budgets**

Jahr	*Terroristische Gruppe*	*Land*	*Einkommen* (in 1976 Dollar)	*Quelle*
1880	*Narodnaja Volja*	Rußland	Unbedeutend	Spenden von Sympathisanten
1880	Irische Dynamiter	Irland	50.000	irische Sympathisanten in USA
1896	Anarchisten	Frankreich Italien	Unbedeutend	Spenden
1906	Sozialrevolutionäre und andere Gruppen	Rußland	5–10 Mill.	Raubüberfälle einige freiwillige Spenden
1932	IMRO	Bulgarien	2–3 Mill.	Erpressung, Italien, Bulgarien
1933	Ustascha	Jugoslawien	1–2 Mill.	Italien, Ungarn
1947	IZL – Stern Bande	Palästina	1–2 Mill.	Spenden von Sympathisanten, Raubüberf
1970	Tupamaros	Uruguay	5–10 Mill.	Entführungen, Raubüberfälle
1970	ALN	Brasilien	5–10 Mill.	Entführungen, Bankraub
1974	ERP-Montoneros**	Argentinien	50–100 Mill.	Entführungen, Raubüberfälle
1975	Fatah***	Nahost	150–300 Mill.	hauptsächlich von arabischen ölproduzierenden Ländern
1975	PFLP, PDFLP Saiqa	Nahost	20–30 Mill.	Libyen, Syrien und Iraq
1975	IRA, prov. u. regulär	Irland, Ulster	1–3 Mill.	Spenden und Raubüberfälle, »Schutzgelder«, legitime Geschäfte
1975	UDA, UVF	Ulster	?	desgleichen

* Die Zahlen sind Schätzungen; terroristische Bewegungen führen gewöhnlich nicht Buch zur Einsicht durch Außenstehende oder Finanzbeamte. Dennoch sind genügend Zahlen und Daten bekannt, um eine grobe Übersicht über ihr Einkommen aufstellen zu können. Die Schätzungen basieren auf U.S.-Dollars 1976; die Summen, die terroristischen Gruppen vor dem Zweiten Weltkrieg zur Verfügung standen, waren in absoluten Maßstäben natürlich sehr viel geringer. Aber die Preise waren auch sehr viel niedriger: Die Iren zahlten $ 5–6 für ein Gewehr; ein russisches AK-'47 Gewehr kostet heute 110 Dollar.

** 1974/75 waren außergewöhnlich profitable Jahre für die argentinischen Terroristen.

*** Schätzungen der Einkommen der palästinensischen terroristischen Organisationen schwanken sehr. Israelischen Quellen zufolge beträgt das Einkommen von

Der Erfolg terroristischer Operationen hängt von zuverlässiger Information über die geplanten Ziele und die Bewegungen der zu tötenden oder zu entführenden Opfer ab. Die Sozialrevolutionäre verkleideten sich als Kutscher oder Straßenhändler, um unauffällig die Gegenden, die angegriffen werden sollten, patroullieren zu können.*

Andere terroristische Gruppen bedienten sich Sympathisanten zur Nachrichtensammlung, wie Postboten, Straßenfegern und Handwerkern, die Reparaturen ausführten. Regierungsangestellte waren eine große Hilfe, und Quellen innerhalb der Polizeistreitkräfte waren unersetzlich, da sie die Terroristen vor bevorstehenden Razzien warnen und Spitzel in ihren Reihen demaskieren konnten. Die *Narodnaja Volja* verdankte einige ihrer Erfolge der Information Nikolai Kletochnikovs, der in der »Dritten Abteilung«, der zaristischen politischen Polizei, Anstellung gefunden hatte. Bei der Durchsicht der Polizeikarteien fand er heraus, daß sich unter den *Narodovoltsy* ein Spitzel befand (Reinstein), der prompt getötet wurde. Die Sozialrevolutionäre hatten auch einen Sympathisanten in der Polizei, der ihnen bei mehreren Gelegenheiten behilflich war, und es ist zweifelhaft, ob Asev ohne die Information von seiten führender Polizeibeamter entlarvt worden wäre.[16] Michael Collins Attentat auf das Hauptquartier des britischen Geheimdienstes in Dublin im Jahre 1920 lähmte effektiv britische Operationen während der kritischen Phase des Aufstandes, da wichtige Dokumente zerstört wurden und Geheimagenten entlarvt und getötet werden konnten. Die IRA sah

Fatah $ 150–200 Mill.; Zahlen in der Presse der »Rejection Front« und von syrischen Sprechern liegen höher ($ 240 Mill.). Wenn man Spenden für politische Arbeit und Spenden in Sachgegenständen (Waffen, Ausrüstung, Trainingslager usw.) einschließt, könnten die höheren Zahlen durchaus richtig sein.

* Als Bhagwati Charan und seine Freunde der »Hindustan Socialist Revolutionary Army« den Bombenanschlag auf den Zug des britischen Vizekönigs in der Nähe von Delhi planten (1929), verkleidete sich ein Mitglied der Gruppe als Fakir, um die Örtlichkeiten studieren zu können, ohne Verdacht zu erregen. (Yashpal, *Singhavalokan,* Band II, Lucknow 1951, 93 zitiert in Vajpeyi, The extremist Movement in India, Allahabad 1974, p. 247).

in der Abteilung »G« der Dubliner »Metropolitan Police« ihr Hauptziel; die Briten konnten immer neue Soldaten schicken, aber die Anzahl fähiger Geheimdienstler war begrenzt, und sie konnten nicht so leicht ersetzt werden.

Nationalistische Terrorgruppen wie Irgun hatten Informationsquellen innerhalb der Polizei, die mit ihnen zusammenarbeiteten, entweder weil sie Sympathisanten waren oder weil sie bezahlt wurden. Schulze und Tillessen, Erzbergers Mörder, wurden von der deutschen Polizei gewarnt und konnten ins Ausland fliehen. Die Nazis prahlten zuweilen, daß sie Kopien des geheimen Schriftwechsels zwischen der Polizei und dem Innenministerium erhielten, sobald sie vom Hauptquartier abgeschickt wurden.[17] Lateinamerikanische Terroristen verfügten über Sympathisanten in Schlüsselpositionen, und die multi-nationalen terroristischen Gruppen der sechziger und siebziger Jahre hatten mit ihren fast unbegrenzten Mitteln keine Schwierigkeiten, Informationen, vermutlich einschließlich Interpol-Bulletins, zu sammeln.

Terroristische Waffen

Bis zum Morgengrauen des Dynamit-Zeitalters waren der Dolch und die Pistole die traditionellen terroristischen Waffen. Die Erfindung der ersten Zeitbombe wird dem Pariser M. Chevalier zugeschrieben; er stellte eine Kiste, die mit Pulver und Geschossen gefüllt war, her und befestigte daran den Lauf einer Muskete mit dem Abzugshahn. Eine ähnliche Konstruktion wurde von St. Regent, einem Marineoffizier, benutzt, als er einen Anschlag auf Napoleon, der damals noch Erster Konsul war, versuchte. Er plazierte den Lauf auf einem Karren an der Ecke der Rue Nicaise, auf dem Weg von den Tuilerien zur Rue Richelieu. Er verwandte einen Zeitzünder, aber entweder verkalkulierte er sich, oder Napoleons Kutscher hatte es eilig, die Explosion fand ein wenig zu spät statt.[18] Sprengstoffe wie Schwarzpulver und Quecksilberfulminat waren schon vor Alfred Nobels Erfindung angewandt worden, zum Teil mit großer Wirkung: Bei dem fenianischen Bombenanschlag auf das Clerkenwell-Gefängnis im Dezember 1867 wurden 12 Personen getötet und 120 verletzt; die Attentäter verwendeten 225 Kilogramm Schwarzpulver. Ein Jahrzehnt vorher hinterließ Orsinis Bombe in Paris 8 Tote und 156 Verwundete. Die erforderlichen Mengen an Sprengstoff waren enorm; sie waren schwierig zu transportieren, ohne Verdacht zu erwecken, und erst mit der Erfindung von Nitroglyzerin und später Nitrozellulose (»Plastikbomben«) in den 60er und 70er Jahren des vorigen Jahrhunderts wurde das Legen von Bomben und Minen sehr vereinfacht. Man war damals weitgehend der Ansicht, daß Dynamit die *Ultima ratio* der Waffentechnik sei; die amerikanischen und französischen Anarchisten gründeten ihre gesamte Strategie darauf, und Patrick Rallihan aus Brooklyn veröffentlichte eine Zeitschrift mit dem Titel: *Ireland's Liberator and Dynamit Monthly.*[19]

Narodnaja Volja waren die ersten, die Dynamit auf einer breiten Basis verwandten; eines ihrer Mitglieder, Serge Kibaltchitsch, war ein ausgebildeter Naturwissenschaftler, der wichtige Neuerungen, wie die Mischung von Nitroglyzerin mit anderen Stoffen und die Anwendung von Quecksilberfulminaten als Zündsatz, einführte.[20] Aber indem die neuen Sprengstoffe höchst wirksam waren, waren sie auch sehr gefährlich. Nicht wenige russische Revolutionäre kamen bei der Herstellung oder dem Transport von Dynamit um. Grinevetski wurde von derselben Bombe in die Luft gesprengt, die auch den Zaren tötete. Rokotilov wurde während der Herstellung von Bomben tödlich verletzt, Dembov verlor sein Leben, während er mit Dynamit experimentierte, ebenso Schweitzer, einer der Anführer der Sozialrevolutionäre und ihr führender Waffenexperte. Ähnliche Unglücksfälle passierten auch häufig in der Geschichte des irischen Terrorismus, von der Zeit Captain Lomasneys bis zu den heutigen Ereignissen in Ulster. Da die frühen, übertriebenen Hoffnungen im Zusammenhang mit Dynamit sich nicht erfüllten, blieben der Revolver, das Gewehr und sogar der Dolch häufig angewandte terroristische Waffen – Präsident Carnot wurde erstochen, ebenso Kaiserin Elisabeth von Österreich im Jahre 1898.

Dynamit war sehr viel zerstörerischer als alle vorhergehenden Sprengstoffe, aber man benötigte immer noch recht große Mengen. Die durchschnittliche Mine, die *Narodnaja Volja* herstellte, wog 25 Kilogramm oder mehr, und selbst dann hatte sie nicht immer den gewünschten Effekt. Chalturin, der Zugang zum Winterpalast hatte und dort eine Bombe legte, forderte von seinen Genossen einen Sprengkörper von ungefähr 90 Kilogramm an. Sie gaben ihm nur 30 Kilo Dynamit, und wie sich herausstellte, war das für seine Zwecke nicht genug. Die Bomben, die die irischen »Dynamiter« um 1880 benutzten, waren kleiner und in der Regel nicht sehr effektiv. In seinem Handbuch hatte Most ernsthaft erklärt, daß eine 5-Kilo-Bombe jedes Kriegsschiff zerstören würde. Die Terroristen mußten durch Versuche und Mißerfolge lernen, daß das nicht der Fall war.[21]

Das große technische Problem, dem sich die Terroristen während des letzten Drittels des neunzehnten Jahrhunderts gegenübersahen, war die Verkleinerung von Bomben, die Produktion einer Handgranate von der Größe eines Apfels, die leicht versteckt und über eine größere Entfernung geworfen werden konnte, während sie genausoviel Sprengkraft wie eine altmodische Mine hatte. Die österreichischen Terroristen der 80er Jahre experimentierten mit Metallkästen, die zwei Kilo Dynamit enthielten. Aber funktionsfähige Granaten von dieser Größe wurden erst von den Sozialrevolutionären entwickelt und bei den Attentaten auf Plehve und den Großherzog Alexei verwandt.

Die Bombe war offensichtlich nicht die alles zerstörende Waffe, wie ursprünglich angenommen, aber als Symbol verdrängte sie die Barrikade, und sie machte sicherlich eine Menge Krach. Ivan Dragomiroff, der Leiter des Attentatbüros in Jack Londons Roman, gab zwar Anarchisten Rabatt, bedauerte aber ihre Vorliebe für Dynamit und ähnliche äußerst gefährliche Apparaturen, die den sensationellen und spektakulären Charakter ihrer Anschläge sicherstellen sollten (»unsere Morde müssen rot sein . . .«). Dragomiroff berechnete ihnen $ 10000 für den Mord eines Polizeipräsidenten einer größeren Stadt, eine halbe Million für einen wichtigen Kaiser oder König, 75000–100000 für einen zweit- oder drittrangigen König.[22]

Die amerikanischen Iren steuerten zahlreiche Vorschläge zur Verbesserung der Technologie des Terrorismus bei. Diese schlossen eine frühe Version des Molotov-Cocktails ein – ein Zink-Gefäß, das mit einem dreiviertel Liter Benzin gefüllt war und mittels einer Uhr entzündet wurde und eine bestimmte Zeit brennen sollte.[23] O'Rossas Plan, das britische Parlament mit Gas zu besprühen, ist bereits erwähnt worden. Die britische Regierung war über Berichte von Unterseebooten, die in New York hergestellt wurden, besorgt, allerdings unnötigerweise, wie sich herausstellte. 60000 Dollar wurden für den Bau von drei Booten ausgegeben, aber offensichtlich wurde nur eins wirklich von der Firma

Delamater und Co. in New York hergestellt. Dieses »Torpedoboot« war angeblich »eine Maschine mit wunderbarer Zerstörungskraft; besser als jedes bisher erfundene Boot«.[24] Aber das Schiff wurde nie benutzt. Captain McCafferty entwickelte um 1860 die Idee, einen Eisenbahnzug und einen Dampfer in einer terroristischen Aktion zu verwenden, aber der Anschlag wurde nie ausgeführt.

Die Idee der Verwendung von Briefbomben scheint zuerst den russischen Terroristen der 80er Jahre des vorigen Jahrhunderts gekommen zu sein. Sie erörterten die Sendung kleiner Mengen Sprengstoffes an den Zaren in kleinen Paketen, die angeblich Arzneimittel gegen Rheumatismus und Asthma enthielten.[25] Aber dieser Plan wurde offenbar nicht ausgeführt. Johann Most empfahl in seiner Zeitung und in anderen Schriften Sprengsätze in Briefen und kleinen Paketen, aber die technischen Probleme waren zu jener Zeit offensichtlich unüberwindbar.*

Einer der ersten erfolgreichen Anschläge mit Hilfe einer Briefbombe war die Ermordung des ungarischen (Uniat) Generalpfarrers in Transsylvanien durch eine Gruppe rumänischer Terroristen kurz vor dem Ersten Weltkrieg. 1908 verwandten indische Terroristen (erfolglos) eine primitive Briefbombe (oder, genauer, eine Buchbombe). Die Irgun bediente sich dieser Methode gelegentlich, häufiger wurde sie von arabischen Terroristen und anderen Gruppen Anfang der 70er Jahre angewandt. Asev, der Führer der Kampforganisation der Sozialrevolutionäre, schlug seinen Genossen vor, neue Methoden zur Anwendung zu bringen, da die Polizei die alten Tricks alle kannte. Er wollte ein Automobil kaufen, und als er 1906 hörte, daß Buschalo, ein anar-

* Die erste überlieferte Anwendung einer Briefbombe (oder genauer einer Paketbombe von ca. 10 kg Gewicht) fand im Juni 1895 statt, als in einem Postamt in Berlin ein durchsickerndes Paket geöffnet wurde. Es war von Paul Koschemann, einem 21 Jahre alten Mechaniker mit anarchistischer Tendenz, gepackt und abgeschickt worden. Es war an einen höheren Polizeibeamten adressiert, der Empfänger hatte jedoch keinerlei Verbindung zur Politischen Polizei, und Koschemann handelte ohne Unterstützung irgendeiner organisierten Gruppe; das Motiv der Tat wurde auch vor Gericht nicht klarer. Die Ausführung war primitiv; Koschemann verwandte Schießpulver, Flaschen, die mit Ligroin gefüllt waren, und einen kleinen Revolver, der, durch eine Weckuhr aktiviert, als Zündsatz dienen sollte (H. Friedländer, *Interessante Kriminalprozesse,* Band II, Berlin 1922, p. 156). Wenige Jahre später wurden bereits sehr viel kompliziertere Paketbomben von Kriminellen in den Vereinigten Staaten angewandt (Roy A. Giles in *Scientific American,* April 1923, p. 226).

chistischer Ingenieur, eine neue Art Flugzeug in München konstruierte, gab er ihm 20 000 Rubel in der Hoffnung, das Flugzeug in zukünftigen Aktionen verwenden zu können.[26] Es dauerte allerdings noch über siebzig Jahre, bis sich Terroristen zum erstenmal eines Luftfahrzeuges bedienten, und zwar warfen Angehörige der IRA im Januar 1974 zwei Bomben aus einem gestohlenen Hubschrauber ab. Buschalos Flugzeug wurde nie vollendet, und Automobile wurden zuerst für terroristische Zwecke von der Bonnot-Bande 1913 in Paris benutzt, um die Flucht nach Banküberfällen zu erleichtern. Moderne Maschinenpistolen wurden, soweit sich das feststellen läßt, zuerst von der IRA kurz nach dem Ersten Weltkrieg benutzt; irische Sympathisanten hatten gerade einige Exemplare von Colonel Thompsons moderner Waffe geliefert.[27]

Selbst wenn die Terroristen die Wunderwaffe nicht finden konnten, hatten sie keine Schwierigkeiten, Schußwaffen und Sprengstoffe zu beschaffen; es gab gewöhnlich genügend Gelegenheit, sie zu kaufen oder zu stehlen. Waffen für die irischen Terroristen wurden in Schiffen aus den Vereinigten Staaten geschmuggelt; Revolver für die indischen Terroristen kamen aus Großbritannien. Die Armenier schmuggelten einen Teil ihrer Waffen aus Rußland, und Balkan-Terroristen wurden von ihren Schutzherren im Ausland beliefert. Armee-Arsenale waren immer eine mögliche Quelle der Versorgung, entweder weil einzelne Offiziere oder Soldaten mit den Terroristen sympathisierten oder weil die Terroristen bestechliche Beamte fanden. Nach größeren Kriegen waren Waffen und Sprengstoff in großem Umfang in der ganzen Welt erhältlich. Die »Western Federation of Mine Workers« in den Vereinigten Staaten hatten jedenfalls keine Schwierigkeiten, sich Sprengstoff für ihre Aktionen zu Anfang dieses Jahrhunderts zu besorgen, und in den sechziger Jahren wurden mit der Entstehung multinationaler Organisationen Plastikbomben und sogar Raketenwerfer unter dem Siegel diplomatischen Gepäcks von einem Land ins andere transportiert. Seit dem Zweiten Weltkrieg sind noch wirksamere Sprengstoffe erfunden worden, und die Terroristen sind der Entwicklung nur um einige Jahre nachgehinkt.*

* Die ersten versteckten Bomben kamen schon vor dem Ersten Weltkrieg zur Anwendung. Die Öffentlichkeit wurde gewarnt, daß es gefährlich sei, die brennende Zündschnur herauszuziehen und dann die Bombe anzufassen, »da viele Dynamiter

TNT und Pikrinsäure, die am meisten verwandten Sprengstoffe im Ersten Weltkrieg, sind kürzlich durch die wirksameren und haltbareren Stoffe RDX und PETN ersetzt worden. Neue Arten von Verzögerungszündern sind zur Anwendung gekommen, während Quecksilberfulminat, das mehreren Generationen von Terroristen sowohl als Primär- als auch als Sekundärsprengstoff diente, nicht mehr verwendet wird. Bedeutende Fortschritte wurden auch auf dem Gebiet der Elektro-Explosiven Vorrichtungen (EED) gemacht. Arabische Terroristen (und die IRA) haben sowjetische RPG-2 und RPG-7 Raketenwerfer zur Anwendung gebracht (Flughafen Orly 1975), ebenso wärmesuchende Raketen vom Typ SA-7 (Flughafen Rom 1973). Berichte, daß amerikanische Terroristen mit der Herstellung von Nervengas experimentierten, wurden später widerrufen.[28] Einige Bomben wurden in Einkaufstaschen oder Koffern getragen, andere wurden in Autos versteckt. Die Zündungen wurden elektrisch, durch Druck oder auf chemische Weise ausgelöst; in allerletzter Zeit sind photo-elektrische und röntgenstrahlen-empfindliche Zündungen zur Anwendung gekommen.[29] Trotz all dieser technologischen Fortschritte ist die Unfallrate unter Terroristen nach wie vor hoch. Nur wenige Terroristen verwenden heutzutage selbstgemachte Sprengstoffe, und die Unfälle passieren gewöhnlich auf dem Transport oder bei der Verlegung der Bomben. Es gibt keine narrensicheren Sprengstoffe, und während die Technologie immer komplizierter wird, haben nur noch wenige Terroristen das Fachwissen, sie auf kompetente Weise zu handhaben.

genial genug sind, um die Zündschnüre an die gefährlicheren Bomben des flüssigen Typs anzuschließen, um den Finder zu verwirren«. (»Die wissenschaftliche Untersuchung anarchistischer Bomben«, Scientific American, Juli 1911, p. 100. Der Artikel war ursprünglich in der deutschen Zeitschrift *Reclams Universum* erschienen.) Die großen technischen Schwierigkeiten bei der Herstellung von Bomben im Eigenbau wurden ausführlich in der Fachliteratur beschrieben. (Siehe z. B. Jules Bebie, *Manual of Explosives,* New York 1943, p. 156.) Einige dieser Schwierigkeiten gehörten mit der Erfindung von Plastik-Sprengstoffen wie Nexit, das offenbar zum erstenmal bei der Ermordung von Heydrich, dem Leiter des Sicherheitsdienstes in Prag, am 29. Mai 1942 verwandt wurde, auf. Die Bombe, die am 20. Juli 1944 in Hitlers Bunker explodierte, bestand aus ähnlichem Material.

Polizeikräfte in demokratischen Gesellschaften, die traditionelle Methoden anwenden, sehen sich in der Bekämpfung terroristischer Aktivitäten immer größeren Schwierigkeiten gegenüber. Sie verfügen über nicht genug Polizisten, um es mit einem Gegner aufzunehmen, der zu jeder Zeit und gegen fast alle Ziele losschlagen kann. Selbst in einem totalitären Regime kann die Polizei das Leben eines Diktators gegen von Einzelgängern ausgeführte Anschläge nicht garantieren. Manchmal versagen Terroristen aus reiner Unfähigkeit – weil sie sich nicht an ihren eigenen Zeitplan halten, was so häufig bei den irischen Terroristen des 19. Jahrhunderts geschah, oder weil zu viele Leute in die Verschwörung eingeweiht sind. Manchmal funktionieren ihre Waffen nicht, und manchmal haben sie einfach Pech. Aber sie haben im Gegensatz zu den Sicherheitskräften in demokratischen Gesellschaften den Vorteil, daß sie sich nicht an das Gesetz zu halten brauchen. Die Polizei darf keine illegalen Methoden anwenden, um den Terrorismus zu unterdrücken – theoretisch zumindest, wenn auch nicht immer in der Praxis. Sie kann nicht wahllos verhaften und gefangene Terroristen mittels Folter zur Aussage zwingen. Die Kräfte des Rechtes und der Ordnung waren nicht immer in der Lage, jene festzuhalten, die bereits gefangen und verurteilt waren; man braucht sich nur an die Massenausbrüche aus Gefängnissen und Internierungslagern für irische Terroristen oder Mitglieder der Irgun oder der Stern-Bande zu erinnern. Russischen Revolutionären (einschließlich Bakunin, Kropotkin, Deutsch, Savinkov, Trotzki und vielen anderen) gelang es, aus der Haft oder aus Sibirien zu fliehen. Deshalb wurde und wird es immer wichtiger für die Polizei, Information durch Spitzel zu sammeln. Der Erfolg der britischen Polizei bei der Unterdrückung des irischen Terrorismus während des 19. Jahrhunderts ist hauptsächlich auf die Anwesenheit einiger Agenten in den Reihen der Terroristen zurückzuführen (Leonard MacNally, Nagle, »Corydon«, Richard Pigott, Red Jim MacDermott, Gibney Jones). Der »Prinz der Spione« war Major Le Caron (1841–1894), der 1865 zuerst seinem Vater mitteilte, daß er von einer irischen revolutionären Organisation kontaktiert worden sei; sein Vater berichtete es der Polizei, und für die nächsten zwei Jahrzehnte lieferte Le Caron wichtige Informationen. In den Vereinigten Staaten arbeitete er unter dem Deckmantel eines Arzneimittelvertreters, was ihm das ständige Herumreisen ermöglichte. Le Caron schrieb später, er habe seine Pflicht getan als ein Mann, der sein Heimatland liebte und es von einem tödlichen und skrupellosen Feind bedroht sah. »Ich betrachte mich als militärischen Spion und mein Verhalten nach denselben ethischen Gesichtspunkten als gerechtfertigt, die alle militärischen Spione rechtfertigen.«[30] Die französische Polizei konnte sich auf die Dienste Lucien de la Hoddes stützen, des Meisterspions und Agentprovokateurs der 30er und 40er Jahre des 19. Jahrhunderts, der später eine interessante, allerdings etwas subjektive Geschichte der Geheimbünde schrieb.[31] Noch vorher war Babœufs Verschwörung durch Grisel verraten worden, der sich nach den Worten Buonarrotis als »völlig übertriebener Patriot« ausgegeben hatte. Die Dekabristenverschwörung wurde von Sherwood verraten. Der Pariser Polizeipräsident Andrieux hatte seine Agenten unter den Anarchisten; er stellte Geld für anarchistische Zeitungen zur Verfügung und schrieb später, daß, obwohl er den Anarchismus bekämpfte, er die Verbreitung ihrer Doktrin durch die Presse anderen Mitteln vorzog und »keinen Grund sah, sich weiter ihrer Dankbarkeit zu entziehen«.[32] Die deutschen und österreichischen anarchistischen Bewegungen waren mit zahlreichen Spitzeln durchsetzt, unter ihnen einige von Mosts engsten Mitarbeitern. Als Most in England im Gefängnis saß, wurde die »*Freiheit*« von Schroeder, einem Polizeiagenten in Schaffhausen, herausgegeben.[33] Aber diese Polizeiagenten neigten dazu, wie Bismarck es in einem Brief an seine Frau ausdrückte, »in der unentschuldbarsten Weise zu lügen und zu übertreiben«. Aus Mangel an Material, wenn es nichts zu berichten gab, begannen sie und ihre Vorgesetzten, Politik zu spielen und Gewalttaten anzustiften. Einige Leiter der Ochrana waren wahre Meister in diesem Spiel; sie hatten ihre Agenten seit den späten 80er Jahren des 19. Jahrhunderts unter den Revolutionären – Harting-Landese war der prominenteste unter ihnen. Um 1912 verfügte die Ochrana über ca. 26 000 bezahlte Agenten, die meisten nebenberufliche Informanten, und zusätzlich über 50 000 festangestellte Mitarbeiter. Spitzel erhielten ein Gehalt zwischen 20 und 50 Rubel im Monat, aber Asev bezog bereits 1902 ein Monatsgehalt von 500 Rubeln und später wahrscheinlich noch mehr.[34] Asev, ein junger jüdischer Ingenieur, hatte während seines Studiums in Deutschland der politischen

Polizei seine Dienste angeboten. Mit Einverständnis und Unterstützung seiner Vorgesetzten arbeitete er sich in der Kampforganisation der Sozialrevolutionäre hoch, bis er deren Führung übernahm. Sein Charakter war schwer zu durchschauen, denn er war weder ein kleiner Spitzel, der sich ein paar Rubel verdienen wollte, noch war er ein Bewunderer des zaristischen Systems. Er spielte eine komplizierte Doppelrolle; während er auf der einen Seite seine Genossen verriet, führte er auch die Ochrana irre, indem er ihr wichtige Informationen in bezug auf bevorstehende terroristische Aktionen vorenthielt. Er war in die Ermordung Plehves und des Großherzogs Serge Alexeievitsch verwickelt. Er wurde schließlich im Jahre 1908 entlarvt, und die Kampforganisation der Sozialrevolutionäre erholte sich nie von diesem Schlag. Während seiner aktiven Zeit mußte ein Großteil der Zeit und Kraft der Ochrana zur Niederschlagung von Terroraktionen verwandt werden, die sie selbst in die Wege geleitet hatte. Asevs Beschützer innerhalb der Ochrana wurden durch persönlichen Ehrgeiz und Rivalitäten angetrieben, aber sie waren auch davon überzeugt, daß sie der Regierung (und der öffentlichen Meinung) beweisen müßten, es existiere wirklich eine echte terroristische Bedrohung, gegen die angegangen werden müsse. Zu diesem Zweck benötigten sie gelegentliche Demonstrationsobjekte, wie die Ermordung führender Persönlichkeiten.[35] Die Tatsache ist schon erwähnt worden, daß ein erheblicher Teil der terroristischen Zeitschriften um 1880/90 in Wirklichkeit mit Geldern der Geheimpolizei gegründet oder unterhalten wurde. Die Tendenz der Geheimpolizei war gewöhnlich die Diskreditierung der Terroristen durch reine Übertreibung. Eine dieser russischen Emigrantenzeitungen forderte nicht nur die Ermordung aller Grundbesitzer, sondern auch die Vernichtung aller Viehbestände.[36] Terroristische Zeitschriften warfen sich gegenseitig Zusammenarbeit mit der Polizei vor – zuweilen hatten sie beide recht. Es herrschte allgemeine Verwirrung; diejenigen, die die Mittel zur Verfügung gestellt hatten, erhielten guten Gegenwert für ihr Geld. In Rußland wurden Spezialeinheiten aufgestellt, um Terrorismus zu bekämpfen. Diese Einheiten gingen getrennt und oft in Konkurrenz zur gewöhnlichen Polizei vor. Als Brackenbury von Gladstone nach den Phoenix-Park-Morden zum Staatssekretär für die Polizei ernannt wurde (1881), forderte er sofort eine (geheime und separate) Organisation mit eigenem Haushalt

(20 000 Pfund Sterling damals), um die Terroristen zu unterwandern und »ihr Nervenzentrum zu zerstören«, da die Polizei nicht in der Lage sei, es mit Geheimbünden aufzunehmen.[37] Aber die britischen Beamten, anders als die Leiter der Ochrana, hielten nichts von einer riesigen Gegenorganisation – sie hätten sowieso kein genügend hohes Budget erhalten, um einen solchen Apparat funktionsfähig zu machen. Außer wenn terroristische Bewegungen sehr stark und/oder sehr dezentralisiert waren, genügten einige strategisch plazierte Polizeiagenten, um die ganze Bewegung zu paralysieren. Ein einzelner Agent, James McParlan, der für die Pinkerton-Agentur arbeitete, verursachte den Untergang der Molly Maguires in den 70er Jahren des vorigen Jahrhunderts.

Verlockungen und Gefahren

Die größte Gefahr für Terroristen besteht in der Aussetzung von Belohnungen für ihre Festnahme. Nach den Phoenix-Park-Morden wurde eine fast beispiellose Belohnung von 10 000 Pfund ausgesetzt. Für die Ergreifung Gerschunis, des Führers der Kampforganisation der Sozialrevolutionäre, wurden 15 000 Rubel geboten. Die Weimarer Regierung bot eine Million Mark für Hinweise, die zur Ergreifung der Mörder Rathenaus führten. Auf diese Art faßten die Nazi-Sicherheitskräfte die Mörder Heydrichs und zerschlugen einen Großteil des Untergrundes im besetzten Frankreich. Ein Terrorist, im Gegensatz zu einem Guerilla, kann sich nicht in Wäldern, im Dschungel oder in entlegenen Gebirgsregionen verstecken; er muß unter Menschen, von denen viele ihm nicht wohlgesonnen sind, untertauchen. Er braucht ein Dach über dem Kopf, Essen und andere Vorräte. Er ist nie allein in der Großstadt, einige Leute kennen seinen Aufenthaltsort, viele andere haben ihre Vermutungen. Er ist ausgesprochen verletzlich – die Gier eines Informanten oder der böse Wille eines Gegners können die Furcht vor Rache überwinden, besonders, wenn die Belohnung hoch genug ist.[38] Polizeikräfte in demokratischen Gesellschaften konnten sich dieses Mittels allerdings nie uneingeschränkt bedienen, da die Verwendung von Denunzianten nie als ehrenvoll galt und es immer Gegner dieser Methode gab. Nachdem die irischen »Dynamiter« in den 80er Jahren versucht hatten, London Bridge in die Luft zu sprengen, wurde zuerst eine Belohnung von 5000 Pfund ausgesetzt, später aber wieder zurückgezogen. Hinzu kommt, daß die Höhe der Belohnungen in den 60er und 70er Jahren unseres Jahrhunderts vergleichsweise sehr viel geringer war als im 19. Jahrhundert und daß mit der Verbürokratisierung der Polizei Denunziation sehr viel risikoreicher geworden ist. Ein Polizeichef in Großbritannien, Frankreich oder Rußland des 19. Jahrhunderts konnte über relativ große Summen verfügen, ohne sich rechtfertigen zu müssen. Sir Robert Anderson, der Joseph Conrad zum Teil als Vorbild für seinen *Geheimagenten* diente, berichtete stolz, daß seine Idee der Geheimhaltung darin bestand, selbst dem Staatssekretär nichts zu sagen:

Der erste Fenianer, der mir Informationen zuspielte, wurde bei seiner Ankunft in New York ermordet. Ich hatte seinen Namen niemandem außer Lord Mayo mitgeteilt, der mir versicherte, daß er ihn nur dem Lord Lieutenant gegenüber nach einem Essen in der vizeköniglichen Loge erwähnte. Aber zufällig befand sich ein Diener hinter einem Schirm, und durch ihn, so stellte die Dubliner Polizei fest, gelangte die Information an die Fenianer. Niemals würde ich den Namen eines Informanten nochmals gegenüber irgend jemand preisgeben, und kein Mensch, der mir danach Informationen zuspielte, ist von mir verraten worden.[39]

Heutzutage ist die Befehlsordnung innerhalb der Polizei sehr viel komplizierter; Entscheidungen werden von Komitees getroffen, Beamte sind ihren Vorgesetzten gegenüber verantwortlich, Buchprüfer müssen informiert werden, und es kann sehr schwierig werden, die Identität des Denunzianten geheimzuhalten. Aber die Aussetzung von Belohnungen bleibt nach wie vor die wirksamste Waffe; als die IRA 1975 Ross McWhirter umbrachte, geschah das aus eben diesem Grunde, denn er hatte eine ansehnliche Belohnung für bestimmte Informationen ausgesetzt.

Viele gefangene Terroristen haben sich sehr würdig und sogar heldenhaft verhalten. Leonid Andrejev (*Die Sieben, die gehängt wurden,* 1908) beschreibt das Spektrum der Gefühle einer zum Tode verurteilten Gruppe russischer Revolutionäre: »Werner, völlig selbstsicher, die junge Tanja, sich mütterlich um ihre Genossen kümmernd, Vasily, in einem furchtbaren Kampf aufgehend ›zwischen der unerträglichen Todesangst und dem verzweifelten Verlangen, seine Furcht zu unterdrücken und sie vor den Richtern zu verbergen‹.«

Aber nicht alle Männer und Frauen sind Helden (oder haben

selbstmörderische Impulse), und zahlreiche Terroristen sind während eines Verhörs zusammengebrochen, obwohl sie weder gefoltert noch mit Gewaltanwendung bedroht wurden. Einigen war noch nicht einmal versprochen worden, daß sich ihr Strafmaß verringern würde. Jeder Fall lag anders: einige sahen ein, daß sie falsch gehandelt hatten. Ivan Okladski verkündete stolz während seiner Verhandlung im Oktober 1880, daß er zutiefst beleidigt sei, wenn er nicht zum Tode verurteilt würde. Kurz darauf wurde er Polizeiagent mit einem Monatslohn von 200 Rubeln. Merkulov trat ebenfalls in den Dienst der Polizei ein. Mirski, Goldenberg und Rysakov belasteten völlig unnötigerweise ihre Genossen mit ihren Aussagen: sie waren jung, unerfahren und verwirrt. Rysakov wurde trotzdem hingerichtet, und Goldenberg verübte Selbstmord im Gefängnis, als ihm die Auswirkungen seines Verrates klarwurden. Es gab jene, die nach ihrer Verhaftung für die Polizei arbeiteten, und jene, die nur so taten, in Wirklichkeit aber keinerlei Absichten hatten, ihren neuen Meistern zu dienen, und es gab zahlreiche Variationen, die dazwischen lagen. Einige wurden im Einverständnis mit ihren Genossen zu Doppelagenten. Als Folge von Degajevs Verrat im Jahre 1883 wurde der ganze existierende Apparat der *Narodnaja Volja* zerstört. Die Polizei arrangierte seine Flucht aus dem Gefängnis, aber Degajev bereute sein verräterisches Verhalten bitterlich. Um sein Verbrechen zu sühnen, tötete er Sudeikin, einen hohen Beamten der »Dritten Abteilung«. Später stellte er sich freiwillig einem revolutionären Tribunal in Paris, das ihn verstieß. Er ging in die Vereinigten Staaten, änderte seinen Namen in »Dr. Pell«, promovierte an der John-Hopkins-Universität in Mathematik, wurde Professor am Armour Institute of Technologie und starb 1921 in Bryn Mawr.[40]

Solomon Ryss (»Mortimer«), einer der Führer der Maximalisten, arbeitete nach seiner Verhaftung ebenfalls mit der Polizei zusammen. Auch ihm wurde die Flucht ermöglicht, aber er wandte sich erneut terroristischen Aktivitäten zu, wurde wiederum gefangen und diesmal gehängt. Sein Fall, wie der Bagrovs, des Polizeiagenten, der Stolypin ermordete, ist bis zum heutigen Tage unaufgeklärt.[41] Unter den Anarchisten gab es nur wenige so aufsehenerregende Intrigen und Doppelrollen einfach aus dem Grunde, da die meisten allein gehandelt hatten, ohne das Wissen und die Hilfe einer Organisation.

Auch in Irland war die Zusammenarbeit mit der Polizei keine Seltenheit; Carey, einer der Hauptangeklagten in dem Phoenix-Park-Morden-Prozeß, stellte sich als Zeuge der Anklage zur Verfügung. Er wurde freigesprochen und verließ Großbritannien, wurde aber ermordet, angeblich von einem »Rächer«, unter Umständen, die nie geklärt worden sind, an Bord eines Schiffes auf der Fahrt von Kapstadt nach Port Elisabeth.

Zahlreiche terroristische Gruppen haben zu einem gewissen Zeitpunkt ihre Anziehungskraft auf kriminelle Elemente ausgeübt. Einige Gruppen mit ursprünglich *bona fide* politischen Zielen haben sich später dem Verbrechen zugewandt, andere, wie die Mafia, hatten von Anfang an hauptsächlich kriminelle, dann aber auch politische Interessen. Die Trennungslinie zwischen Politik und Verbrechen war keinesfalls immer klar und scharf: Verbrecher waren recht häufig gute Patrioten oder instinktive Revolutionäre (oder Reaktionäre), und sie konnten den Terroristen sicherlich einiges beibringen. Aber sie ließen sich nicht disziplinieren, und ihre Anwesenheit führte zu Spannungen, Korruption und schließlich Demoralisierung. Die Versuchung, die Beute für sich selbst zu behalten oder persönliche Rechnungen zu begleichen, wurde zu stark. Die Bonnot-Bande, »la bande tragique«, die im Jahre 1912 in Paris operierte, behielt 90 % ihrer Beute für sich selbst, und nur der Rest wurde für ihren Zweck bereitgestellt. Manchmal versuchten sich ehemalige Terroristen in Erpressung oder der Eintreibung von »Schutzgeldern«. Der Fall Juan Rull ist bekannt, der Bomben baute, die von seiner alten Mutter in den Straßen von Barcelona gelegt wurden. Solange er von den Behörden eine monatliche Summe ausgezahlt bekam, kam es nicht zu Bombenanschlägen. Von großem psychologischem Interesse sind die terroristischen Gruppen, die sich schrittweise veränderten. Die erhabenen Ideale der IMRO wurden rührend in dem Tagebuch eines jungen Mitglieds beschrieben:

Wir wissen, daß der Revolutionär ein Asket ist, der die Idee der Freude und des persönlichen Glücks aufgegeben hat. Nicht einer von uns wird heiraten und seßhaft werden. Keiner wird Mazedonien verlassen oder ein Studium ins Auge fassen. Wer heiratet oder Mazedonien verläßt oder sich an einer Universität einschreibt, ist ein Verbrecher, ein Verräter. Mazedonien kann nicht warten ... Es darf keinen anderen Liebhaber geben ...[42]

Dies wurde am 1. Januar 1902 geschrieben; drei Jahrzehnte später gab es die IMRO immer noch, aber sie war zu einer Gruppe gedungener Mörder geworden. Kriminelle Elemente schlossen sich terroristischen Gruppen in Zeiten allgemeinen Aufruhrs an, wenn die Gelegenheiten zu Plünderungen günstig waren, wie während der russischen Revolution von 1905 und bei zahlreichen anderen Gelegenheiten. Die Symbionesische Befreiungsarmee versuchte bewußt, Kriminelle in ihre Reihen aufzunehmen, ähnlich wie einige frühe terroristische Sekten (allerdings nicht die Narodnikis); sie wandten sich nicht ans Volk, sondern an die Unterwelt. Im Zeitalter des hochspezialisierten, multi-nationalen Terrorismus läßt sich nicht mehr mit Sicherheit feststellen, bis zu welchem Grade Terroristen noch von revolutionären, nationalistischen oder überhaupt irgendwelchen Zielen motiviert sind. Einige sind es sicherlich, für andere ist es einfach eine Lebensart geworden – die einzige, die sie kennen.

Von äußeren Gefahren abgesehen, werden terroristische Gruppen immer von inneren Auseinandersetzungen bedroht. Die meisten terroristischen Gruppen sind durch Abspaltung der Gemäßigten von dem extremen Flügel einer bestehenden Organisation entstanden, und fast alle unterlagen im Verlauf der Geschichte weiteren Spaltungen. Das trifft auf die *Narodnaja Volja,* die Sozialrevolutionäre, die Fenianer, die spanischen, italienischen und amerikanischen Anarchisten, Irgun, die arabisch-palästinensischen Terroristen und natürlich auf die Bewegungen der 60er und 70er Jahre zu. Nach außen hin wurden diese Spaltungen mit ideologischen Meinungsverschiedenheiten erklärt, aber dahinter verbarg sich oft die Unvereinbarkeit von Persönlichkeiten. Die terroristische Kampfbereitschaft wurde dadurch nicht immer beeinträchtigt; trotz aller Unterschiede bekämpften sie sich nicht gegenseitig. Die Sozialrevolutionäre griffen nicht die Maximalisten an; Irgun und Lehi vereinbarten einen Waffenstillstand, es gab eine gewisse Verständigung zwischen den einzelnen arabisch-palästinensischen Gruppen, ebenso zwischen der ERP und den Montoneros. In einigen Fällen wurde die Aufgabe der Polizei durch diese Spaltungen noch erschwert, da sie ihre Kräfte nicht auf einen Gegner konzentrieren konnte. In anderen Fällen hat die Rivalität zwischen terroristischen Gruppen zu blutigen Zusammenstößen geführt: so bei den irischen Auseinandersetzungen in den frühen 20er Jahren, bei der Ermordung von regulären IRA-Mitgliedern durch provisorische IRA-Männer, bei den Auseinandersetzungen zwischen den Michailovisten und den Protogerovisten in Bulgarien (40 Michailovisten und 220 Protogerovisten wurden zwischen 1924 und 1934 getötet). Neben fraktionellen Auseinandersetzungen gab es in Untergrund-Bewegungen immer die Tendenz, diejenigen zu liquidieren, die die Autorität der Führung herausforderten, was bei der »Eisernen Garde« in Rumänien und in verschiedenen lateinamerikanischen Bewegungen vorkam. Zuweilen wurde ein führendes Mitglied erschossen, weil es als Belastung für die gesamte Gruppe angesehen wurde (der Fall »Shaul« in Lehi). In anderen Fällen genügte der bloße Verdacht des Verrats als Grund für den Mord (»Verräter verfallen der Feme« – die Freikorps). Dr. Patrick Cronin, der amerikanisch-irische Patriot, wurde im Mai 1889 lediglich deshalb umgebracht, weil er einem anderen Führungsmitglied Veruntreuung von Geldern vorgeworfen hatte. Dieser Fall erschütterte die gesamte Bewegung zutiefst. Die Geschichte kennt wenige Beispiele von Fanatikern mit Skrupeln, wie Albert Camus bemerkte. Die russischen Terroristen von 1881 und 1905 waren eine Ausnahme, aber seit jener Zeit hat ein allgemeiner Niedergang stattgefunden, und es hat nur noch wenige gegeben, von denen man sagen könnte, was Savinkov über Dora Brilliant gesagt hat, daß der Terror sie wie ein Kreuz bedrücke. Zu töten, ohne zu zögern, oft ohne Sinn und Verstand, ist zur Regel geworden, nicht zur Ausnahme.

Die verschiedenen terroristischen Taktiken

Die Ermordung führender Repräsentanten des »Systems« ist die älteste und am häufigsten angewandte Methode der Terroristen.[43] Ungezielter Terror ist erst in moderner Zeit mit der Erfindung von wirksameren Sprengstoffen auf der einen Seite und der Entstehung moderner Massenmedien auf der anderen Seite weitgehend angewandt worden. Der Zweck ungezielten Mordens ist natürlich wohlbekannt: er dramatisiert die Forderungen der Terroristen, verbreitet eine Atmosphäre der Angst und diskreditiert die Regierung, die nicht in der Lage ist, so etwas zu verhindern. Häufige Wiederholung führt zur Unterbrechung der normalen Funktionen einer Gesellschaft. Gleichzeitig ist diese Methode vom Standpunkt der Terroristen aus sehr viel weniger riskant als Anschläge auf führende Persönlichkeiten, die gut bewacht werden.

Die Nachteile ungezielter Anschläge sind ebenso offensichtlich – »Einschüchterung durch die Tat« kann keine politische Unterstützung erhoffen und richtet sich deshalb hauptsächlich gegen Ausländer oder wird von sehr kleinen terroristischen Gruppen angewandt, denen eine klare politische Motivation und konsequente Strategie fehlen.

Während gewöhnlich die »Todesstrafe« verhängt wurde, haben terroristische Gruppen auch andere Strafen verhängt; die Tupamaros richteten »Volksgefängnisse« ein, aber die Insassen waren gewöhnlich Geiseln, die nach Zahlung von Geldsummen freigelassen wurden. Irische Terroristen haben zuweilen unbedeutenderen Spitzeln oder »Kollaborateuren« Verletzungen beigebracht, und diese Methode wurde auch vom Ku-Klux-Klan und ähnlichen Organisationen verwandt – sie reichten vom Zusammenschlagen eines Opfers sowie Teeren und Federn bis zur Verstümmelung von Gliedmaßen.

Die am zweithäufigsten angewandte terroristische Methode ist die »Enteignung«, d. h. Banküberfälle oder seltener Überfälle auf Postzüge und Geldtransporte. 1879 griffen die russischen Terroristen zum erstenmal eine Bank an; diese Taktik verbreitete sich rapide während der ersten russischen Revolution (1905–06). Allein im Oktober 1906 kam es zu 362 »Enteignungen«. Die bemerkenswerteste war der Überfall (durch die Maximalisten) auf eine Bank in Fornarny Pereulok in Moskau, bei dem über 20 Teilnehmer fast eine Million Rubel entwendeten. 1908 waren polnische Terroristen sogar noch erfolgreicher, als sie den Postzug von St. Petersburg nach Warschau überfielen und mit mehr als 2 Millionen Rubeln entkamen. Die Bolschewiken entkamen mit 300000 Rubel, als *Kamo* und seine Genossen im Juni 1907 einen Konvoi in Tiflis überfielen. Die Irgun- und die Stern-Bande raubten gelegentlich Banken aus, ebenso verfuhren kleine europäische und nordamerikanische Terroristengruppen. In den späten sechziger Jahren wurde das in Lateinamerika fast zum alltäglichen Ereignis; es wurde allgemein als die leichteste Aktion angesehen, in der neue Rekruten geprüft werden konnten. Etablierte terroristische Gruppen sammelten Beiträge von Sympathisanten oder erpreßten Geld unter Androhungen. So finanzierten sich die IMRO und die arabisch-palästinensischen Terroristen, bevor sie ihre regelmäßigen Zuwendungen von den Erdölstaaten erhielten.

Die Befreiung gefangener Genossen ist immer einer der wichtigsten Punkte für Terroristen gewesen. Die Fenianer rüsteten ein Schiff (die Catalpa) aus und sandten es nach Australien, um sechs ihrer Mitglieder, die dorthin verbannt worden waren, die Flucht zu ermöglichen. Die Versuche, gefangene Fenianer in Manchester und Clerkenwell zu befreien, scheiterten mit tragischen Konsequenzen. *Narodnaja Volja* mußte einen Plan aufgeben, Netschajev zu befreien, da die Schlüsselburg zu gut bewacht wurde. Aber es kam zu Einzel- und Massenausbrüchen, gewöhnlich mit Hilfe von außen, im zaristischen Rußland, den palästinensischen Mandatsgebieten (Latrun und Acre), Ulster, Westdeutschland, Uruguay und Argentinien.

Entführungen zu politischen Zwecken und die Erpressung von Lösegeldern wurden seit Jahrhunderten praktiziert. Im Jahre 1819 plante der neapolitanische General und italienische Patriot ›Guglielmo Pepe‹ die Entführung von König Franz I. und Metternich. Aber dieser Plan erwies sich als genauso unrealistisch wie die geplante Entführung des Prinzen von Wales durch die Fenianer in den 60er Jahren des vorigen Jahrhunderts. Im Jahre 1920 kidnappte die IRA einen britischen General beim Angeln. Nach der Verhaftung von militanten Sozialisten in den Vereinigten Staaten und ihrer Abschiebung über die Staatengrenze zu Anfang dieses Jahrhunderts drohte Eugene Debs, Gleiches mit Gleichem zu vergelten: Falls Kidnapping eine legitime Methode sei, »haben wir alle das Recht, sie anzuwenden . . .«.[44] Er schlug vor, daß für jeden gekidnappten Arbeiter ein Kapitalist entführt und erst gegen Lösegeld wieder freigelassen werden sollte. Die Entführung des ersten Kapitalisten würde die Nation erschüttern. Noch früher hatte Vladimir Burtsev in einer 1903 in London erschienenen Schrift Kidnapping als eine im terroristischen Kampf anzuwendende Methode empfohlen, aber die Sozialrevolutionäre folgten seinem Rat nicht. Im Jahre 1947 entführten die Irgun zwei britische Unteroffiziere (die sie später hängten), um, allerdings vergeblich, die Hinrichtung zweier zum Tode verurteilter Mitglieder zu verhindern.

Entführungen wurden Ende der sechziger Jahre immer häufiger. Unter den Entführten, um nur einige herausragende Fälle zu nennen, waren die US-Botschafter in Guatemala und Brasilien, die westdeutschen Botschafter in Guatemala, Haiti und Brasilien, Aramburu, der ehemalige Präsident Argentiniens (Mai 1970), Pierre Laporte, Quebecs Arbeitsminister (Oktober 1970), der Schweizer Botschafter in Brasilien, der britische Botschafter in Uruguay (im Januar 1971 gekidnappt, im September entlassen), der Vorsitzende der Westberliner CDU und das gesamte Exekutivkomitee der OPEC in Wien (Dezember 1975) sowie zahlreiche Konsuln, Persönlichkeiten der Öffentlichkeit, Geschäftsleute, Offiziere und selbst Rennfahrer, Fußballspieler sowie Männer und Frauen, die beim besten Willen nicht als Figuren der Öffentlichkeit bezeichnet werden können.[45] In einigen Fällen wurde kein Lösegeld gefordert, und die Opfer wurden nach einigen Stunden oder Tagen getötet; häufiger wurde die Freilassung der Geiseln von der Freilassung politischer Gefangener, der Zahlung eines Lösegeldes und natürlich der Zusage freien Abzugs abhängig gemacht. In einigen Fällen wurden riesige Lösegelder gezahlt: $ 1000000 für Aaron Beilinson in Argentinien (Mai 1973); $ 2000000 für Charles Lockwood, einen britischen Geschäftsführer (Juni 1973); $ 3000000 für John R. Thompson (Firestone-Reifen-Repräsentant, Juni 1973); Exxon zahlte angeblich 14.2 Millionen Dollar für Victor Samuelson und Bunge & Born $ 60 Millionen für drei Geschäftsführer. In anderen Fällen, wie der Entführung der Opec-Exekutive, wurden keine klaren Forderungen von seiten der Terroristen gestellt. Nach 1973 nahm die Zahl der Kidnappings ab, zum Teil sicherlich aus technischen Gründen. Denn während Guerillas ihre Opfer immer in »befreiten Gebieten« halten konnten, haben Terroristen natürlich sehr viel größere Schwierigkeiten, ihre Geiseln zu verstecken.

Diese Liste der verschiedenen terroristischen Aktivitäten ist natürlich bei weitem nicht vollständig. Ländlicher Terror wurde gegen Ende der 80er Jahre des vorigen Jahrhunderts in Andalusien von einer mysteriösen Organisation mit dem Namen *Maño Negra* verbreitet.[46] Auch in Irland, Ostpolen und Norddeutschland (in den 20er Jahren) kam es zu ländlichem Terrorismus. Er richtete sich gegen Großgrundbesitzer, Steuereinzugsbeamte und Regierungsvertreter. Industrielle und Gewerkschaftsfunktionäre sind zuweilen in Verlauf von Arbeitskämpfen umgebracht worden, und Richter und Journalisten sind systematisch eingeschüchtert worden. Ein Berliner Richter, von Drenckmann, wurde im

Herbst 1974 von Terroristen in Westberlin erschossen. Ein recht typischer Vorgang, der vor 1933 stattfand, wurde von einer Nazi-Zeitschrift nach Hitlers Machtübernahme beschrieben. Er war gegen einen »widerlichen Schreiberling« namens Päschke gerichtet, der in der Stadt Reichenbach eine linksgerichtete Zeitung herausgab. Jeden Tag waren die SA-Leute giftigen Kommentaren ausgesetzt, und folglich entschlossen sich »einige mutige Männer«, dem Taugenichts heimzuzahlen, was er verdient hatte. Päschke sollte auf dem Nachhauseweg von seinem Büro ermordet werden; leider explodierte die Artilleriegranate, die man als Landmine verwenden wollte, in der Hand des SA-Mannes, der sie trug.[47] Ähnliche Methoden wurden überall in der Welt von linken und rechten Terroristen gegen Figuren der Öffentlichkeit angewandt, manchmal nur zur Einschüchterung, zuweilen, um zu töten. Im Februar 1971 entführten die Tupamaros Homero Farina, den Herausgeber von *Acción,* mit der Begründung: »Wir wollten die Rolle verdeutlichen, die die Medien heutzutage spielen, nämlich, daß sie Teil der repressiven Kräfte sind . . . wir fordern sie auf, nicht zu viele Lügen zu verbreiten; wir sehen ein, daß wir nicht von ihnen verlangen können, daß sie ganz aufhören zu lügen, da die Lüge Bestandteil des bürgerlichen Journalismus ist.«[48] Farina wurde nach 18 Tagen entlassen, nachdem er scharf verwarnt worden war.

Die vielleicht dramatischste neue Methode des Terrorismus sind Flugzeugentführungen. Einer der ersten aufgezeichneten Fälle war die Entführung eines peruanischen Flugzeuges im Jahre 1931 während eines Militärcoups in diesem Land. Zwischen 1945 und 1950 fanden 25 Flugzeugentführungen statt; in den meisten Fällen handelte es sich um Flüchtlinge aus Ländern hinter dem »Eisernen Vorhang«, die Flugzeuge verwandten, um in den Westen zu fliehen. In den 60er Jahren wurden zahlreiche amerikanische Flugzeuge gezwungen, nach Kuba zu fliegen (nicht immer von politischen Terroristen). 1968 waren es 22 Fälle, im folgenden Jahr 40. Nach einer Vereinbarung zwischen Kuba und den Vereinigten Staaten im Jahre 1969 nahm die Anzahl rapide ab. Im Juli 1968 entführten palästinensische Terroristen zum erstenmal eine El-Al-Maschine und leiteten sie nach Algerien um. Die letzten Passagiere wurden erst freigesetzt, nachdem 18 arabische Terroristen aus israelischen Gefängnissen entlassen worden waren. Nach der Einführung strenger Sicherheitsvorkehrungen kam es bis jetzt nicht zu weiteren erfolgreichen Entführungen israelischer Flugzeuge. Aber die Anzahl der Flugzeugentführungen in dritten Ländern nahm rapide zu und gipfelte in den Geschehnissen in Zerka im Jahre 1970, als mehrere Jumbo-Jets auf einen Flugplatz in Jordanien umgeleitet und anschließend gesprengt wurden. Diese Aktionen erregten damals ungeheure Aufmerksamkeit, und die Zukunft der zivilen Luftfahrt schien gefährdet. Diese Befürchtungen waren allerdings übertrieben; nach 1972 nahmen die Flugzeugentführungen laufend ab, zum Teil aufgrund wirksamerer Sicherheitsmaßnahmen an Flughäfen, zum Teil, weil sich immer weniger Länder, selbst unter den Arabern, bereit fanden, Entführern Unterschlupf zu gewähren. Auch hatte sich die Sache überlebt, denn es hatte nur wenige greifbare Resultate gegeben, und selbst der Publizitätswert war durch die häufige Wiederholung stark vermindert.[49]

Terrorismus und die Medien

Selbst wenn vereinzelt Journalisten unter terroristischen Aktionen zu leiden hatten, war die Einstellung der Terroristen den Medien gegenüber im allgemeinen freundlich, und das aus gutem Grund. Der Erfolg einer terroristischen Aktion hängt hauptsächlich von dem Umfang an Publizität ab, die sie genießt. Dies war einer der Hauptgründe für den Wechsel vom ländlichen Guerilla zum Stadtterroristen in den 60er Jahren; in den Städten konnte der Terrorist immer mit der Anwesenheit von Journalisten, Fernsehkameras und somit einem großen Publikum rechnen. Nach den Worten eines lateinamerikanischen Terroristen: »Wenn wir nur eine kleine Bombe in einem Gebäude in der Stadt legen, sind uns Schlagzeilen sicher. Wenn aber die ›ländlichen‹ Guerilleros dreißig Soldaten liquidieren, bringt das nur ein paar Zeilen auf der letzten Seite. Die Stadt ist ausgesprochen wichtig, sowohl für den politischen Kampf als auch für Propaganda.«[50] Die Araber und Afrikaner lernten diese Lektion schnell. So ein algerischer Führer: »Ist es für unsere Sache besser, zehn unserer Feinde in einem entlegenen Dorf zu töten, was unbeachtet bleiben wird, oder einen Mann in Algier umzubringen, wo die amerikanische Presse die Geschichte am nächsten Tag aufgreift?« Abdul Fatah Ismail, der die anti-britischen Kämpfe im Protektorat Aden anführte, kam zu einer ähnlichen Schlußfolgerung; der Kampf auf dem Lande lohnte sich nicht, da ihm keine Aufmerksamkeit geschenkt wurde.[51]

So ist also letzten Endes nicht der Umfang einer terroristischen Aktion ausschlaggebend, sondern die Publizität; diese Regel gilt nicht nur für individuelle Aktionen, sondern für gesamte Kampagnen. Im Verlauf des Jahres 1975 wurden 26 israelische Zivilpersonen, 14 Soldaten und sieben Touristen infolge terroristischer Aktionen getötet – bedeutend weniger, als in Argentinien oder Ulster in einem Monat umkommen oder in Beirut in einer Nacht.[52] Aber in Israel gibt es sehr viel mehr ausländische Journalisten als in Ulster oder Argentinien, und so wurde der Eindruck erweckt, als sei die innere Sicherheit zusammengebrochen und es jederzeit zu einer größeren politischen Explosion kommen könne. Die Medien, mit der ihnen innewohnenden Tendenz zum Sensationalismus, haben terroristische Unternehmungen ganz unabhängig von ihrer wahren Bedeutung immer übertrieben dargestellt. Terroristische Gruppen, die vielleicht ein Dutzend Mitglieder hatten, wurden als »Armeen« bezeichnet, ihre »offiziellen Kommuniqués« sind in zahllosen Fernsehsendungen, Radioprogrammen und Leitartikeln diskutiert worden. In einigen Fällen wurden sogar nichtexistierende terroristische Gruppen mit Publizität überschüttet. Alle modernen terroristischen Bewegungen brauchen Öffentlichkeit; je kleiner sie sind, desto mehr sind sie darauf angewiesen, und das hat die Wahl ihrer Angriffsziele in bedeutendem Umfange beeinflußt. Selbst ein offensichtlich unlogischer und sinnloser Angriff wird effektiver, wenn er von den Medien in aller Breite behandelt wird, als eine Operation gegen ein anscheinend naheliegendes Zielobjekt. Deshalb wählte Orsini Napoleon III. zu seinem Opfer statt eines italienischen Herrschers oder österreichischen hohen Beamten. Terroristische Aktionen in Paraguay, den Philippinen oder Bangladesch werden kaum in die Nachrichten gelangen, aber ein Anschlag paraguayanischer oder philippinischer Terroristen auf ihre Botschaft in Washington, London oder Paris wird sich ausführlicher Berichterstattung erfreuen können, und sollten sie den Präsidenten der Vereinigten Staaten oder ein westeuropäisches Staatsoberhaupt als Opfer wählen, werden sie noch mehr Publizität erzielen. Es braucht wohl kaum darauf hingewiesen zu werden, daß eine solche Strategie nur in Ländern funktionieren kann, in denen es keine Zensur gibt.

Unterstützung von seiten der Öffentlichkeit

Terroristische Gruppen erhoffen gewöhnlich ein gewisses Maß an Unterstützung von seiten der Öffentlichkeit. Nationalistische Extremisten im Kampf gegen Ausländer können immer mit einiger Sympathie ihrer Landsleute rechnen. Die fehlgeleiteten Aktionen einiger Hitzköpfe werden zwar allgemein abgelehnt, aber gleichzeitig wird man mildernde Umstände finden, die ihr Benehmen erklären oder sogar entschuldigen. Das trifft auf irische, baskische und palästinensische Terroristen zu, während die öffentliche Unterstützung armenischer, indischer und jüdischer Terroristen (Irgun und Lehi) nicht so überzeugend war, da ihre Aktivitäten als politisch gefährlich angesehen wurden.

Nationalistische Terroristen können zumindest erwarten, von ihren Landsleuten nicht verraten zu werden. In Palästina war eine Zusammenarbeit zwischen der Hagana und der britischen Mandatsregierung eine seltene Ausnahme, wie es z. B. der Zweite Weltkrieg war. Der Umfang an Unterstützung, auf den sich Terroristen, die ihre eigene Regierung bekämpfen, verlassen können, hängt weitgehend von der Glaubwürdigkeit ihres Anliegens ab. Die Aktionen der *Narodnaja Volja* hinterließen keinerlei Eindruck unter den Bauern und nur geringen innerhalb der Arbeiterklasse. Aber die überwältigende Mehrheit der Intellegenzia sympathisierte mit ihnen, und das gleiche traf auf die nächste Generation russischer Terroristen zu. Den beiden wichtigsten russischen Schriftstellern, die Terrorismus in einem negativen Licht darstellten, nämlich Leskow und Dostojewski, wurde das von der russischen Intelligenzia nie verziehen, obwohl sie es sogar in späteren Schriften (Dostojewski zum Beispiel in seiner Rede zum Puschkin-Jubiläum) wiedergutzumachen versuchten. In intellektuellen Kreisen galt solche Kritik als Ketzerei; es herrschte der Glaube vor – wie heutzutage in Lateinamerika –, daß die Terroristen trotz ihrer Fehler von einem tiefen Humanismus und dem Verlangen, eine neue Welt zu schaffen, angetrieben würden. Aus diesem Grunde konnten selbst ihre Gewalttätigkeiten entschuldigt werden. Nicht wenige französische Schriftsteller und Künstler spielten mit der Idee des Anarchismus in den 80er und 90er Jahren des vorigen Jahrhunderts, unter ihnen Zola, Paul Adam, Octave Mirbeau, Mallarmé, Pissaro, Seurat, Signac und Steinlen. Sie konnten die Motive eines Vaillant und Emile Henry, selbst eines Ravachol verstehen; sie beteiligten sich an Unterschriftensammlungen für Vaillant, da kein Mensch durch die Bombe, die er geworfen hatte, umgekommen war. »Wir waren alle Anarchisten, ohne Bomben zu werfen«, schrieb Kees van Donghen in späteren Jahren, »wir hatten solche Vorstellungen.«[52a] Mallarmé trat als Zeuge für seinen anarchistischen Freund Fénéon auf. Clemenceau war über die Hinrichtung Emile Henrys, der er beiwohnte, zutiefst erschüttert; er sah einen Mann (so schrieb er) mit dem Gesicht eines gepeinigten Christus, fürchterlich blaß, unversöhnlich, »mit intellektuellem Stolz über seinen kindlichen Körper hinwegzutäuschen versuchend«. Selbst die äußerste Rechte, die die dritte Republik und alles, was damit zusammenhing, haßte, bezeugte eine gewisse Sympathie, ebenso Ästheten wie Laurent Tailhade, dessen *petit phrase* unsterblich wurde: *»Qu'importe les victimes si le geste est beau.«* Tailhade, der später bei einem terroristischen Anschlag ein Auge verlor, ließe sich nur schwerlich als Mann der Linken bezeichnen. Er freute sich auf den Tag (wie er einst schrieb), an dem die Plebs die Fußspuren der Dichter küssen würde . . . Hierbei handelte es sich jedoch um eine rein platonische Unterstützung; im Endeffekt waren selbst die französischen Intellektuellen der Linken von der sinnlosen Gewalttätigkeit der Anarchisten entsetzt. In Großbritannien und den Vereinigten Staaten erhielt der Terrorismus noch weniger Sympathie. Die Opfer des Haymarket-Prozesses konnten eine gewisse Unterstüzung erhoffen, aber hauptsächlich nur, weil sie höchstwahrscheinlich nicht schuldig waren. Der Terrorismus der Arbeiterklasse in späteren Jahren, wie der Bombenanschlag der McNamara-Brüder auf das Gebäude der *Los Angeles Times,* wurde selbst von der Linken angegriffen; solche Taten, so wurde argumentiert, seien kommerziell, nicht idealistisch. Der Enthusiasmus für den Terrorismus der 60er Jahre war begrenzt, und, wie die meisten Modeerscheinungen in Amerika, von kurzer Dauer.

Rechtsgerichtete Terroristen in der Weimarer Republik konnten fast immer mit milden Richtern und verborgener oder offener Unterstützung der nationalistischen Parteien rechnen. Die Mörder Erzbergers und Rathenaus wurden in diesen Kreisen zu Helden, denn, um es mit einem bekannten Spruch der Zeit auszudrücken, »auf der Rechten gab es keine Feinde«. Die Baader-Meinhof-Bande und die »Bewegung 2. Juni« verfügten über einige Sympathisanten unter linken Intellektuellen; man versuchte nicht, ihre Aktionen zu rechtfertigen, aber man hatte Verständnis; die Gesellschaft trug die Hauptschuld, nicht die Terroristen. Nach Ulrike Meinhofs Selbstmord im Mai 1976 veröffentlichte eine Reihe französischer Intellektueller (einschließlich Sartre, Simone de Beauvoir, Claude Bourdet, Claude Mauriac und anderen) einen Appell, in dem sie Meinhofs »unmenschliches Leiden« beklagten und die Praktiken der Bundesregierung mit denen der Nazis verglichen[53], obwohl die Mitglieder der Baader-Meinhof-Gruppe und der »Bewegung 2. Juni« im Gefängnis eine fast beispiellose Freizügigkeit genossen, was es ihnen ermöglichte, selbst aus der Zelle heraus terroristische Aktionen ihrer Mitglieder, die sich noch auf freiem Fuß befanden, zu dirigieren.

In Lateinamerika, wie in Rußland vor der Revolution, hat es traditionsgemäß immer ein gewisses Ausmaß an Unterstützung für die terroristische Sache gegeben. Es stimmt zwar, daß die Tupamaros und die brasilianische ALN von der Linken wegen ihrer fehlgeleiteten und konterproduktiven Aktionen scharf angegriffen worden sind, aber in Notfällen konnten sie sich immer auf die Unterstützung einiger Intellektueller, Kleriker und Teile der Mittelschicht verlassen, die sie gegen die härteren Formen der Repression der Regierung verteidigen würden.

Internationale Verbindungen

Es gab verschwörerische Beziehungen zwischen revolutionären Gruppen in Europa seit Anfang des 19. Jahrhunderts – mit Mazzinis »Jungem Europa« als Vorläufer. Aber diese Beziehungen waren weitgehend abstrakt und beschränkten sich auf mündliche und schriftliche Sympathie- und Solidaritätsbekundungen. Zahlreiche Einflüsse machten sich nach allen Richtungen bemerkbar: Das Beispiel der russischen Terroristen von 1881 inspirierte die Fenianer und vor allem die Anarchisten; die russischen Sozialrevolutionäre, die italienischen Terroristen des 19. Jahrhunderts und die frühe IRA fanden Nachahmer in vielen Teilen der Welt. Es ist bestimmt nicht wahr (wie zu jener Zeit behauptet wurde), daß »russisches Gold und russisches Können« den armenischen Terrorismus beherrschten, aber die Führer dieser Bewegung, die

1892 in die Türkei kamen, waren sicherlich russischen Ursprungs.[54] Die nationalistische Presse in Indien dagegen betonte häufig, daß die Anwendung »russischer Methoden« von seiten der britischen Regierungsverwaltung notgedrungen zu russischen Methoden der Agitation führen würde. Ein britisches Komitee zur Untersuchung des Terrorismus in Indien stellte fest, daß, verbunden mit der Betonung religiöser Motive, die bengalische terroristische Propaganda sich weitgehend an die »russischen Regeln« revolutionärer Gewalttätigkeit anlehnte.[55] Es gab einige Fälle aktiver Zusammenarbeit: Orsini hatte britische Freunde, die ihm bei der Finanzierung von Bomben halfen. In späteren Jahren gab es eine Londoner Gruppe der »Britischen Freunde der russischen Revolution«, die pro-terroristische Publikationen finanziell unterstützte. Die Fenianer konsultierten den französischen General Clusuret, als sie 1867 einen Aufstand planten; später erwog der Clan na-Gael die Idee, russische Hilfe gegen Großbritannien in Anspruch zu nehmen, wie Pilsudski ein antirussisches Bündnis mit den Japanern anregte. Devoy schlug vor, den Mahdi mit 20000 bewaffneten Iren zu Hilfe zu kommen; John MacBride und Arthur Lynch kämpften im Burenkrieg gegen die Briten.[56] Italienische Anarchisten arbeiteten in Frankreich, der Schweiz und Spanien; indische Terroristen erhielten von den russischen Sozialrevolutionären theoretische Anweisungen. Manchmal soll es zu aktiven Interventionen durch Fremdmächte gekommen sein; so soll Miguel Angiolilo, der im August 1897 den spanischen Premierminister Canovas ermordete, von kubanischen Rebellen gegen Spanien bezahlt worden sein, aber dies ist nicht bewiesen. Die russischen Beziehungen zur serbischen »Schwarzen Hand« sind wohlbekannt, aber ob die Russen tatsächlich von den Vorbereitungen des Attentats von Sarajewo wußten, steht bei weitem nicht fest; die »Schwarze Hand« hatte sich in der Tat am 14. Juni 1914 in einer Abstimmung gegen ein Attentat entschieden, da sie befürchtete, es werde zu einem Krieg führen. Ob »Apis«, der das Attentat organisierte, seine russischen Kontaktleute über das Abstimmungsergebnis informierte, ist fraglich. Aber die Ziele der »Schwarzen Hand« reichten sicherlich über Serbien hinaus, 1911 hatte sie einen Anschlag auf den König von Griechenland geplant.

Nachbarländer boten Terroristen oft Zuflucht; die Sozialrevolutionäre entkamen immer, wenn es möglich war, in das halb-autonome Finnland, wo die Ochrana nicht so leicht operieren konnte wie im eigentlichen Rußland. Einer der Verschwörer von Sarajewo, Mehmedbasic, flüchtete nach Montenegro; als die Österreicher seine Auslieferung forderten, täuschte die Regierung eine Fahndung vor, ließ ihn aber tatsächlich entkommen. In späteren Jahren fand die IMRO einen solchen Zufluchtsort in Bulgarien, die Kroaten fanden ihn in Italien und Ungarn, die IRA in der irischen Republik, die Palästinenser zuerst in Jordanien und später im Libanon. Wenn es diese Zufluchtsstätten nicht gegeben hätte, hätten zahlreiche Gruppen ihre Operationen einstellen müssen.

Es ist erwähnt worden, daß Regierungen in terroristische Bewegungen im Ausland seit den 20er Jahren dieses Jahrhunderts in großem Umfang und systematisch verwickelt waren. Die Italiener waren in dieser Hinsicht besonders aktiv; Balbo, Ciano und andere faschistische Größen trafen sich mit den Führern der kroatischen Ustascha und ließen ihnen jede nur mögliche Hilfe zukommen. Nach dem Mord von Marseille entkamen Kvaternik und Pavelic, die Hauptdrahtzieher, nach Italien. Die Italiener weigerten sich, sie auszuliefern, und gleichzeitig griff Mussolini jene scharf an, die Italien Unterstützung des Terrorismus vorwarfen: »Wir helfen keinen Mördern; diejenigen, die Italien in so etwas verwickeln wollen, sind Feiglinge und Lügner.« Deklarationen dieser Art von seiten der libyschen und algerischen Regierung waren in den 60er und 70er Jahren recht häufig. Italien stellte auch der mazedonischen IMRO Geld und Waffen zur Verfügung. Ursprünglich hatte die IMRO zur Sowjetunion geneigt, aber Opposition innerhalb der Organisation (und von seiten offizieller Kreise in Bulgarien) verhinderte eine Annäherung an Moskau. Die Italiener unterstützten auch die französische CSAR *(Comité Secret d'Action Revolutionnaires),* eine rechtsgerichtete terroristische Gruppe, die 1936 von Eugène Deloncle gegründet worden war. Es handelte sich um die *cagoulards,* Männer mit Kapuzen, die unter anderen die Brüder Rosselli, Führer der italienischen antifaschistischen Exil-Gruppe *Giustizia è Libertà,* ermordeten. Für diesen und andere Dienste sandten die Italiener CSAR 12000 Handgranaten, 170 Maschinengewehre und -pistolen und mehrere hundert Kilo Sprengstoff.[57] Rechtsgerichtete Gruppen in Deutschland nach dem Ersten Weltkrieg scheinen nur minimale Hilfe aus dem Ausland erhalten zu haben und die rumänischen Legionäre anscheinend überhaupt keine.

Nationalistische terroristische Gruppen hatten gewöhnlich keinerlei Skrupel, Hilfe vom Ausland zu suchen und zu akzeptieren. So schickte Lehi 1940 Abgesandte nach Beirut, um Kontakte mit offiziellen Vertretungen Deutschlands und Italiens aufzunehmen. Vier Jahre später versuchte sie, Beziehungen zu sowjetischen Repräsentanten anzuknüpfen. IRA-Führer kollaborierten während des Zweiten Weltkrieges mit den Nazis, was sie nicht daran hinderte, zwei Jahrzehnte später Hilfe von kommunistischen Ländern anzunehmen. Die Mitglieder der Lehi oder IRA waren nicht unbedingt Faschisten oder Kommunisten. Wie die Kroaten, die IMRO, die palästinensischen Araber und die indischen Terroristen handelten sie gemäß dem altehrwürdigen Prinzip, daß die Feinde ihrer Feinde ihre Freunde seien. Zum Teil wurde fremde Hilfe geleistet, ohne daß Bedingungen damit verknüpft waren, aber das war nicht immer der Fall. Die Tatsache, daß Lenin 1917 finanzielle Unterstützung aus Deutschland annahm, machte ihn nicht zu einem deutschen Agenten – aber nicht alle Terroristen hatten die Charakterstärke und den Weitblick eines Lenin. Langfristige und beträchtliche Subvention durch eine ausländische Regierung hatte gewöhnlich sowohl auf die Führung als auch auf die Basis einer terroristischen Organisation, die ihren Spendern gegenüber immer mehr verpflichtet waren, demoralisierende Wirkung. Zuweilen wandten sich die Terroristen gegen ihre Geldgeber, wenn die Zahlungen eingestellt wurden – häufiger brachen die Bewegungen einfach zusammen, wie im Fall der IMRO, nachdem die Bulgaren ihre Unterstützung zurückgezogen hatten.

Multinationaler Terrorismus erlebte Anfang der 70er Jahre einen Höhepunkt; es fand eine enge Zusammenarbeit zwischen kleinen terroristischen Gruppen aus zahlreichen Ländern statt, Libyer, Algerier, Nordkoreaner und Kubaner fungierten als Zahlmeister, Waffen- und Ausrüstungslieferanten und Koordinatoren: eine faszinierende Mischung aus Kommunismus im osteuropäischen und lateinamerikanischen Stil, nordafrikanischem »Kleriko-Faschismus«, westeuropäischem Anarchismus, unpolitischen Technikern des Terrors und wahrscheinlich auch einigen verrückten Männern und Frauen. Die Sowjetunion unterstützte eine Anzahl terroristischer Bewegungen, wie palästinensische und afrikanische Gruppen und die Exilkroaten; gewöhnlich wurde diese Hilfe durch einige Zwischenstationen geleitet, so daß ihre Ursprünge schwer zu beweisen waren und jeglicher Vorwurf der Komplizenschaft entrüstet zurückgewiesen werden konnte. Selbst die Libyer, die Terroristen in der ganzen Welt unterstützen, geben es nicht immer zu. Länder wie der Südjemen, Somalia und Uganda kollaborierten sowohl aus politischen als auch finanziellen Gründen mit Terroristen, aber dies wurde als eine humanitäre Tat dargestellt, gelenkt von dem Verlangen, Menschenleben zu retten. Kurz gesagt, der Terrorismus wurde fast respektabel, eine beträchtliche Mehrheit in der UNO lehnte wirksame Gegenmaßnahmen auf internationaler Ebene ab.[58] Dieser neue, multinationale Terrorismus war jedoch in Wirklichkeit eine Art Ersatz für Kriegführung zwischen Regierungen. Außer dem Namen hatte er nicht mehr viel gemein mit den Bewegungen des nationalen und sozialen Protestes, die in den vorhergegangenen Jahrzehnten in terroristische Aktivitäten verstrickt waren. Sicherlich erhielten einige terroristische Gruppen ein erhebliches Maß an Unabhängigkeit, andere dagegen beugten sich fast völlig äußeren Interessen. Wenn die Syrer die Saiqa unterstützten, eine Fraktion des palästinensischen »Widerstandes«, unterstützten die Iraker, Libyer und andere arabische Staaten andere Gruppen, und jeder erwartete von seinem Schützling, wie es sich im libanesischen Bürgerkrieg gezeigt hat, daß er seine Interessen wahrnahm. Kurz gesagt, es entstand eine neue Art des Terrorismus, ein fast undurchdringlicher Irrgarten von Verflechtungen, Intrigen, gemeinsamen und gegensätzlichen Interessen, offener und versteckter Zusammenarbeit mit ausländischen Regierungen, die es vorzogen, im Hintergrund zu bleiben.

Ist Terrorismus wirksam?

Daß die Ermordung politischer Gegner den Lauf der Geschichte verändert hat oder haben könnte, ist selbstverständlich. Wenn Pichegro oder Cadoudal Napoleon getötet hätte, wenn Lenin auf dem Weg zum Finnischen Bahnhof einen Unfall gehabt hätte, wenn Hitler 1923 vor der Münchener Feldherrnhalle erschossen worden wäre, sähe die politische Karte Europas heute anders aus. Aber das sind die Ausnahmen; in demokratischen und vielen undemokratischen Gesellschaften sind Staatsmänner gewöhnlich zu ersetzen. Es ist behauptet worden, daß Orsinis Anschlag auf Napoleon III. zur Vereinigung Italiens beitrug, aber Napoleon war sowieso im Begriff, in Italien einzuschreiten. Das Attentat von Sarajewo löste den Ersten Weltkrieg aus, aber im Hinblick auf die Spannungen und militärischen Vorbereitungen in Europa zu jener Zeit wäre der Krieg wahrscheinlich in jedem Fall ausgebrochen, wenn nicht 1914, dann ein oder zwei Jahre später. Es ist behauptet worden, daß als Folge der Ermordung Canovas im Jahre 1897 und des Königs Umberto des Ersten im Jahre 1900 die Behandlung politischer Gefangener in Spanien und Italien sich in einem bestimmten Ausmaß verbessert habe. Selbst wenn das stimmt, waren das kaum Folgen von weltweiter Bedeutung.[59] In ähnlicher Weise wurde gesagt, daß Sasonovs Bombe, die den russischen Innenminister Plehve tötete, das zaristische Regime einschüchterte und zu einem liberalen Kurs führte. Sicherlich wurde Sasonov nicht zum Tode verurteilt, er starb kurze Zeit nach der Verhandlung im Gefängnis. Aber die kurzlebige Ära des Liberalismus wurde von der ersten russischen Revolution abgelöst, die nicht so sehr durch die Bomben der Sozialrevolutionäre ausgelöst wurde, als vielmehr als Folge der Niederlage im Krieg gegen Japan entstand. Diese Beispiele beziehen sich auf individuelle Ermordungen, aber die Ergebnisse systematischer terroristischer Kampagnen waren nicht sehr unterschiedlich. Wenn überhaupt eine Wirkung festzustellen war, war sie gewöhnlich negativ. Anders als bei König Midas verwandelte sich alles, was die Propagandisten der Tat anfaßten, in Asche. Ihre Aktionen riefen gewöhnlich gewaltsame Repression hervor und führten zu einer Polarisierung, die politischen Fortschritt verhinderte. Anarchistische Aktivitäten verteufelten das politische Leben in Spanien für Jahrzehnte, was im Bürgerkrieg 1936–39 und seinen schicksalhaften Folgen gipfelte. Die Aktivitäten der portugiesischen Terroristen in den frühen 20er Jahren hatten ähnliche Folgen; die Ermordung des rechtsgerichteten Diktators Major Sidonio Pais im Dezember führte zur Beseitigung der liberalen Regierung unter Antonio Granjo im Jahre 1921. Linke und rechte terroristische Gruppen, die Rote Legion *(Legião Vermelha),* die Skorpione *(Os Lacraus),* die Dreizehn *(O Grupo des Treze),* blühten in Portugal dermaßen auf, daß ein linksgerichteter Historiker (A. H. de Oliveira Marques) später schrieb, es sei schwierig gewesen, eine klare Trennlinie zwischen politischen Zielen und kriminellen Zwecken zu ziehen. Diese und andere Gruppen steuerten in entscheidendem Maße zu der tragischen Schwächung der demokratischen Republik und der Entstehung einer Diktatur bei, die Portugal über die nächsten vier Jahrzehnte beherrschte. Während es ziemlich unwahrscheinlich ist, daß sich der Zarismus von innen heraus gewandelt hätte, wurde jedoch auch noch die geringste Hoffnung auf einen Kompromiß und auf friedliche Verbesserung der politischen Situation von den Terroristen zerstört. Die Aussichten für eine Demokratie in Mittel- und Südosteuropa nach dem Ersten Weltkrieg waren nicht vielversprechend, aber wiederum verringerten rechter und in geringerem Ausmaß linker Terrorismus diese Chancen. Nach dem Zweiten Weltkrieg zeitigte die Provokationsstrategie der »Stadtguerillas« ähnliche Resultate; die Erfahrungen in Uruguay sind ein gutes Beispiel. Die Tupamaros waren eine der attraktiveren lateinamerikanischen terroristischen Gruppen, in mancher Hinsicht erinnerten sie an die frühen russischen Terroristen. Im großen und ganzen beteiligten sie sich nicht an ungezielten Mordanschlägen, sie weinten, wenn sie töteten (aber sie töteten). Sie waren echte Idealisten; einige der Besten aus der jungen Generation gehörten ihnen an. Ihre Operationen waren am Anfang recht erfolgreich, sie bewiesen, daß eine zivile Regierung leicht verunsichert werden konnte, und lieferten Schlagzeilen für die Weltpresse. Aber letzten Endes war das einzige Ergebnis ihrer Kampagne die Zerstörung der Freiheit in einem Lande, das als einziges in Lateinamerika über viele Jahrzehnte eine ungebrochene demokratische Tradition hatte und der erste südamerikanische Wohlfahrtsstaat war. Sicherlich war Uruguay in den 60er Jahren alles andere als perfekt und stand ernsten ökonomischen und sozialen Problemen gegenüber, aber es ist in jedem Fall zweifelhaft, ob die Tupamaros eine bessere Lösung kannten als die damalige Regierung. Die Kampagne der Tupamaros führte zu der Entstehung einer rechtsgerichteten Militärdiktatur; indem sie das demokratische System zerstörten, zerstörten sie auch ihre eigene Bewegung. In den 70er Jahren müssen sie und ihre Sympathisanten sich auf bittere Proteste im Exil gegen die Verbrechen eines repressiven Regimes beschränken, das ohne ihr eigenes Zutun nicht entstanden wäre. Die Totengräber des liberalen Uruguay gruben auch ihr eigenes Grab, wie Regis Debray später schrieb. Es gab viele andere Fälle, in denen die Zauberlehrlinge die Grausamkeiten der Dämonen bejammerten, die sie selbst heraufbeschworen hatten. Terrorismus von unten führte zu massivem und unendlich wirksamerem Terror von oben.

Terroristische Gruppen, die in der Erreichung ihrer Ziele erfolgreicher waren, lassen sich, grob gesprochen, in drei Kategorien unterteilen: diejenigen, die beschränkte, klar definierte Ziele hatten, zum Beispiel in einem Arbeitskampf. Zum anderen diejenigen, die mächtige ausländische Beschützer haben. Die arabischen Palästinenser schafften es, die palästinensische Frage am Leben zu erhalten; das gleiche gilt für die kroatischen Ustaschen, die eine Zeitlang ihren eigenen Staat hatten. Auf ihre eigenen Mittel beschränkt, wären sie nicht erfolgreicher als die Südmolukker gewesen (oder die Kurden oder die südsudanesischen Stämme). Drittens die terroristischen Gruppen, die imperialistischen Mächten gegenüberstanden, die nicht mehr in der Lage oder gewillt waren, ihre Kolonien oder Protektorate zu behaupten. So gab Großbritannien Irland nach dem Ersten Weltkrieg, Zypern und die palästinensischen Mandatsgebiete nach dem Zweiten Weltkrieg auf; der Terrorismus der IRA, der Irgun und Lehi und der EOKA spielte bei dieser Entscheidung sicherlich eine Rolle. Aber Terrorismus war nicht der entscheidende Faktor in diesen Ländern, in denen der Rückzug der Briten schließlich Teil eines allgemeinen historischen Prozesses war. Politischer Widerstand in Irland wie auch in Palästina war, auf die Dauer gesehen, wenn auch weniger dramatisch und publiziert, so doch effektiver. Historische Erfahrung zeigt, daß die nationalistischen Sektierer bessere Aussicht auf Erfolg haben als andere Typen des Terrorismus. Aber selbst deren Erfolge sind oft problematisch. Indem sie die Krise verschärfen, erschweren sie eine Lösung des Problems oder machen sie sogar unmöglich. Denn nationale und religiöse Minderheiten sind in der heutigen Welt so verstreut, daß die Beseitigung eines Mißstandes gewöhnlich einen neuen schafft. Wenn man die Komplexität der modernen Welt betrachtet, kann nicht jede Minorität ihren eigenen Staat haben. Scheinbar erfolgreiche terroristische Operationen (wie in Zypern) haben tatsächlich einen negativen Effekt insofern, als sie die Beziehungen zwischen den Gemeinden vergiften und friedliche Koexistenz unmöglich machen. Die jüngsten Ereignisse in Ulster und im Nahen Osten können zu ähnlichen Ergebnissen führen: je länger der Terrorismus andauert, desto stärker wird der Glaube, daß es so lange keinen Frieden geben kann, bis die andere Gruppe nicht ausgerottet ist. Mit dem Fortschritt der terroristischen Technologie vom Dolch zu modernen Massenvernichtungsmitteln werden auch die Folgen des Terrorismus unheilvoller.

In historischer Perspektive gesehen war Terrorismus nur unter sehr spezifischen Umständen erfolgreich. Gegen wirksame Diktaturen und besonders gegen moderne totalitäre Regime ist er ohne Erfolg geblieben. In demokratischen Gesellschaften und schlecht funktionierenden Diktaturen war der Terror zuweilen erfolgreicher, aber es ist fraglich, ob die Tupamaros rückblickend so glücklich über ihren Sieg über das liberale System sind. Es hat auch Ausnahmen gegeben, aber diese entstanden meist, wenn Terrorismus in Verbindung mit einer fundierten politischen Strategie angewandt wurde – gegen Machado in Kuba im Jahre 1933[60], bei der systematischen Ermordung von Dorfältesten durch den Vietcong Anfang der 60er Jahre usw. Das soll nicht heißen, daß Terrorismus immer und überall zum Scheitern verdammt und sein Einfluß ausnahmslos negativ war. Dennoch zeigt die Erfahrung, daß Terrorismus oft dort auftritt, wo es andere als nur gewalttätige politische Alternativen gibt. Wo der Terrorismus (als die *Ultima ratio*) gerechtfertigt erscheint, wie z. B. gegen totalitäre Herrscher, hat er keine Chance, und wo er scheinbar erfolgreich ist, haben die Ergebnisse im Hinblick auf die längerfristige politische Entwicklung oft eine zerstörerische Wirkung. Terrorismus ist immer mit großer Publizität verbunden, aber seine politische Wirkung steht oft im umgekehrten Verhältnis zu der Aufmerksamkeit, die er in den Medien erregt. Terroristen werden gewöhnlich mehr durch ein Verlangen nach Aktion angetrieben als durch die rationale Erwägung der Konsequenzen, und es besteht kein Grund zu der Annahme, daß Fehlschläge in der Vergangenheit sich in irgendeiner Weise als Abschreckung für die Zukunft erweisen werden.

Die »terroristische Persönlichkeit«

Verallgemeinerungen im Hinblick auf »terroristische Persönlichkeit« sind nur begrenzt von Nutzen: selbst wenn man annimmt, daß die russischen Terroristen der 80er Jahre des

19. Jahrhunderts viele Charakterzüge gemein hatten – eine Annahme, die keinesfalls als bewiesen gelten kann –, hatten sie dennoch nicht viel gemein mit den Iren; die Iren waren wiederum recht verschieden von den Armeniern oder den mazedonischen Terroristen. Wenn Männer und Frauen zu bestimmten Zeiten und an bestimmten Orten politische Gewalttaten verüben, Bomben geworfen und Pistolen abgefeuert haben, so beweist das nicht unbedingt, daß sie mehr miteinander verband, als Rosenzüchter oder Briefmarkensammler verbindet. Verallgemeinerungen haben wenig Bedeutung, denn soviel hängt von den politischen und sozialen Gegebenheiten ab, unter denen Terrorismus entsteht, von den historischen und kulturellen Zusammenhängen, dem Ziel und Charakter des Terrors, und natürlich seinem Objekt. Unter diesen Voraussetzungen betrachtet, sind keine zwei terroristischen Bewegungen gleich, tatsächlich sind einander nur wenige ähnlich.

Daß sie sich aus jungen Mitgliedern zusammensetzen, ist das einzige verbindende Merkmal aller terroristischen Bewegungen, und das braucht kaum erläutert zu werden. Die Aufrufe zur Aktion befeuern gewöhnlich nicht den Enthusiasmus der mittleren und älteren Jahrgänge, und gewagte Aktionen erfordern körperliche Gewandtheit.

Scheljabov und Kravschinski, beide dreißig, wurden von den Mitgliedern der *Narodnaja Volja* fast »ältlich« angesehen. Sofia Perovskaja war 27, als sie zum Tode verurteilt wurde, desgleichen Kibaltschitsch; Michailov war 21. Das Durchschnittsalter der Sozialrevolutionäre war noch niedriger; eine Anzahl der Mitglieder ging noch zur Schule. Sasonov, der Plehve ermordete, war 25, Balmaschev war fünf Jahre jünger. Emile Henry, der französische Anarchist, war 21, als er hingerichtet wurde. Die meisten lateinamerikanischen Terroristen gehörten oder gehören dieser Altersgruppe an. Carlo Marighella übernahm die Führung der brasilianischen »Stadtguerilla«, als er über fünfzig war, aber dies war eine seltene Ausnahme; ebenso Captain Lomasney, der sich bei der Verminung der London Bridge selbst in die Luft sprengte. Todor Alexandrov, der die IMRO in den frühen 20er Jahren wiederaufleben ließ, war damals 40 Jahre alt, und Protogerov, sein Hauptgehilfe, war über fünfzig. Aber Alexandrov war mit 28 Mitglied des Zentralkomitees gewesen, und sein Nachfolger, Ivan Michailov, der 1924 nachrückte, war noch keine dreißig. Zahlreiche deutsche und italienische Terroristen der 20er Jahre waren Jungen zwischen 16 und 19, »vergiftet durch das Unglück, das den Krieg zu früh für sie beendete«.[61] Daniel Curley, gehängt für seine Teilnahme an den Phoenix-Park-Morden, war 20 Jahre alt, Artal, der den Anschlag auf den spanischen Premierminister im Jahre 1904 ausübte, war 19, genau wie Emelianov und Rysakov, die den Anschlag auf Alexander II. ausübten. Gabriel Princip war 20, als er Franz Ferdinand in Sarajewo erschoß, seine Mittäter Popovic 18 und Cubrilovic 17. Keiner von ihnen wurde hingerichtet, da sie nicht volljährig waren. Alexander Berkman war 19, als er Frick zu erschießen versuchte; Alexander Uljanov, Lenins älterer Bruder und ein weiterer Verfechter des »systematischen« Terrors, war 21, als er 1887 hingerichtet wurde.

Abgesehen von der Tatsache, daß Mitglieder der terroristischen Bewegungen der gleichen Altersgruppe angehörten, ist es schwierig, andere Gemeinsamkeiten zu finden. Einige hatten eine unglückliche, andere eine glückliche Kindheit. Alexander Michailov schrieb, daß von frühester Jugend an ein glücklicher Stern auf ihn herabschien, »meine Kindheit war eine der glücklichsten, die ein Mensch haben kann«.[62] Unter den Russen waren die familiären Bindungen eng, wie aus Briefen von Eltern an zum Tode verurteilte Terroristen hervorgeht. Bakunin und Netschajev mögen geeignetes Material für Studenten der menschlichen Psyche abgeben, Kropotkin und Weitling dagegen nicht; sie waren extrovertierte, unkomplizierte Menschen, die das Leben genossen, alles andere als düstere Erscheinungen. Die russischen Terroristen der Zeit um 1870 waren im großen und ganzen bemerkenswert »normal«, d. h. vernünftige und ausgeglichene Menschen. Das gleiche gilt für Gerschuni, der die »Kampforganisation« der Sozialrevolutionäre leitete, und Michael Collins, der die irischen Terroristen von 1919 anführte.

Fast ein Viertel der russischen Terroristen bestand aus Frauen, deren Ergebenheit und Mut in den Werken zahlreicher zeitgenössischer Autoren beschrieben werden. Aber nur in Rußland spielten Frauen zu jener Zeit eine so wichtige Rolle. Unter den Anarchisten gab es keine Judith oder Charlotte Corday (Emma Goldmann war eine seltene Ausnahme), auch nicht in anderen terroristischen Gruppen der Linken oder Rechten oder in den Bewegungen des nationalen Widerstandes. Weibliche Terroristen in Irland und Japan waren fast unvorstellbar, und in Indien gab es nur zwei oder drei. Bombenwerfen wurde offensichtlich als Männersache angesehen; die zunehmende Rolle, die Frauen in Europa und Amerika spielen, ist ein Phänomen der jüngsten Vergangenheit.

Minderheiten waren (und sind) stark in terroristischen Bewegungen repräsentiert. Unter den *Narodnaja Volja* waren eine ganze Anzahl Juden, noch mehr unter den Sozialrevolutionären. Dazu gehörten Gerschuni und Asev, die beiden Kommandeure der »Kampforganisation«. Einige der Führer der irischen revolutionären Bewegung des 19. Jahrhunderts waren Protestanten. Das Haupt der rumänischen *Eisernen Garde* war kein gebürtiger Rumäne, auch Szalazi, der Führer der *Pfeilkreuzler*-Bewegung, war kein Ungar. Dr. Habash, der Leiter der PFLP, der extremsten palästinensischen Terrororganisation, ist Christ, ebenso sein Stellvertreter Wadi Hadad und Naif Hawatme, Leiter der rivalisierenden PDFLP. Unter den *Irgun* und der Stern-Bande waren zahlreiche Jugendliche aus der orientalischen jüdischen Gemeinde, die in der nichtterroristischen Hagana kaum vertreten war.*

In einigen Fällen spürten diese Terroristen, die aus Minderheitsgruppen stammten, vielleicht Mißstände noch deutlicher; häufiger bestand wohl eine psychologische Notwendigkeit, sich selbst zu beweisen, zu zeigen, daß sie genauso gute, wenn nicht bessere Patrioten (oder Revolutionäre) als ihre Genossen waren.

Lucien de la Hodde liefert uns in einer Schrift aus dem Jahre 1850 eine hochinteressante Analyse der gesellschaftlichen Zusammensetzung der Pariser Geheimbünde in der ersten Hälfte des 19. Jahrhunderts, Gruppen, die sich von Zeit zu Zeit mit terroristischen Aktionen beschäftigten. Er untergliederte die Teilnahme in neun Kategorien: zuerst vor allem die Studenten. Unter den Studenten bestand eine rebellische Tradition, die bis ins Mittelalter zurückging. De la Hodde erläutert allerdings, daß er nicht die Studenten meint, die studieren, sondern diejenigen, die alle bürgerlichen Ideen für lächerlich halten und eine Schwäche für *le bruit, les coups, les évènements* haben. Der Autor bewundert die Briten wegen ihrer Klugheit, die Universitäten außerhalb der Hauptstadt zu gründen. Zweitens führt de la Hodde die »impuissants« auf, Anwälte ohne Klienten, Ärzte ohne Patienten,

* George Schoeters, der Gründer der kanadischen F.L.Q., war Belgier, der erst seit 1951 in Kanada lebte.

Schriftsteller ohne Leser, Händler ohne Kunden und all die einfältigen Seelen, die sich für Staatsmänner hielten, nachdem sie Politik in den Zeitungen studiert hatten. Kurz gesagt: die Gebildeten oder Halbgebildeten, *déclassées,* die immer schon das Rückgrat solcher Gruppen gebildet hatten. Weiterhin führt de la Hodde auf: *les bohêmes, une classe de fantaisistes ayant horreur de la vie ordinaire,* die hauptsächlich in der Hauptstadt zu finden sind, ganz selten außerhalb. Danach *le peuple souverain,* d. h. die Arbeiterklasse; *les gobe-mouches,* die Einfältigen, wohlmeinend, aber naiv und leichtgläubig (und die wahren Gläubigen); die ewig Unzufriedenen; die politischen Flüchtlinge; und schließlich die Banditen, die Kriminellen.[62a] De la Hodde arbeitete als Meisterspion der französischen Polizei in den Reihen der revolutionären Bewegungen; während Abscheu ihn zu einem genauen Beobachter machte, enthalten seine Beschreibungen keinerlei Hinweise auf idealistische Motive. Aber selbst wenn er Zeichen von Idealismus entdeckt hätte, wären seine Bemerkungen über Frankreich für das Verständnis der sozialen Hintergründe der wenig später in Irland entstehenden Geheimgesellschaften von geringem Nutzen.

Einige Mitglieder der *Narodnaja Volja* kamen aus einfachsten Verhältnissen: Scheljabovs Vater zum Beispiel war ein Hausdiener gewesen. Aber die Söhne und Töchter der Aristokratie und des Landadels waren sehr viel stärker vertreten. Bakunin und Kropotkin stammten aus Familien, die der Oberschicht angehörten; Sofia Perovskas Vater war Generalgouverneur von St. Petersburg gewesen. Eine Liste von 365 Revolutionären, die in den 80er Jahren des 19. Jahrhunderts verhaftet worden waren, zeigt, daß 180 der Oberschicht angehörten (darunter 32 Offiziere). 104 gehörten zur Mittelschicht oder zur unteren Mittelschicht, und die Väter von 64 waren Priester.[63] Unter den sozialrevolutionären Terroristen der folgenden Generation waren die Mittel- und die untere Mittelschicht sehr viel stärker vertreten, obwohl immer noch zahlreiche Terroristen aus aristokratischen Verhältnissen darunter waren. In dieser Hinsicht gleicht der russische Terrorismus dem Aufbau terroristischer Gruppen in Lateinamerika, wo die Söhne und Töchter der Mittel- und gehobenen Mittelschicht traditionsgemäß vorherrschten. In Uruguay und auch in anderen lateinamerikanischen Ländern zeigen vorliegende Statistiken, daß Söhne und Töchter aus der administrativen Mittelschicht besonders stark repräsentiert sind – gebildete Personen ohne eigene Mittel, das akademische Proletariat.[64] Die Zusammensetzung der argentinischen ERP scheint ähnlich zu sein, während unter den Montoneros die untere Mittelschicht und sogar in gewissem Umfang die Arbeiterklasse stärker vertreten zu sein scheinen. Die kleinen terroristischen Gruppen in Westdeutschland, Japan und den Vereinigten Staaten setzten sich hauptsächlich aus ehemaligen Studenten und, wie die frühen faschistischen Bewegungen, aus *déclassés, spostati,* entwurzelten Elementen zusammen. Die soziale Herkunft der Mitgliedschaft (und besonders der Führung) dieser Gruppen ist recht interessant.

Ernst Halperin kommt zu einer interessanten, quasi-marxistischen Schlußfolgerung in seiner Argumentation, indem er schreibt, daß Terrorismus in Lateinamerika »eine starke Wirkung auf ökonomische Stagnation und soziale Fäulniserscheinungen durch die tatkräftigsten Mitglieder der administrativen Klasse darstellt, einen Griff nach der absoluten Macht, um dieser Klasse die herausfordernde Aufgabe zu stellen, die Gesellschaft völlig zu verändern«. Auf diese Weise ergänzen sich »Klasseninteresse«, Idealismus und soziales Bewußtsein. Aber es stimmt auch, daß die Suche nach soziologischen Gemeinsamkeiten um so weniger erfolgreich, desto kleiner die untersuchte Gruppe ist.

Die nationalistisch-separatistisch terroristischen Gruppen haben sich immer aus jungen Leuten mit niedrigerem sozialen Hintergrund zusammengesetzt als die sozialistisch-revolutionären Gruppen. Die IRA ist dafür ein gutes Beispiel. Insofern, als nationalistisch-separatistische Bewegungen linksgerichtete Tendenzen hatten, setzten sich diese Gruppen wiederum hauptsächlich aus Intellektuellen der Mittelschichten und Angestellten zusammen; Fatah ist »proletarischer« als die radikaleren PFLP und PDFLP. In den Vereinigten Staaten bis zum Ersten Weltkrieg und in Spanien bis zum Bürgerkrieg begleitete Terrorismus oft Arbeitskämpfe; daher sind zahlreiche Arbeiter unter den militanten Terroristen vertreten.

Ausländische Beobachter der russischen Szene, wie Masaryk und George Kennan Sen., bemerkten, daß die jungen Terroristen Männer und Frauen mit sehr hohen moralischen Maßstäben waren. Die meisten Russen, selbst ihre erbittertsten Gegner, schienen dem beizustimmen. Dostojewskis Schurken waren reine Karikaturen: Pjotr Verchovenski ein Possenreißer, Lästerer und

Verräter, Schigalov mit seinen großen Ohren (»sie sind alle Sklaven und ebenbürtig in ihrer Sklaverei«). Jegliche Ähnlichkeit zwischen den »Besessenen« und den Terroristen der 80er Jahre ist rein zufällig.[65]

Die russischen Terroristen fragten sich besorgt, ob sie das Recht hätten zu töten, im Gegensatz zu zahlreichen späteren Terroristen mit ihrer Philosophie des Tötens »zum Spaß und Profit«. Dora Brilliant, eine Märtyrerin der Sozialrevolutionäre, gestand, daß es leichter sei zu sterben als zu töten; Timofei Michailov, der sich an der Ermordung des Zaren im Jahre 1881 beteiligen sollte, fühlte sich im letzten Moment vor der Tat zu schwach, aber er zeigte keine Schwäche auf dem Weg zu seiner Hinrichtung. Kaljajev, der im Begriff war, den Großherzog Serge Alexandrovitsch zu ermorden, warf die Bombe nicht bei der ersten Gelegenheit, da sein Opfer in Begleitung seiner Familie auftrat und es ihm nicht richtig erschien, Kinder zu töten.[66] Aus dem gleichen Grunde erschoß der italienische Anarchist Angiolilo den spanischen Premierminister Canovas nicht bei der erstmöglichen Gelegenheit. Polizeispitzel, die die Reihen der russischen Terroristen unterwandert hatten und dann demaskiert wurden, retteten ihr Leben mehr als einmal, indem sie an die Humanität der Terroristen appellierten, die schon beim geringsten Zweifel an der Schuld der Spitzel zögerten, sie umzubringen. Diese Männer und Frauen haben nur wenig gemeinsam mit der IRA, den deutschen Freikorps der 20er Jahre, der japanischen »Roten Armee« und zahlreichen anderen terroristischen Gruppen heutzutage. Killinger, ein Führer des Freikorps und späterer Nazi-Gauleiter, beschreibt mit offensichtlichem Genuß, wie er und seine Kameraden eine Frau auspeitschten, bis auf ihrem Rücken kein weißer Fleck mehr zu sehen war.[67] Die Grausamkeiten der mazedonischen und kroatischen Terroristen sind weitgehend dokumentiert worden. Auch der irische Terrorismus zeigt von Anfang an eine grausame Tendenz. Es stimmt, daß John Devoy gelegentlich sagte, daß die keltische Natur sich gegen die bloße Idee einer Ermordung sträubte, aber nationaler Charakter ändert sich, und die Sitte, den Opfern die Achillessehne zu zerschneiden, ist in Irland schon 1813 dokumentiert, eine Tradition, die in den letzten Jahren verfeinert wurde. Im Hinblick auf historische Zeugnisse wäre es falsch, den »humanen« Charakter des linken Terrorismus dem »sadistischen« Terror nationalistischer und rechtsgerichteter

Gruppen gegenüberzustellen. Kriminelle haben oft mehr Menschlichkeit bewiesen als Terroristen; ihnen geht es um Profit, nicht um psychologische Befriedigung. Sie quälen ihre Opfer gewöhnlich nicht. Terroristen sind Fanatiker, und Fanatismus führt oft zu Grausamkeit und Sadismus.

Im Februar 1972 wurde ein Versteck der Vereinigten Roten Armee in Karuizawa, einem Kurbad in den Bergen, 130 Kilometer von Tokio entfernt, gefunden. Dort entdeckte man 14 verstümmelte Leichen; die eine Hälfte der Gruppe hatte die andere wegen antirevolutionären Verhaltens liquidiert, einige waren offenbar lebendig begraben worden. Dies ist mit dem Hinweis auf unergründliche asiatische Traditionen erklärt worden, was jedoch kaum für die Bemerkung Bernadine Dohrns, der Anführerin des Weather-Underground, zum Sharon-Tate-Mord gilt: »Erst haben sie die Schweine umgebracht, dann haben sie im selben Zimmer gegessen, dann haben sie sogar eine Gabel in den Bauch eines Opfers gerammt! Wild!« Den Attentäter des jordanischen Premierministers Wasfi Tal dürstete, wie er sagte, nach dem Blut seines Opfers, nachdem er seinen Auftrag erfüllt hatte. Der Attentäter stammte aus der Gruppe »Schwarzer September«.

Die Beschäftigung der Terroristen mit ethischen Problemen war, wie gesagt, hauptsächlich im 19. Jahrhundert ein Phänomen in Europa. Im 20. Jahrhundert wurden Menschenleben wohlfeiler; die Überzeugung, daß das Ziel alle Mittel heiligt, gewann an Boden: Humanität war sowieso nur ein bürgerliches Vorurteil. Selbstlose Hingabe, Idealismus, Tapferkeit und Bereitschaft, sich selbst zu opfern, waren noch nicht ausgestorben, aber diese Qualitäten können in allen Teilen des politischen Spektrums gefunden werden. Sie sind von Militanten mit guten Zielen und solchen mit sehr schlechten vorgeführt worden. Rechter Terrorismus ist nicht bloß Gangstertum, und Brechts Arturo Ui ist genausowenig hilfreich für das Verständnis des Nazismus wie die »Besessenen« zum Verständnis der russischen Revolutionäre. Horst Wessel ist paradoxerweise wie eine Gestalt aus den Büchern von Tolstoi und Dostojewski der bürgerliche Student, der bei der Prostituierten lebt, um sie »zurückzugewinnen«. Zu einem anderen Zeitpunkt und an einem anderen Ort wäre er ein anarchistischer Held gewesen, seine Lebensweise gehörte zur Gegenkultur, nicht zum Establishment. Es ist gesagt worden, daß die echten Qualitäten der Mitglieder der *Narodnaja Volja* selbst ihre politischen Gegner tief beeindruckten. Es stimmt aber auch, daß die fanatische Hingabe der Nazi-Terroristen selbst unter denen Bewunderung hervorriefen, die ihren politischen Anschauungen feindlich gegenüberstanden. Denn, so wurde gefragt, wie kann ein Mensch möglicherweise mit soviel Leidenschaft für eine Sache kämpfen, die völlig falsch ist? Karl Radek schrieb einen bekannten Nachruf auf Schlageter, den Terroristen, der einer der ersten Mitglieder der NSDAP war. Radek sagte, daß dieser tapfere Soldat der Konterrevolution in allem Ernst von den Soldaten der Revolution bewundert werden müsse. »Die Tatsache, daß er sein Leben riskierte, zeigt, daß er entschlossen war, dem deutschen Volk zu dienen ... Wir werden alles tun, was in unserer Macht liegt, um sicherzustellen, daß Männer wie Schlageter, die für ein Ideal in den Tod zu gehen gewillt sind, nicht mehr Wanderer ins Nichts sind, sondern Pilger zu einer besseren Zukunft für die ganze Menschheit.«[68] Radek wurde später wegen dieser unbedachten Äußerung angegriffen, aber er hatte natürlich recht. Unter anderen Voraussetzungen hätte Schlageter sich genauso leicht der Linken zuwenden können. Die Eltern, die Brüder und die Schwestern der faschistischen Terroristen waren genauso überzeugt wie die Angehörigen der russischen Revolutionäre, nämlich daß ihre Lieben für eine »heilige Sache« gestorben waren.[69]

Das mystische Element im russischen Terrorismus ist schon erwähnt worden, aber es kann auch in Irland, Rumänien sowie unter japanischen, indischen und arabischen Terroristen gefunden werden. Einige Mitglieder der Sozialrevolutionäre waren überzeugte Christen. Rasputina ging jeden Morgen zur Kirche, sehr zur Überraschung der Detektive, die sie beschatteten; eine andere Sozialrevolutionärin, Benevskaja, wurde zur Terroristin, gerade weil sie eine gläubige Christin war. Es stimmt jedoch, daß die meisten russischen Terroristen nur Verachtung für das religiöse Establishment hatten und die meisten französischen und amerikanischen Anarchisten überzeugte Atheisten waren. Und doch hatte der Glaube an ihre Sache eine tief religiöse Qualität. Die letzten Worte einiger zum Tode Verurteilter – wie z. B. Fischer (aus dem Haymarket-Prozeß): »Dies ist der glücklichste Augenblick meines Lebens« – zeigen die tiefe Überzeugung dieser Männer und Frauen, daß auf ihnen, wie auf Christus, die Last der Erlösung ruhe. Sie waren Märtyrer ihres Glaubens, die das höchste Opfer für die Rettung der Menschheit vollbrachten. Aber im Gegensatz zu den frühen christlichen Märtyrern, glaubten sie nicht mehr an das Gebot: »Du sollst nicht töten.« Wenn Kravchinski den Geist beschrieb, von dem seine Genossen, die russischen Revolutionäre, durchdrungen waren, benutzte er oft Bilder aus der Bibel.[70] Björnsterne Björnsen, der norwegische Schriftsteller, bemerkt in seinem *Jenseits der menschlichen Kraft,* daß man unter den Anarchisten die modernen Märtyrer finden könne. Die Idee des Märtyrers, die ewige Seligkeit zu erlangen, erscheint in der Geschichte des irischen Terrorismus von seinen Anfängen bis zur Gegenwart. Masaryk entdeckt im russischen Terrorismus einen »Mystizismus des Todes«; das gleiche trifft auch im Hinblick auf den Anarchismus zu, auf einige faschistische Gruppen und vor allem auf die rumänischen Legionäre mit ihrem Ritus, die Namen der Toten bei Paraden aufzurufen und mit »anwesend« zu beantworten.

Die politischen Fragen im Rußland des 19. Jahrhunderts waren klar umrissen; es gab keine Verfassung, keine Grundrechte, keine rechtlichen Möglichkeiten gegen den Mißbrauch der Macht. Anderswo waren die Probleme vielschichtiger, und Terroristen mußten sich selbst überreden, daß es keine Alternativen zur Gewaltanwendung gab, daß Demokratie Diktatur war und daß eine grundlegende Änderung nur mit Hilfe von Bomben und Pistolen erreicht werden konnte. Unter diesen Voraussetzungen war die Wahl terroristischer Mittel weniger selbstverständlich, und diejenigen, die sich dafür entschieden, waren gewöhnlich problematischere Charaktere. Emma Goldmann schrieb in einem bekannten Aufsatz zur Verteidigung von Anarchisten, daß sie in einem Konflikt zwischen ihren Seelen und den unhaltbaren sozialen Zuständen zerrissen würden.[71] Sensibel waren die Terroristen bestimmt, aber wenn man ihre Motive verstehen will, muß man häufig in ihrem Privatleben nachschauen und nicht nur in ihrer politischen und sozialen Umgebung.

Die »Propaganda der Tat« in West- und Südeuropa wurde von Individuen ausgeführt, die auf eigene Faust handelten, meistens von Männern mit geringer Bildung. Einige waren Herostraten; die letzten Worte Bonnots, des Anführers der anarchistischen und kriminellen Bande der Pariser *Belle Epoque,* waren: »Ich bin ein berühmter Mann.« Einige waren krank, sowohl geistig als auch körperlich, was Cesare Lombroso zu der übereilten Schlußfolgerung verführte, daß Bombenwerfen mit Pellagra und Avitaminose zusammenhänge. Um die Jahrhundertwende befanden sich in einigen terroristischen Gruppen bereits Abenteurer und sogar kriminelle Elemente. In den späteren Stadien der russischen terroristischen Bewegung kam es zu Äußerungen über diktatorisches Benehmen von seiten einiger Führer, über ihre Mißachtung von Menschenleben und ihre Geldverschwendung. Solche Beschwerden wären zur Zeit der *Narodnaja Volja* undenkbar gewesen.[72]

Je unklarer das Ziel des Terrorismus, desto größer die Anziehungskraft auf unausgeglichene Personen. Die Motive von Männern, die eine grausame Tyrannei bekämpfen, sind recht verschieden von Motiven derer, die eine demokratisch gewählte Regierung angreifen. Idealismus, soziales Bewußtsein oder der Haß auf fremde Unterdrücker sind starke Impulse, aber das sind auch ziellose Aggressionen, Langeweile und geistige Verwirrung. Aktivismus kann einem anderenfalls leeren Leben einen Sinn verleihen. Sofia Perovskaja und Vera Finger sind die Symbole der einen Art des Terrorismus, Ulrike Meinhof und Patty Hearst der anderen.

Das Schicksal einiger der führenden Terroristen der Vergangenheit ist von einigem Interesse. Durruti, der feurige spanische Anarchist, wurde bei der Verteidigung Madrids getötet. Marighella kam bei einer Schießerei mit der brasilianischen Polizei um. Johann Most und O'Donovan Rossa, zwei der großen alten Männer der gewaltsamen Aktion, wurden im Alter etwas gemäßigter. John Casey, der Anführer der Fenianer, starb in seinem Pariser Exil: als Kevin Egan taucht er in James Joyces *Ulysses* auf: »Er strich mit Colonel Richard Burke unter den Mauern von Clerkenwell entlang, und gebückt sah er eine Flamme der Rache sie aufwärts in den Nebel reißen.« Kropotkin, Emma Goldmann und Alexander Berkman traten später für gewaltlose Aktionen ein. Von den irischen Terroristen des 19. Jahrhunderts in den Vereinigten Staaten gingen einige in die amerikanische Politik, ein paar wurden Kongreßabgeordnete oder Diplomaten. Von denen, die die Entstehung des irischen Freistaates noch miterlebten, wurden viele in den folgenden mörderischen Kämpfen getötet; die Überlebenden wurden zur Elite des neuen Staates. Sean MacBride, ein ehemaliger Stabschef der IRA, wurde ein ausgezeichneter internationaler Beamter und Träger des Friedensnobelpreises. Die Anführer von Irgun und der Stern-Bande wurden Mitglieder der Opposition in der Knesset, dem israelischen Parlament, andere traten der Armee bei oder gingen ins Geschäftsleben. Ein russisch-jüdischer Terrorist der frühen Jahre, Pinkas Rutenberg, tauchte in Palästina wieder auf und wurde ein bedeutender Industrieller und Gründer der örtlichen Elektrizitätsgesellschaft. Andrea Costa und Paul Brousse, führende Antiparlamentarier der 80er Jahre, traten wenig später dem Parlament bei. Brousse, der den Ausdruck »Propaganda der Tat« prägte, gratulierte in späteren Jahren dem spanischen König dazu, daß er einem Attentat entkommen war. Von den überlebenden russischen Terroristen aus jener Zeit wechselten einige zur Rechten über, viele wurden als Wissenschaftler bekannt. Kropotkin war immer schon ein ausgezeichneter Geograph gewesen. Morosov und Sternberg sind schon genannt worden, und der Biochemiker A. N. Bach, später Mitglied der sowjetischen Akademie der Wissenschaften, die Ethnographen Bogorastan, Jochelson und Krol und auch der Bakteriologe Charkin müssen hier erwähnt werden.[73] Von den Sozialrevolutionären des frühen 20. Jahrhunderts trat nicht einer den Bolschewiken bei. Die meisten wanderten aus Rußland aus oder kehrten nach 1917 nicht nach Rußland zurück. Savinkov, der der Kerenski-Regierung angehört hatte, kämpfte aktiv gegen die Kommunisten, genau wie Maria Spiridonova; sie hatte im zaristischen Rußland eine lebenslängliche Gefängnisstrafe erhalten und kam 1918 erneut ins Gefängnis, wo sie 20 Jahre später starb. Das heldenhafte Vorbild der Freikorps-Terroristen wurde von den Nazis zwar gepriesen, aber mit ganz wenigen Ausnahmen traten die Männer während des Dritten Reiches in den Hintergrund. Pilsudski und Arciszewski, Anführer im Kampf der polnischen Terroristen von 1905/06, wurden Staatschef beziehungsweise Premierminister von Polen. Ante Pavelic, Leiter der Ustascha, wurde zum Führer (Poglavnik) eines »unabhängigen« Kroatien während des Zweiten Weltkriegs gemacht; mit der Niederlage der Achsenmächte wurde seine Karriere jäh unterbrochen, und er wurde einer der meistgesuchten Kriegsverbrecher. Es ist noch zu früh, die Schicksale der europäischen und nordamerikanischen Terroristen der jüngsten Vergangenheit zu verallgemeinern. Einige Befürworter des individuellen Terrorismus in den Vereinigten Staaten änderten ihre Ansichten und ihren Lebensstil, nachdem sie erkannt hatten, daß das unzulängliche System, das sie bekämpften, bei weitem nicht das schlechteste war.

Die Suche nach dem Typus einer »terroristischen Persönlichkeit«, so haben wir festgestellt, ist vergeblich. Die russischen Terroristen von 1880 haben gewisse Charakterzüge gemeinsam, ebenso die Iren oder die Anarchisten oder die Palästinenser, aber die Suche nach einem gemeinsamen Nenner, der die verschiedenen Länder, Perioden, Kulturen und politischen Zusammensetzungen umfaßt, ist ebenso sinnlos, wie die quantitative Analyse der Körpergröße und des Gewichts der Terroristen. Einige waren Söhne bekannter Revolutionäre – der Russe Balmaschev zum Beispiel, oder Emile Henry, dessen Vater ein bekannter Kommunarde war, oder Sean MacBride. Der Vater des jungen Cabrinovic, der in die Sarajewo-Verschwörung verwickelt war, war ein österreichischer Polizeispitzel, und die große Anzahl von Söhnen und Töchtern hoher zaristischer Beamter in der revolutionären Bewegung der 70er und 80er Jahre ist bereits erwähnt worden.

Netschajev war in seinem Privatleben völlig frei von moralischen Skrupeln, aber darin war er eine Ausnahme unter den Revolutionären des 19. Jahrhunderts. Most und Donovan O'Rossa tranken sehr viel, andere ihrer Genossen dagegen waren fanatische Abstinenzler. Einige russische und serbische Terroristen litten unter Tuberkulose und starben jung, andere erfreuten sich bester Gesundheit. Ravachol, Emile Henry und einige der russischen Terroristen waren Mystiker oder Anhänger des Okkultismus, andere hatten nicht die geringste Neigung in dieser Richtung. Einige zeitgenössische Beobachter wiesen auf einen selbstzerstörerischen Drang unter Terroristen hin; sie waren »todestrunken«, wie ein Beobachter schrieb.*

Aber auf jeden Intellektuellen, der sich intensiv mit dem Sterben auseinandersetzte, kamen zweifellos mehrere, die das Leben wie alle anderen genossen. Kurz gesagt, hat es immer schon die unterschiedlichsten Charakterzüge, die verschiedensten geistigen

* Das scheint in bezug auf einige der französischen Anarchisten und auch auf Orsini richtig zu sein, der in seinem berühmten letzten Brief schrieb, daß er Napoleon III. in einem Anfall geistiger Umnachtung zu töten versucht habe und daß er nicht an Mord glaube. Italien könne nicht durch Anschläge, die seiner Tat nacheiferten, befreit werden. Der Entschluß des deutschen Anarchisten Holger Meins und einiger IRA-Gefangener, sich zu Tode zu hungern, scheint in die gleiche Richtung zu deuten.

und psychischen Elemente unter den Terroristen gegeben.

Mit Sicherheit kann nur gesagt werden, daß Terror von jungen Leuten ausgeübt wurde (und wird) und daß in den meisten anderen Beziehungen die Unterschiede zwischen den Terroristen hervorstechender sind als ihre Gemeinsamkeiten. Der Charakter des Terrorismus hat weiterhin eine tiefgreifende Veränderung erlebt. Intellektuelle haben den Kult der Gewalt gesellschaftsfähig gemacht: unter den russischen Terroristen gab es einen solchen Kult nicht. Vergeltung spielte eine gewisse Rolle, aber nicht Grausamkeit: Emile Henry wollte Vaillant rächen, der die Bombe in das französische Parlament geworfen hatte; nach Henrys Hinrichtung ermordete Ceserio den französischen Präsidenten, Sadi Carnot, da er Henry nicht begnadigt hatte. Die Explosion in der Oper in Barcelona (1893) war die Rache für Paulino Pallas, der kurz vorher hingerichtet worden war. Die Bombe, die zwei Jahre später ebenfalls in Barcelona in die Corpus-Christi-Prozession geworfen wurde, war ein Protest gegen die Zustände im Monjuich-Gefängnis. Die besondere Radikalität des Lehi-Terrorismus stand zweifellos im Zusammenhang mit ihrem Verlangen, den Tod ihres Anführers, Abraham Stern, zu rächen. In der Geschichte des russischen Terrorismus und auch in Rumänien und Irland verursachte Repression häufig eine neue Welle terroristischer Aktionen.

Nicht alle Terroristen des 19. Jahrhunderts waren ritterliche (oder heilige) Figuren; es gab auch zweifelhafte Charaktere und einige Halbirre. Aber im großen und ganzen betrachtet, handelte es sich um Kämpfer gegen brutale Diktatur und grausame Verfolgung. Es war sicher kein Zufall, daß Terrorismus in Rußland und der Türkei, den beiden repressivsten Regimen Europas, am weitesten verbreitet war. Auch besteht kein Zweifel im Hinblick auf die Echtheit der Mißstände, der sich die irischen Rebellen, die amerikanischen Arbeiter und die spanischen Bauern gegenübersahen. Insofern, als es zu ungezieltem Terror kam, wurde er von unausgeglichenen Einzelpersonen ausgeführt, und es handelte sich dabei keineswegs um eine systematische Strategie. Greueltaten sind vorgekommen, aber die ethischen Maßstäbe in Mazedonien um die Jahrhundertwende und in Mexiko waren nicht recht mit denen anderer Länder einer höheren Zivilisationsstufe vergleichbar.

Der Terror der 60er und 70er Jahre dieses Jahrhunderts ist anderer Art. Nicht nur sind die repressiveren Länder frei von Terrorismus, sie helfen sogar noch bei seiner Verbreitung in den liberalen Gesellschaften. In den 80er und 90er Jahren des vorigen Jahrhunderts war das Schicksal eines Terroristen nach seiner Gefangennahme nicht beneidenswert; dagegen wurde kein westeuropäischer, nordamerikanischer, japanischer oder nahöstlicher Terrorist der 60er und 70er Jahre hingerichtet (außer in einigen Fällen durch seine eigenen Genossen), und es besteht immer die Chance, daß er vor Abbüßung seiner Strafe entlassen wird, wenn seine Genossen die Behörden durch Erpressung gezwungen haben, ihn freizulassen. Terroristen tragen nicht mehr soviel Risiko. Es ist nicht mehr das Duell bei Tageslicht zwischen Giganten, eine Art russischer »High Noon«, wie die *Narodovoltsy* es sahen. Mit Zeitbomben, die an öffentlichen Plätzen hinterlegt werden, und der Verschickung von Briefbomben ist der Kampf anonym geworden, und ein Großteil des Heldentums und der Opferbereitschaft ist verschwunden. Zuweilen ist der Terrorismus verbürokratisiert, in anderen Fällen wird er aus der Entfernung manipuliert.

Maßstäbe und Verhaltensweisen haben sich geändert. Die *Narodnaja Volja,* die französischen Anarchisten und die irischen Dynamiter hätten keine Kinder entführt und angedroht, sie zu töten, falls kein Lösegeld bezahlt würde. Sie hätten keine Agenten gemietet, die für sie die Arbeit erledigen, und sie hätten auch keinen arglosen Reisenden Pakete mit Sprengstoff gegeben. Sie hätten ebensowenig Körperteile ihrer Opfer zusammen mit Botschaften an deren Verwandte geschickt, wie es die (rechtsgerichteten) guatemaltekischen MANO und NOA getan haben. Sie hätten nicht Millionen von Dollar von fremden Regierungen für die Ausführung eines Auftrages erwartet, sie hätten ihre Opfer nicht gefoltert, verstümmelt, vergewaltigt und kastriert, und sie hätten auch nicht sinnlos reihenweise ihre eigenen Leute abgeschlachtet. Nicht alle modernen terroristischen Bewegungen vergöttern Brutalität; einige verhalten sich humaner als andere. Aber was einst eine seltene Ausnahme war, kommt heutzutage häufig vor. Es ist immer noch richtig, wie ursprünglich festgestellt, daß Verallgemeinerungen über die »terroristische Persönlichkeit« von begrenztem Wert sind, da es so viele Variationen gibt. Aber es ist auch richtig, daß die eben erwähnte Tendenz zur Brutalität als ein allgemeiner Trend angesehen werden kann.

Wenn man den primitiven Charakter und die gewalttätige Tradition gewisser Gesellschaften berücksichtigt, kann man die Tatsache nicht übersehen, daß die Terroristen des 19. Jahrhunderts nach Maßstäben handelten, die von den gegenwärtigen sehr verschieden sind. Das soll nicht die *Narodnaja Volja* idealisieren oder die Terroristen der 60er und 70er Jahre unseres Jahrhunderts verleumden; lateinamerikanische und arabische Terroristen mögen glühende Patrioten sein und die Ungerechtigkeit, die ihrem Volk angetan wird, genauso stark empfinden wie die Terroristen früherer Epochen, aber sie gehören dennoch einer anderen Gattung an. Was auch immer ihre Motive sein mögen, die »glühende Nächstenliebe«, die Emma Goldmann beobachtete, fehlt ihnen. Die treibende Kraft ist Haß und nicht Liebe, ethischen Erwägungen stehen sie indifferent gegenüber, und ihre Träume von Freiheit, nationaler und sozialer Befreiung sind gerade wegen ihrer Persönlichkeiten verdächtig. Die nationalistischen Terroristen des 19. Jahrhunderts kämpften für die Befreiung von Fremdherrschaft, aber in letzter Zeit ist der Appetit größer geworden. Die Basken haben Absichten in bezug auf Galizien, die Palästinenser wollen nicht nur das Westufer des Jordan zurückgewinnen, sondern sie wollen auch den jüdischen Staat zerstören, die IRA möchte gern die Protestanten in ein Vereinigtes Irland bombadieren. Kurz gesagt, die Ziele des Terrorismus haben sich geändert, und ebenso haben sich die Terroristen geändert.

Anmerkungen

1 *United Irishman,* 14. Feb. 1885.
2 Jim Devoy, *Recollections of an Irish Rebel,* Shannon, 1969, 211 f.
3 J. Remak, *Sarajevo* (London 1959), 56.
4 Michael St. John Paeke, *The Bombs of Orsini,* London 1957, 293 ff.
5 Louis Adamic, *Dynamite,* New York 1935, 196.
6 Gerald W. Meaker, *The Revolutionary Left in Spain 1914–23,* Stanford 1974, 173 ff.
7 Bernard B. Fall, *Last Reflections on a War,* New York 1967, 219 f.
8 *Etudes polémologiques,* Juli 1974, 78–95.
9 Ivianski, Dissertation, loc. cit., *passim.*
10 R. C. Majumdar, *History of the Freedom Movement in India,* Kalkutta 1963, 480.

11 Vladeta Milicevic, *Der Königsmord von Marseille,* Bad Godesberg 1959, 44.
12 Wilhelm Herzog, *Barthou,* Zürich 1938, 256.
13 *The Times,* London 19. April 1976.
14 Michael Baumann, *Wie alles anfing,* München 1975, 117f.
15 *The Sunday Press,* Dublin, 15. Feb. 1976.
16 A. Gerassimoff, *Der Kampf,* 211.
17 F. J. Klein, *Sturm 138,* Leipzig 1937, 98.
18 Major Arthur Griffith, *Mysteries of Police and Crime,* Band II, London 1898, 459.
19 *The New York Sun,* 29. Nov. 1885.
20 D. Kantor, »Dynamit narodnoi volyi« in *Katorga i Sylka,* 1929, 8f., 119–28. Nobel vertrat sowohl in religiöser als auch in politischer Hinsicht radikale Ansichten, und seine Biographen weisen darauf hin, daß seine Einstellung von dem russischen Milieu, in dem er aufgewachsen war, beeinflußt worden war. H. Schück und R. Sohlma, *The Life of Alfred Nobel,* London 1929, 217. Siehe auch die neueste Biographie, St. Tjerneld, *Nobel – En biografi,* Stockholm 1972, *passim.*
21 J. Most, *Revolutionäre Kriegswissenschaft,* 39.
22 Jack London, *The Assassination Bureau Ltd.,* London 1964, 6.
23 W. D'Arcy, *The Fenian Movement in The United States 1858–1886,* Washington 1947, 406.
24 Victor Drummond, der britische Chargé d'affaires in Washington an James G. Blaine, Außenminister, 28. Juli 1881. Aus *Annual Report of the American Historical Association for the Year 1941* (Washington 1942), 146.
25 Ivianski, 190.
26 Nikolajevski, *Asev,* 177.
27 J. Bowyer Bell, »The Thompson Submachine Gun in Ireland 1921«, *The Irish Sword* VIII, 31.
28 *Terrorist Activity,* Hearings, Teil 7. Committee on the Judiciary, United States Senat, 94. Kongress. 1975, 524.
29 R. Clutterbuck, *Living with Terrorism,* London 1975, 75ff., eine ausführliche Diskussion der angewandten Bombentechnik.
30 Interview im New York Herald, 10. Feb. 1889; die Unternehmungen Le Carons sind in seiner Autobiographie beschrieben, ebenfalls in Sir Robert Anderson, *Sidelights on the Home Rule Movement,* London 1907, *passim.*
31 Lucien de la Hodde, *Histoire de sociétés secrètes,* Paris 1850.
32 L. Andrieux, *Souvernirs d'un préfet de police,* Paris 1885.
33 Zahlreiche aufschlußreiche Tatsachen über die Aktivitäten der westeuropäischen Polizeikräfte sind aus einer Rede August Bebels zu entnehmen, die er im Jahre 1898 in Berlin hielt und die später als Broschüre veröffentlicht wurde, *Attentate und Sozialdemokratie,* Berlin

1905, *passim.*
34 A. T. Vasilyev, *The Okhrana,* London 1930, 53.
35 Asev und ähnliche Fälle werden beschrieben in Jean Longuet und Georges Silber, *Terroristes et policiers* (Paris 1909) ebenfalls: Nikolajevskis Asev-Biographie und die Memoiren hoher Ochrana-Offiziere wie Spiridovitsch, Vasiljev, Gerassimoff und andere.
36 Stephan Lukashevich, »The Holy Brotherhood« in *American Slavonic and East European Review,* 1959, 502ff.
37 T. D. Williams, *Secret Societies in Ireland,* Dublin 1973, 105.
38 Eine ausgezeichnete Beschreibung der psychischen Situation eines Spitzels ist in Liam O'Flahertys bekanntem Roman zu finden.
39 Anderson, *Sidelights,* 89.
40 »Degajevschina« in *Byloe,* April 1906.
41 Alexander Bekzadian, *Der Agent Provocateur,* Zürich 1913, beschäftigt sich hauptsächlich mit den juristischen Aspekten des Phänomens. Siehe auch Gary T. Marx »Thoughts on a Neglected Category of Social Movement Participant: the Agent Provocateur and the Informant« in *American Journal of Sociology,* September 1974, 402–42.
42 Christo Silianoff, »Briefe und Beichten« in *Deutsche Rundschau,* September 1928, 173.
43 David C. Rapoport, *Assassination and Terrorism,* Toronto 1971, passim.
44 Louis Adamic, *Dynamite,* 147.
45 Carol A. Baumann, *The Diplomatic Kidnappings: a Revolutionary Tactic of Urban Terrorism,* Den Haag, 1973, passim.
46 Clara E. Lida, *Anarquismo y Revolutión en la España del XIX siglo,* Madrid 1972, 254. Clara E. Lida, »Agrarian Anarchism in Andalusia. Documents on the *Maño Negra*« JRSH, 1969, 315–352.
47 *Der Weg zum Nationalsozialismus,* Gaupresseamt Berlin-Fürstenwalde, 319.
48 Major Carlos Wilson, *The Tupamaros,* Boston 1974, 147.
49 E. Faller, *Gewaltsame Flugzeugentführungen,* Berlin 1972; James A. Arey, *The Sky Pirates,* New York 1972, passim; *La Documentation Française, problemes politiques et sociaux: »La piraterie aérienne«,* 22. März 1974. S. K. Agrawala, *Aircraft Hijacking and International Law,* Dobbs Ferry 1973. Nancy D. Joyner, *Aerial Hijacking as an International Crime,* Dobbs Ferry 1974. Edward *McWhinney, The Illegal Diversion of Aircraft and International Law,* Leiden 1975. Im Jahre 1968 kam es in der ganzen Welt zu 35 erfolgreichen Flugzeugentführungen. Die Anzahl stieg 1969 auf 87, 1970 waren es 83, 1971 waren es 58, 1972 noch 62, während sich 1973 die Zahl auf 22 verringerte.
50 Camilo Catano, »Avec les guerrillas de Guatemala«, in *Partisans,* Juli 1967, 150.

51 Jacques Duchene, *Histoire du F. L. N.*, Paris 1962, 263; Abdul Fatah Ismail, »How we liberated Aden«, *Gulf Studies,* April 1976, 6.

52 *Jerusalem Post,* 18. Mai 1976.

52a Zitiert in D. D. Egbert, *Social Radicalism and the Arts,* New York 1970, 254.

53 *Le Monde,* 12. Mai 1976.

54 *Parlamentary Papers, Turkey, No. 6,* 1898, 103, 171.

55 (Rowlett) *Report of the Committee Appointed to Investigate Revolutionary Conspirators in India,* 1918, Cmd. 9190, 14.

56 Dr. Mark F. Ryan, *Fenian Memoirs,* Dublin 1949, 40ff.

57 J. Plumyène und R. Lassiera, *Les Fascismes français,* Paris 1963, 84–86. G. Warner, »France«, in S. J. Woolf (Hrsg.) *European Fascism,* London 1968, 270.

58 »La lutte internationale contre le terrorisme«, *La Documentation Française,* 30. Mai 1975, 31–66.

59 Max Nomad, *Aspects of Revolution,* New York 1959, 207.

60 »Die Bomben, die in Havana explodierten, gaben Washington den Eindruck, das Machado Regime befinde sich in einer permanenten Krise. Erst als Präsident Roosevelts Entscheidung, ihn aus seinem Amt zu entfernen, in Kuba bekannt wurde, sammelte die interne Opposition genügend Kräfte, um ihn zu stürzen.« Ernst Halperin, *Terrorism in Latin America,* Washington Papers 33, Beverly Hills, 1976, 7f.

61 Adrian Lyttelton, *The Seizure of Power,* London 1973, 61.

62 L. Venturi, 563.

62a De la Hodde, 14ff.

63 Ivan Avacumovic, »A Statistical Approach to the Revolutionary Movement in Russia«, *The American Slavic and East European Review,* April 1959, 183.

64 A. C. Porzecanski, *Uruguays Tupamaros,* New York 1973, 30ff.; Halperin, 37ff.

65 E. Wasiolik, *The Notebook for The Possessed,* Chikago 1968, passim; A. Volynski, *Kniga velikovo gneva,* St. Petersburg 1904, passim.

66 B. Savinkov, *Erinnerungen eines Terroristen,* Berlin 1927, 73.

67 Manfred von Killinger, *Ernstes und Heiteres aus dem Putschleben,* München 1934, 15.

68 *Rote Fahne,* 26. Juni 1923.

69 Siehe z. B.: Hermann Reisse, *Sieg Heil SA,* Berlin 1933, 100. W. Kube (Hrsg.), *Almanach der nationalsozialistischen Revolution,* Berlin 1933, 117ff.

70 S. Kravschinski, *Podpolnaja Rossija,* 42ff.

71 Emma Goldmann, »The Psychology of Political Violence« in *Anarchism and other Essays,* New York 1910, 113.

72 Nestroev über Sokolov, *Is Dnevnik Maksimalista,* 64, 75.

73 S. S. Volk, 468.

Viertes Kapitel

Terrorismus heute

Die Nachkriegswelle des urbanen Terrorismus begann in den späten 60er Jahren und dauert bis heute an. Sie ist in vielen Ländern und in zahlreichen verschiedenen Formen aufgetreten, kann aber – grob gesprochen – in drei verschiedene Kategorien eingeteilt werden. Erstens den separatistisch-nationalistischen Terrorismus, wie in Ulster oder im Nahen Osten, in Kanada oder Spanien, einen alten Bekannten aus vergangenen Zeiten. Zweitens den lateinamerikanischen Terrorismus, richtungweisend und in vielen Beziehungen ein Phänomen *sui generis*. Dieser Kontinent hat mehr Bürgerkriege, Staatsstreiche und Attentate als jeder andere erlebt, aber systematischer urbaner Terror war eine Neuheit. Schließlich entstand der städtische Terrorismus in Nordamerika, Westeuropa und Japan, der aus der Neuen Linken oder, genauer, aus dem Versagen der Neuen Linken in der Bundesrepublik Deutschland, Italien, Amerika und Japan entstammt und der zuweilen auch von quasi-faschistischen Gruppen praktiziert wurde. Die Terroristen der Neuen Linken nahmen fälschlicherweise an, daß die Methoden, die in Lateinamerika zur Anwendung kamen, auch anderswo funktionieren könnten oder daß lateinamerikanische Zustände künstlich in höherentwickelten Ländern geschaffen werden könnten, und das zu einem Zeitpunkt, da diese Methoden noch nicht einmal südlich des Rio Grande sehr erfolgreich waren.

Es war vielleicht zufällig, daß das Erscheinen (oder Wiedererscheinen) dieser drei Kategorien des Terrorismus zeitlich zusammenfiel, denn grundsätzlich hatten sie wenig gemein. Weder die IRA noch Fatah haben der Neuen Linken etwas zu verdanken; lateinamerikanischer Terrorismus entwickelte sich sicherlich völlig unabhängig. Als die terroristische Welle an Kraft gewann, kam es zu einem gewissen Grade von Zusammenarbeit zwischen terroristischen Bewegungen (mehr darüber weiter unten) und auch zu gegenseitiger Beeinflussung: Westdeutsche Terroristen gaben zum Beispiel offen zu, daß sie durch das Beispiel des Tupamaros beeinflußt worden waren und aus deren Erfahrung gelernt hatten. Andere Gruppen nahmen sich die Schlacht um Algier zum Vorbild, obwohl sie mit der Niederlage der Aufständischen geendet hatte.

Es gab wichtige Unterschiede zwischen dem Terrorismus der 60er und 70er Jahre und vorhergehenden terroristischen Wellen. Vor allem die Tatsache, daß die meisten terroristischen Gruppen der 60er Jahre nach links orientiert waren oder sich zumindest in ihren Appellen und Manifesten eines linken Vokabulars bedienten. Rechtsgerichtete terroristische Gruppen operierten in der Türkei, Italien und Guatemala, in Argentinien und Brasilien, aber ihre Wirkung ließ sich nur in den jeweiligen Ländern verspüren. Die Verwendung bestimmter Schlagworte ist zugegebenermaßen kein ausreichender Beweis des wahren Charakters einer politischen Gruppe. Das soll nicht heißen, daß linke Schlagworte benutzt wurden, um die Öffentlichkeit zu täuschen; die meisten »linken« Terroristen glaubten zweifellos, daß sie die Erben der Französischen Revolution und von Marx und Lenin seien. Aber es stimmt auch, daß ihre Politik in wesentlicher Hinsicht von der der traditionellen Linken differierte. Sie waren sicher radikal in dem Sinn, daß sie das »System«, das »Establishment« ablehnten, daß sie den gewaltsamen Umsturz wollten.[1] Aber ihr Glaube an die historische Mission einer kleinen Gruppe von Leuten hatte mehr mit voluntaristischen und idealistischen Traditionen gemein als mit Marx; sie waren keine Radikaldemokraten, und der von ihnen propagierte Kult der Gewalt ähnelte eher dem Faschismus als dem Sozialismus.

Ein weiterer wichtiger Unterschied war die Intervention ausländischer Mächte, offen oder diskret, die die terroristischen Bewegungen unterstützen. Auch schon vor dem Zweiten Weltkrieg hatte es einige Beispiele gegeben, mit Italien und den Balkanländern als den wichtigsten Drahtziehern. Aber das waren Ausnahmen gewesen. Erst in den 60er Jahren entwickelte sich diese neue Art der Kriegführung durch Stellvertreter, womit völlig neue Möglichkeiten für den Terrorismus geschaffen wurden. Aktionen in dritten Ländern wurden sehr viel häufiger; in der Vergangenheit war es die Regel gewesen, daß russische Terroristen ihre Anschläge auf Rußland, die Iren auf Irland (oder England) beschränkten. In den 60er Jahren dagegen operierten Palästinenser in Paraguay oder Frankreich, japanische Terroristen in Kuweit, Israel und Holland, Deutsche in Schweden oder Uganda. Dieser neue multi-nationale Terrorismus stiftete natürlich gelegentlich Verwirrung in bezug auf die Identität der Angreifer und den Zweck ihrer Aktion. Schließlich müssen die neuen Taktiken und Waffen, die es vorher nicht gab, erwähnt werden.

Während politische Gewaltanwendung in den 60er Jahren in einigen Kreisen intellektuell gesellschaftsfähig wurden, waren die Möglichkeiten der Autoritäten, dem Terrorismus entgegenzuwirken, beschränkter als zuvor. Bis zum Zweiten Weltkrieg konnten gefangene Terroristen bestenfalls mit langen Gefängnisstrafen rechnen. Mit Anbruch des freizügigen Zeitalters wurde es sehr viel weniger risikoreich, sich an terroristischen Aktionen zu beteiligen, außer in einigen weniger aufgeklärten Ländern. Wo der Terrorismus gefährlich war, war er selten. Wenn die Gerichtsbarkeit zögerte, ihre eigenen Bürger mit drakonischen Strafen zu belegen, konnte der ausländische Terrorist mit einer milden Strafe rechnen, wenn sein Fall überhaupt vor Gericht kam.[2] Denn seine Verurteilung hätte sein »Gastland« Vergeltungsschlägen ausgesetzt, neuen terroristischen Angriffen, Geiselnahmen und Erpressung. Wenige westliche Staatsoberhäupter waren gewillt, dieses Risiko auf sich zu nehmen, selbst wenn Landsleute getötet worden waren; das Ergebnis der Auseinandersetzung der Philosophen der Bombe mit den Philosophen der freien Gesellschaftsordnung war voraussehbar; so erschien das allgemeine Klima vom Standpunkt der Terroristen günstiger denn je: wenn es auch keine Unterstützung durch die Massen gab und auch keine Aussicht, sie in der vorhersehbaren Zukunft zu gewinnen, gab es doch andere Faktoren, die für den Terrorismus zu arbeiten schienen. Aber in einem gewissen Maße waren diese Vorteile trügerisch, wie die Terroristen zu ihrem Nachteil feststellten: es war relativ leicht, eine lateinamerikanische Regierung zu provozieren, sie zu diskreditieren und ihren Sturz herbeizuführen, es war sehr viel schwieriger, den Gegenschlag einer Militärdiktatur zu überleben. Selbst in westlichen Ländern wurde Terrorismus deutlich unpopulär, sobald er sich von einem Ärgernis zu einer echten Belästigung der Gesellschaft wandelte. Sobald dieser Punkt erreicht war, hatten die Regierungen keine Schwierigkeiten, schärfere Gesetze zur Bekämpfung des Terrorismus einzuführen. Diese Gesetze hatten nicht immer den erwarteten Erfolg, da die Maßnahmen, die von den Sicherheitsdiensten demokratischer Gesellschaften angewandt werden konnten, recht begrenzt waren, selbst in Notsituationen. Vor allem gewährte der internationale Charakter des neuen Terrorismus Rückhalt und Beruhigung, sowohl moralisch als auch materiell, so daß terroristische Gruppen ihre Kampagnen fortsetzen konnten, wo sie in der Vergangenheit dem Kampf aufgegeben hätten.

Diese Verallgemeinerungen gelten für die meisten terroristischen Bewegungen, aber nicht für alle. Die Bedingungen waren, wie häufig in dieser Studie betont wurde, von Land zu Land verschieden. Um diese Unterschiede aufzuzeigen, muß man die drei Kategorien des Terrorismus näher betrachten.

Lateinamerika

In den 50er und zu Anfang der 60er Jahre schien Terrorismus fast vergessen; es gab zwar zahlreiche Guerillakriege in Asien, Afrika und Lateinamerika, die sich allerdings nach einem sehr verschiedenen Muster abspielten. Hier lag die Theorie zugrunde, daß eine revolutionäre Bewegung in einer entlegenen Provinz des Landes entstünde, langsam an Stärke gewänne und schließlich in der letzten Phase, wie es in China geschah, »das Land« die Städte einschließen würde. Die vorherrschende Idee war, daß eine Auseinandersetzung dieser Art mit der Teilnahme der Massen rechnen könnte. Das Konzept, daß eine kleine Gruppe von Leuten der Hauptagent einer politischen Veränderung sein könnte und sollte, wurde aus doktrinären und praktischen Gründen abgelehnt. Das war also die Regel, und die wenigen Ausnahmen konnten leicht mit Hinweisen auf örtliche Besonderheiten erklärt werden: Zypern war eine kleine Insel, von den Herrschern leicht zu kontrollieren; es war unmöglich, eine »nationale Befreiungsarmee« auf dem Lande zu etablieren, und unter diesen Umständen war die Anwendung urbanen Terrors völlig natürlich. Aber Taktiken, die auf einer Insel mit einer halben Million Einwohnern angewandt wurden, galten anderswo als nicht brauchbar. Ebenso wurde die Anwendung urbanen Terrors im Kampf um Algerien als Teil der politischen Mobilisierung der Massen in der Hauptstadt des Landes erklärt; Demonstrationen und Propaganda waren ein Teil davon, aber vieles sprach auch für die Anwendung von Bomben. Die Stadt Algier wurde sowieso nicht als die Hauptkampflinie betrachtet; die Niederlage der ALN in der

Hauptstadt beeinflußte das Ergebnis der Auseinandersetzung auch nicht.

Der Übergang von ländlichen Guerillakriegen zu urbanem Terror erfolgte nach der Niederlage Ché Guevaras in Bolivien; hinzu kam eine Radikalisierung von Sektionen der Neuen Linken in den industrialisierten Ländern, die ihren Höhepunkt in den Jahren 1969–72 erlebte. Während dies ein allgemeiner, weltweiter Trend war, war die Situation in den einzelnen Ländern natürlich voneinander abweichend. In einigen Ländern hatte der städtische Terror längst vor 1967 begonnen und war bereits beendet, während er anderswo seinen Höhepunkt erreichte. In manchen Ländern kam diese Mode verspätet auf, und dort setzt sich der städtische Terror bis zum heutigen Tage fort. Die früheste und in mancher Hinsicht interessanteste Manifestation urbanen Terrors in erheblichem Umfang geschah in Venezuela in den Jahren 1962/63 – lange bevor sich die Welle anderswo verbreitete. Venezuela schien in gewisser Weise vorbestimmt: ca. zwei Drittel der Bevölkerung lebten in Stadtgebieten; städtischer Terror wurde von dem aktivistischen Flügel der örtlichen Kommunistischen Partei unterstützt, die überzeugt war, daß eine »objektive revolutionäre Situation« herrsche und es nur eines kleinen Anstoßes bedürfe, um das Regime zu stürzen. Die Kader setzten sich hauptsächlich aus Studenten zusammen, mit einigen wenigen Mitgliedern der städtischen Arbeiterklasse, oder, weniger freundlich ausgedrückt, dem Lumpenproletariat der *Barrios* (Elendsviertel) von Caracas. Urbaner Terror war allerdings nur eine von drei Strategien, die gleichzeitig angewandt wurden: die Rebellen versuchten, Teile der Armee für einen Militärcoup zu gewinnen, und sperrten sich auch nicht gegen den Guerillakrieg auf dem Lande. Die venezolanischen Stadtterroristen folgten keiner spezifischen Doktrin, sie handelten instinktiv, dennoch hatten sie ein ausgedehntes Repertoire, das von Bankraub über Flugzeug- und Schiffsentführung bis zur Entführung prominenter Persönlichkeiten (einschließlich des argentinischen Fußballstars di Stefano) reichte. Sie waren sich völlig der überragenden Bedeutung der Publizität für ihre Auseinandersetzung bewußt. Es ist behauptet worden, daß das gesamte Arsenal der Stadtguerilla-Methoden, das später in anderen Ländern zur Anwendung kam, tatsächlich mit viel Phantasie in Caracas entwickelt worden ist.[3] Es war jedoch das Unglück der MIR-»Stadtguerillas«, daß sie nicht eine unwirksame Diktatur, wie die Batistas in Kuba, sondern eine in freien Wahlen gewählte Regierung zum Gegner hatten. Betancourt, der Vorsitzender der Acción Democrática führte diese Regierung an. Seine Gegenmaßnahmen gegen die Terroristen waren wenig überzeugend, er bediente sich weder massiver Polizeirepression noch Gegenangriffen durch die Armee. Er griff erst schärfer durch, nachdem sich die Terroristen mehr und mehr zum öffentlichen Ärgernis entwickelt hatten, das tägliche Leben in der Hauptstadt zusammenzubrechen drohte und breite Bevölkerungsschichten gegen die Terroristen eingestellt waren. Mit unzureichender Unterstützung der Mittelschicht und noch geringerer Anhängerschaft innerhalb der Arbeiterklasse wurden die Terroristen isoliert und zusätzlich dem Vorwurf von seiten älterer kommunistischer Kader ausgesetzt, daß dies das unvermeidliche Ergebnis ihrer abenteuerlichen Taktiken sei. Nach einem besonders sinnlosen und unproduktiven Anschlag auf einen Ausflüglerzug griff die Regierung schließlich in aller Härte durch und brach den Willen der Terroristen, den Kampf in der Stadt fortzusetzen; Guerillakämpfe auf dem Lande dauerten noch einige Jahre an.

Die Geschehnisse in Venezuela schienen zu bestätigen, was Castro und Guevara den Revolutionären immer schon vorgehalten hatten, nämlich daß im unterentwickelten Lateinamerika der bewaffnete Kampf auf dem Lande geführt werden mußte. Sie mußten *foci* auf dem Lande schaffen, die zwar das System nicht stürzen, aber als Zünder dienen konnten. Das Land hatte den Kubanern zufolge viele Vorteile, sowohl vom politischen Standpunkt aus – mit seinem riesigen unerschlossenen revolutionären Potential – wie auch militärisch, da der Zugang zu den ländlichen Gebieten für die Regierungstruppen schwieriger war. Fidels Leitspruch war: »Alle Gewehre, alle Patronen, alle Reserven in die Sierra.« Die Idee, eine Guerillabewegung von der Stadt aus zu führen, schien völlig absurd, denn eine städtische Terroristengruppe konnte sich nicht zu einer revolutionären Kraft entwickeln, sich nicht zu einer Volksarmee umbilden und letzten Endes die Macht übernehmen. »Stadtguerilla« (die Kubaner benutzten sogar häufig den abwertenden Ausdruck »Stadtterrorismus«) war bestenfalls ein Instrument der Agitation, ein Werkzeug für politische Kunstgriffe und Verhandlungen. Da es aber in den Städten kein zentrales Kommando gab, waren die Guerillas gezwungen, sich zu zerstreuen, was die Aufständischen sehr viel mehr schwächen mußte als die Regierungstruppen. Weiterhin gab es gültige politische und psychologische Gründe, die gegen »Stadtguerilla« sprachen. Die Kubaner, und nach ihnen Régis Debray, betrachteten die städtische Arbeiterklasse (die kommunistischen Parteien nicht ausgeschlossen) als ein im Grunde konservatives Element. Die Stadt war, wie Castro es ausdrückte, »das Grab der Guerilla«. Debray wurde sogar noch deutlicher: Leben in der Stadt ist gleichbedeutend mit »objektivem Verrat«, denn die Bergregion proletarisiert die bürgerlichen und bäuerlichen Elemente, während die Stadt das Proletariat verbürgerlicht.[4] Die Lebensbedingungen in den Städten unterschieden sich grundsätzlich von denen auf dem Lande; selbst die besten Genossen wurden in der Stadt korrumpiert und von fremden Denkarten beeinflußt. Das klang mehr nach Rousseau und den Kulturkritikern des 20. Jahrhunderts als nach Marx und Lenin, aber vom militärischen Standpunkt schien es zumindest zeitweilig sinnvoll.

Erst nach 1967 änderte sich die Guerilla-Doktrin: die Guerillas in Venezuela, Peru und Kolumbien waren geschlagen; der Tod Guevaras in Bolivien im Jahre 1967 und die Verhaftung Debrays verdeutlichten das Versagen der Guerillataktik auf dem Lande. Das Zeitalter des urbanen Terrors brach in Uruguay, Brasilien und Argentinien als Hauptschauplätzen an.

Die uruguayische MLN (*Movimiento de Liberación National*, die Tupamaros) wurde in den frühen 60er Jahren gegründet; anfangs wurde sie nur sporadisch aktiv. Ihre allererste Aktion war ein Anschlag auf einen Schweizer Schützenverein im Juli 1963. Ihre Aktivitäten erlebten in den Jahren 1970/71 ihren Höhepunkt; im Jahr darauf erlitten sie eine entscheidende Niederlage.

In Brasilien gab es mehrere städtische terroristische Gruppen – die ALN *(Acã o Libertadora Nacional)*, die VPR *(Vanguarda Popular Armada Revolucionaria)* und die VAR – Palmares *(Vanguarda Armada Revolucionaria)*, alle bedeutend kleiner als die Tupamaros. Sie starteten eine städtische terroristische Kampagne im Jahre 1968, die drei Jahre andauerte. Auch in Argentinien waren die städtischen Terroristen in mehrere Fraktionen gespalten; die wichtigste Gruppe, die ERP, begann mit ihren Aktivitäten 1970, ebenso wie die linksgerichtete Peronistische FAR *(Fuerzas Armadas Revolucionarias)* und die Montoneros, deren erste bekanntgewordene Aktion die Ermordung des ehemaligen

Präsidenten Aramburu, ebenfalls 1970, war. Zusätzlich gab es zahlreiche weitere kleine Gruppen in verschiedenen Ländern Lateinamerikas. Von Zeit zu Zeit hörte man Berichte von Banküberfällen, Entführungen und Attentaten in Mexiko, Guatemala, Kolumbien, der Dominikanischen Republik und anderen Ländern; eine ausführliche Analyse dieser Gruppen ist für Spezialisten lateinamerikanischer Politik von einiger Wichtigkeit, im ganzen betrachtet waren sie jedoch politisch ineffektiv, und eine detaillierte Betrachtung ihrer Aktivitäten würde nicht viel zum Verständnis des allgemeinen Phänomens des Terrorismus beitragen.[5]

Denn in diesem Zusammenhang ist lateinamerikanischer Terrorismus vor allem insofern interessant, als er ein neues Licht auf die Möglichkeiten und Grenzen des Terrors als politischer Waffe unter modernen Bedingungen wirft.

Das Aufflammen des Terrorismus in Uruguay geschah vor dem Hintergrund einer schweren wirtschaftsstrukturellen Krise, und das gleiche gilt *mutatis mutandis* für Argentinien; in Brasilien dagegen fand er genau zum Zeitpunkt einer Hochkonjunktur statt. Die Tupamaros bekämpften eine liberale Regierung; sie stellten ihre Aktivitäten während der Wahl im Jahr 1971 ein. Die Brasilianer dagegen standen einer Armeediktatur gegenüber, und ihr Terrorismus war in gewisser Weise »defensiv«. In Argentinien entwickelte sich der städtische Terror in der Zeit unmittelbar vor Perons Rückkehr, nach jahrelanger unfähiger Militärherrschaft. Aber die Rückkehr des populären Führers veranlaßte die ERP keineswegs dazu, ihre Aktivitäten einzustellen, während ihre Hauptrivalen, die Montoneros, sich zeitweilig ruhig verhielten. Der Terrorismus der Tupamaros war sehr viel gezielter und überlegter als die Aktionen ihrer brasilianischen Genossen; zweifellos spiegelte dies die weniger gewalttätige politische Tradition ihres Landes wider. Kaltblütiger Mord wurde von der Öffentlichkeit in Uruguay nicht gebilligt, und die Tupamaros waren sich dessen vollauf bewußt. Hauptsächlich überfielen sie Banken, Geschäfte, Büros und Waffenlager; gelegentlich verteilten sie gestohlene Waren und veröffentlichten eroberte Dokumente, die Korruption in gehobenen Stellungen aufdeckten. Im Februar 1970 überfielen sie eines der führenden Spielcasinos und entkamen mit einer viertel Million Dollar, verteilten das Geld später jedoch unter Arbeiter und Angestellte. Nach 1970 wurden ihre Aktionen gewalttätiger. Ausländische Diplomaten und einheimische Beamte wurden entführt, und Dan Mitrione, ein amerikanischer Polizeiberater, wurde getötet.[6] Eine weitere Eskalation der Gewalt fand 1972 statt, nachdem sie sich entschlossen hatten, »einen direkten und systematischen Angriff auf die repressiven Kräfte« zu starten. Ein Armeeoffizier und mehrere Polizeibeamte der Kontersubversion wurden in Überraschungsangriffen auf Armeepersonal getötet. Es wurde bald offensichtlich, daß die Versuche der Tupamaros, eine echte Alternativkraft zur Regierung zu schaffen (Volksgerichte und Volksgefängnisse), weniger Unterstützung fanden als sie angenommen hatten. »Die Tupamaros sind das Volk, und das Volk sind die Tupamaros«, war ein gutes Schlagwort, aber die *Frente Amplio*, die in der Wahl im November 1971 von den Tupamaros (und auch der nichtterroristischen Linken) unterstützt wurde, erhielt weniger als 20 % der Stimmen.

Auch in Argentinien waren die terroristischen Operationen zu Anfang von bescheidenem Ausmaß (Banküberfälle, Entführungen), aber 1970 kam es zu den ersten Ermordungen.[6] Die ERP und die Montoneros bezeichneten sie als Vergeltung dafür, daß bei einem Ausbruch aus dem Rawson-Gefängnis (in Patagonien) 16 der 19 wiederaufgegriffenen Gefangenen angeblich während eines zweiten Fluchtversuchs erschossen wurden. Dieses Massaker fand jedoch erst im August 1972 statt, während die Ermordung Dr. Sallustros, des Generalmanagers von Fiat durch die ERP, fünf Monate vorher stattgefunden hatte und die Montoneros den ehemaligen Präsidenten Aramburu bereits im Mai 1970 getötet hatten. Später wurde recht ungezielt gemordet; unter den Opfern waren gemäßigte Gewerkschaftsfunktionäre, denen Verrat an der Arbeiterklasse vorgeworfen wurde. Zwar stellte die ERP ihre Attentate im Dezember 1974 für kurze Zeit ein, nachdem militante Mitglieder die kleine Tochter eines Armeehauptmanns mit ihrem Vater ermordet hatten, aber es besteht Grund zur Annahme, daß sie sich mehr um die Wirkung auf die Öffentlichkeit sorgten als um die Reinheit ihrer Seelen. Zwischenzeitlich kam es zu einem Treffen zwischen Santucho (der im Juli 1976 bei einer Schießerei mit der Polizei getötet wurde) und Firmenich, den Anführern der ERP und der Montoneros; sie koordinierten die Aktivitäten ihrer Organisationen, die seit 1974 auch auf die ländlichen Bezirke übergriffen. Während die Montoneros bei weitem die größere Gruppe waren, mit dem gesamten linken

Flügel der Peronistischen Bewegung als Basis und (angeblich) 25 000 bewaffneten Mitgliedern, aber über geringen politischen Zusammenhalt und mangelhafte Disziplin verfügten, war die kleinere ERP mit nur 5000 Mitgliedern (aber besserer und schwererer militärischer Ausrüstung) der gefährlichere Gegner für die Regierung. Während des Jahres 1975 und der ersten Hälfte des Jahres 1976 kam es zu einer Eskalation der terroristischen Aktivitäten und der Repression von seiten der Regierung, und Argentinien wurde zu einem der ersten Beispiele in der Geschichte, in dem Terrorismus sich in Guerillakrieg wandelte.[7]

In Brasilien, wo die Repression der Regierung am stärksten war, war auch der Charakter der terroristischen Kampagne am brutalsten. Die Terroristen wurden selbst von der extremen Linken »militaristischer Verirrung« beschuldigt. Sie versuchten, den Feind zu vernichten, statt die Massen zu gewinnen, und sie vernachlässigten auch die »bewaffnete Propaganda«, wie ihnen vorgeworfen wurde.[8] Die brasilianischen Sicherheitskräfte waren, wie in Uruguay, im Anfang kaum auf terroristische Angriffe vorbereitet, aber nach ein oder zwei Jahren hatten auch sie Erfahrung gesammelt. Carlos Marighella, der Anführer der ALN, wurde im November 1969 in einem Hinterhalt der Polizei getötet, sein Nachfolger Camara Ferreira im Oktober 1970; im Dezember 1970 wurde Fujimora, einer der Anführer der VPR, erschossen. Zu diesem Zeitpunkt hatte sich die Zahl der aktiven Terroristen auf fünfzig vermindert, und Carlos Lamarca, ein ehemaliger Hauptmann der Armee und dann Führer der VPR, wurde auf dem Lande aufgegriffen und im Staat Bahia im September 1971 erschossen. Die meisten terroristischen Aktionen fanden in Rio de Janeiro und São Paulo statt, und die Zahl der Opfer – ausschließlich der Terroristen – war relativ gering, ungefähr 100 in einem Zeitraum von fünf Jahren. Aber die Terroristen hatten ein Geschick für Publizität und gute Verbindungen zu den Medien, und über ihre Aktionen wurde ausführlich in der ganzen Welt berichtet. Es gibt keinen Grund, die Berichte von systematischen Folterungen gefangener Terroristen anzuzweifeln; aber es stimmt auch, daß die Terroristen selbst kaum Skrupel hatten. Zu ihren Opfern gehörten Landarbeiter, die zufällig auf Verstecke der Terroristen gestoßen waren, Autofahrer, deren Fahrzeuge die Terroristen benötigten, die, nachdem sie gezwungenermaßen bei einer Flucht behilflich gewesen waren, umgebracht wurden.[9]

Lateinamerikanische städtische Terroristen entwickelten ihre Doktrin mehr instinktiv als auf Grund einer sozio-politischen Analyse. Sie erkannten, daß eine Strategie, die in China (und in Kuba) funktioniert hatte, in Ländern, in denen die Mehrheit der Bevölkerung in Städten lebte, nicht erfolgreich sein konnte. Schließlich hatte Lateinamerika die höchste Urbanisationsrate der Welt; wenn man in Argentinien oder Uruguay von der »Umschließung der Stadt durch das Dorf« redete, lief man Gefahr, sich lächerlich zu machen. Die politischen, militärischen und wirtschaftlichen Machtzentren lagen in den großen städtischen Ballungsgebieten; daher der Entschluß, den Feind dort anzugreifen, nicht an der Peripherie. Es stimmt, daß alle lateinamerikanischen »Stadtguerillas« die Wichtigkeit des Aufbaus von ländlichen Guerilla-*foci* betonten, aber in den meisten Fällen blieb es bei reinen Lippenbekenntnissen, und fast ihre gesamte Anstrengung konzentrierte sich auf die Städte.

Die beiden wichtigsten Ideologen des urbanen Terrorismus in Lateinamerika waren Abraham Guillen (ein Flüchtling aus Spanien) und Carlos Marighella. Guillens Schriften beeinflußten im Anfang sowohl die Tupamaros als auch die argentinische ERP, er gehörte jedoch keiner der beiden Organisationen an, kritisierte ihre Strategie bei verschiedenen Gelegenheiten, und es besteht kein Grund zur Annahme, daß er je entscheidenden Einfluß auf ihre Strategie hatte. Guillen riet den Terroristen, zahlreiche kleine Aktionen zu unternehmen und damit die Sicherheitskräfte zur Überlassung von Terrain zu zwingen. Seine ideale Zelle bestand aus fünf Personen, die zu entscheiden hatten, ob eine Aktion gestartet würde, ohne das Oberkommando zu konsultieren. Guillen erklärte die nachfolgenden Rückschläge der Tupamaros als Ergebnis ihrer Entscheidung, sich auf große (»homerische«) Schlachten einzulassen und »feste Fronten« (Nachschubdepots, Krankenhäuser, »Volksgefängnisse« usw.) einzurichten. Guillen befürwortete ständige Mobilität und Untergrundarbeit, betonte aber gleichzeitig auch die Wichtigkeit politischer Arbeit, um die Unterstützung der Massen zu erringen. Das waren ausgezeichnete Ratschläge, aber sie waren nicht sehr praktikabel, da eine Bewegung, welche die strengen Regeln der Verschwörung beachtet, nicht gleichzeitig politisch und propagandistisch aktiv sein kann.

Ein ähnlicher Widerspruch ist in den Schriften Carlos Marighellas zu finden. Marighella war ein führendes Mitglied der brasilianischen Kommunistischen Partei, trat aber wegen ihres »reformistischen« Charakters aus. Sein Ruf verbreitete sich nach seinem Tode auf dem Schlachtfeld; sein *Minimanual* wurde in zahlreiche Sprachen übersetzt und fast genausooft durch die Autoritäten verboten, obwohl es nur wenig enthielt, was nicht schon bekannt war. Während Guillen sich hauptsächlich mit der Politik des Guerillakrieges auseinandersetzte und sinnlosen Mord verdammte, war Marighella vor allem an militärischer (d. h. terroristischer) Aktion interessiert: je radikaler und zerstörerischer, desto besser. Er befürwortete eine Strategie der verbrannten Erde, Sabotage der Transportmittel und Öl-Pipelines und die Vernichtung von Lebensmittellagern. Er ging von der Annahme aus, daß die Bevölkerung der Regierung die Schuld an den bestehenden Notsituationen zuschieben würde. Zwar schrieb er ebenfalls, daß »Stadtguerillas« populäre Demonstrationen verteidigen sollten, was allerdings selten geschah. Typisch für Marighella und auch die argentinischen Terroristen war die leidenschaftliche Überzeugung, daß Schießen weit wichtiger sei als alle anderen Aktivitäten, vor allem intellektuelle Diskussion. Für Ideologie und »Politik« zeige man nur Verachtung – die Gesellschaft der Zukunft (so schrieb Marighella) würde nicht von denen aufgebaut, die langwierige Reden hielten oder Resolutionen verabschiedeten, sondern von denen, die im bewaffneten Kampf gestählt worden seien. Seine Schriften sind von einem fanatischen Glauben an die Gerechtigkeit seiner Sache und verbitterter Verteidigung der »Revolution« durchdrungen; politische Details waren von geringer Bedeutung. Für seine antiintellektuelle und irrationale Haltung mag es vielleicht mildernde Umstände geben: die sterilen und unendlichen ideologischen Debatten der lateinamerikanischen Linken, gewöhnlich aufgewärmte Ideen, aus Frankreich importiert. Auch die Tupamaros sahen jahrelang konsequent von der Veröffentlichung spezifischer politischer Programme ab und drückten sich mit Absicht vage in bezug auf ihre Ziele aus – immer darauf hinweisend, daß »Worte uns spalten, Taten uns vereinigen«. Die Geringschätzung der argentinischen ERP für die haarspalterischen Doktrinen ihrer ehemaligen trotzkistischen Lehrer ist bereits erwähnt worden. Diese ideologische Unbestimmtheit entstand zum Teil aus taktischen Gründen, war aber weitgehend echt und reflektierte den vorherrschenden Zustand ideologischer Verwirrung: für viele dieser jungen Männer und Frauen waren »nationalistisch«, »sozialistisch«, »revolutionär« und »anti-amerikanisch« mehr oder weniger synonym. Ehemalige führende Mitglieder quasi-faschistischer Organisationen oder Peronistische Ideologen konnten mit Leichtigkeit in das Castroistische-Trotzkistische Lager überwechseln.[10] Als die Montoneros 1970 zuerst mit der Ermordung des ehemaligen Präsidenten Aramburu auf sich aufmerksam machten, stellte ihre politische Orientierung für außenstehende Beobachter ein echtes Rätsel dar: einige Kommentatoren nannten sie eine Bewegung der äußersten Linken, andere siedelten sie auf der extremen Rechten an.[11] In gewisser Hinsicht hatten beide recht.

Wie die frühen russischen *Narodniki*, sahen die lateinamerikanischen Terroristen in der Intelligenzia, vor allem zu den Studenten, die revolutionäre Avantgarde, obwohl theoretisch die führende Rolle der Arbeiter und Bauern anerkannt wurde. Sabino Navarro, der Anführer der Montoneros in den Jahren 1970/71, war Arbeiter, aber er war eine Ausnahme, nicht die Regel. Von anderen, früheren terroristischen Bewegungen übernahmen sie das Konzept der Provokation; Gewalt würde Repression erzeugen, Repression würde zu mehr Gewalt führen; durch ständige Angriffe würden sie die Regierung zwingen, noch drakonischere Maßnahmen zu ergreifen. Somit müßte das Establishment seine liberal-demokratische »Fassade« (Venezuela, Uruguay) oder quasi-popularistische Front (Argentinien) aufgeben und sich große Teile der Bevölkerung zum Gegner machen. Gleichzeitig würden Angriffe auf die Armee die Offiziere nach rechts bewegen und einen linken Militärcoup verhindern – wie in Peru, was die Terroristen als eine der größten Gefahren ansahen. Diese Theorie der zunehmenden Polarisierung basierte, wie die Tupamaros und die Brasilianer nach ihrer Niederlage zugaben, auf einer ernsthaften Überschätzung ihrer eigenen Stärke und einer Unterschätzung der »repressiven Kräfte«. Die Tupamaros hatten die Polizei eingeschüchtert (und unterwandert), aber sobald die Armee den Kampf gegen den Terrorismus übernahm, war ihre Strategie nicht länger erfolgreich. Die brasilianischen Terroristen waren auch nicht auf die Stärke der Gegenmaßnahmen der Regierung vorbereitet. Folter führte zu zahlreichen Protesten, nicht aber zu neuen Rekruten; die Heldenhaftigkeit eines Marighella und Lamarca wurde unter Intellektuellen bewundert, aber nicht nachgeahmt, und letzten Endes betrachtete selbst die Linke die terroristischen Taktiken als sinnlos. In Argentinien waren die Bedingungen insofern vielversprechender, als die soziale Basis der terroristischen Bewegung etwas breiter war; sie wurde von einigen Gewerkschaften unterstützt, die erheblich stärker als in Brasilien und Uruguay waren. Hinzu kam, daß die Terroristen von dem politischen Vakuum profitierten, das aufeinanderfolgende unfähige Militärjuntas und das ebenso inkompetente Zwischenspiel Perons und seiner Witwe geschaffen hatten. Somit wurden die ERP und die Montoneros stärker, erreichten aber im Endeffekt lediglich den Sturz eines quasi-demokratischen Regimes und seine Übernahme durch eine weitere Militärdiktatur.

Die Neuheit des lateinamerikanischen Terrorismus lag mehr in der Praxis als in der Einführung irgendwelcher neuen Konzepte. Wie die Palästinenser erkannten auch die Lateinamerikaner, daß die Massenmedien – im Inland und im Ausland – von allumfassender Bedeutung waren; mehrfach eroberten sie Radio- und Fernsehsender und verbreiteten ihre Propaganda. Sie waren die ersten, die sich systematisch auf die Entführung ausländischer Diplomaten und Geschäftsleute spezialisierten, völlig richtig davon ausgehend, daß solche Aktionen sowohl die eigene Regierung in Verlegenheit bringen als auch weltweite Publizität erzeugen würde. Beiläufig muß erwähnt werden, daß kaum eine prominente politische Persönlichkeit (außer Ausländern) von lateinamerikanischen Terroristen umgebracht wurde. Das kann ein Zufall sein, wahrscheinlicher ist es jedoch Teil ihrer Strategie, die auf der Annahme beruhte, daß Gewalttaten gegen Ausländer immer populärer seien. In einigen Fällen ließen sich die Tupamaros auf größere militärische Operationen ein (die Besetzung öffentlicher Gebäude im Jahre 1969, die Besetzung von Polizeipräsidien und Flughäfen in einigen Provinzstädten 1971/72), desgleichen versuchten die ERP und die Montoneros in einigen Fällen, Armeelager zu stürmen. Dies vertrug sich mit ihrer Doktrin der Eskalation von individuellem Terror zu Massenaktionen. Aber diese Operationen waren nie recht erfolgreich, früher oder später gingen die Terroristen wieder zu kleineren Aktionen über, zu Entführungen, Banküberfällen und Überraschungsangriffen, die weniger risikoreich und nicht unbedingt weniger ertragreich waren.

Die interessanteste Neuheit der lateinamerikanischen Terroristen war die Gründung einer »Junta der revolutionären Koordination«, einer Art terroristischer Internationale, gegründet von der argentinischen ERP, den Tupamaros, der chilenischen MIR und der bolivianischen ELN. Die ERP stellte ein Grundkapital von 5 Millionen für den Haushalt der Junta zur Verfügung, die zur Produktion und Beschaffung von Waffen, zu Aktionen in Europa (Attentate auf lateinamerikanische Diplomaten) und zur Herausgabe einer Zeitschrift (Ché Guevara) verwendet wurden. Da jedoch von den vier Mitgliedsorganisationen der Junta nur eine in der Lage war, ihre Kräfte und Finanzen beizusteuern, bedeutete die Gründung dieses neuen Verbandes lediglich, daß der Schwerpunkt des lateinamerikanischen urbanen Terrorismus für einige Jahre in Buenos Aires lag.

Nationalistischer und separatistischer Terrorismus

Von den nationalistisch-separatistischen urbanen Terroristen haben die Iren und die Palästinenser in den letzten Jahren mehr Publizität erhalten als alle anderen. Es gab zahlreiche ähnliche Gruppen, die baskische ETA und die FLQ in Quebec, um nur zwei zu erwähnen, und natürlich unzählige nationalistische und separatistische Gruppen in Asien und Afrika, die hauptsächlich in ländliche Guerillakriege verstrickt sind. Die Terroristen in Ulster und Palästina erhielten mehr Publizität, da sie sehr viel sichtbarer sind und internationale Verbindungen haben. Beide Gruppen haben bestimmte Eigenschaften gemein, wie zum Beispiel die wichtige Rolle der Religion, obwohl sie ein breites revolutionäres Vokabular absorbiert haben; das trifft vor allem auf die offizielle IRA und die arabische PFLP und PDFLP zu. Die Hinwendung zum Leninismus war sicher insofern echt, als es sich um die Anschauungen einiger Intellektueller handelte, aber die große Mehrheit der einfachen Mitglieder wurde von einer nationalistischen und religiösen Motivation geleitet, dem Wunsch, Irland zu vereinigen oder den »zionistischen Staat« zu zerstören. Obwohl die ideologischen Erklärungen dieser Gruppen natürlich nicht ignoriert werden dürfen, sollte man ihnen auch nicht zuviel Bedeutung beimessen. Es gibt keine systematischen Expositionen der Anwendungsbereiche und Ziele des Terrorismus in ihren Schriften. Theoretisch handelt es sich nicht um Terrorismus, sondern um »Volkskrieg«. Die Geschichte des bewaffneten Kampfes für die irische Unabhängigkeit endete nicht mit der Gründung des Freistaates; der Kampf mußte fortgeführt werden, wie einige irische Nationalisten es sahen, bis zu dem Tag, an dem die sechs Grafschaften von Nordirland mit dem Rest vereinigt sein würden. Die Tatsache, daß Katholiken in Ulster politisch diskriminiert und viele von ihnen sozial benachteiligt wurden, steht außer Frage. Aber der Versuch, die Zusammenstöße in Ulster als Klassenkampf darzustellen, ist nicht überzeugend, da auch die Mitglieder der protestantischen terroristischen Organisationen hauptsächlich der Arbeiterklasse angehören. Klassenkämpfe haben im 20. Jahrhundert kaum zu Terrorismus geführt, und das würde auch nicht die besondere Verbitterung des terroristischen Kampfes erklären, der um 1970 nach einer mehrjährigen Kampagne der katholischen Bürgerrechtsbewegung entstand. Der besondere Charakter des Terrorismus in Ulster ist in der nationalistischen Mystik des antibritischen Kampfes auf der einen Seite und der Angst der Protestanten auf der anderen Seite verwurzelt. Hinzu kommt, daß unmotivierte Aggression ein häufiges Phänomen der irischen Geschichte darstellt. Die »Fraktionskämpfer« des 19. Jahrhunderts setzten die Tradition der alten Kriegerfamilien in Ulster fort; sie bekämpften sich gegenseitig erbittert: »Nie habe ich Leute gesehen, die so entschlossen waren, sich gegenseitig umzubringen«, schrieb ein in der Grafschaft Limerick stationierter britischer Leutnant der Armee im Jahre 1824, nachdem er einen dieser Fraktionskämpfe beobachtet hatte, der keinen anderen sichtbaren Grund hatte, als die Sucht zu kämpfen; es ging weder um Politik, Religion noch um soziale Faktoren.[12] Es sollte zumindest beiläufig erwähnt werden, daß auch in den jüngsten Auseinandersetzungen zahlreiche Gewalttaten völlig ohne Motiv waren.

Die Geschichte der IRA ist bekannt und braucht nicht wiederholt zu werden; unser Interesse gilt auch nicht ihren Aktivitäten nach dem Ende des Bürgerkrieges von 1920 oder den Aufständen in den Jahren 1938/39 und in den späten 60er Jahren.[13] Dabei handelte es sich hauptsächlich um Guerilla-Streifzüge über die Grenze; der systematische Terror, der mit der Gründung der provisorischen IRA im Jahre 1970 begann, war in der Tat sehr verschiedenen Charakters. Die Urheber waren die Provos – die offizielle IRA beteiligte sich erst ab 1972 an individuellem Terror –, auch der protestantische Gegenterror (unter der Führung der UDA und der UFV) begann erst in diesem Jahr. Sowohl die provisorische als auch die offzielle IRA haben immer behauptet, daß der Charakter ihres Kampfes nicht sektiererisch sei, daß der Feind nicht die Protestanten, sondern die britische Armee sei (die ursprünglich nach Ulster geschickt worden war, um die Katholiken vor dem protestantischen Mob zu schützen). In Wirklichkeit wurden bei den Auseinandersetzungen sehr viel mehr Zivilisten als Soldaten getötet; hinzu kommt, daß die Provos und die Offiziellen sich von Zeit zu Zeit gegenseitig umbrachten. Kurz gesagt, die Geschehnisse in Ulster können durchaus als Bürgerkrieg bezeichnet werden. Die Anwesenheit der britischen Armee legte gewisse Beschränkungen auf, und das war wahrscheinlich der Hauptgrund, weshalb Terrorismus und nicht offene Straßenschlachten vorherrschend waren. Was den Terrorismus in Ulster von den meisten anderen Bewegungen unterscheidet, ist die schon erwähnte Tatsache, daß die Terroristen auf beiden Seiten hauptsächlich der Arbeiterklasse und der unteren Mittelschicht entstammen. Es ist eine der wenigen terroristischen Kampagnen, bei denen Intellektuelle der Mittelschicht (vor allem Studenten) keine bedeutende Rolle gespielt haben. Gerade der sektiererische Charakter der terroristischen Gruppen sicherte ihnen einen Großteil der Unterstützung des Volkes, mehr als jede sozialrevolutionäre terroristische Bewegung jemals erwarten könnte. So schufen die IRA – fast einmalig in der Geschichte des Terrorismus – in einigen Stadtgebieten »no go«-Zonen für Protestanten und die britische Armee, die sowieso in ihren Operationen durch die Doktrin der abgestuften Reaktion eingeschränkt war. Die protestantischen Terroristen versuchten die gleiche Taktik mit wechselndem Erfolg. Mit ein wenig Phantasie konnten diese »befreiten Gebiete« mit den *foci* der ländlichen Guerillakämpfer verglichen werden.

Der Terrorismus war ungezielt; er richtete sich nicht gegen die Führer der feindlichen Lager; dagegen waren Bars, Geschäfte, und öffentliche Verkehrsmittel die bevorzugten Ziele für Angriffe sowohl in Ulster als auch in England. Vielleicht weil diese Operationen so einfach waren, verlegte sich die IRA nicht auf weniger naheliegende terroristische Taktiken wie Flugzeugentführungen, die von anderen terroristischen Bewegungen so häufig angewandt wurden. IRA-Terroristen konnten ohne große

Schwierigkeiten in der irischen Republik untertauchen, was für sie sehr nützlich war. Die irische Regierung und die überwältigende Mehrheit der Bevölkerung im Süden waren von den Aktivitäten der IRA zwar bei weitem nicht begeistert, aber natürlich gab es Grenzen der Kooperation zwischen Dublin und London in der Bekämpfung des Terrorismus. Die IRA beschränkte ihre Aktivitäten im Süden auf gelegentliche Gefangenenbefreiungen und Attentate auf prominente Engländer, weil sie von der zutreffenden Annahme ausgingen, daß jede andere Art von Aktion sie ihrer Zufluchtsorte, Trainingslager und Nachschubdepots berauben würde.

Der Unterschied zwischen der jüngsten Phase des irischen Terrorismus und allen vorherigen Ausbrüchen liegt einmal in der höheren Erfolgsquote und zum anderen in der noch größeren Grausamkeit. Bis zur Zeit Michael Collins waren die meisten Aktionen der irischen Terroristen stümperhaft, Geheimhaltung funktionierte fast nie, Disziplin und Planung waren kaum vorhanden. In letzter Zeit haben die irischen Terroristen auf diesen Gebieten große Fortschritte gemacht, obwohl es natürlich auch zutrifft, daß sie die britischen Sicherheitskräfte, da diese nicht mehr wie in weniger zivilisierten Zeiten zurückschlagen können, jetzt weniger zu fürchten brauchen. Während aber die Armee und Polizei humaner handeln mußten, operierten die Terroristen auf beiden Seiten mit fast pathologischer Grausamkeit, die selbst die Tradition der extremsten irischen Freiheitskämpfer der vergangenen Generationen, die Terrorismus befürwortet und praktiziert hatten, überstieg. Der Schlüssel zu dieser besonderen Bestialität ist nicht in der Analyse der sozialen und ökonomischen Statistiken Ulsters zu finden.

Es sind Vergleiche zwischen den Situationen in Ulster und in Israel angestellt worden; sowohl die IRA als auch die Palästinenser wollen ein Land gegen den Willen der Bevölkerungsmehrheit befreien. Der Vergleich ist nur von zweifelhaftem Wert, denn die Unterschiede sind sehr viel markanter als die Gemeinsamkeiten. Die Geschichte des palästinensischen Problems braucht nicht noch einmal dargelegt zu werden: militante Palästinenser weigerten sich, die Existenz des jüdischen Staates zu akzeptieren, und organisierten bewaffneten Widerstand dagegen. In den 50er Jahren war es zu vereinzelten Überraschungsanschlägen gekommen; 1964 entstand die PLO (Palestine Liberation Organisation) als

Dachorganisation für Fatah und kleinere terroristische Organisationen wie Dr. Habashs PFLP (1975 mit 500 aktiven Mitgliedern), Naif Hawatmehs PDFLP (300), die von Syrien unterstützten Saiqa (2000) und andere. Ihre Stützpunkte lagen außerhalb Israels, obwohl sie natürlich Mitglieder und Sympathisanten innerhalb des jüdischen Staates hatten. Versuche, nach dem 6-Tage-Krieg eine ländliche Guerillabewegung in Israel zu starten, mißlangen; das Terrain war ungeeignet, und die israelischen Sicherheitskräfte waren zu aufmerksam. Etwas erfolgreicher war ein früherer Versuch (1968/69), städtischen Terror in die Flüchtlingslager von Gaza zu tragen; durch Umsiedlung der Flüchtlinge in neue Lager gewann die israelische Führung jedoch bald die Initiative zurück, und der Terrorismus hörte auf. Seitdem haben sich die palästinensischen Terroristen, grob gesprochen, auf drei Arten von Aktionen verlegt: die Beschießung israelischer Siedlungen von der anderen Seite der Grenze aus; Überraschungsangriffe kleiner Einheiten auf israelische Transportmittel und Siedlungen, zuweilen in Verbindung mit Geiselnahmen; schließlich Anschläge auf israelische und jüdische Einzelpersonen und Geschäftsstellen in dritten Ländern und Entführungen von Flugzeugen dritter Länder. Diese Operationen außerhalb Israels waren von außerordentlicher Wichtigkeit in bezug auf die Publizität, die sie erhielten.[14] Während Fatah und *a fortiori* PFLP und PDFLP die Beteiligung der Massen an der palästinensischen Revolution hervorhoben, sah die Praxis völlig anders aus. Aus einleuchtenden Gründen konnten die Massen sich nicht an terroristischen Aktionen wie Flugzeugentführungen oder dem Anschlag auf das Olympische Dorf in München 1972 beteiligen. Aber solche Unverträglichkeiten zwischen Doktrin und Realität treten häufig in der Geschichte des Terrorismus auf, und es mag unfair sein, die Palästinenser hier besonders herauszugreifen, Fatah und die anderen palästinensischen Gruppen unterscheiden sich in besonderer Hinsicht von allen anderen terroristischen Bewegungen; zum einen durch die immense finanzielle Unterstützung, die ihnen durch die arabischen Regierungen zuteil wird, zum anderen durch die Größe der Fatah. Sie hatte zwischen 10 000 und 15 000 bewaffnete Mitglieder, ursprünglich in Jordanien, später im Libanon. Nur sehr wenige waren jedoch für terroristische Aktionen geschult und nehmen daran teil. Hinzu kommt, daß Fatah und die anderen palästinensischen Bewegungen mehr direkte politische

Unterstützung von außen erhielten als jede andere terroristische Gruppe. Daß die Palästinenser ein legitimes Anliegen gegen Israel hatten, war nicht der entscheidende Punkt; in den drei Jahrzehnten nach dem Zweiten Weltkrieg verloren viele Millionen ihre Heimat oder Unabhängigkeit. Während die Litauer, die Kurden, die Südmollukker oder die Einwohner Biafras sich vergeblich nach internationaler Hilfe umschauten, hatten die Palästinenser die Unterstützung der gesamten arabischen Welt, einschließlich einiger der führenden Erdölproduzenten der Erde.[15] Das erklärt einen scheinbaren Widerspruch, nämlich zwischen der Größe und Zahl der terroristischen Operationen, die relativ gering, und den politischen Ergebnissen, die beachtlich waren. Fatah operierte unter einzigartigen Bedingungen, und es wäre irreführend, aus ihren Erfolgen weitreichende Schlüsse zu ziehen. Das kleine Land Israel befand sich praktisch in einer Isolation, nicht aufgrund der Operationen der Fatah, sondern aufgrund der Feindseligkeit der arabischen Welt und ihrer Weigerung, einen nichtarabischen Staat in ihrer Mitte zu akzeptieren. Es ist durchaus möglich, daß die PLO die gleichen Erfolge errungen hätte, selbst wenn ihre Mitglieder nicht einen einzigen Schuß abgegeben hätten; entscheidend war die politische Unterstützung.[16]

Einige spektakuläre Aktionen waren jedoch insofern sehr nützlich, als sie die Moral der Palästinenser stärkten und der Welt vor Augen führten, daß es im Nahen Osten weiterhin ein ungelöstes Problem gab. Somit müssen die Aktionen der Palästinenser noch mehr als die anderer terroristischer Gruppen im Hinblick auf ihre publizistische Wirkung betrachtet werden. Obwohl die Palästinenser nicht als erste Flugzeuge entführten, gehören ihre Aktionen zu den spektakulärsten (Dawson's Field, 1970). In späteren Jahren wurde diese Taktik nur noch selten angewandt; die Aktion von Dawson's Field führte zur Vertreibung der Fatah aus Jordanien. Eine führende arabische Zeitschrift schrieb, indem sie die Erfahrungen mit Flugzeugentführungen über einen Zeitraum von acht Jahren zusammenfaßte, daß diese Aktionen Israel nicht geschadet, sondern vielmehr genützt hätten, während sie eine Antipathie gegen die Palästinenser im besonderen und gegen die Araber im allgemeinen bewirkt hätten. Es wäre vielleicht richtiger, den Schluß zu ziehen, daß trotz der Unbeliebtheit von Flugzeugentführungen und ähnlicher Operationen in den westlichen Demokratien, sie dennoch einigen Wert hatten durch die Art ihrer Verarbeitung in den Massenmedien. Die Person des Flugzeugentführers wurde eher als eine faszinierende Persönlichkeit, denn als eine Horrorfigur dargestellt (Leila Khaled, Carlos u. a.). Die Sympathien galten ihnen im gleichen Maße wie ihren Opfern. Denn das Publikum ging von der Annahme aus, daß diejenigen, die solche Schreckenstaten vollbrachten, auch gute Gründe dafür haben mußten; daß Leute, die willens waren, für ihre Sache in den Tod zu gehen, dies nur mit reinem Herzen für hohe Ideale tun konnten. Eines der Hauptprobleme mit diesen spektakulären Ereignissen war, daß ihre häufige Wiederholung auch ihren Marktwert für die Massenmedien verminderte.

Wie die meisten lateinamerikanischen terroristischen Bewegungen, hatte auch Fatah ein absichtlich vages politisches Programm (im Gegensatz zu den kleineren PFLP und PDFLP). Aus diesem Grunde wurde sie scharf kritisiert, vor allem von der Linken, aber diese Strategie hatte vieles für sich. Mit Hilfe der der arabischen politischen Sprache eigenen Unbestimmtheit formulierten die Anführer der Fatah ihre Ziele dergestalt, daß sie sowohl die Linke als auch die Rechte, zu Hause und auf internationaler Ebene, ansprechen konnten. Die Tatsache, daß die quasimarxistische PFLP und PDFLP in ihren ideologischen Aussagen deutlicher waren, spielte in der Praxis kaum eine Rolle. Sie beschworen Tod und Verdammung auf das Haupt der »reaktionären Kreise« in der arabischen Welt, aber in der Praxis taten sie wenig oder nichts, um sie zu verärgern oder zu provozieren. So erklärte die PFLP in ihrem Programm, daß sie für einen »Volksbefreiungskrieg kämpften, indem sie die Massen bewaffneten und mobilisierten und sie in Volksmilizen einreihten, damit der Krieg auf breitester Front geführt werden könnte . . . andauernder Krieg, von einem mobilisierten, selbstsicheren Volk, bewaffnet mit proletarischer Ideologie, geführt, ist der einzige Weg zum nationalen Sozialismus . . .«[17]

Wenn die PFLP sich an ihr Programm gehalten hätte, würde sie kaum in diese Studie gehören, deren Thema urbaner Terrorismus und nicht »Krieg auf breitester Front« ist.*

Aber sie tat es nicht. Die wichtigsten Aktionen der PFLP waren

* Ihren eigenen Aussagen zufolge gelangte die PFLP vom Faschismus über Nasserismus zu einer extrem linken Ideologie. Siehe zum Beispiel: *Harakat al qaumiyyin al arab min al fashiyya ila al nasiriyya*, passim. Beirut 1970. Die ideologische Betonung hat sich zweifellos geändert, inwieweit sich der Inhalt geändert hat, ist fraglich.

die Flugzeugentführungen und Umleitungen nach Dawson's Field, der Angriff auf den Flughafen Lod, der Versuch, Ölraffinerien von Singapur in die Luft zu sprengen (Januar 1974), die Entführung der OPEC-Exekutive (Dez. 1975) und die Entebbe-Entführung. Einige der Aktionen wurden von Ausländern ausgeführt, andere von gemischten deutsch-arabischen, japanischen und lateinamerikanischen Gruppen, was wohl kaum ein Beispiel einer Volksmobilisierung, einer Volksmiliz und eines Volksbefreiungskrieges ist.

Die Tatsache, daß die palästinensische Widerstandsbewegung gespalten war, behinderte ihre Operationen insofern, als es keine zentrale Planung und kaum Koordinierung zwischen den verschiedenen Organisationen gab. Es kam zu zahlreichen Wortgefechten, aber bis zum Ausbruch des libanesischen Bürgerkrieges (1975–76) gab es kaum bewaffnete Auseinandersetzungen zwischen den einzelnen Gruppen. Die Palästinenser waren mit die ersten, die zwei wichtige neue Taktiken anwandten. Sie verwandten ausländische Staatsangehörige: terroristische Gruppen verschiedener Nationen hatten auch vorher vereinzelt zusammengearbeitet – die Kollaboration zwischen der mazedonischen IMRO und der Ustascha war nur ein Fall. Diese Zusammenarbeit wurde jedoch von der PDLP weitgehend perfektioniert und systematisiert. Das Massaker im Flughafen Lod (Mai 1972), ausgeführt von Mitgliedern der japanischen Roten Armee, ist vielleicht das beste Beispiel, aber es gibt viele andere, in denen diverse Lateinamerikaner, Franzosen, Deutsche, Türken und andere führende Rollen übernahmen, ganz zu schweigen von der Verstrickung ausländischer Regierungen und Geheimdienste. So entstand eine neue »internationale Brigade«, fähig und bereit, an nationalen Befreiungskämpfen überall in der Welt teilzunehmen, vorausgesetzt, der politische Zusammenhang dieser Kämpfe war interessant und gewinnbringend.

Die andere wichtige Neuerung war die Gründung von *ad hoc*-Organisationen zur Ausführung besonders schauerlicher oder international verstrickter Operationen. Daher die Gründung des »Schwarzen September« und anderer weniger bekannter Gruppen, die plötzlich auf der Szene auftauchten, um ebenso schnell wieder zu verschwinden. Es ist behauptet worden, daß sich diese Gruppen aus besonders gefährlichen und militanten Radikalen zusammensetzten, über die die verantwortungsbewußteren arabischen Gruppen keine Kontrolle hatten. Diese Taktik wurde häufig angewandt, nicht nur im Westen, sondern auch bei Operationen in arabischen Ländern, wie der Ermordung des jordanischen Premierministers Wasfi Tel und den Morden in der Saudiarabischen Botschaft in Khartum (März 1973). So wurde der Angriff auf einen Zug mit jüdischen Emigranten auf dem Weg von der Sowjetunion nach Wien von einer Gruppe ausgeführt, die sich »Adler der palästinensischen Revolution« nannte, während die fünf saudiarabischen Diplomaten in Paris von einer Gruppe namens »Al Iqab« gekidnappt wurden, von der niemand vorher oder seitdem gehört hat. Der Schein wurde selbst dann noch gewahrt, als die sudanesische und die jordanische Regierungen Dokumente veröffentlichten, aus denen hervorging, daß der »Schwarze September« nicht als unabhängig, sondern als Sektion der Fatah, unterstützt von Libyen, anzusehen sei, und als ein führendes Mitglied des »Schwarzen September« das im jordanischen Fernsehen bestätigte. Unter den günstigen internationalen Voraussetzungen hatte die Arbeitsteilung (die natürlich in der Geschichte des Terrorismus schon vorher angewandt wurde) unschätzbare Vorteile: sie ermöglichte die Fortsetzung des terroristischen Kampfes, während sich die politische Führung der Bewegung gleichzeitig von solchen Aktionen distanzieren konnte. In einigen wenigen Fällen machte sich der Zauberlehrling wirklich selbständig, und es kam zu echten Spaltungen, aber das war die Ausnahme.

Die Tatsache, daß Fatah eine größere Anziehungskraft ausübte als ihre Rivalen, ist schon erwähnt worden; Intellektuelle und Studenten sammelten sich um die quasi-marxistischen PFLP und PDFLP. Im Gegensatz zu terroristischen Gruppen in der Vergangenheit oder zu den lateinamerikanischen Terroristen der Gegenwart nahmen die Anführer der arabischen Gruppen fast nie an Operationen teil. Tatsächlich waren unter den Teilnehmern an terroristischen Aktionen innerhalb Israels nur wenige gebildete junge Leute; Aktionen außerhalb Israels erforderten dagegen gewöhnlich einige Fähigkeiten.

Von den zahlreichen separatistisch-nationalistischen Gruppen in Europa und Nordamerika sind einige im Zusammenhang mit der vorliegenden Studie ohne Bedeutung, da sie sich nur selten terroristischer Taktiken bedient haben (dies bezieht sich z. B. auf die verschiedenen separatistischen Gruppen in Frankreich,

Großbritannien und Italien). Unter denen, die sich für die »Stadtguerilla«-Taktiken entschieden, waren die FLQ in Quebec, die baskische ETA, die kroatische Ustascha und die Puertoricaner am bekanntesten. Die FLQ *(Front de Liberation du Quebec)* wurde 1963 gegründet; ihre Operationen erreichten im Oktober 1970 mit der Entführung von Cross und Laporte ihren Höhepunkt. Danach wurde nach energischer Reaktion der Regierung der Terrorismus eingestellt, obwohl das Problem in Quebec weiterhin existierte. Die baskische ETA verübte ihre ersten terroristischen Anschläge 1968; ihre spektakulärste Aktion war die Ermordung des Premierministers Carrero Blanco im Dezember 1973; ihre Aktionen dauern bis zum heutigen Tage an. Während die FLQ und die ETA innerhalb ihrer jeweiligen Länder operierten, konzentrierte die kroatische Ustascha ihre Aktivitäten auf Anschläge auf jugoslawische Repräsentanten im Ausland, wie die Ermordung des jugoslawischen Botschafters in Schweden (April 1971) und zahlreicher anderer jugoslawischer Diplomaten. Auch wurden Versuche unternommen, Agenten – manchmal einzeln, manchmal in Gruppen – nach Jugoslawien einzuschmuggeln. Puertoricanische Terroristen, hauptsächlich in der FALN konzentriert, töteten Polizisten in Puerto Rico, verübten Bombenanschläge auf Hotels auf der Insel, auf Gaststätten und Geschäftsstellen in New York und anderen amerikanischen Städten. In all diesen Fällen entwickelte sich Terrorismus aus einer separatistischen Bewegung, die seit Jahren bestanden hatte. In einigen Fällen kamen soziale Mißstände hinzu: Das Durchschnittseinkommen eines Franco-Kanadiers in der Provinz Quebec liegt 30–40 % niedriger als das eines Anglo-Kanadiers. Dagegen ist das Baskenland eines der reicheren Gebiete Spaniens, und Kroatien ist eine der höchstentwickelten Gegenden Jugoslawiens. In diesen Fällen spielten offensichtlich national-kulturelle (und/oder religiöse) Faktoren eine entscheidende Rolle; die Kroaten und die Bewohner Quebecs sind im Gegensatz zu ihren Nachbarn Katholiken. Die meisten separatistischen Terroristen können sich zumindest auf ein gewisses Maß öffentlicher Sympathie stützen; selbst wenn die Mehrheit sich von gewalttätigen Aktionen distanziert (der Umschwung unter Franco-Kanadiern nach dem Mord an Laporte 1970), besteht ein unbestimmtes Gefühl der Solidarität, eine Tendenz, unentschuldbare Taten zu entschuldigen, da das Motiv aufrichtig war. Wo solche Sympathiebekundungen ausblieben (Puerto Rico hatte 1967 mit überwältigender Mehrheit für einen Anschluß an die USA gestimmt), wurde zum Ausgleich Hilfe von außen (Kuba) gewährt.

Der starke Einfluß der Religion auf irische und palästinensische Terroristen ist erwähnt worden; ebenso unverkennbar sind die religiösen Ursprünge des Ustascha-Terrorismus, und es ist behauptet worden, daß der baskische Klerus die Sprache, den Hauptträger des baskischen Nationalismus, am Leben erhalten hätte, um ihre Gemeinden gegen moderne Ideen wie Liberalismus und Sozialismus zu schützen.[18] Der Zusammenhang zwischen religiösem Fanatismus in Ulster, dem Baskenland, dem Nahen Osten und Kroatien ist zu deutlich, als daß man ihn übersehen könnte; der Fanatismus überlebte, selbst wenn der religiöse Glaube ausgehöhlt war und die Terroristen exkommuniziert worden waren. Religion, wie Terrorismus, bietet Sicherheit; Religion, wie Terrorismus, fordert von den Menschen, sich für einen höheren Zweck zu opfern. Wenn die traditionelle Religion geht, tritt ein neuer Glaube an ihre Stelle, ob es nun Nationalismus oder Kommunismus ist – die ihm zugrundeliegende Intensität des Glaubens ist vom Charakter her noch tief religiös.

Die terroristischen Taktiken waren sehr unterschiedlich: die FLQ richtete ihre Anschläge in ihrer frühen Phase gegen Einrichtungen anstatt gegen Personen. Wenn es dennoch einige Opfer gab, war das offenbar nicht eingeplant. ETAs erste Aktionen richteten sich gegen die Sicherheitskräfte, aber ab 1973 raubte sie auch Banken aus und entführte Geschäftsleute – in einem bekannten Fall wurde das Opfer getötet, nachdem die Zahlung des Lösegeldes verweigert worden war. ETA fand Zuflucht im benachbarten Frankreich, aber die Bewegung war ähnlich wie die IRA gespalten – mit der volksverbundenen ETA V als Gegenstück zu der provisorischen IRA und der quasi-marxistischen ETA VI (1970) und der jüngeren ETA VI LCR (1973) *(Liga Communista Revolucionar)*, die mit der offiziellen IRA vergleichbar sind. ETA V, mit ihrer breiteren nationalistischen Basis und militanteren Taktik, war für die meisten terroristischen Aktionen verantwortlich und drängte ihre Rivalen von der extremen Linken in den Hintergrund. Sowohl für die FLQ als auch für die ETA bildete der algerische Befreiungskrieg das große Vorbild, obwohl die Situation dort völlig anders gewesen war: Spanier und Anglo-Kanadier waren schließlich keine französischen *colons*.[19]

Es ist unmöglich, die Berechtigung zumindest einiger Forderungen, Beschwerden und Befürchtungen der separatistisch-nationalistischen Bewegungen, aus denen die terroristischen Gruppen hervorgingen, zu leugnen. Die eigentliche Schwierigkeit, der sie sich gegenübersahen, lag darin, daß sie nicht einfach abhängige Gebiete waren, die durch Vertreibung der fremden Herrscher entkolonialisiert werden konnten. Wenn man die heterogene ethnische Zusammensetzung der meisten modernen Nationen betrachtet, ist es oft unmöglich, den Willen einer Gruppe zu erfüllen, wie berechtigt er auch sein mag, ohne eine andere zu diskriminieren. Nicht jede ethnische Gruppe oder Minderheit kann ihren eigenen lebensfähigen Staat haben, und ihre Probleme können nur auf der Basis eines vernünftigen Kompromisses gelöst werden. Leider liefert die Geschichte zahlreiche Beispiele dafür, daß beide Seiten nicht gewillt waren, einen Kompromiß zu suchen; daher ist das erneute Aufkommen separatistischer Bewegungen in den 60er und 70er Jahren dieses Jahrhunderts keine große Überraschung.

Kommunismus und Trotzkismus

Offizielle sowjetische Sprecher haben internationalen Terrorismus stets verdammt. Er wurde als abenteuerlich und elitär abgelehnt, und es wurde gesagt, er diene objektiv den Interessen des Klassenfeindes und den Kräften der internationalen Reaktion. Gleichzeitig hat die Sowjetunion jedoch verschiedenen terroristischen Gruppen Waffen, finanzielle Hilfe, militärische Ausbildung und zuweilen auch politische Unterstützung zukommen lassen. In der Praxis, anders als in der Lehre, war die sowjetische Haltung folgendermaßen: selektive Unterstützung für »nationale Befreiungsbewegungen«, die sich terroristischer Mittel bedienen, und ebenfalls für einige Gruppen, die selbst mit einiger Phantasie nicht in das Lager der nationalen Befreiung eingeordnet werden können. Diese Doppelstrategie geht auf die Tatsache zurück, daß die sowjetische Haltung in bezug auf politischen Terrorismus nicht von humanitären Gesichtspunkten, sondern von politischen Berechnungen diktiert wird. Diese Widersprüchlichkeit wird auch in den juristischen Debatten über Terrorismus reflektiert, mit denen sich die Vereinten Nationen seit Jahren beschäftigen.

Auf der einen Seite erhob die Sowjetunion in dem Ad-hoc-Komitee der UN über internationalen Terrorismus im Jahre 1973 keine Einwände gegen die Schaffung einer internationalen Konvention, die die einzelnen Staaten festen Bestimmungen unterwerfen würde, um solche illegalen Handlungen zu unterbinden.[20] Auf der anderen Seite betonte der sowjetische Vertreter jedoch, daß eine »breite Interpretation« des Begriffes »internationaler Terrorismus« nicht akzeptabel sei, solange sie nationale Befreiungsbewegungen einschließe, die ihrer Meinung nach vom Standpunkt des internationalen Rechts aus gerechtfertigt seien. Aus sowjetischer Sicht sind einige nationale Befreiungsbewegungen »gerecht«, andere nicht. Sowjetische Sprecher würden sicher Vorschläge verwerfen, nach denen die litauischen, ukrainischen und tadschikischen Bewegungen, die sich für politische Unabhängigkeit aussprechen, Unterstützung verdienten. Sowjetischer Lehre zufolge sollen nur die nationalen Befreiungsbewegungen unterstützt werden, die Teil des »weltrevolutionären Prozesses« sind, der den Westen schwächt und sowjetischen Interessen dient. Aus verschiedenen Gründen würde es die Sowjetunion wahrscheinlich lieber sehen, wenn diese Gruppen nicht terroristische Mittel anwenden würden, da solche Aktionen gewöhnlich schwer zu kontrollieren sind und Fehlschläge eine ungünstige Wirkung auf die kommunistischen Parteien haben. Falls sie dagegen erfolgreich sind, könnten die Chinesen oder irgendeine ultralinke Gruppe daraus politisches Kapital schlagen. In jedem Fall ist Terrorismus vom sowjetischen Standpunkt betrachtet problematisch, da ständig das Risiko besteht, daß das Beispiel nachgeahmt wird und terroristische Aktionen gegen Repräsentanten der Sowjetunion im Ausland oder sogar in den Ländern des »sozialistischen Lagers« ausgeübt werden könnten.

Die Ambivalenz in bezug auf terroristische Bewegungen geht bis auf Marx, Engels und Lenin zurück. Deren Opposition gegen bakuninsche, blanquistische und mostische Taktiken ist wohlbekannt, aber es gab immer Platz für Ausnahmen. Besondere Zugeständnisse wurden für die Fenianer und die *Narodnaja Volja* gemacht. In ähnlicher Weise mögen die sowjetischen Führer heute Bedenken in bezug auf die Anwendung terroristischer Taktiken haben. Aber da solche Gruppen existieren, wurden sie unterstützt, solange es politisch opportun erschien. Dagegen kann die Sowjetunion nicht öffentlich terroristische Gruppen unterstützen, ohne ihr Image einer verantwortungsbewußten Staatsführung zu gefährden und die Beziehungen zu den Vereinigten Staaten und anderen Ländern zu komplizieren. Das ist, kurz angedeutet, das Dilemma, in dem sich die Sowjetunion im Hinblick auf den Terrorismus der Gegenwart befindet.

Sowjetische Beziehungen zur PLO waren relativ unkompliziert, da diese Organisation nach 1968 weitgehend international anerkannt wurde. Ursprünglich war die sowjetische Haltung der PLO gegenüber recht kühl; vor 1968 wurden die militanten Palästinenser zuweilen in der sowjetischen Presse sogar als reaktionär, abenteuerlich und ultrarevolutionär abgelehnt.[21] In der Folgezeit wurde die Haltung sehr viel freundlicher, die Sowjets ließen ihnen großzügig Waffen und Ausbildung zukommen, und sowjetische und palästinensische Führer trafen einander zu ziemlich regelmäßigen Konsultationen. Die Gründe für diese Annäherung waren offensichtlich; die PLO war schon 1964 von den Chinesen anerkannt worden, und obwohl die Chinesen nicht viel für die Palästinenser tun konnten, bestand doch die Gefahr einer pro-chinesischen Ausrichtung, falls Moskau sich nicht willfähriger zeigte. Die Annäherung wurde durch sowjetische Rückschläge im Nahen Osten und die enge Zusammenarbeit zwischen der PLO und den pro-sowjetischen Regimen der arabischen Welt beschleunigt. Die Sowjetunion unterstützte jedoch auch direkt und indirekt die PFLP und die PDFLP, die, im Gegensatz zu Fatah, sich weder für Mäßigung noch für Diplomatie einsetzten.

Ähnliche Probleme bestanden in Lateinamerika; die Venezolanische Kommunistische Partei entschied sich in den frühen 60er Jahren für urbanen Terrorismus; es besteht Grund zur Annahme, daß das ihre eigene und nicht Moskaus Entscheidung war, aber die Sowjetunion konnte sich deswegen nicht von ihrer Schwesterpartei distanzieren. In Lateinamerika haben unter anderen die kommunistischen Parteien von Kolumbien, Guatemala, Haiti und der Dominikanischen Republik in den letzten zehn Jahren an terroristischen Aktionen teilgenommen. Hier handelte es sich um kleine Parteien, deren Haltung nicht repräsentativ war. Die Dominikanische Kommunistische Partei war 1969 die einzige lateinamerikanische Partei, die sich weigerte, das Moskauer Manifest der Kommunistischen Parteien zu unterschreiben, da es ihr nicht revolutionär genug erschien. (Die Dominikaner änderten ihre Meinung 1972.) Die FARC-Terroristen in Kolumbien waren Moskau-orientiert und erhielten einige Unterstützung; ihr Anführer war Manuel Marulanda, ein Mitglied des Zentralkomitees der Kolumbianischen Kommunistischen Partei. Was jedoch die Kolumbianische Kommunistische Partei anging, war Terrorismus nur *eine* Art des politischen Kampfes. Dagegen kam es zu Aussagen führender lateinamerikanischer Kommunisten, die »die verzweifelten Abenteuer der Ultralinken« mit ihren Entführungen und andere Anschläge, die weder die Unterstützung der Arbeiterklasse hatten noch zur revolutionären Sache beisteuerten, scharf verurteilten.[22] Rodney Arismendi, der Führer der Uruguayischen Kommunistischen Partei, erklärte in einem Interview mit der italienischen Zeitung *Unità*, daß seine Partei die Tupamaros für ernsthafte, ehrliche und tapfere Revolutionäre halte und sie gelegentlich verteidigt habe. Aber letzten Endes wären die Tupamaros-Taktiken nicht auf die uruguayischen Erfordernisse abgestimmt. Um den verwirrenden Gesamteindruck noch deutlicher zu machen, muß hinzugefügt werden, daß die Tupamaros, die ERP und ähnliche Gruppen anscheinend ein bestimmtes Maß an Unterstützung von der Sowjetunion erhielten, und zwar ohne Vermittlung und wahrscheinlich sogar ohne Wissen der jeweiligen kommunistischen Parteien.

Bis 1969/70 unterstützten die Kubaner so ziemlich alle lateinamerikanischen Guerillabewegungen und Terroristen. Ihrer Doktrin zufolge dürften die Kubaner an sich nur Guerillas auf dem Lande unterstützen, aber in Wirklichkeit halfen sie auch urbanen Terroristen, besonders nach dem Zusammenbruch der meisten ländlichen Guerillabewegungen.[23] Nach 1970 wurde die kubanische Unterstützung etwas selektiver, zum Teil zweifellos auf sowjetischen Druck hin, zum Teil im Hinblick auf die Erkenntnis, daß die revolutionäre Welle der 60er Jahre vorbei war und daß eine Normalisierung der kubanischen Beziehungen zu lateinamerikanischen Regierungen wünschenswert erschien. Dies führte zu bitteren Vorwürfen von seiten der militanteren lateinamerikanischen terroristischen und Guerillagruppen, die erklärten, Kuba habe die revolutionäre Sache geopfert (wenn nicht verraten). Diese Vorwürfe waren im großen und ganzen ungerechtfertigt, da Kuba weiterhin lateinamerikanische Terroristen – und auch einige Gruppen in anderen Teilen der Welt – mit Ausbildung, Waffen und Geld versorgte; das trat recht deutlich nach der Ausweisung diverser kubanischer »Diplomaten« aus Frankreich im Zusammenhang mit der Carlos-Affaire 1975 zutage. Die Sowjetunion bediente sich nicht nur der Hilfe kubanischer Geschäftsstellen; sowjetische Diplomaten wurden aus Mexiko (März 1971), Bolivien (März 1972) und Kolumbien (August 1972) ausgewiesen, nachdem eine Zusammenarbeit mit lokalen terroristischen Gruppen nachgewiesen worden war. Im allgemeinen ist es aber zu einer Arbeitsteilung gekommen, in der sich die Sowjetunion schrittweise aus der direkten Einflußnahme zurückzieht und die Nordkoreaner und die Kubaner einen Großteil der Aufgabe übernehmen. Seit 1968/69 wurden terroristische Trainingslager in Nordkorea eingerichtet; die Spur der ausgebildeten Terroristen ist nach Lateinamerika (Mexiko, Brasilien, Bolivien, Kolumbien und andere Länder), in den Nahen Osten (PFLP), nach Asien (Sri Lanka, Malaysia, Indonesien) und Afrika verfolgt worden – in einigen Fällen wurden sie dort gefaßt. Kuba hat seine Aktivitäten auf Lateinamerika und lateinamerikanische Emigranten in Spanien und anderen europäischen Ländern konzentriert. Gleichzeitig scheinen sowjetische Verbindungen zu verschiedenen terroristischen Bewegungen wie den Kroaten, diversen Gruppen, die in Paris ansässig sind, und anderen weiter entfernten nicht völlig abgebrochen zu sein.[24] Es scheint, als wäre es zu einer gewissen Koordination zwischen dem Sowjetblock sowie Algerien und Libyen, den beiden anderen wichtigsten Förderern terroristischer Bewegungen gekommen. Algerien hat sowohl nordamerikanischen terroristischen Gruppen als auch der ETA und den meisten afrikanischen und nahöstlichen Terroristen Unterschlupf und Hilfe gewährt. Die Liste der Gruppen, die libysche Hilfe empfangen haben, ist lang, obwohl libysche Versprechungen noch zahlreicher sind. Während Kuba und Nordkorea in engem Kontakt mit Moskau gearbeitet haben, war die sowjetische Koordinierung mit Algerien und Libyen loser.

In den internen Debatten der weltweiten trotzkistischen Bewegung hat die Frage des bewaffneten Kampfes immer eine besondere Rolle gespielt. Während sich das kommunistische Lager erst in den letzten beiden Jahrzehnten polyzentrisch entwickelt hat, waren die Trotzkisten fast von Anfang an in verschiedene Gruppen gespalten, was Verallgemeinerungen fast unmöglich macht. Der 9. Weltkongreß der Vierten Internationale (April 1969) verabschiedete eine Resolution über den bewaffneten Kampf in Südamerika, in dem ihre Anhänger aufgerufen wurden, nicht nur

»die Zahl der ländlichen Guerilla-Nuclei zu vermehren, sondern auch Aktionen in den großen Städten auszuführen, die sich gegen die Nervenzentren der Regime richten«.[25] Einzelne trotzkistische Führer haben sich positiv über die Entführungen der FLQ, die Weathermen in den USA, die Aktivitäten der IRA und der baskischen ETA und sogar über das Münchener Massaker geäußert.[26] Während sie Terrorismus im Stil der Baader-Meinhof-Gruppe ablehnten, verteidigten trotzkistische Sprecher wie Livio Maitan (der wichtigste Experte der Bewegung für lateinamerikanische Angelegenheiten) und Daniel Bensaid »Stadtguerilla«-Taktiken als Teil des Kampfes der Arbeiterbewegung.[27] *Red Weekly* (11. Januar 1974) verkündete, daß sie die Ermordung des spanischen Premierministers Carrero Blanco durch baskische Nationalisten völlig unterstütze; Livio Maitan fügte hinzu, daß in diesem Zusammenhang das Wort »kritische Unterstützung« angebrachter sei.[28] In zwei Fällen ist behauptet worden, daß Geld aus lateinamerikanischen Entführungen an trotzkistische Gruppen im Ausland überwiesen worden ist; so seien $ 100000 des Lösegeldes aus der Beilinson-Entführung im Mai 1973 und eine ungenannte Summe aus einem Bankraub in Guatemala den Posodistas, einer trotzkistischen Splittergruppe, zugekommen. Die französische Sektion der Vierten Internationale organisierte einige kleinere Aktionen im Jahre 1972, so den Anschlag auf die argentinische Botschaft in Paris und auf die örtliche Honeywell-Bull-Geschäftsstelle. Daraufhin wurde die französische Sektion der Vierten Internationale von der französischen Regierung verboten. Auf dem zehnten Weltkongreß, der im Februar 1974 in Schweden stattfand, modifizierte die Mehrheitsfraktion innerhalb der Vierten Internationale ihre Position in gewissem Umfang und konzentrierte sich hauptsächlich auf Diskussionen über Lateinamerika. Die Pro-Guerilla-, Pro-Terrorismus-Resolution von vor fünf Jahren wurde als abstrakt, ungenau und überstürzt kritisiert. Die neue Resolution betonte deutlich, daß sie sich nur auf Lateinamerika bezog, die Aktivitäten der Krivine-Gruppe in Frankreich wurden abgelehnt. Amerikanische Trotzkisten hatten in ihrer Mehrzahl bewaffneten Kampf immer schon abgelehnt und hielten die neue Resolution für ungenügend insofern, als sie keinen echten Rücktritt von 1969er Position darstellte, sondern »sie einfach nur etwas schmackhafter zu machen versuchte«. Sie deutet weiterhin an, daß »von einer kleinen Gruppe geplante und ausgeführte gewalttätige Aktionen als Beispiel für die Massen dienen könnten«.[29]

Wenn man einmal von den Pabloisten und Posadistas, dem »Internationalen Komitee«, den Lambertisten und Dutzenden kleinen Fraktionen absieht und sich auf den eigentlichen Trotzkismus beschränkt, ergibt sich ungefähr folgendes Bild: auf der einen Seite steht die argentinische PRT *(Combatiente)*, die 1970 die ERP gründete. Nach anfänglichen »Enteignungen« ging diese Gruppe später zu direktem urbanen Terrorismus über und trat schließlich – zum Teil unter kubanischem Einfluß – aus der Vierten Internationale aus. Ihr am nächsten steht die französische Sektion der Vierten Internationale, die »Kommunistische Liga«, die jedoch im großen und ganzen in der Theorie des Terrorismus stärker war als in der Praxis. Das Internationale Exekutivkomitee der Vierten Internationale (Mandel, Maitan, Tariq Ali u. a.) haben eine »zentristische« Position inne. Zwischen 1969 und 1973 haben sie theoretische Rechtfertigungen für Guerillakämpfe und urbanen Terrorismus unter bestimmten Umständen geliefert.[30] Seitdem haben sie sich von dieser Position in gewissem Maße zurückgezogen. Die Mehrheit der Sozialistischen Arbeiterpartei in den Vereinigten Staaten hat sich für ländlichen Guerillakrieg in Verbindung mit politischer Arbeit ausgesprochen, wie z. B. Hugo Blanco in Peru im Jahre 1965. Sie hat urbanen Terrorismus scharf als antileninistisch und konterproduktiv verurteilt und Mandel, Maitan und Tariq Ali wegen ihrer unkritischen Unterstützung solcher Manifestationen des »bewaffneten Kampfes« angegriffen.

Die Diskussion über urbanen Terrorismus zog sich in der Vierten Internationale über Jahre hin. Während Pierre Frank von der französischen Sektion (Trotzki zitierend) argumentierte, daß eine Bombe unter bestimmten Umständen eine hervorragende Sache sei, wurde das von Joseph Hansen und seinen Freunden in New York bestritten. Im ganzen gesehen war diese Diskussion nur von akademischem Interesse, denn mit Ausnahme der ERP in Argentinien beteiligten sich Trotzkisten nicht in größerem Stil an terroristischen Operationen.[31] Die ERP war von Anfang an sowohl der Stolz als auch die Quelle vieler Probleme innerhalb der Vierten Internationale. Im Juli 1970 als militärischer Flügel der trotzkistischen PRT *(Partido Revolucionario de los Trabajadores)* gegründet, wurde sie zum Ziel verschiedener gegensätzlicher Einflüsse.[32] Von Anfang an hatte sie nur ein loses Verhältnis zur Vierten Internationale, deren Führung sie als schwach und militärischer Orientierung mangelnd kritisierte. Sie betrachtete Chè Guevara als geistigen Lehrer, und unter ihren prominenten Mitgliedern war Joe Baxter, der nur wenige Jahre vorher Anführer der neo-faschistischen *Tacuara* gewesen war. Baxter und andere ERP-Anführer waren in Kuba ausgebildet worden; als Mario Santucho, der Führer der ERP, im August 1972 aus einem argentinischen Gefängnis entkam, fand er Asyl in Kuba, das nicht für seine Sympathien gegenüber dem Trotzkismus bekannt ist. Selbst unter Berücksichtigung der gewöhnlichen lateinamerikanischen ideologischen Verwirrung war dies doch etwas verdächtig, und es war nicht überraschend, als die ERP im Frühjahr 1973 ihre Beziehungen zur Vierten Internationale völlig abbrach. Ein Jahr vorher hatte die ERP Oberdan Sallustro, einen Geschäftsführer von Fiat, entführt und ihn getötet, nachdem das Lösegeld nicht rechtzeitig ausgehändigt worden war. Die Führung der Vierten Internationale hatte diese Aktion nicht *expressis verbis* verurteilt; dies führte zu einer leidenschaftlichen Reaktion der amerikanischen Trotzkisten, die dem »Vereinigten Sekretariat« vorwarfen, es rechtfertige Terrorismus unter dem Euphemismus »Stadtguerillakrieg«. Im darauffolgenden Jahr brach die (europäische) Führungsspitze der Vierten Internationale ihr Schweigen und äußerte sich mit freundlicher Kritik über die ERP. Sie deutete an, daß die Aktionen der ERP verfrüht seien, da eine ausgereifte revolutionäre Situation noch nicht bestehe.[33] Aber die ERP war nicht in der Stimmung, sich aus Paris oder London Ratschläge erteilen zu lassen; sie wußten es schließlich am besten, ob eine revolutionäre Situation existierte, und wenn sie nicht existierte, warum sollte man annehmen, daß sie nicht geschaffen werden konnte? Ihr Interesse an doktrinären Diskussionen war immer schon begrenzt gewesen: sie glaubte an Aktion und zeigte das ausgiebig in den darauffolgenden Jahren.

Auch einige anarchistische Gruppen haben sich in den letzten Jahren wieder terroristischen Taktiken zugewandt. Die führenden Sprecher der Bewegung hatten sich seit Kropotkins öffentlicher Kritik der sinnlosen Attentate der 90er Jahre des vorigen Jahrhunderts von individuellem Terror distanziert. Das trifft auch noch auf die älteren Führer heute zu, stimmt aber nicht mehr im Hinblick auf einige aktivistische Gruppen, die in den späten

60er Jahren am Rande der anarchistischen Bewegung entstanden. 1968 veröffentlichte ein anarchistischer deutscher Verleger erneut den Text von Bakunins »*Worte an die junge Generation*«, in dem die Anwendung von Dolch und Gift empfohlen wird. Die Broschüre war zuerst vor hundert Jahren erschienen, aber die Neuauflage war offensichtlich keine akademische Jubiläumsausgabe. Schon vorher, in den frühen 60er Jahren, hatten die spanischen Anarchisten mit Hilfe französischer und britischer Genossen einen terroristischen Untergrund geschaffen. Gegen Ende des Jahrzehnts entstanden die Baader-Meinhof-Gruppe, die Valpreda-Gruppe in Italien, die Londoner »Angry Brigade« und einige andere Gruppen anderswo, die sich für »direkte Aktion« entschieden. »Direkte Aktion« hieß nicht unbedingt Terrorismus; die Entscheidung der »Roten Armee« (Baader-Meinhof), »Stadtguerillakrieg« zu führen, wurde in anarchistischen Kreisen weitgehend kritisiert – allein die Wahl des Namens zeigte, daß die Gruppe, was auch immer ihre ursprüngliche Absicht war, sich vom freiheitlichen Sozialismus entfernt hatte. Einige dieser terroristischen Gruppen blieben ihren anarchistischen, antiautoritären Prinzipien treu, andere bewegten sich auf eine ideologische Synthese aller zeitgenössischen revolutionären Programme zu, selbst wenn sie sich gegenseitig ausschlossen, oder sie traten dem Wanderzirkus des multinationalen Terrorismus bei.

Die Motive Libyens, Algeriens, Somalias, Iraks, Südjemens und anderer Länder, die terroristische Gruppen unterstützten, hatten natürlich mit Anarchismus oder Marxismus-Leninismus nichts zu tun. Oberst Ghadafi mag sich wohl aufrichtig um islamische Rebellen in Israel, Tschad und den Philippinen gesorgt haben, aber ob die Katholiken oder die Protestanten in Ulster die Oberhand errängen, war kaum eine Sache doktrinären oder nationalen Interesses in Libyen. Indem man Terroristen jedoch Zuflucht und Unterstützung gewährte, verbesserte man das internationale Ansehen eines ansonsten nicht sehr wichtigen Landes. Die Herrscher fühlten sich einflußreich, und diese ausländischen Unternehmungen schienen ihr Geld wert zu sein. Es stimmt allerdings, daß ab einem bestimmten Punkt stellvertretende Unterstützung peinlich zu werden drohte und daß algerische Hilfe für Terroristen – außer Arabern und ihren ausländischen Helfern – in den letzten Jahren gezielter geworden ist, während Libyen weiterhin Unterstützung gewährt.

Die Hilfe der kommunistischen und arabischen Länder war im Hinblick auf Operationen unschätzbar wertvoll, aber die Inspiration für diese letzte Welle des Terrorismus in der westlichen Welt entstammte sehr verschiedenen Quellen. Die späten sechziger und die frühen siebziger Jahre sahen den Aufstieg und Zerfall einer Neuen Linken, die zur führenden Kraft in den Universitäten wurde; da es Millionen von Studenten gab und da sie politisch zu den aktivsten Mitgliedern der Gesellschaft gehörten, mußte ihre Radikalisierung notgedrungen politische Konsequenzen haben. Es war diese Kraft, die einen amerikanischen Präsidenten zum Scheitern brachte und beinahe zum Sturz des gaullistischen Regimes in Frankreich führte. Die Neue Linke setzte sich aus den unterschiedlichsten Elementen zusammen; auf der einen Seite gab es echte Idealisten, Antimilitaristen und solche, die auf die Ungerechtigkeit moderner, industrialisierter Gesellschaften und die Armut, den Hunger und die Ausbeutung in der dritten Welt reagierten. Aber es gab auch Langeweile, Aggression und den freischwebenden Extremismus, wie sie in jeder heranwachsenden Generation vorkommen. Rückblickend betrachtet, schuf die neue Linke einer Menge interessanten Materials für Studenten sozialer und kultureller Tendenzen. Politisch betrachtet, brachte sie wenig Neues; ihre Lehrer, wie Marcuse, gehörten einer älteren Generation an, und einige waren bereits tot. Die Ideen, die vertreten wurden, waren seit Jahren im Umlauf: Gramsci, Lukács, die unorthodoxen deutschen Marxisten der 20er Jahre, Reich – kaum etwas war dem Studenten linker Ideologien unbekannt, auch hatte es mit Terrorismus nichts zu tun. Frantz Fanons Konzept des befreienden Einflusses der Gewalt war vielleicht der einzige wichtige neue Bestandteil. Fanon hatte für Afrikaner geschrieben, aber seine Ideen fanden in Europa und Nordamerika zahlreiche Bewunderer. Er argumentierte, daß Gewalt nicht nur das Volk vereinige, sondern daß sie eine reinigende Kraft hätte, die den Eingeborenen von seinem Minderwertigkeitskomplex, seiner Verzweiflung und Lethargie befreie: »Sie macht ihn furchtlos und stellt sein Selbstvertrauen wieder her . . . Wenn die Leute an einer gewalttätigen Befreiung ihrer Nation teilgenommen haben, werden sie niemandem erlauben, sich als ›Befreier‹ aufzuspielen.«[34] In gewisser Weise war das Morosovs Vision eines systematischen Terrors als Vorbeugemaßnahme gegen eventuelle Diktatoren nach der Befreiung. Fanons Vision war zu optimistisch, denn die Geschichte Afrikas nach seinem Tode kann mit einer Zeile von Yeats zusammengefaßt werden: *Die Bettler haben ihren Platz gewechselt, aber die Peitsche regiert weiter.* Sicher, jetzt war es die einheimische Peitsche, aber das bestätigt kaum die Voraussage einer heilenden Wirkung der befreienden Gewalt.*

Die Neue Linke bestand drei oder vier Jahre, danach wandte sich ein Teil der Bewegung dem orthodoxen Kommunismus (sowjetischer Art) zu, während andere weiterhin der Frankfurter Schule von Korsch, Bloch und Benjamin verpflichtet blieben, einige sich dem Anarchismus, andere dem Maoismus, Situationismus oder einer Anzahl kleiner Sekten zuwandten. In den Vereinigten Staaten zog sich die überwiegende Mehrheit von der Politik zurück und behielt lediglich eine verschwommene liberale (amerikanische) Orientierung. In Westeuropa ging der Prozeß der Entpolitisierung dagegen nicht so weit.[35] Als das Glück der Neuen Linken sich rasch zu wenden begann, wandten sich einige dem Terrorismus zu. So entwickelten sich fast gleichzeitig die Vereinigte Rote Armee in Japan aus den *Zengakuren*, der radikalen Studentenorganisation, die *Weathermen* aus dem amerikanischen SDS und die *Rote Armee Fraktion* (Baader-Meinhof) sowie die *Bewegung 2. Juni* aus den radikalen Kräften der studentischen Linken in der Bundesrepublik Deutschland. In Italien *(Brigate Rosse)* und in England *(Angry Brigade)* gab es kleinere Gruppen.

Es gibt einen endlosen Strom von Publikationen über diese verschiedenen Gruppen, ihre Mitglieder, Ansichten, Stimmungen, Glaubensbekenntnisse, Motive und Ziele; selten ist in der Geschichte soviel über so wenige und sowenig geschrieben worden. Ihre Doktrin ist bis ins kleinste Detail analysiert worden, obwohl das ihnen nicht gerecht wird, denn es handelte sich nicht um ideologische Bewegungen, sondern um Eklektizisten, die bestimmte

* Fanons Grundkonzept war nicht sehr originell. Patrick Pearse, der Anführer des Dubliner Osteraufstandes von 1916, schrieb: »Blutvergießen ist eine reinigende und heilige Sache, und die Nation, die das als äußersten Schrecken ansieht, hat ihre Mannbarkeit verloren.« Ähnliche Aussagen können in Mazzinis Schriften und anderweitigen gefunden werden. Eine Generation ohne Interesse an Geschichte mußte diese ausgefahrenen Wege der Geschichte radikaler Ideen neu entdecken.

Konzepte vom Marxismus-Leninismus (wie die leninistische Theorie des Imperialismus), andere vom Anarchismus entliehen; vor allem glaubten sie an die »Vorrangstellung der Aktion«. Wie die RAF es ausdrückte, würde erst die Praktizierung des Terrors zeigen, ob bewaffneter Widerstand aufgebaut und vereinigt werden könnte. Dieses voluntaristische Konzept stammte von Mao, obwohl in anderer Hinsicht die Lebensweise der Terroristen der Neuen Linken eine Negation all dessen war, wofür die Chinesen und Kubaner eintraten.

»Bewaffnete Aktion« in der Bundesrepublik Deutschland begann mit der versuchten Brandstiftung in einem Frankfurter Kaufhaus im Jahre 1968 und setzte sich fort mit verschiedenen Bombenanschlägen auf deutsche Behörden und Einrichtungen der US Armee (1970), der Ermordung des Präsidenten des Berliner Kammergerichts (von Drenckmann, 1974) und eines »Verräters« aus den eigenen Reihen (Ulrich Schmücker), dem Angriff auf die bundesrepublikanische Botschaft in Stockholm und einigen anderen Aktionen – keine eindrucksvolle Bilanz für eine acht Jahre lange Aktivität. Die beiden terroristischen Gruppen waren klein und setzten sich fast ausschließlich aus Studenten oder ehemaligen Studenten mit einwandfrei bürgerlichem Hintergrund zusammen. Wie in den Vereinigten Staaten, waren offenbar mehr Frauen als Männer beteiligt, und die Frauen waren die fanatischeren Mitglieder. Die Eltern von Ulrike Meinhof waren Kunsthistoriker, und sie war von einer bekannten Geschichtswissenschaftlerin erzogen worden; Gudrun Ensslins Vater war evangelischer Pfarrer, auch Baaders Vater war Akademiker; Holger Meins' Vater war ein wohlhabender Hamburger Kaufmann. Die Eltern der anderen waren Universitätsprofessoren, Schriftsteller oder freiberuflich Tätige. Die Ähnlichkeiten zu *Narodnaja Volja* hören hier allerdings auf. Ihre Lehre bestand nicht darin, für die »Unterdrückten und Ausgebeuteten« in ihrem eigenen Land zu kämpfen, sondern »die Insel des Wohlstandes in Europa zu zerstören«, als Agenten der Dritten Welt zu fungieren. Daher ihre Zusammenarbeit mit Terroristen der dritten Welt; Horst Mahler, einer der frühen Führer, äußerte später Bedenken, ob dies der rechte Weg sei, Einfluß auszuüben und sich Unterstützung zu verschaffen. Aber seine ehemaligen Genossen hielten unbeirrt an dieser Auffassung fest. Ihr oft betontes »Konzept der Stadtguerilla« stammte zugegebenermaßen aus Südamerika – »die revolutionäre Methode, die von schwachen revolutionären Kräften angewandt werden soll«.[36] Sie waren fest davon überzeugt, daß diese Methode jederzeit und überall angewandt werden konnte.[37]

Die ideologischen Vorstufen zur japanischen »Vereinigten Roten Armee« waren ähnlich wie in Deutschland, aber es kam ein gewisses einheimisches traditionelles Element hinzu.[38] Auf der einen Seite zehrte sie von den ideologischen Disputen der studentischen Linken, auf der anderen Seite dem traditionellen Geist der Bushido. Es war deshalb vielleicht kein Zufall, daß die Attentäter in der allerersten größeren Aktion, der Entführung eines japanischen Flugzeuges im März 1970, Samurai-Schwerter und -Dolche verwandten. Anschließend kam es zu einigen Morden und Sabotageaktionen innerhalb Japans, aber im großen und ganzen war es wie in Deutschland ein sich selbst fortsetzender Kreislauf von Verhaftungen, neuen Anschlägen, erneuten Verhaftungen und so weiter. Im Januar 1974 verübte die Vereinigte Rote Armee einen Anschlag auf die Shell-Raffinerie in Singapur; die Teilnehmer wurden von der Polizei festgenommen. Zehn Tage später griff die URA die japanische Botschaft in Kuwait an, um die Freilassung ihrer gefangenen Genossen zu erreichen. Im September 1974 griffen sie die französische Botschaft in Den Haag an und forderten die Freilassung eines in Frankreich gefangengehaltenen Genossen. Noch mehr als die deutschen nahmen die japanischen Terroristen an »transnationalen Terroraktionen« teil, häufig in Zusammenarbeit mit Palästinensern, aber auch mit der »Carlos«-Gruppe (Yutaka Furaya) und ähnlichen Gruppen.

Organisatorisch entwickelte sich der amerikanische Terrorismus aus den radikalen weißen und schwarzen Gruppen; auf der einen Seite gab es den SDS (Students for a Democratic Society), deren extremer Flügel nach dem »Kriegsrat« von Flint, Michigan, im Dezember 1969 in den Untergrund ging.[39] Drei Jahre vorher war die Black-Panther-Partei in Kalifornien durch Huey Newton (später ihr »Verteidigungsminister«) und Bobby Seale gegründet worden. Später schloß sich ihr Eldridge Cleaver an, von dessen Buch »*Soul on Ice*« zwei Millionen Exemplare verkauft wurden und der »Informationsminister« wurde. Das *Black-Panther*-Konzept bezog seine Inspirationen nach eigenen Worten von Ché Guevara, Malcolm X, Lumumba, Ho Chi Minh und Mao. Aber solchen Verkündigungen sollte nicht zu große Bedeutung beigemessen werden. Es war nicht so, als ob Maos Schriften ausführlich studiert worden wären. Alles, was sie von Mao wußten, war, daß die Macht aus den Gewehrläufen komme. Für sie war das Lumpenproletariat die wichtigste revolutionäre Kraft, obwohl sie bei dessen Mobilisierung wenig Erfolg hatten; auch lehnten sie Zusammenarbeit mit den Weathermen ab, deren Mitglieder aus einem sehr unterschiedlichen sozialen Milieu stammten und deren Vertiefung in ihr eigenes Ego, Frauenbefreiung und verschiedene Manifestationen der Gegenkultur nicht nach ihrem Geschmack war. Auf der anderen Seite betonten die *Black Panther* die Wichtigkeit eines kulturellen Nationalismus. Im Anfang waren sie keine offen terroristische Gruppe; urbaner Terrorismus wurde zuerst von Eldridge Cleaver aus seinem algerischen Exil und George Jackson, der im August 1970 bei einem Fluchtversuch aus dem San Quentin-Gefängnis erschossen wurde, befürwortet. Jackson betrachtete sich als Kommunist und hatte im Gefängnis viel terroristische Literatur gelesen (»Ich stimme nicht mehr allem in Netschajews revolutionärem Katechismus bei«); seiner Aussage zufolge war das Ziel die Zerstörung des auf der Stadt basierenden industriellen Establishments durch Schaffung völliger Unordnung und Unterbrechung des Herstellungs- und Verteilungsprozesses von Gütern.[40] Es kam zu einigen Schießereien zwischen Mitgliedern der *Black Panthers* und der Polizei und zu vereinzelten Bombenanschlägen, aber die *Black Panthers* fielen der »völligen Unordnung« zum Opfer, lange bevor es die amerikanische Gesellschaft tat. Cleaver, der als erster den bewaffneten Kampf befürwortet hatte, wurde von seinen schmerzlichen Erfahrungen, zuerst in Kuba und dann in Algerien, enttäuscht. Huey Newton und seine Freunde entschieden sich für Bürgeraktionen innerhalb des Systems, und Stokeley Carmichel, der sich mit seiner Frau, einer bekannten Sängerin, in eine komfortable Existenz in Afrika zurückgezogen hatte, setzte sich für politischen Kampf ein. Es gibt keine direkte Verbindung zwischen *Black Panther* und der Symbionesischen Befreiungsarmee, die auch aus Berkeley stammte. Sie setzte sich aus einigen Studenten und Kriminellen zusammen, ermordete einige Weiße und Schwarze, raubte einige Banken aus und erlangte im Zusammenhang mit Patty Hearst weltweite Berühmtheit. Mit ihren ungefähr 12 Mitgliedern wurde sie zu einer der kleinsten und bizarrsten terroristischen Gruppen. Wie die Manson-Familie kann man sie vielleicht nur vor dem spezifisch kalifornischen Hintergrund verstehen, der für die meisten Ausländer ein Rätsel ist. Der Name »symbionesisch« wurde definiert als »Körper der Harmonie aus verschiedenen Körpern und Organismen, die in tiefer und liebender Harmonie und Partnerschaft im besten Interesse des inneren Körpers leben«. Ihr Emblem war die siebenköpfige Kobra, ein, wie sie sagen, 170 000 Jahre altes Symbol für Gott und Leben.

Die Motive, die junge Schwarze dazu führten, sich terroristischen Gruppen anzuschließen, waren natürlich sehr verschieden von den Motiven, die die weiße bürgerliche Jugend in den Untergrund getrieben hatte. Auf der einen Seite gab es die Verzweiflung der schwarzen Ghettos, Arbeitslosigkeit, Armut und die Not zerbrochener Familien – auf der anderen Seite Identitätskrisen, vorstädtische Langeweile, das Verlangen nach Aufregung und Aktion, eine gewisse romantische Strähne, kurz, Terrorismus als Heilmittel für Persönlichkeitsprobleme. All das war in eine immense intellektuelle Verwirrung verstrickt, eine Abwesenheit von Werten, der Überzeugung, daß alles erlaubt sei; all die bitteren Vorwürfe, die die Weathermen der amerikanischen Gesellschaft machten, trafen *a fortiori* auf sie selbst zu, denn in ihrer gewalttätigen Opposition zu dieser Gesellschaft und Kultur waren sie dennoch ihre Abkömmlinge, die einige ihrer negativen Seiten verkörperten. Nicht nur im Stil unterschieden sie sich von vorhergehenden Generationen von Terroristen – in der Obszönität ihrer Sprache und ihrer Grausamkeit –, der Stil richtete sich in diesem Falle nach den einzelnen Persönlichkeiten: eine sehr unterlegene Art von Revolutionär.

Während die Schwarzen sehr reale soziale Probleme vorweisen konnten, litten die Weißen hauptsächlich an Persönlichkeitsproblemen. Jeglicher Versuch, die Verhaltensweisen einiger weniger junger Männer und Frauen zu verallgemeinern, ist jedoch von zweifelhaftem Wert, da die überwiegende Mehrheit ihrer Zeitgenossen, ob sie ihre Umgebung in ähnlichem Licht sahen oder nicht, sich nicht dem Terrorismus zuwandte. Somit blieben die Weathermen – in noch stärkerem Maße als die *Black Panther* – eine Randerscheinung; ihre Aktivität im Untergrund beeinflußte die amerikanische Gesellschaft nicht. Noch nach 1970 zeigen die Statistiken eine große Anzahl von Bombenanschlägen und Attentaten, von denen einige zweifellos auf die Weathermen zurückzuführen sind; die meisten wurden jedoch von Geisteskranken oder Kriminellen ausgeführt – ein paar Aktionen mehr oder weniger durch Bernardine Dohrn und ihre Genossen veränderten nichts.[41]

Manifestationen urbanen Terrors wurden in der Zeit zwischen 1968 und 1975 aus vielen Teilen der Welt gemeldet, immer mit der Ausnahme der kommunistischen Länder und der echten Diktaturen. Italien und die Türkei erlebten sowohl rechtsgerichteten als auch linken Terror: die Linke agierte zuerst, aber die Rechte revanchierte sich gründlich. Die semi-anarchistische *Brigate Rosse* begann ihre Aktionen in den Fabriken von Mailand und Genua mit Sabotageakten, sie zündete die Autos ihrer politischen Gegner an, gingen zu Entführungen und schließlich zur Ermordung von Richtern (Genua 1976) über. Neofaschistische Terroristen legten Bomben in antifaschistischen Versammlungen, wobei in Brescia (1974) acht Menschen getötet wurden; zwölf Menschen starben, als im gleichen Jahr eine Bombe in einem Schnellzug explodierte. Falls hinter solchen und ähnlichen Aktionen überhaupt eine Überlegung steckte (was nicht unbedingt vorausgesetzt werden kann), so war es das Ziel, den Zusammenbruch der öffentlichen Ordnung, wirtschaftlichen Ruin und allgemeine Verwirrung herbeizuführen. Da jedoch die *Brigate Rosse* an einem kommunistischen Sieg genausowenig interessiert war, wie die Neofaschisten an einer christdemokratischen Regierung, blieb der Zweck dieser Aktionen undurchsichtig. Der linke italienische Terrorismus war ursprünglich hauptsächlich eine Angelegenheit der Arbeiterklasse mit starker Betonung auf industrieller Sabotage, der »radikale Chic« fehlte jedoch nicht. Der Inhaber eines der bedeutendsten Verlagshäuser und Millionär Feltrinelli kam bei dem Versuch um, eine Hochspannungsleitung in die Luft zu sprengen.

Die TPLA (Türkische Volksbefreiungsarmee) entstand aus *Dev Genc*, der Schutzorganisation linker Studenten in der Türkei. Sie ermordete einige amerikanische Soldaten und einen israelischen Konsul, entführte ein junges Mädchen und beschäftigte sich mit ähnlichen Aktionen mit Hilfe der linken palästinensischen Organisationen, die ihr Waffen und Ausbildung zukommen ließen. Der rechtsgerichtete Terror in der Türkei ist angeblich auf einen Hauptmann i. R., Alpaslan Türkes, zurückzuführen, der die Nationalistische Aktionspartei gegründet hatte; ihre militanteren

Mitglieder wurden in den Lagern der Fatah ausgebildet. Nach eigener Aussage waren ihre Ziele ein Panturkismus, der Widerruf der kemalistischen Säkularisierung, die Zerstörung des demokratischen Systems und vor allem die Liquidierung ihrer linken Gegner. Die Ermordungen linksgerichteter Studenten erreichten im Jahre 1975 einen Höhepunkt, zu einem Zeitpunkt, zu dem rechter Terror zweifellos weiter verbreitet war als politische Gewaltanwendung von seiten der Linken.

Auch im Iran wurden terroristische Gruppen aktiv, ursprünglich vom Irak, später von Libyen und den Palästinensern unterstützt. Sie reichten von der äußersten Linken bis zu religiösen Fanatikern der extremen Rechten, vereint in ihrem Haß gegen den Schah und seine autokratische Regierungsform. Von Zeit zu Zeit wurden einige amerikanische Offiziere umgebracht; darauf folgte dann gewöhnlich die Zerstörung einer *Siahkal*-Einheit (der aktivsten terroristischen Gruppe) durch *Savak*, die skrupellose iranische Geheimpolizei, die, im Gegensatz zu ihren europäischen Kollegen, keinen Grund hatte, die öffentliche Meinung zu scheuen, wenn sie in ihrem Kampf gegen Terrorismus zu stark reagierte. Terroristen überlebten selten eine Schießerei mit der Polizei; denjenigen, die es taten, drohte die Todesstrafe oder günstigstenfalls eine lange Gefängnisstrafe. Die meisten anderen terroristischen Gruppen in der Dritten Welt konzentrierten ihre Aktivitäten auf die ländlichen Gebiete, obwohl sie von Zeit zu Zeit wie die indischen Naxaliten oder verschiedene Gruppen in Mexiko den Schauplatz ihrer Operationen in die Städte verlegten.[42]

Die kleinen terroristischen Gruppen, die sich aus der Neuen Linken in Europa, Japan und den USA entwickelt hatten, erreichten nur wenig. Sicherlich war es leicht, ein Kaufhaus oder eine Fabrik anzuzünden, einen Diplomaten zu entführen oder ein Flugzeug zu kapern. Bankraub war ein Kinderspiel, eine Bombe an einer verkehrsreichen Stelle zu legen, war eine Aufgabe, die man ohne Risiko einem Halbidioten überlassen konnte – wie in dem Roman von Joseph Conrad. Die Ordnungshüter, die mit der Bekämpfung verschiedenster Verbrechen voll ausgelastet waren, schienen nicht in der Lage, junge Leute ohne Vorstrafenregister aufzuspüren und zu verhaften. Es war auch nicht schwierig, sich Geld und Waffen von gleichgesinnten Freunden in anderen Ländern zu besorgen oder sich direkt an pro-terroristische Regierungen zu wenden. Es war leicht, für fast jede Aktion oder Androhung einer Aktion eine Öffentlichkeit zu finden. Aber all diese Aktivitäten, wie oft sie auch wiederholt wurden, hatten keine politischen Folgen und schufen auch keine breitetere Basis außerhalb einiger intellektueller Sympathisanten. Zwischenzeitlich verbesserte die Polizei ihre Methoden, und führende Terroristen wurden von Zeit zu Zeit aufgegriffen. Urbaner Terrorismus setzte sich aus eigenem Antrieb fort: eine größere Aktion fand statt, um Geiseln zu nehmen, mit deren Hilfe man die Befreiung gefangengehaltener Genossen erreichen wollte. Dabei wurden erneut Leute verhaftet, und neue Operationen mußten geplant werden, um deren Entlassungen zu erreichen. Weder Arbeiter noch Bauern, nicht einmal die Intellektuellen sympathisierten; nach Hunderten von Bomben und Tausenden von Leitartikeln sah sich der überlebende Terrorist, älter und klüger geworden, vor einer fast völlig negativen Bilanz. Falls es das Ziel war, das System auszuhöhlen und zum Zusammensturz zu bringen, gab es dafür offensichtlich geeignetere Mittel. Normalerweise wäre das das Ende des Terrorismus gewesen. Wenn er dennoch in geringerem Umfange weiterhin wirksam wurde, war das zum Teil auf ausländische Unterstützung zurückzuführen, zum Teil aber auch auf die Tatsache, daß es immer ein paar Dutzende Leute geben wird, die sich für terroristische Aktion einsetzen, unabhängig davon, ob sie einem nützlichen Zweck dient oder nicht.

Die kleinen Gruppen der Neuen Linken welkten dahin oder gingen in den neuen multinationalen terroristischen Bewegungen auf. Die beiden anderen wichtigen Gattungen des Terrorismus, der lateinamerikanische und der nationalistisch-separatistische, waren im großen und ganzen betrachtet etwas erfolgreicher. Es ist natürlich wahr, wie in einer amerikanischen Studie behauptet wird, daß eine Anzahl von Regierungen durch terroristische Aktionen in Verlegenheit geriet, und sie zur Freilassung von gefangenen Terroristen gezwungen wurden. In einigen Fällen wurden sogar Regierungen gestürzt, weil sie nicht in der Lage waren, mit Terroristen fertig zu werden.[43] Demokratische Regierungen können jedoch eine Menge Verlegenheit verkraften, und die neuen Regierungen in Uruguay und Argentinien waren kaum nach dem Geschmack der Terroristen. Terrorismus spielte sicherlich eine Rolle in dem wachsenden internationalen Status der PLO, arabisches Öl dagegen war ein stärkerer Faktor. Demokratische Gesellschaften mußten gewisse Mittel zur Bekämpfung des

Terrorismus zur Verfügung stellen, die jedoch im Vergleich zu anderen Ausgaben verschwindend gering waren. Es bestand eine Tendenz, die Kosten und den Personalaufwand, der zur Bekämpfung von Terrorismus vonnöten war, stark zu übertreiben.[44] Die Anzahl der Todesopfer, die der Terrorismus auf nationaler und internationaler Basis gefordert hat, war zwar tragisch, aber doch relativ gering; zwischen 1966 und 1976 wurden 6000–8000 Männer und Frauen getötet, mehr als die Hälfte davon in Argentinien und Ulster. Das ist sehr viel weniger als die Zahl der Toten in einem Jahr im libanesischen Bürgerkrieg oder in einem Monat in Kambodscha. Wenn Terrorismus trotz allem so viel Aufmerksamkeit erregte, geschah dies hauptsächlich wegen seines dramatischen Charakters. Millionen von Menschen waren fasziniert, aber direkt betraf es nur einige wenige. Wenn man von Ulster und Argentinien absieht, haben terroristische Aktionen seit 1973 erheblich abgenommen; zahlreiche Gruppen der späten 60er und frühen 70er Jahre existieren nicht mehr oder sind so stark reduziert, daß sie nicht mehr aktionsfähig sind. Das bezieht sich auf Venezuela, Brasilien, Uruguay, die USA, Kanada, Japan und andere Länder. Die Abnahme ist noch deutlicher bei den Flugzeugentführungen; von Juli 1974 bis Ende 1975 gab es nur ein halbes Dutzend Fälle. Im Jahre 1970 allein war es zu mehr als 50 Entführungen gekommen. Terroristische Aktivitäten hörten zwar 1973 nicht auf, und es gibt keinen Grund, anzunehmen, daß ein Ende in Sicht ist. In einigen Ländern sind sie weiterhin das größte innenpolitische Problem. Nirgends jedoch führten sie zu entscheidenden politischen Veränderungen, und Mitte der 70er Jahre war die terroristische Welle deutlich im Verebben begriffen.

Anmerkungen

1 Alex Schubert, *Stadtguerilla*, Berlin 1974, 3–22.

2 Von 161 palästinensischen Terroristen, die zwischen 1968 und 1973 infolge von Terroraktionen in Dritten Ländern festgenommen wurden, wurden von denen, die Morde begangen hatten, bis auf zwei alle wieder freigelassen. Paraguay war die Ausnahme: zwei Palästinenser, die die Frau eines israelischen Diplomaten getötet hatten, wurden zu drei Jahren Gefängnis verurteilt. *Times*, London, 5. Juli 1976. Ande-

ren Statistiken zufolge wurden zwischen 1970 und 1975 267 Personen festgenommen, die sich an multinationalen terroristischen Aktionen beteiligt hatten. 39 davon gingen straflos aus, 58 entkamen, indem sie freies Geleit in ein anderes Land erhielten, 16 wurden aufgrund von Forderungen anderer Terroristen freigesetzt, 50 wurden nach Verbüßung ihrer Strafe freigelassen und 103 befanden sich im September 1975 noch in Haft. Die durchschnittliche Strafe für Terroristen, denen ein Prozeß gemacht wurde, betrug 18 Monate. *International and Transnational Terrorism, Diagnosis and Prognosis,* Washington 1976, 22f.

3 Fritz René Allemann, *Macht und Ohnmacht der Guerilla*, München 1974, 133; Luigi Valsalicr, *Guerriglia e Politica, l'Esemplo del Venezuela 1962–1969,* Florenz 1973; Robert J. Alexander, *The Communist Party of Venezuela*, Stanford 1969, passim; Norman Gall, *Teodoro Petkoff,* Field Staff Reports, No. 1, 1972.

4 Für eine kurze Zusammenfassung der Doktrin der lateinamerikanischen Guerilla in den frühen 60er Jahren und bibliographische Hinweise sieht Laqueur, *Guerrilla*, New York 1976, Kapitel acht.

5 Es gibt so viel Literatur über dieses Thema, daß man Bibliographien der Bibliographien benötigt. Siehe A. Thomas Fergusons wertvolle Arbeit in Sam C. Sarkesian (Hrsg.), *Revolutionary Guerrilla Warfare*, Chikago 1975, 617–23. Hinzu kommen die beiden folgenden Bibliographien: Russell, Miller und Hildner, »The Urban Guerrilla in Latin America«, *Latin American Research Review*, Frühjahr 1974, und *Bibliografia: Guerra Revolucionaria y Subversión en el Continente*, Washington 1973.

6 Es gibt eine umfangreiche Literatur über die Tupamaros. Zu den wichtigsten Werken gehören: *Actas Tupamaras*, Buenos Aires 1971; M. E. Gilio, *The Tupamaro Guerrillas*, New York 1970; A. Mercader und J. de Vera, *Tupamaros, Estrategia y Acción*, Montevideo 1969; A. Porcecanski, *Uruguay's Tupamaros*, London 1973; *Generals and Tupamaros*, Latin American Review of Books, London 1974; Regis Debray, *La Critique des Armes*, Band 1, Paris 1974; Major Carlos Wilson, *The Tupamaros*, Boston, 1974; Ernesto Mayans (Hrsg.), Tuparamos, Antologia documental, Guernavaca 1971; als Quellenbuch: J. Kohl und J. Litt (Hrsg.), *Urban Guerrilla Warfare in Latin America*, Cambridge, Mass., 1974.

7 Direkte Quellen zum urbanen Terror in Brasilien und Argentinien sind schwer zugänglich. Siehe Vannia Bambirra (Hrsg.), *Diez Años de Insurrección en America Latina*, 2 Bände, Santiago 1971. Die beste Beschreibung ist in F. R. Allemann, *Macht und Ohnmacht der Guerilla*, München 1974. Für die frühe Phase müssen die Artikel von Hector Suarez in *Granma*, Havana, erwähnt werden, 13. und 27. Dez. 1970, 3. und 17. Jan 1971 und *Punto Final*, 122–25. Die wichtigsten Quel-

len sind *Punto Final* (Chile unter Allende), *Tricontinental Bulletin, Bohemia* und *Granma* (Havana), *Prensa Latina, Latin America*. Die Montoneros veröffentlichten eine (legale) Zeitung, *La Causa Peronista*, die 1974 eingestellt wurde; die ERP gaben verschiedene illegale Zeitungen heraus wie *Estella Roja, El Combatiente, Liberación*. Über die ERP: *Resoluciònes del V° Congreso y de los comité central y comité ejecutivo posteriores*. (Die Resolutionen des PRT-Kongresses, auf dem die Bildung einer bewaffneten Organisation offiziell beschlossen wurde; es besteht Grund zu der Annahme, daß es die Organisation schon vorher gab.) Marighellas Schriften sind ins Englische übersetzt: *For the Liberation of Brazil*, London 1973; siehe auch João Quartim, *Dictatorship and Armed Struggle in Brazil*, New York 1971; ebenfalls *Pan de Arara, La Violencia Militar en el Brasil*, Mexiko 1975.

8 João Quartim, *Dictatorship and Armed Struggle in Brazil*, New York 1971, passim.

9 R. D. Evans, Brazil, the Road back from Terrorism, *Conflict Studies* 47, Juli 1974.

10 John William Cooke, *La lucha por la liberación nacional*, Buenos Aires 1973; Donald C. Hodges, Philosophiye of the Urban Guerilla, New York 1973, 9–12.

11 R. Lamberg, *Die Guerilla in Lateinamerika*, Stuttgart 1972, 217.

12 Patrick O'Donnell, *The Irish Faction Fighters of the Nineteenth Century*, Dublin 1975, 63.

13 Von den neueren Abhandlungen über die IRA und die Auseinandersetzungen in Ulster verdienen die folgenden erwähnt zu werden: Tim Pat Coogan, *The IRA*, London 1970; J. Bowyer Bell, *The Secret Army*, London 1970; M. Dillon und D. Lehane, *Political Murder in Northern Ireland*, London 1973; Liam de Paor, *Divided Ulster*, London 1970; Mary McGuire, *To Take Up Arms*, London 1973.

14 Insgesamt gab es 153 »Dritte-Länder-Operationen« zwischen 1967 und 1975; die meisten Fälle im Jahre 1973 (50), im Jahre 1975 nur noch 7. In diesen Aktionen kamen 210 Personen um, 80 % davon keine israelischen Staatsbürger. Insgesamt waren 16 Länder betroffen. In der gleichen neunjährigen Periode wurden 2670 Araber und 502 Juden bei Auseinandersetzungen in Israel oder an der Grenze getötet; 1969–70 gab es die meisten jüdischen Opfer, danach fiel die Zahl sowohl der getöteten Juden als auch der Araber ständig, da es zu sehr viel weniger Aktionen kam.

15 *Al Achram*, 28. Juni 1976.

16 Die Grundsatzdokumente der palästinensischen Organisationen erscheinen in dem vierteljährlichen *Journal of Palestinian Studies*, das seit 1972 in Beirut erscheint. Für die frühere Periode siehe L. S. Kadi (Hrsg.), *Basic Political Documents of the Armed Palestinian Resistance Movement*, Beirut 1969 und R. N. Rayes und D. Nahas, *Gueril-*

las for Palestine, Beirut 1974, und Y. Harkabi, Fedayeen Action and Arab Strategy, *Adelphi Papers*, 53, London 1968. Für palästinensische terroristische Methoden siehe R. Tophoven, *Fedayin, Guerilla ohne Grenzen,* München 1975; Z. Schiff und R. Rothstein, *Fedayeen,* London 1972; E. Yaari, *Strike Terror*, Jerusalem 1970; Edgar O'Ballence, *Arab Guerrilla Power*, London 1973; Christopher Dobson, *Black September*, London 1974; Leila Khaled, *My People shall Live*, London 1973; John Laffin, *Fedayeen*, London 1973, und zahlreiche weitere, hauptsächlich populärwissenschaftliche Bücher.

17 Zitiert in John Gerassi, *Towards Revolution*, Band 1, London 1971, 231.

18 S. de Madariaga, *Spain*, London 1942, 179.

19 Gustave Morf, *Terror in Quebec*, Toronto 1970, passim; Arnold Hottinger, Spain in Transition, *Washington Papers*, 19, London 1974, 47–52.

20 UN Generalversammlung, 27. Sitzung, A/C. 6 1389, 13.12. 1972. Leo Romaniecki, »The Soviet Union and International Terrorism« in *Soviet Studies* 1974, 417 ff.

21 G. Mirski, »Arabskie narodi prodolschajut borbu« in *MEMO*, März 1968, 120; und weitere Aufsätze des gleichen Autors: z. B. *New York Times*, 26. Juni 1968 und 2. Okt. 1968; siehe auch L. Steidin, »Imperialisticheski Sagovor na Blischnem Vostoke«, *Kommunist* 11, Juli 1967, 107 ff.

22 Luis Carlos Prestes in *Tribuna Popular*, 12. u. 13.1. 1973.

23 Der strategische Wandel wird aus zahlreichen Artikeln in *Tricontinental* während der Jahre 1969 und 1970 deutlich.

24 *Le Point*, 21. u. 28. Juni 1976.

25 Resolution über Lateinamerika, *Intercontinental Press*, 14. Juli 1969, 720 f.

26 Siehe die Polemik zwischen amerikanischen Trotzkisten und der britischen *Red Mole*; Joseph Hansen in *International Information Bulletin*, April 1971; die Resolution der französischen *Ligue Communiste* über München in *Rouge*, 23. Sept. 1972. *Red Mole* über Irland, 1.1. 1971.

27 *Rouge*, 30. Sept. 1972.

28 Report über den bewaffneten Kampf in Lateinamerika von Roman, *International Information Bulletin*, August 1974, 17 ff.

29 Gegendarstellung von Joseph Hansen, *International Information Bulletin*, August 1974, 23 ff.

30 Siehe z. B. Ernest Germain und Martine Knoeller in *International Information Bulletin*, Jan. 1971 und Ernest Mandel, »In Defence of Leninism«, ebenda, April 1973.

31 Amerikanische Kongreßkomitees haben der trotzkistischen Einstellung gegenüber dem Terrorismus zuviel Aufmerksamkeit geschenkt –

den kommunistischen Beziehungen nur sehr wenig. Siehe zum Beispiel *Trotskyite Terrorist International*, Hearings before the subcommittee to investigate the administration of the Internal Security Act and other internal security laws. Committee on the Judiciary, US Senat, 94. Kongreß, 24. Juli 1975, 472 ff. Diese Dokumente sind wertvoll im Hinblick auf die Richtwege der extremen Linken, geben aber einen falschen Eindruck, da es sehr viel stärkere Kräfte als das »United Secretariat« gab.

32 *Punto Final*, 29. August 1972.

33 Brief an die PRT (Combatiente) von Ernest Livio, Pierre, Sandor, Tariq, Delphin, *International Internal Discussion Bulletin*, Juni 1973, 22 ff.

34 Frantz Fanon, *The Wretched of the Earth*, London 1967, 74.

35 Ein erster Versuch, die Politik und Kultur der Neuen Linken in historischer Perspektive zu beschreiben ist Klaus Mehnerts *Jugend im Zeitbruch*, Stuttgart 1976.

36 Alex Schubert, *Stadtguerilla*, 117.

37 Über Terrorismus in der Bundesrepublik: Alex Schubert, *Stadtguerilla,* Kollektiv RAF, *Über den bewaffneten Kampf in Westeuropa*, Berlin 1971; M. Müller-Borchert, *Guerilla im Industriestaat*, Hamburg 1973; M. Baumann, *Wie alles anfing*, München 1975; Peter Brückner u. a., *Gewalt und Solidarität*, Berlin 1974; *Sozialistisches Jahrbuch 5*, 1973; *Stadtguerilla und soziale Revolution*, Haarlem 1974; Günter Bartsch, *Anarchismus in Deutschland*, Band II, Hannover, 1973; *Holger, der Kampf geht weiter*, 1974; *Bewaffneter Kampf. Texte der RAF*, Verlag Rote Sonne, 1974 (?).

38 Über die United Red Army und andere japanische Terrorgruppen gibt es nur Literatur in Japanisch. Die Ursprünge: siehe Takashi Tachibara, *Chukaku us kakumaru*, 2 Bände, Tokio 1975; Ideologie: siehe Symposium *Uchi Geba no Ronri* (Die Logik des inneren Kampfes, Geba = Gewalt), Tokio 1974; besonders interessant sind die Essays über die Ästhetik des Mordanschlages, 57 ff. und die Philosophie des Hasses (147); *Sekigun* ist eine Dokumentation des Sasho Henshu Komitees, Tokio 1975, mit einer ausführlichen Bibliographie, 361–484.

39 Es gibt sehr viel Literatur über die Weathermen und die Black Panther Party: *Prairie Fire*, 1974; Harold Jacobs (Hrsg.), *Weatherman*, Berkeley 1970; J. Raskin (Hrsg.), *The Weather Eye*, New York 1974; Kirkpatrick Sale, *S. D. S*, New York 1974, ebenfalls *Liberation News Service, The Guardian, The Berkeley Barb* und Veröffentlichungen des Kongresses wie *The Weatherman Underground*, Januar 1975.
Über schwarzen Terrorismus:
Philipp S. Foner, *The Black Panther Speaks*, New York 1970; auch die Schriften Eldridge Cleavers, Stokeley Carmichaels, David Hil-

liards, George Jacksons, Huey Newtons, Bobby Seales *(Seize the Time)* und anderer; die Zeitung *Black Panther* und die Zeitungen der Cleaver-Fraktion.

40 George Jackson, *Blood in my Eye*, London 1975, 65.

41 Von 1000 Bombenanschlägen in den Vereinigten Staaten im Jahre 1975 wurden nur 46 organisierten terroristischen Gruppen zugeschrieben.

42 M. Ram, »The Urban Guerrilla Movement in Calcutta«, *Institut für Defence Studies and Analyses Journal*, Jan. 1972, 288–301.

43 Forschungsstudie: *International and Transnational Terrorism: Diagnosis and Prognosis*, Washington, April 1976, 26.

44 Die beiden folgenden Beispiele sollten genügen: Einer ungenannten israelischen Quelle zufolge, zitiert in Brian Jenkins, *International Terrorism* waren die Gesamtkosten (Menschen und Material) für Israel im Kampf gegen arabische Terroristen in den Jahren 1967–1972 vierzigmal so hoch wie die Kosten des Sechs-Tage-Krieges 1967. Der Krieg 1967 hat Israel mindestens eine Milliarde Dollar gekostet; mit 40 multipliziert ergibt das eine Summe, die höher liegt, als das gesamte israelische Bruttosozialprodukt während dieser Zeit . . . Amerikanische Beobachter wiesen besorgt darauf hin, daß 1976 40 Millionen Dollar zum Schutz amerikanischer Diplomaten in aller Welt ausgegeben werden mußten, aber das ist bedeutend weniger, als der Preis eines einzigen B1-Bombenflugzeuges.

Fünftes Kapitel

Interpretationen des Terrorismus – Tatsachen, Fiktion und politische Wissenschaft

I.

Die Frage nach der terroristischen Motivation ist alles andere als neu, und sie ist auf die verschiedensten Arten beantwortet worden. Das ist kaum überraschend, denn Terrorismus hat in den verschiedenen Zeitaltern und Ländern die unterschiedlichsten Charakteristika angenommen. Jede Erklärung, die alle verschiedenen Formen zu umfassen versucht, ist entweder ungenau oder sogar falsch. Es ist behauptet worden, daß sehr idealistische und von ernsthaften Beweggründen angetriebene junge Menschen sich für den Terrorismus entschieden haben, da sie sich ungelösten Problemen gegenübersahen und es keine andere Möglichkeit gab, zu protestieren oder eine Wandlung herbeizuführen. Dostojewski und viele andere hätten dem kaum zugestimmt. Es ist auch behauptet worden, daß Terroristen Kriminelle, moralisch Kranke, geistig Zurückgebliebene oder Sadisten (oder Sado-Masochisten) sind. Allgemeine Äußerungen dieser Art müssen Skeptizismus hervorrufen. Terroristische Bewegungen sind gewöhnlich eine Art Jugendbewegung, und den idealistischen Charakter einer Jugendbewegung hervorzukehren, heißt nur das Offensichtliche zu betonen: Sie handeln nicht aus eigenem Interesse und sind immer gegen den *Status quo*. Politische Ziele sind jedoch nicht unbedingt altruistisch: Idealismus und Eigennutz können übereinstimmen, auch persönliche Ambitionen fehlen nicht. Terroristen sind auch von Ungeduld und einer Art *Machismo* (oder, in letzter Zeit, dem weiblichen Gegenstück) angetrieben worden. Terrorismus ist in zunehmendem Maße in Gesellschaften aufgetreten, in denen ein friedlicher Wechsel möglich ist. Mißstände hat es immer gegeben, aber in gewissen Fällen ist Unterdrückung ohne Protest ertragen worden, während anderswo und zu anderen Zeiten relativ geringfügige Probleme zu gewalttätiger Reaktion geführt haben. Auch ist die Wahl des Terrorismus als Waffe nicht unbedingt die offensichtliche, denn häufig gab es andere Wege des Widerstandes, sowohl politische als auch militärische.

Kurz gesagt, das Problem des Terrorismus ist kompliziert. Was in einem Land, ohne Widerspruch befürchten zu müssen, über eine terroristische Gruppe gesagt werden kann, trifft keinesfalls auf eine andere Gruppe, zu einem anderen Zeitpunkt und in einer anderen Gesellschaft zu. Die Freiheitsliebe und die Liebe des Nächsten sind von sympathisierenden Beobachtern angeführt worden, um die Beweggründe der Terroristen des letzten Drittels des 19. Jahrhunderts zu erläutern – »der letzte verzweifelte Kampf gröblich beleidigter und erbitterter menschlicher Seele für Raum zu atmen und zu leben«.[1] Emma Goldmann bemerkte, daß die anarchistischen Terroristen nicht durch die anarchistische Lehre zur Gewalt getrieben wurden, sondern durch den starken Druck der Bedingungen, die das Leben für ihre sensiblen Naturen untragbar machten. Mit der großangelegten Gewaltanwendung des Kapitals und der Regierungen verglichen, waren politische Gewalttaten nur ein Tropfen auf den heißen Stein. »Empfindlich wie die Saite einer Geige, weinen und klagen die Anarchisten über das Leben, so unerbittlich, grausam und unmenschlich. In einem verzweifelten Augenblick reißt die Saite.«[2]

Andere zeitgenössische Beobachter interpretierten Terrorismus weniger wohlwollend: er war völlig verrucht, eine Art Geisteskrankheit, der vielleicht eine körperliche Störung zugrunde lag. Es wurde bemerkt, daß eine Anzahl zeitgenössischer Terroristen an Epilepsie, Tuberkulose und anderen Krankheiten litten. Lombroso sah einen Zusammenhang zwischen Bombenwerfen und Pellagra und anderen Vitamin-Mangelerscheinungen unter den Mais essenden Völkern Südeuropas. Andere entdeckten einen Zusammenhang mit der allgemeinen nervösen Erregung eines Zeitalters, die sich auch in übertriebener Individualität und der Verbreitung dekadenter Literatur äußerte. Der Zusammenhang zwischen Terrorismus und Luftdruck, Mondphasen, Alkoholismus und Dürreperioden wurde untersucht, und die Schädelmessung von Terroristen war sehr in Mode.[3]

Es entspricht jedoch nicht den Tatsachen, daß frühe Interpretationen des Terrorismus lediglich hysterisch waren und daß nicht versucht wurde, ernsthaft die tiefergehenden Motive zu untersuchen. Viele zeitgenössische Betrachter geben eine erstaunlich distanzierte Beurteilung ab. So argumentierten sie zum Beispiel, daß die Wichtigkeit des anarchistischen Terrorismus nicht überschätzt werden solle, daß Unterdrückung weniger wichtig sei als

Verhütung und daß die Todesstrafe nicht erforderlich sei.[4] Lombroso hatte von Anfang an Bedenken im Hinblick auf die Wirksamkeit internationaler Zusammenarbeit gegen anarchistischen Terrorismus, und er war auch gegen die Todesstrafe. Er argumentierte, daß Strafe kein Mittel gegen Fanatismus sei. Falls, so behauptete er, Terrorismus nur eine indirekte Art des Selbstmordes sei, wirke die Todesstrafe, die das gewünschte Ziel erfülle, lediglich als Anreiz.[4a] Zenker, einer der ersten Historiker des Anarchismus, schlug vor, alle außergewöhnliche (Notstands-) Gesetzgebung solle vermieden werden; es sei sehr viel wirksamer, wenn der Staat sich bemühe, soziale Ungleichheiten zu beseitigen. Zenker war jedoch ein zu genauer und objektiver Beobachter, um sich mit gewandten Erklärungen und Lösungen zufriedenzugeben; er führte *expressis verbis* an, daß anarchistischer Terrorismus keinesfalls nur mit Massenarmut erklärt werden könne.[5]

Um die Jahrhundertwende hatte der Anarchismus seine terroristische Phase überlebt, aber terroristische Aktionen hörten nicht auf. Mit anderen Manifestationen politischer Gewaltanwendung verglichen, schienen sie von untergeordneter Bedeutung, und das ist vielleicht einer der Gründe, weshalb kein ernsthafter Versuch unternommen wurde, dieses Phänomen zu untersuchen. Es gab auch andere Gründe, wie z. B. den fundamental erschreckenden und beunruhigenden Charakter des Terrorismus, der ernsthafte Studien behindert haben mag.[6] Es ist ebenfalls richtig, daß Terrorismus schon in seinen frühen Stadien als komplexes Phänomen erkannt wurde, das von Land zu Land als Folge kultureller Traditionen, sozialer Strukturen, politischer Beziehungen und vieler anderer Faktoren verschieden war und Verallgemeinerungen in der Tat schwierig machte. Einer der wenigen Versuche einer Definition und Erklärung war Hardmans Beitrag in der *Encyclopaedia of Social Sciences,* der im Jahre 1934 veröffentlicht wurde. Der Autor definiert Terrorismus als die Methode (oder Theorie der Methode), wodurch eine organisierte Gruppe oder Partei versucht, ihre Ziele hauptsächlich durch systematische Anwendung von Gewalt zu erreichen. Somit unterscheidet sich Terrorismus im Wesen nicht nur von Gewaltanwendung von seiten des Staates, sondern auch des Mobs und dem Aufstand der Massen. Hardman betrachtete den Öffentlichkeitswert terroristischer Aktionen als den wichtigsten Punkt und bemerkt, daß die Inspiration des Terrorismus sowohl von der Linken als auch von der Rechten kommen könne und daß Terrorismus als vollständige revolutionäre Taktik nie einen echten Erfolg gehabt habe. Einige seiner anderen Bemerkungen zeigen deutlich den Wandel, dem sich der Terrorismus in letzter Zeit unterzogen hat, obwohl sie zu jener Zeit durchaus gültig gewesen sein mögen. So gab es die Doktrin des wahllosen Terrors in den 30er Jahren noch nicht: »Terroristische Aktionen richten sich gegen Personen, die als Individuen, Agenten oder Stellvertreter der Autorität sich den Zielen einer solchen Gruppe in den Weg stellen.«[7] Es ist auch kaum wahrscheinlich, daß ein Beobachter der terroristischen Bewegungen der 60er und 70er Jahre dieses Jahrhunderts die Ansicht bestätigt: »Terroristen drohen nicht; Tod und Zerstörung ist Teil ihres Aktionsprogrammes« oder »Gewalt und Tod sollen nicht Geldmittel erwirtschaften oder die angegriffenen Personen terrorisieren«. Es erschienen zahlreiche Bücher über Terrorismus, die jedoch gewöhnlich entweder historische Monographien über die jüngste russische oder irische Geschichte oder journalistische Darlegungen exotischer Bewegungen wie der mazedonischen IMRO oder Studien der rechtlichen Zusammenhänge terroristischer Operationen waren.

Erst in den 60er Jahren entdeckten die Sozialwissenschaftler ein Interesse für politische Gewaltanwendung; einige waren der Ansicht gewesen, daß es sich um ein relativ seltenes Phänomen handele; andere mögen es aus unterschiedlichen Gründen vernachlässigt haben.[8] Der Großteil der Forschung wurde in den Vereinigten Staaten ausgeführt, und es bestand eine konkrete Verbindung zum Vietnamkrieg und den innenpolitischen Unruhen. Die Tatsache, daß es außerhalb der Vereinigten Staaten immer Gewalt in großem Ausmaß gegeben hatte, war irgendwie unbemerkt geblieben. Aus der Sicht des Lebens in den amerikanischen Vorstädten schien das politische Leben überall in der Welt allmählich zivilisierter zu werden, Stabilität galt als die Regel und politische Gewaltanwendung als die bedauernswerte Ausnahme. Als sich diese Annahme plötzlich als zu optimistisch erwies, schwang das Pendel in die entgegengesetzte Richtung, und es verbreitete sich die Überzeugung, daß der Umfang der Gewalt in gewisser Weise die sozialen Mißstände, das »System«, niedrige Löhne, schlechte Wohnungen, ungenügende Erziehung usw. reflektiere. Der Schock der Erkenntnis war offensichtlich so groß, daß die Kommentare zuweilen recht unverständlich waren. »Falls es im nationalen Charakter eine Tendenz zur Gewalt gibt, dann ist es genau diese Tendenz, die sich gegen Veränderung sperrt.«[9]

Die zugrundeliegende Annahme war, daß eine gesunde Gesellschaft keine derartigen Probleme habe und daß eine Regierung, die sich auf die Loyalität ihrer Bürger verlassen kann, keine Angst vor terroristischen Untaten und ähnlichen Gefahren zu haben brauche. Diese Annahme lag den neuen Konfliktstudien zugrunde, die wiederum auf Arbeiten von Dollard und seinen Mitarbeitern über Frustration und Aggression basierten, die kurz vor Ausbruch des Zweiten Weltkriegs entstanden waren.[10] Hier wurde behauptet, daß Aggression *immer* eine Folge von Frustration ist, eine Annahme, die keineswegs allseits anerkannt wurde. So wurde sie zum Beispiel von Ethnologen angegriffen, die erklärten, aggressives Verhalten sei spontan, ein innerer Drang. Aber auch die meisten Psychologen hielten diese Theorie für mangelhaft; »Kriege entstehen, da Kämpfen eine fundamentale Tendenz des Menschen ist«, schrieb einer von ihnen.[11] Anthony Storr bemerkte, daß das Frustrations-Aggressions-Konzept unter Amerikanern weitgehend akzeptiert wurde: wahrscheinlich erschwerte ihnen ihr steter Optimismus die Einsicht, daß es irgendein negatives Prinzip in der physischen Welt oder in der menschlichen Natur geben könne, das nicht zu bereinigen sei.*

Dollards Konzept wurde eine Zeitlang weitgehend von Konfliktforschern akzeptiert, die Protest und Gewaltanwendung als Folge von Unzufriedenheit aufgrund von Frustration verstanden. Sie betrachteten soziale Unzufriedenheit als die Diskrepanz zwischen Forderung und Erfüllung. Oder, wissenschaftlicher ausge-

* Die Frustration-Aggressions-Hypothese wurde in den 60er Jahren durch Leonard Berkowitz in verfeinerter Form wieder aufgegriffen. Frustration produzierte, wie er es sah, ein emotionales Stadium, Ärger, der die Wahrscheinlichkeit des Auftretens von Aggression vergrößerte. Berkowitz war sich externer Stimulationen sehr viel mehr bewußt als seine Vorgänger; selbst wenn Frustration und Ärger vorliegen, so hängt doch die Wahrscheinlichkeit, daß Aggression zum Ausbruch kommt, von der Anwesenheit (oder Abwesenheit) bestimmter Faktoren ab, die Aggression unterdrücken. In dieser etwas vorsichtigeren Form ausgedrückt, schien die Hypothese mehr Gültigkeit zu besitzen, als Werkzeug der empirischen Forschung ist sie jedoch nach wie vor von begrenzter Anwendbarkeit, vor allem im Hinblick auf größere soziale Gruppen. (Leonard Berkowitz, *Aggression,* New York, 1962, und Reed Lawson (Herausgeber), Frustration, the development of a scientific concept. New York, 1965.)

drückt, je höher die Formation sozialer Wünsche und je niedriger die Befriedigung sozialer Wünsche, desto größer die Systemfrustration. In diesem Licht betrachtet ist Gewalt das Resultat von Sozialisierungsschemata, die Aggression entweder fördern oder verhindern, und von kulturellen Traditionen, die kollektive Reaktionen auf verschiedene Arten der Entbehrung gutheißen.[12] Konfliktforschern stand ein umfassendes Arsenal zur Verfügung, um Protest und Gewaltanwendung zu erklären – kausale Modelle, wie Faktorenanalyse und mehrfache Regression. (Mehrfache Regression ist eine Methode, die abhängige Variable von zwei oder mehreren unabhängigen Variablen abzuleiten.) In den folgenden Jahren wurden Dutzende von Aufsätzen und Büchern veröffentlicht, welche die Beziehung von Gewalt auf der einen Seite, Faktoren wie Schulbildung, Urbanisierung, Kalorieneinnahme, Bruttosozialprodukt, die Anzahl von Zeitungen oder Ärzten auf der anderen Seite untersuchten. Dies war der sogenannte Frustrationsindex. Seine Zusammensetzung war natürlich höchst willkürlich, denn man kann nicht davon ausgehen, daß das Erscheinen einer Tageszeitung notwendigerweise zum Glück der Menschen beiträgt. Auch war es alles andere als klar, ob unzulängliches Schulwesen größere Unzufriedenheit hervorruft als die Existenz von Schulen und Universitäten bei gleichzeitigem Mangel an freien Stellen für Akademiker. 1968 führten bereits 650 amerikanische Politologen »Revolution und politische Gewaltanwendung« als ihr Spezialgebiet an; obwohl sie sich in Orientierung und Methode weitgehend unterschieden, glaubten doch viele von ihnen, daß Gruppenkonflikte innerhalb einer Nation gemeinsame Eigenschaften und Ursachen hätten, die durch Quantifikation verglichen und erklärt werden könnten.

Ted Robert Gurr: »The Calculus of Civil Conflict«, *Journal of Social Issues,* I, 1972, p. 29.

Es folgt eine repräsentative, aber keineswegs vollständige Auswahl dieser Literatur.

I. K. und R. L. Feierabend, »Social Change and Political Violence: Cross-National Patterns« in H. D. Graham und Ted Gurr, *Violence in America,* 1969. Siehe auch *Journal of Conflict Resolution:* 10, 1966; und J. V. Gillespie und B. A. Nesvold, *Marco-Quantitative Analysis Conflict, Development and Democratization,* Beverly Hills, 1971.

T. R. Gurr, *Why Men Rebel,* Princeton 1970; ebenso T. R. Gurr und R. Duvall, »Civil Conflict in the 1960s«, in *Comparative Political Studies,* 6, 1973.

R. J. Rummel, »Dimensions of Conflict Behaviour within and between Nations«, *General Systems Yearbook,* 8, 1963.
R. J. Rummel, »Dimensions of Conflict Behaviour within Nations« 1946–59, *Journal of Conflict Resolution,* Band 10, pp. 65.
B. A. Nesvold, »A Scalogram Analysis of Political Violence«, in Gillespie und Nesvold, supra.
T. R. Gurr und C. Rutenberg, *The Conditions of Civil Violence: First Tests of a Causal Model,* Center for International Studies, Research Monograph 28, Princeton 1967.
W. H. Flanigan und E. Fogelman, »Patterns of Political Violence in Comparative Historical Perspective«, in *Comparative Politics,* 3, 1970.
P. R. Schneider und A. L. Schneider, »Social Mobilisation, Political Institutions and Political Violence«. *Comparative Political Studies,* 4, 1971.
F. R. von der Mehden, *Comparative Political Violence,* New York 1973.
G. B. Markus und B. A. Nesvold, »Governmental Coerciveness and Political Instability«, *Comparative Political Studies,* 5, 1972.
R. Tanter, »Dimensions of Conflict Behaviour within and between Nations«. *Journal of Conflict Resolution,* 10, 1966.

Im Zusammenhang mit zwischen-nationaler Makroforschung untersuchte Rummel Dimensionen des Konfliktverhaltens innerhalb einer Nation und zwischen den Nationen (1946–59), desgleichen Raymond Tanter für einen kürzeren Zeitraum (1958–60). Dies führte zu einer Untersuchung der Beziehung zwischen innenpolitischem und außenpolitischem Konfliktverhalten und dem Resultat, das sie vielleicht selber überraschte, daß offensichtlich keine Beziehung bestünde. Vielleicht gab es einen dritten Faktor, der nicht beachtet worden war, wie die Persönlichkeitsmerkmale der nationalen Schlüsselfiguren, oder vielleicht einen kausalen Zusammenhang, der immer noch durch unbekannte Phänomene verdeckt war. Douglas Bwy untersuchte die politische Instabilität in Lateinamerika, ein sehr viel dankbareres Thema, da der Autor es mit Gesellschaften mit mehr oder weniger ähnlichen Traditionen zu tun hatte. Die Forschung führte allerdings nicht sehr weit, denn es wurde festgestellt, daß es keine offensichtlichen Zusammenhänge zwischen der Legitimität eines politischen Systems und der Intensität oder Häufigkeit von Gewaltanwendung gab. Es kam genauso oft in höchst legitimen wie in weniger legitimen Systemen zu Unruhen.[13]

Einige Wissenschaftler sahen den entscheidenden Faktor in dem Zusammenbruch der traditionellen Gesellschaft; andere konzentrierten sich auf die Ungleichheit der Besitz- oder Landverteilung; eine dritte Gruppe ging von den sozialen Folgen einer raschen wirtschaftlichen Entwicklung aus. Einigen Forschern zufolge waren die Gesellschaftsformen auf der niedrigsten und höchsten Stufe am stabilsten, während diejenigen in der Mitte einen hohen Grad an Instabilität zeigten. Zuweilen kamen die Ergebnisse unerwartet, in einem Fall wurde zum Beispiel aufgezeigt, daß die Einwohner Amerikas (einschließlich der Schwarzen) glücklicher seien als die Bewohner anderer Länder. Vielleicht reichten Elend und Frustration nicht aus, um Unruhen und Anarchie zu erklären; vielleicht mußte man die Notwendigkeit, *Machismo* zu beweisen, ebenso in Betracht ziehen wie das Verlangen, aus reiner Lust und traditioneller Gesetzlosigkeit Unruhe zu stiften.[14]

Eine Studie der Gewalt in 84 Ländern kam zu der Schlußfolgerung, daß geringe Repression Instabilität fördert, während starke Repression den gegenteiligen Effekt hat, oder, um es etwas verschlüsselter auszudrücken, »politische Instabilität ist dem Ausmaß an Zwang eines politischen Regimes kurvenlinear verwandt; die Wahrscheinlichkeit eines hohen Niveaus politischer Instabilität vergrößert sich bei einem mittleren Niveau an Zwang, der als Abschreckung gegen Aggression ungenügend, zur Erhöhung des Niveaus der Systemfrustrationen jedoch ausreichend ist«.

Wandel führt zu Unruhe; moderne Länder sind stabiler, da sie die Wünsche ihrer Bürger erfüllen können; die weniger entwikkelten Länder sind instabiler aufgrund der aggressiven Reaktion zu Systemfrustrationen, die in der Bevölkerung hervorgerufen wird. Da es jedoch nicht nur in unterentwickelten Ländern, sondern auch in hochentwickelten Ländern Unzufriedenheit gab, hielten sich die Wissenschaftler Ausweichmöglichkeiten offen: die Befriedigung der Wünsche kann einen Rückkoppelungseffekt haben und den Drang nach mehr Befriedigung stärken und somit das Gefühl der Systemfrustration erhöhen. Erst wenn ein genügend hohes Niveau an Befriedigung erreicht ist (das Niveau einer Patty Hearst, könnte ein übelmeinender Kritiker anführen), wird ein Land eher zur Stabilität als zur Instabilität neigen.[15]

Die zwischenstaatlichen Studien basierten gewöhnlich auf dem Index der *New York Times* oder ähnlichen Quellen; Attentate von Irren und terroristischen Gruppen werden dort nebeneinander aufgeführt; die Opfer der Nazi-Säuberungsaktionen im Juni 1934 werden angeführt, aber nicht die der sowjetischen Aktionen in den Jahren 1936–38. Der Autor einer Studie über Attentate entdeckte eine direkte Verbindung unter anderem zwischen Attentaten und externer Aggression und Feindseligkeit gegenüber Minderheiten. Diese Art von Einstufungen, die zum Teil deutlich an Alice im Wunderland erinnerten, führten die DDR, Jordanien, Guatemala und Paraguay unter der Kategorie »starke externe Aggression« auf; Bulgarien, die Tschechoslowakei, Afghanistan und Panama (um einige willkürliche Beispiele zu nennen) wurden unter »geringe externe Aggression« eingestuft. Die Türkei, Peru, Tunesien und die Schweiz waren Länder mit »starker Feindseligkeit gegenüber Minderheiten«, während Jugoslawien, die Philippinen, Syrien und Großbritannien unter »geringe Feindseligkeit gegenüber Minderheiten« erscheinen.[16]

Andere Untersuchungen waren derweil zu der Überzeugung gelangt, daß sich ihre Kriterien nicht auf kommunistische Länder anwenden ließen, da diese Länder nicht »meßbar« seien, und daß auch die Modelle der Modernisierung und ihrer Folgen auf diese Länder nicht anwendbar seien.[17] Aber wenn man einmal von allgemeinen Prinzipfragen wie der Anwendbarkeit der Quantifikation absieht, war es auch keineswegs sicher, daß Länder der Dritten Welt »meßbar« waren, allein schon wegen der Schwierigkeit, zuverlässige Daten zu bekommen. Die Forscher waren sich der Schwächen ihrer Konzepte und Schlußfolgerungen bewußt, die nur zu oft auf statistischer Willkür beruhten: »Faktorenanalyse ist angewandt worden, um einem nach wie vor chaotischen Konzept den Anschein statistischer Ordnung zu geben«.[18] Zur gleichen Zeit war jedoch die allgemeine Einstellung bis ca. 1972 sehr optimistisch. So bemerkte die Feierabend-Studie aus dem Jahre 1966: »Obwohl die Resultate exploratorischer Natur sind, sind sie doch wichtig und überzeugend genug, um eine Weiterführung mit zusätzlichen Entwürfen zu rechtfertigen«.[19] Und in einer Schrift aus dem Jahre 1972 glaubte Ted Gurr, daß das Studium des zivilen Konfliktes vor einem wichtigen Durchbruch stehe: »Die Resultate der bis jetzt vorliegenden Studien haben ihren Aufwand mehr als gerechtfertigt. Es ist problematisch, aber auf Grund der bisherigen Ergebnisse durchaus möglich, daß der Zivilkonflikt, sieht man von Psychologie und Ökonomie ab, eines der ersten Gebiete der Sozialwissenschaften wird, auf dem Parameter, Etiologie und Prozesse als Grundlagen verstanden werden, um im engeren Sinne des Wortes ein zusammenhängendes wissenschaftliches Fach zu schaffen.«[20] Dieser Optimismus wurde nicht von allen Politologen und noch weniger von Historikern geteilt. Harry Eckstein äußerte sich in seinen Schriften in den Jahren 1964 und 1969 skeptisch zu den aktuellen Schlußfolgerungen. 1975 bezweifelte Erich Weede in einer Untersuchung der Arbeiten eines Jahrzehnts, ob überhaupt irgendwelcher Fortschritt gemacht worden sei.[21] Schließlich wurden auch die Autoren der 60er Jahre, die die psychologischen Ursprünge des Konflikts betont hatten, mit den bis dahin erreichten Resultaten unzufrieden. Neue Forschungen wurden eingeleitet, wobei diesmal die Betonung auf Spannung und Überanstrengung statt auf relativer Entbehrung wie in vorhergegangenen Studien lag. Soziale Spannungen wurden jetzt als Folge langanhaltender Überforderung oder kurzfristigen Stresses angesehen. Diese Belastungen galten als besonders schwerwiegend in einem traditionell konfliktreichen System.

Dieser Argumentation zufolge treten interne Konflikte dort auf, wo Ungerechtigkeit und Ungleichheit andauern und wo die innere Herrschaft auf Zwang statt auf Übereinstimmung beruht.[22] Dieses Modell versucht, nicht nur ökonomische und politische Gegebenheiten in Betracht zu ziehen, sondern auch das Vorhandensein religiöser oder nationalistisch-separatistischer Trends oder wirtschaftlicher Abhängigkeit von anderen Ländern. Eine weitere Hypothese beruht auf der Annahme, daß Protest sich aufgrund negativer Sanktionen von seiten der Regierung zu einem inneren Krieg ausweitet. Protest provoziert Repression von seiten der Regierung, was wiederum zu neuem und intensiverem Protest führt. Erhöhter Zwang bietet keine Wahrscheinlichkeit oder Garantie einer verbesserten öffentlichen Ordnung; im Gegenteil, Zwang scheint die öffentliche Ordnung zu untergraben. So wird schließlich im Endeffekt autoritärer Zwang in direkte Relation zu politischer Instabilität gestellt.[23] Solcherlei Resultate mögen für gewisse Länder richtig gewesen sein, für viele andere aber waren sie offensichtlich unzutreffend. Derweil kam es zu einem erneuten Angriff innerhalb des Faches, indem die konventionelle Weisheit, die den meisten Arbeiten auf diesem Gebiet zugrunde lag, in Frage gestellt wurde. Stimmte es wirklich, daß Not immer der Grund für kollektive Gewaltanwendung war und daß ein enger Zusammenhang zwischen Urbanisierung, Verbrechen und kollektiver Gewaltanwendung bestand? Tilly und seine

Kollegen kamen aufgrund von Studien aus Frankreich im 19. und 20. Jahrhundert zu der Überzeugung, daß es nicht richtig sei, anzunehmen, daß Verstädterung – die Auflösung von Bindungen, die Unterbrechung bestehender Kontrollen und die Disorientierung der Neuzuwanderer – eine starke und anhaltende Tendenz zu erhöhten Verbrechensraten hervorruft. Ihre Untersuchung kam zu der noch wichtigeren Schlußfolgerung, daß es keinen allgemeinen Zusammenhang zwischen kollektiver Gewaltanwendung und Not in dem Sinne gebe, »daß ein Beobachter das eine von dem anderen her voraussagen könne . . . und wir sind der Ansicht, daß die hauptsächlichen, direkten Gründe kollektiver Gewaltanwendung politischer Art sind«.[24] Eine Monographie über Afrika zeigte, daß im Gegensatz zu den Erwartungen der soziale Aufbruch auf diesem Kontinent im allgemeinen nicht zu Frustration und Gewalt führte.

Radikale Politologen haben ihre nicht radikalen Kollegen in vielen Punkten scharf angegriffen, was aber die Methoden der Erläuterung politischer Gewalt betrifft, so sind Unterschiede kaum festzustellen. Keine von beiden Gruppen glaubt an Geschichte, und der Gesichtskreis der Radikalen ist von dem liberal-demokratischen System geprägt, in dem sie leben; was Marx über die Umwelt-Prägung des politischen Bewußtseins gesagt hat, trifft auf sie sicher zu. Eine neuere Studie radikaler Politilogen über revolutionäre Kriegsführung (einschließlich des politischen Terrorismus) kann hier als Beispiel gelten.[25] Dieser Schule zufolge ist eine solche Kriegsführung weiter verbreitet als zuvor: eine »moralische Explosion« der enttäuschten Massen der unterentwickelten Länder. Wo es Institutionen und Mechanismen zur Beeinflussung und Veränderung bestehender Systeme gibt, kommt sie nicht zum Ausbruch. Die Frage der Legitimität ist entscheidend; Regierungen sind legitim, wenn die Bürger aktiv und sinnvoll am Regierungsprozeß teilnehmen, d. h. maximale Selbstregierung besteht. Dagegen gibt es kaum etwas einzuwenden; daß es ein Maximum an Autonomie geben soll, daß Regierungen legitim sein sollen und daß es demokratische Institutionen geben soll, ist selbstverständlich. Es mag sogar wahr sein, daß dieses Konzept historisch richtig ist in bezug auf ein oder zwei Länder, denn die Geschichte ist so vielfältig, daß es nur wenige Theorien gibt, die völlig falsch sind. Mit dem Auftreten und Erfolg des Terrorismus in der ganzen Welt jedoch haben solche verallgemeinernden Behauptungen genauso viel zu tun wie die Häufigkeit von Störchen mit der Geburtsrate in Schweden. In letzter Zeit ist es unter den enttäuschten Bevölkerungen der Länder der dritten Welt nicht zu »moralischen Explosionen« gekommen, da ihre neuen Herrscher alle moralischen Skrupel, die ihre früheren kolonialen Herren noch hatten, abgelegt haben. Was Autonomie anbetrifft, ist es leider wahr, daß, je weniger ein Land davon hatte, desto immuner es gegen Terrorismus war. Wo auch immer die Mittel der Unterdrückung am vollständigsten und perfektesten waren, hat es überhaupt keinen Terrorismus gegeben. Diese Tatsachen werden nicht bestritten, aber es gibt einen psychologischen Widerstand gegen die Akzeptierung des Offensichtlichen. Nur selten ist es zugegeben worden, daß Tugend in der Politik nicht immer belohnt wird. Eine der wenigen Ausnahmen ist Romero Maura in seinen Betrachtungen zum Anarchismus in Spanien. Maura bemerkt, daß eine Richtung den Anarchismus als explosives Resultat mangelnder politischer Freiheit betrachtet:

Die Metapher von dem Sicherheitsventil ist beliebt, beruht aber auf einer Fehlinterpretation der modernen Geschichte Spaniens, indem sie die klare Tatsache übersieht, daß Anarchismus und andere revolutionäre Bewegungen nur in Bedingungen zu einer Kraft werden, in denen andere, gemäßigtere politische Alternativen *existieren.*[26]

Somit ist das Ergebnis der Anwendung der Politologie auf die Konfliktforschung von jeder Lösung weit entfernt und im Grunde recht negativ. Es sind keine wirklich wissenschaftlichen, d. h. voraussagenden und erläuternden Theorien zutage getreten. Dafür gibt es zahlreiche Gründe, von denen drei besonders hervorstechen. Ein quantitativer Index kann unmöglich Entbehrung »objektiv« messen. Zweitens, ein Großteil der Forschung war unhistorisch und ignorierte damit die Tatsache, daß politische Gewaltanwendung sowohl in Zeiten raschen sozialen Wechsels als auch in Zeitaltern der Stagnation aufgetreten ist; in ethnisch homogenen wie in heterogenen Ländern ist es zu Gewalt gekommen. Terrorismus ging von der Rechten und von der Linken aus. Zwischen anarchistischem und nationalistisch-separatistischem Terrorismus bestanden grundlegende Unterschiede; »reiner Terrorismus« ist nicht unbekannt; Terrorismus war zuweilen nur eine von mehreren Waffen, die von einer politischen Bewegung angewandt wurden. In der Tat ist das eigentliche Charakteristikum des Terrorismus in ständigem Wandel begriffen. Kurz gesagt, es gibt gute Gründe, um vergleichende Studien des Terrorismus zu unternehmen, aber es sollte offensichtlich sein, daß sich nicht alles mit allem vergleichen läßt. Die Analyse politischer Gewalt war nicht nur zeitlich eindimensional, folglich unhistorisch, da lediglich auf die Gegenwart konzentriert – anstelle diachroner Analyse; auch ging sie von der Voraussetzung aus, daß demokratische Gesellschaftsformen die Norm sind, und ignorierte moderne Diktaturen, und das zu einer Zeit, in der nur ein relativ kleiner Teil der Weltbevölkerung das Glück hat, in demokratischen oder quasi-demokratischen Gesellschaften zu leben. Diese eigenartige Engstirnigkeit hat zu Thesen geführt wie der, daß Regime, die sich auf Zwang verlegen, sich selbst zerstören, was im Licht historischer Erfahrung kaum ernstlich aufrechterhalten werden kann, besonders nicht im Hinblick auf die jüngste Vergangenheit. Die Geschichte mag zuweilen die Tugendhaften belohnen, aber das ist leider kein historisches Gesetz; Meriams Diktum, daß »Macht nicht am stärksten ist, wenn sie sich der Gewalt bedient, sondern am schwächsten«, mag eventuell auf gewisse Fälle in der Vergangenheit zutreffen, im Zeitalter der totalitären Diktaturen ist es sicherlich nicht gültig. Die Verwendung des Begriffes der Legitimität hat nur dazu gedient, einige recht offenbare Tatsachen der modernen Welt zu verschleiern. Was kann man zu einer quantitativen Analyse in 114 Ländern sagen, die anzeigt, daß mit abnehmender Legitimität der Regierung interne Unruhen zunehmen, oder zu einer Konferenz des State Department der Vereinigten Staaten, die zu dem Ergebnis kommt, daß Zuflucht zur Repression eine selbstzerstörerische Tendenz ist, weil sie dadurch den Anschein der Legitimität verliere?[27] Kann man mit Sicherheit behaupten, daß die Regierungen in Uganda, Algerien, Afghanistan, Albanien und der Tschechoslowakei (um nur einige zu nennen, in denen es keinen Terror außer dem von oben gibt) so viel legitimer sind als die von England, Westdeutschland, Kanada, Frankreich, Italien oder Spanien, den Ländern, in denen Terroristen operierten?

Es ist gesagt worden, daß es von einer gültigen Theorie der politischen Instabilität und zivilen Gewaltanwendung im allgemeinen, würde es sie geben, von bis zu einer Theorie des Terrorismus immer noch ein weiter Weg sei.[28] Tatsächlich ist es nicht einmal sicher, daß es überhaupt eine Verbindung zwischen diesen Phänomenen geben muß, denn Terrorismus wird gewöhnlich von kleinen Gruppen verübt, deren Motive nicht unbedingt mit wahrnehmbaren »objektiven« politischen, wirtschaftlichen oder psychologischen Trends zusammenhängen. Selbst wenn man interessehalber nachweisen könnte, daß das Gefühl relativer Entbehrung in einem bestimmten Land besonders verbreitet ist, heißt das noch nicht, daß die wenigen aktiven Terroristen diejenigen sind, die darunter am meisten leiden. Wenn man also die spezifischen Schwierigkeiten des Studiums des Terrorismus (statt politischer Gewaltanwendung im allgemeinen) betrachtet, ist es kein Wunder, daß sich die Wissenschaftler nicht in Scharen dazu drängen, eine allgemeine Theorie dieses Phänomens zu suchen. Eugen V. Walter hat auf der Basis einer Studie einiger primitiver Gesellschaften eine »allgemeine Theorie des Terrorismus« aufgestellt. Er konzentriert sich aber auf die Schreckensherrschaft, auf Terror, der von den Machthabern ausgeübt wird. Bewegungen, die das etablierte Machtsystem stürzen wollen, sind in seinen Untersuchungen ausgeschlossen.[28a] Einige Autoren haben allgemeine Betrachtungen beigesteuert, allerdings mehr auf dem Gebiet der Klassifizierung und Definition. Thornton beschrieb Terror als symbolischen Akt in einem internen Krieg, der politisches Verhalten durch Mittel, die die Androhung von Gewalt umfassen, zu verändern versucht.[29] Brian Crozier bemerkte, daß Terror gewöhnlich die Waffe der Schwachen ist und daß er am geeignetsten für nationale Befreiungskämpfe gegen Ausländer ist. Paul Wilkinson wies darauf hin, daß die Ergebnisse des Terrorismus nicht voraussagbar sind und daß terroristische Gewalt völlig außer Kontrolle geraten kann.[30] Das stimmt wahrscheinlich, trägt aber nicht zum Verständnis der Ursachen des Terrorismus bei. Politische Wissenschaften können nicht, um G. M. Trevelyan zu zitieren, an die Geschichte herangetragen werden; wenn man Glück hat, können Erkenntnisse aus der Geschichte zu Bausteinen der Politischen Wissenschaften werden. Robert Moss ist auf das Gefühl der relativen Entbehrung und die Legitimitätsfrage eingegangen. Z. Ivianski hat den anarchistischen Terrorismus der 90er Jahre des vorigen Jahrhunderts unter Hinweis auf Urbanisierung, Kulturkrise, den Zusammenbruch traditioneller Gesellschaft und Massenwanderungen erklärt. (Es ist sehr richtig, daß, wie Ivianski bemerkt, viele der Terroristen der 90er Jahre Immigranten waren, was allerdings nicht auf die russischen und irischen Terroristen zutrifft.) Paul Wilkinson akzeptiert in gewissem Maße die zwischennationalen Studien der politischen Gewaltanwendung der 60er Jahre. Aber das sind fremde Elemente in ansonsten wertvollen Studien; es sind Hypothesen, nur zuweilen durch historische Beweise belegt – keine Schlußfolgerungen.[30a] Sowohl Crozier als auch Thornton sind der Ansicht, daß ein Zusammenhang zwischen Terrorismus und der ersten Phase eines Guerillakrieges besteht. Es wäre leicht, zahlreiche Fälle in der Vergangenheit wie in der Gegenwart anzuführen, wo das nicht der Fall ist. Auch sollte man Terrorismus als »symbolischen Akt« nicht überbewerten; eine systematische Terrorkampagne besteht aus vielen Akten, die alles andere als symbolisch sind. Hannah Arendt wies auf den Zusammenhang zwischen Terrorismus und Protest gegen die Anonymität der modernen Gesellschaft hin.[31] Doch während derartige *obiter dicta* einen Funken an Wahrheit beinhalten, sind sie kaum neu; Historiker des Anarchismus wie Zenker haben ähnliche Beobachtungen vor Jahrzehnten gemacht. Dagegen scheint die Anonymität der modernen Gesellschaft keineswegs die Aktivitäten der IRA, der ETA oder Fatah zu erklären; ihre Beschwerden haben einen anderen Charakter. Laut Feliks Gross erfolgt eine terroristische Reaktion auf fremde Zwangsherrschaft oder Eroberung oder interne Repression (der »soziologische Faktor«). Gross bemerkt allerdings ganz richtig, daß objektive Umstände *per se* keine ausreichende, vielleicht nicht einmal eine notwendige Voraussetzung des Terrorismus sind, da Unterdrückung als solche von einer bestimmten Gruppe empfunden werden muß. Die Formierung oder Existenz einer revolutionären Partei bedarf definitiver ideologischer Ziele und eines gewissen Persönlichkeitstypus. Gross mißt den ethnischen und ideologisch-politischen Spannungen mehr Bedeutung zu als den ökonomischen und sozialen Bedingungen und bemerkt, daß Terrorismus langanhaltend sein und institutionalisiert werden kann.[32] An derartigen Beobachtungen gibt es wenig auszusetzen, aber sie basieren hauptsächlich auf der Erfahrung des osteuropäischen Terrorismus des 19. und 20. Jahrhunderts; sie? sind nicht unbedingt anderweitig verwendbar, und hinzu kommt, daß sie lediglich Bedingungen aufzeigen, unter denen Terrorismus auftreten könnte oder auch nicht.

Nach dem bisher Gesagten scheint es, als ob die quantitative Erforschung der Ursprünge und des Charakters politischer Gewaltanwendung wenig zum Verständnis des Terrorismus beigetragen hat. Je ehrgeiziger das Vorhaben, desto größer der Bereich, desto umfassender die Hypothesen, desto unbekümmerter die Quantifikation der Daten, desto enttäuschender das Ergebnis. Das soll jedoch nicht heißen, daß eine Studie des Terrorismus *a priori* undurchführbar ist und nicht unternommen werden sollte. Terrorismus trägt in sich ein Element des Zufalls, und aus diesem Grund ist eine wirklich wissenschaftliche, voraussehende Studie in der Tat unmöglich. Es stimmt jedoch auch, daß Terrorismus mit größerer Wahrscheinlichkeit unter bestimmten sozialen und politischen Voraussetzungen auftritt und daß es interessante Parallelen zwischen der Etiologie und den Eigenschaften terroristischer Bewegungen gibt, die ungenügend erforscht worden sind. Die *Narodovolts* der 70er Jahre des vorigen Jahrhunderts mit der Sybionesischen Befreiungsarmee oder der Baader-Meinhof-Gruppe zu vergleichen, wäre offensichtlich Zeitverschwendung; eine vergleichende Studie über die »Stadtguerilla«-Gruppen in Südamerika oder eine Gegenüberstellung der nationalistisch-terroristischen Gruppen der Vergangenheit und Gegenwart wie der IRA, der baskischen ETA oder vielleicht der mazedonischen IMRO und der kroatischen Ustascha könnte von erheblichem Interesse sein.

Es ist recht wahrscheinlich, daß die Bilanz nicht so negativ ausgefallen wäre, wenn eine Idee, die zuerst in den 60er Jahren aufkam, aufgegriffen und erweitert worden wäre. H. Eckstein schrieb damals, daß Etiologien interner Kriege deshalb so chaotisch und unproduktiv seien, weil sie sich unter anderem zu sehr auf die Unruhen konzentrierten und die Machthaber ignorierten.[33] In Wahrheit resultiere innerer Krieg aus dem Wechselspiel von Kräften und Gegenkräften, dem Gleichgewicht der Möglichkeiten. Gewisse Kräfte wirkten auf einen internen Krieg hin, aber es gebe auch Voraussetzungen und Hindernisse. Die Idee, daß Revolutionen sowohl von der Unfähigkeit der Elite als auch von der Kraft und dem Geschick der Herausforderer abhängen, ist natürlich schon vorher geäußert worden; sie war aber noch nicht als Ausgangspunkt einer Studie des Terrorismus verwandt worden. Eine solche Untersuchung für den Zeitraum der letzten hundert Jahre hätte zumindest eine Menge Zeit und Mühe erspart und zahlreiche Projekte, die von Anfang an zum Scheitern verurteilt waren, verhindert. Sie hätte gezeigt, daß Terrorismus, wie gerechtfertigt die Beschwerden seiner Protagonisten auch gewesen sein mögen, unter keinen Umständen gegen eine effektive Diktatur erfolgreich gewesen ist; es ist ihm nicht gelungen, Diktatoren zu schwächen, ihre politischen Maßnahmen abzuändern oder in irgendeiner Weise zu beeinflussen. Terrorismus hatte überhaupt nur Erfolge in der Auseinandersetzung mit demokratischen Regierungen oder uneffektiven, d. h. verbrauchten oder halbherzigen Diktaturen. Er trat relativ oft unter separatistisch-nationalistischen Minderheiten auf; er war hauptsächlich »rechtsgerichteten« Charakters zwischen den beiden Weltkriegen und hauptsächlich »links« – mit einigen bemerkenswerten Ausnahmen – seit 1950.

Die willkürliche Anwendung von Begriffen wie »rechts-« und »linksgerichtet« und die Bereitschaft, politische Ideologien oberflächlich zu akzeptieren, erschwerte zusätzlich das Verständnis der vorliegenden Probleme. Von Schlagworten abgesehen, haben »linker« und »rechter« Terrorismus mehr gemein, als allgemein angenommen. Terrorismus nimmt immer die Tarnfarbe bestimmter Elemente des Zeitgeistes an, der in den 20er und 30er Jahren faschistisch war, dann aber in den 60er und 70er Jahren eine andere Richtung ansteuerte. Tatsächlich liegt sowohl dem »linken« als auch dem »rechten« Terrorismus gewöhnlich ein ungebundener Aktivismus zugrunde – volkstümlich, häufig nationalistisch, intensiv, aber vage und verwirrt. Lange vor der gegenwärtigen Welle des Terrorismus schrieb der inzwischen verstorbene G. D. H. Cole, ein Mann von untadeliger linker Überzeugung, daß in einem späteren Zeitalter die anarchistischen Terroristen der 90er Jahre wahrscheinlich Faschisten geworden wären. Solch eine Verallgemeinerung mag den Anarchisten der 90er Jahre gegenüber ungerecht sein, aber sie gibt einem zu denken im Hinblick auf die terroristische Politik der Folgezeit. Viele lateinamerikanische Terroristen der 60er und 70er Jahre unseres Jahrhunderts wären mit großer Wahrscheinlichkeit Faschisten gewesen, wenn sie 20 Jahre früher geboren worden wären.

Wenn man die beunruhigende Tatsache akzeptiert, daß eine effektive Diktatur gegen Terror immun ist, daß aber selbst die gerechteste und freizügigste demokratische Gesellschaft es nicht ist, wäre es dennoch interessant zu wissen, warum bestimmte demokratische Gesellschaften (Skandinavien, Australien, Neuseeland, die Schweiz, Belgien, Holland und eine Anzahl anderer Länder) relativ wenig Terror miterlebt haben. Es wird dabei zu berücksichtigen sein, daß die Einwohnerzahl dieser Länder klein ist, daß diese Staaten hauptsächlich protestantisch sind und ihre politische Entwicklung in der jüngeren Vergangenheit im allgemeinen friedlich verlief. Was die nicht-kommunistischen Diktaturen angeht, so haben es einige mit relativ wenig Repression erreicht, Opposition zu unterdrücken oder zu verhindern, während andere sehr viel umfangreichere Maßnahmen zur Anwendung bringen mußten, ganz unabhängig von dem Grad der Begründetheit der Beschwerden der Opposition. Es wäre interessant zu wissen, warum bestimmte nationale Minderheiten ihr Schicksal akzeptiert haben, während andere sich verbitterten und ausgedehnten Attacken zuwandten. In bestimmten Fällen kann separatistischer Terrorismus durch den Hinweis auf ausländische Hilfe erklärt werden, aber das ist nicht immer der Fall, und letzten Endes hängt das Ergebnis einer solchen Konfrontation von der Entschlossenheit der beiden Parteien ab. Es ist zweifelhaft, ob eine Untersuchung der Wirkung ökonomischer Entwicklung auf die Verbreitung des Terrorismus neue Anhaltspunkte zum Verständnis des Phänomens liefern würde. Der Zusammenhang erscheint völlig unwesentlich. Stagnation ist sicherlich kein Grund; das industrielle Wachstum in Ulster war größer als in England, das gleiche trifft auf die Baskenregion im Vergleich zu Spanien als Ganzem zu. Terrorismus in Lateinamerika trat in den Ländern mit dem höchsten pro-Kopf-Einkommen wie Kuba und Venezuela auf und war aktiver im entwickelten Uruguay und Argentinien als im unterentwickelten Paraguay oder Ecuador. Dennoch gibt es genug Beispiele anhaltender und blutiger *violencia,* wie in Kolumbien, in armen und stagnierenden Gebieten. Den mysteriösen Charakter des Terrorismus mit Hilfe allgemeiner ökonomischer Trends zu erhellen, ist so, als wenn man mit einem riesigen Nußknacker ein winziges Objekt zu knacken versucht, das noch nicht einmal unbedingt eine Nuß zu sein braucht. Man sollte sich über die möglichen Entdeckungen im Hinblick auf Terrorismus keine Illusionen machen: das einzige, was man mit Bestimmtheit sagen kann, ist, daß Terrorismus eher unter bestimmten Umständen auftritt als unter anderen und daß er unter gewissen Voraussetzungen überhaupt keine Wurzeln schlagen kann.

II.

Zum Verständnis des terroristischen Phänomens ist die Fiktion noch vielversprechender als die Politologie, doch muß man sich auch hier vorsehen. Terrorismus spielt eine wichtige Rolle in der modernen Literatur, aber die Romane, Theaterstücke, Gedichte und Filme sind nicht alle gleichwertig in bezug auf historische Beweiskraft und psychologische Erläuterung.*

* Einige der unten erwähnten Romane und Theaterstücke inspirierten Filmregisseure. *Sous les yeux de l'Occident* mit Jean-Louis Barrault (Frankreich 1936); *The Secret Agent* (Regie: Alfred Hitchcock, 1936); Sartres *Les Mains Sales* (1951). Der eindrucksvollste Film war zweifellos John Fords *The Informer,* nach dem Roman von Liam O'Flaherty mit Victor McLaglen in der Rolle des Gypo Nolan, der seine Genossen verrät. Es gab eine Stummfilmversion von *The Informer* unter der Regie von Arthur Robinson im Jahre 1929. John Ford machte noch einen anderen Film mit einem IRA-Hintergrund, *The Plough and the Stars* (1937), nach dem Stück von Sean O'Casey, aber dieser Film war sehr viel weniger erfolgreich als *The Informer.* Andere bemerkenswerte Filme vor dem Hintergrund des irischen Bürgerkrieges waren Carol Reeds *Odd Man Out* (1947) mit James Mason, *Ourselves Alone* (1936) und *Shake Hands with the Devil* (1959) mit James Cagney. Während des Zweiten Weltkrieges wurden in Deutschland zwei Filme über den irischen Untergrund produziert, *Der Fuchs von Glenarvon* (1940) und *Mein Leben für Irland* (1941). Gillo Pontecorvos *Battle of Algiers* und Costa Gavras *State of Siege* sind für Terrorismusforscher von erheblichem Interesse. Ersterer, ein sehr eindrucksvoller Film, »bietet ein Schema für andere Auseinandersetzungen und Revolutionen« und lehrt »urbanen Guerillakampf« (Piernico Solinas, Gillo Pontecorvos *The Battle of Algiers,* New York 1973, IX.). Dieser Film von »seltener ideologischer Konsequenz« darf in Frankreich, aber nicht in Algerien gezeigt werden, da Straßendemonstrationen und die Rufe »Befreit Ben Bella« im Hinblick auf die Tatsache, daß Ben Bella seit zwölf Jahren in Algerien im Gefängnis sitzt, mißverstanden werden könnten. Der andere Film ist eine Quasidokumentation der Tupamaros, die sich jedoch mit historischen Tatsachen einige Freiheit erlaubt – vor der Hinrichtung einer amerikanischen Geisel findet eine Abstimmung im ganzen Land statt (Dan Mitrione). Der allererste Spielfilm über Terrorismus, den ich entdecken konnte, war Protasanovs *Andrei Koschuchov* aus dem Jahre 1917 mit Ivan Moschukin (später in Hollywood unter dem Namen Ivan Mosjoukine bekannt) als Hauptdarsteller. Dieser Film basiert auf einem Roman von Stepniak-Kravschinski mit dem Titel: *Der Weg eines Nihilisten* (1889). Es gab noch einen früheren amerikanischen Film *Queen of the Nihilists* (ca. 1910), der allerdings nicht von terroristischen Aktivitäten handelte, sondern von einem Gefängnisausbruch. Eine gesäuberte Fassung von Dostojevskis »Besessenen« wurde 1915 in Rußland gedreht, ebenfalls unter der Regie Protasanovs mit Moschukin in der Hauptrolle (Protasanov war der erste bedeutende russische Regisseur). Andrejevs »*Geschichte der Sieben, die gehängt wurden*« wurde 1920 in Rußland produziert, außerdem erschien ein Film über Stepan Chalturin im Jahre 1925. Ein Film über Netschajev war in den 20er Jahren geplant, wurde aber aus ideologischen Gründen nicht gedreht. Das sind fast die gesamten Filme über den russischen Terrorismus des 19. Jahrhunderts, der sowohl zu Stalins Zeiten wie auch danach

Die Hauptschwierigkeit liegt in der Methode. Fiktion ist für den Terrorismusforscher ein Gebiet, aus dem reicher Nutzen gezogen werden kann, kein Ort für einen Spaziergang. Vor allem ist sie ein äußerst schwieriges Thema für Verallgemeinerungen. Es ist leicht, bestimmte gemeinsame Muster aufzuweisen, deren sich die Politologen bei ihrer Untersuchung des Terrorismus bedienen, da es nur wenige grundsätzliche Schulen mit nur geringen Variationen des jeweiligen Trends gibt. Die Schlußfolgerungen mögen zwar unrichtig sein, aber sie sind sicherlich in geordneter Art dargelegt, wie es sich für eine wissenschaftliche Disziplin gehört. Mit dem Übergang von der Wissenschaft zu den Künsten bewegen wir uns aus dem Gebiet der Sicherheit heraus in das Reich der Eindrücke. Ein verständliches Gerüst geordneter und

immer ein heikles Thema war – ganz im Gegensatz zur russischen Militärtradition, die von Alexander Nevski bis zu Kutosov der russischen Filmindustrie unerschöpfliches Material lieferte. Terroristische Operationen waren das Thema zahlreicher Filme über den Zweiten Weltkrieg, vielleicht am dramatischsten in Andrzej Wajdas *Kanal* (1957) und *Popiol i Diament* (Asche und Diamant, 1958). Der Hintergrund von *Kanal,* das Schicksal einer Einheit der *Armia Krajowa,* die gezwungen war, sich in die Abwässeranlagen von Warschau zurückzuziehen, wurde auch von Aleksander Ford in *Piatka z ulizi Barskiej* (Die Fünf aus der Barska-Straße) verwandt. Fritz Langs *Hangmen also Die* über das Attentat auf Heydrich kann ebenfalls in diesem Zusammenhang erwähnt werden. *Molly Maguires* mit Richard Harris und Sean Connery wurde 1969 am Ort des Geschehens, Eckley, Pennsylvania, gedreht, um dem Film größere Authentizität zu verleihen; Eckley soll die häßlichste Stadt in Amerika gewesen sein. Einige Kritiker beschwerten sich, daß sie es unmöglich fänden, sich mit einer der beiden streitenden Parteien zu identifizieren. Das kann als hervorragender Beweis der historischen Genauigkeit des Filmes gewertet werden, aber steuerte nicht zum kommerziellen Erfolg bei. Es kam zu einem erneuten Erwachen des Interesses am Terrorismus in den späten 60er und frühen 70er Jahren, was sich in Filmen wie Chabrols *Nada* oder Alain Resnais *La Guerre est fini* mit Yves Montand widerspiegelt. Es ist die Geschichte eines alten spanischen Revolutionärs, der Schwierigkeiten hat, die sich ändernde Welt zu akzeptieren: *Trente ans sont passés et les anciens m'emmerdent* ... Das gleiche Motiv taucht auch wieder in Tavianis *San Michele* auf, der Geschichte eines Anarchisten, der um 1880 aus dem Gefängnis entlassen wird und sich in der Welt draußen nicht mehr zurechtfindet. Kürzlich wurde in der Schweiz ein Film über Netschajev produziert, in dem der Held (im Gegensatz zur Geschichte) eine Affäre mit Natalie Herzen eingeht. In Frankreich wurde ein Film über die Taten der Bonnot-Bande in Paris vor dem Ersten Weltkrieg gedreht; die Gebrüder Taviani produzierten in Italien Filme über verschiedene terroristische Gruppen des 19. und 20. Jahrhunderts. Brasilianische Filmregisseure drehten Filme mit ähnlichen Themen in Chile (unter Allende) und Mexiko. Einige dieser Filme wurden kaum vorgeführt, und außerdem gibt es inzwischen zu viele davon, um sie aufzuzählen. Einige sind in Guy Hennebelle, *Cinema Militant,* Paris, n. d. und in *Guide des films anti-Imperialistes,* Paris n. d. aufgeführt.

klarer Argumente zu liefern und gemeinsame Modelle herauszusuchen, wird nahezu unmöglich. Nur indem man einzelne Themen aus einzelnen Büchern (oder Theaterstücken oder Filmen) absondert, kann etwas erreicht werden. Literatur als Quelle der Terrorismusforschung ist praktisch noch *terra incognita;* eine Untersuchung eines bisher unberührten Gebietes kann zu diesem Zeitpunkt lohnenswerter sein als der Versuch, ein klares Modell anhand der Geschichte individueller Helden und Gauner aufzustellen.

Die Außenseiter

Für Studenten des Terrorismus – im Unterschied zu Literaturliebhabern – ist Ropschin (Savinkov), der ehemalige russische Terrorist, der später Schriftsteller wurde, von gleichem Interesse wie Dostojevski, und Liam O'Flaherty ist aufschlußreicher als Henry James. O'Flahertys Sorge gilt mehr der historischen Authentizität des Beschriebenen als der künstlerischen Gestaltung. O'Flaherty diente in der IRA, während der Autor von *Princess Casamassima* später schrieb, daß sein Roman »unmittelbar aus der Gewohnheit und dem Interesse an Spaziergängen auf den Straßen Londons« entstanden sei.[34] (»Hyacinth Robinson sprang mich aus dem Londoner Pflaster an«.) Die Straßen Londons bieten eine Menge, aber offensichtlich können sie einem nur begrenzt die Motive, Gedanken und Aktionen von Terroristen näherbringen. Henry James und Joseph Conrad wurden durch bestimmte spezifische Gesichtspunkte des Terrorismus angezogen, die dramatischsten, groteskesten und faszinierendsten für den Forscher der menschlichen Seele. Sie verwandten diese – wie auch Dostojevski –, um den zerstörerischen Terrorismus ihrer eigenen Philosophie gegenüberzustellen. Einer der dramatischsten (und politisch interessantesten) Aspekte des Terrorismus ist natürlich das Judas-Motiv. Bemerkenswert ist, daß Leopold Bloom nicht weniger als dreimal an Carey denkt, den kleinen Bauunternehmer und führenden Organisator der Phoenix-Park-Morde, der zum Zeugen der Anklage wurde, und das in einem Buch, das mehr als zwei Jahrzehnte nach dem Ereignis entstand *(Ulysses)*.[35] Terrorismus inspirierte Borges zum Entwurf einer Geschichte des Verräters und des Helden, »die ich vielleicht eines Tages schreiben werde«.[36] Verrat ist das Hauptthema in Joseph Conrads *Secret Agent* und *Under Western Eyes* und zahlreichen anderen Geschichten. Es ist natürlich wahr, daß es nur wenige oder vielleicht überhaupt keine terroristische Bewegung ohne Abtrünnige und Verräter in ihren Reihen gab. Dennoch muß die Betonung des Verrats auf Kosten anderer Motive das allgemeine Bild verzerren. Das Ergebnis kann durchaus ein hervorragender Roman sein, aber der Schriftsteller konzentriert sich mehr auf individuelle Schicksale, während der Historiker sozialen und politischen Bewegungen mehr Aufmerksamkeit widmet. Robert Louis Stevenson und G. K. Chesterton fühlten sich von dem grotesken Element des Terrorismus angezogen. Der Held in Stevensons *The Dynamiters* ist der zweifelhafte Zero, der Shakespeares Denkmal auf dem Leicester Square in die Luft zu sprengen versucht, statt dessen aber das Haus einer harmlosen alten Dame trifft, in dem Glauben, daß das England zutiefst erschüttern wird und daß »Gladstone, der grobe alte Mann, vor dem Zeigefinger der Rache zurückschrecken wird«.[37] Gabriel Syme, der Held in Chestertons *The Man who was Thursday* schließt sich einer Gruppe von Anarchisten an, die alle Polizeiagenten sind und sich gegenseitig bespitzeln. Einer der Höhepunkte des Romans ist eine Verfolgungsjagd durch London auf dem Rücken eines Elefanten.[38] Joseph Conrad erklärt seine Einstellung zu Rußland recht deutlich in der Einführung zu *Under Western Eyes.* Seine Helden sind »die Affen eines düsteren Dschungels«; einer von ihnen, Nikita, ist die »perfekte Blume der terroristischen Wildnis«. Conrad bemerkt zu seinem Charakter: »Was mich am meisten in meinem Umgang mit ihm störte, war nicht seine Monstrosität, sondern seine Banalität.« Das Verhalten der Terroristen reflektiert die moralischen und emotionalen Reaktionen des russischen Temperaments auf den Druck tyrannischer Gesetzlosigkeit, »die, allgemein menschlich ausgedrückt, auf die Formel der sinnlosen Verzweiflung, provoziert durch sinnlose Tyrannei, reduziert werden kann«. Conrad mochte offensichtlich die Russen nicht; auch Anarchisten mochte er nicht – ohne Ausnahme werden sie als komisch aussehende Degenerierte oder Irre wie der »Professor« in *Secret Agent* dargestellt, der nie sein Haus ohne eine Bombe in der Tasche verließ, damit er jederzeit sich selbst und den ihn verhaftenden Polizisten in die Luft sprengen konnte.

Soweit es die öffentliche Meinung in Westeuropa um diese Zeit betrifft, war Anarchismus ein Rätsel. Die Zeitungen berichteten von der Existenz einer geheimnisvollen Gesellschaft ruchloser Männer, die es sich zur Aufgabe gesetzt hatten, Monarchen zu ermorden und Regierungen zu stürzen.[39] Über den Ursprung dieser Männer konnte man bestenfalls Spekulationen anstellen. Waren es Sozialisten oder Nihilisten (was auch immer das bedeutete), verirrte Idealisten, Kriminelle oder Irre? Henry James konnte sich nicht entscheiden. In *Princess Casamassima* ist Hyacinth Robinson ein geschickter junger Arbeiter, der sich den Anarchisten aus vagen sozialen Sympathien heraus anschließt (das gleiche gilt auch grob gesprochen für die Prinzessin). Er nimmt sich das Leben, als er aufgefordert wird, für eine Sache zu morden, an die er nicht mehr glaubt. Hyacinth ist lediglich ein Mitläufer, »qualvoll gespalten« durch Sympathien, die ihn in verschiedene Richtungen ziehen. In demselben Roman treten einige echte Revolutionäre wie Muniment und Hoffendall auf, und bei ihnen wird nicht klar, welcher Art Motive ihren Taten zugrunde liegen. Es ist behauptet worden, daß es in dem Roman kein Ereignis gibt, das nicht durch zahlreiche Zeugnisse als historisch bestätigt wird (Lionel Trilling). Obwohl Henry James über die Fenianer und Anarchisten gelesen hatte, beschäftigte er sich natürlich mit einer Welt, zu der ihm intimer Kontakt fehlte. Die neoromantische deutsche Schriftstellerin Ricarda Huch wußte womöglich noch weniger über Terroristen als Henry James, und ihr Roman *Der letzte Sommer* (1910) erschien zu jener Zeit völlig unrealistisch. Es ist die Geschichte Ljus, eines jungen Lehrers, der in den Haushalt des zaristischen Gouverneurs Jegor eintritt, um für dessen Sicherheit zu sorgen. Er beginnt die Familie zu respektieren und zu schätzen, aber das hält ihn nicht von seiner Mission ab, seinen Brotherren zu ermorden. Eine geniale Methode kommt zur Anwendung: der Buchstabe J auf der Schreibmaschine wird an einen Zünder angeschlossen, der eine Bombe in dem Augenblick zündet, in dem Jegor einen Brief an seine Kinder unterschreibt. Das ist natürlich auch das Ende des Romans.*

* 66 Jahre später arbeitete Ana Maria Gonsalez, 18, im Haushalt der Familie des Generals Gardozo, des Polizeipräsidenten von Buenos Aires, und befreundete sich eng mit seiner ältesten Tochter Graciela. Der General wurde von Informanten vor Ana Gonsalez gewarnt, beachtete diese Warnungen jedoch nicht. Sie übernachtete häufig in der Wohnung und legte schließlich eine Bombe unter dem Bett des Generals. Gardozo wurde getötet, die Leiche von Ana Gonsalez, einem Mitglied der ERP, wurde einige Tage später in einer Straße in Buenos Aires gefunden (*New York Herald Tribune,* 22. Juni 1976).

Ein recht realistisches Bild der »Propaganda der Tat« entsteht aus mehreren semi-dokumentarischen Romanen unterschiedlichen Niveaus, die Anfang des Jahrhunderts erschienen. Zolas *Paris* ist wohl nicht eines seiner hervorstechendsten Werke, gibt aber einen interessanten Eindruck vom Zeitalter der spektakulären Attentate. Der Leser erfährt manches über Sprengstoffe, verfolgt den Anarchisten durch den Bois de Boulogne, beobachtet seinen Prozeß und seine Hinrichtung.[40] London ist der Schauplatz von Mackays *Die Anarchisten,* ein Buch, das hauptsächlich der Auseinandersetzung zwischen Befürwortern der Gewalt (Trupp) und jenen (Auban) gewidmet ist, die argumentieren, daß Terroristen lediglich den Autoritäten in die Hände spielen.[41] Mackay, ein gebürtiger Brite, wuchs in Deutschland auf und schrieb auf deutsch. Seine weitere literarische und politische Karriere entfernte ihn weit von den anarchistischen Idealen seiner Jugend. Mackays Roman ist heutzutage praktisch unlesbar; das trifft jedoch nicht auf zwei andere Romane zu, einen spanischen und einen tschechischen, die leider außerhalb ihrer Länder recht unbekannt blieben. Pio Barojas *Aurora Roja,* der in Paris und Madrid um die Jahrhundertwende spielt, ist voll von Diskussionen über Sozialismus und Anarchismus, die Zukunft Spaniens und die Anwendung von Dynamit. Er ist eine sehr viel lebhaftere Erzählung als Mackays Werk, nicht nur, weil zahlreiche historische Figuren auftreten.[42] Der Held, Juan Alcazar, ist ein junger Maler und Bildhauer, der zu der Überzeugung gelangt, daß er für Frauen und Kinder und für alle Schwachen und Wehrlosen kämpfen müsse. Zu ihrem Nutzen muß die Gesellschaft zerstört und das soziale Gewebe zerrissen werden. Alle Wege, alle Mittel sind gut, wenn sie zur Revolution führen, *un aurora de un nuevo dia.* Aber der idealistische junge Held versagt in einer Welt, in der niedriger Egoismus vorherrscht; ein Genosse sagt an seinem Grab, daß er zum Rebell wurde, weil er ein Gerechter sein wollte (fue un rebelde porque quiso ser un justo).[43] *

Historisch noch genauer ist ein tschechischer Roman, Marie Majerovas *Namesti Republiky.*[44] Es ist die Geschichte eines jungen polnisch-jüdischen Schneiders, Jakub Goldschmid (»Luka

* Die spanischen Anarchisten der 30er Jahre in Ramon Senders Roman *Siete Domingos Rojos* (Sieben rote Sonntage) sind Tolstoianer und Vegetarier, haben aber keine Hemmungen, Bomben zu werfen; zusätzlich ist ihre Weltanschauung von einer gehörigen Dosis Egozentrik durchsetzt. So ruft der Anarchist Samar den

Verschinin«), der nach Paris zieht und der terroristischen Bewegung »Libertad« beitritt. Enttäuscht von den falschen Freiheiten des französischen Republikanismus auf der einen und der zynischen Einstellung der »Libertad« auf der anderen Seite, entschließt er sich, etwas zu tun, das (so hofft er) einen revolutionären Aufstand auslösen wird. Am 1. Mai 1905 erschießt er drei Offiziere auf der Place de la République. Aber statt sich zu erheben, lynchen ihn die Massen beinahe, und er kann nur durch das Eintreffen der Polizei gerettet werden.[45]

The Bomb von Frank Harris beruht auch auf einem bekannten historischen Ereignis – dem Bombenanschlag auf dem Haymarket in Chicago im Jahre 1886. Harris, der mehrere Jahre in Amerika lebte, erzählt die Geschichte von Louis Lingg, einem der Hauptangeklagten des nachfolgenden Prozesses. Das ganze wird in der Erinnerung eines gewissen Rudolf Schnaubelt wiedergegeben, der im Roman derjenige ist, der die Bombe wirft. Schnaubelt war gerade erst eingewandert und schloß sich Linggs anarchistischem Kreis an, da er über die Ausbeutung ausländischer Arbeiter entsetzt war. Lingg glaubt an Gewalt, den höchsten Richter menschlicher Angelegenheiten: »Man kann Keulen nicht mit Worten begegnen und Schlägen nicht, indem man die andere Wange hinhält. Gewalt muß mit Gewalt bekämpft werden.« Ein Großteil des von Harris verwandten Materials stammt aus zeitgenössischen Zeitungsberichten; die Anarchisten werden mit einiger Sympathie dargestellt, und *The Bomb* ist von späteren Kritikern ein kleines Meisterwerk genannt worden. Es ist auch von linken Rezensenten trotz der etwas unsteten Überzeugungen des Autoren hoch bewertet worden.

In den 90er Jahren des vorigen Jahrhunderts gab es bereits die Vision, wie Terror und Gegenterror zu universellem Desaster führen. In Ignatius Donnellys *Caesars Column* brennt ganz New York während der Rebellion der »Genossenschaft der Zerstörung« gegen eine kleine Oligarchie ab, die sich mit Hilfe einer Flotte mit Gasgranaten bewaffneter Luftschiffe wehrt; wenn man bedenkt, daß das Buch 1891 geschrieben wurde, so handelt es

»nackten Mengen« zu: »Ich hasse Euch alle! Die Unglücklichen und die Glücklichen! Ich hasse Euch und verachte Euch! Wegen der Beschränktheit Eurer Anschauungen, der Schwäche Eurer Leidenschaften.« Er stirbt, als das Gefängnis gestürmt wird, mit dem Ruf: »Freiheit oder Tod«, denn Tod ist »metaphysisch und wirklich die einzig mögliche Freiheit«.

sich um ein bemerkenswertes Science-fiction-Werk. Im zweiten Teil von Bjrnsons *Over Aevne* konfrontiert Elias Sang, der Anführer der streikenden Arbeiter, den brutalen und arroganten Holger, der die Interessen des »Großkapitals« vertritt. Auch er entschließt sich zu Dynamit als der *ultima ratio;* Sang kommt dabei um, und Holger wird zum Krüppel; im letzten Akt kommt es zu einer nicht ganz überzeugenden Versöhnung. Bjrnson hatte nichts für Anarchisten übrig, war sich aber bewußt, daß sie die modernen Märtyrer waren, die den Tod lächelnd willkommen hießen, denn wie Jesus glaubten sie, daß ihr Märtyrertum die Menschheit erlösen würde.[46]

Terrorismus als moralisches Problem beschäftigte auch weiterhin die führenden Schriftsteller der 30er und 40er Jahre. Brecht war wie so oft eine Ausnahme; Gewalt faszinierte ihn, und er wollte die Öffentlichkeit schockieren: der Junge Genosse (in *Die Maßnahme*) muß getötet werden, da er aus dummem Mitleid und einem falschen Ehrgefühl seine Identität preisgegeben und damit die verschwörerische Gruppe gefährdet hat: »Folglich entschlossen wir uns, unseren eigenen Fuß vom Körper zu trennen«. In der Tat sind die Kommunisten unglücklich (»Es ist furchtbar, zu töten«), und bevor sie die Tat vollbringen, bitten sie das Opfer um Erlaubnis.[47]

Das Dilemma des Terrorismus taucht auch wieder in Sartres *Les Mains Sales* (Die schmutzigen Hände) auf. Ort der Handlung in Sartres Stück ist ein südeuropäisches Land. Hugo entschließt sich, den Parteisekretär Hoederer zu töten. Obwohl auch politische Gründe eine Rolle spielen, ist sein Hauptmotiv persönlicher Art: Er will von seinen Genossen nicht nur als Journalist, sondern auch als Mann der Tat anerkannt werden. Schließlich bringt er nach langem Zögern Hoederer wirklich um, aber erst, als er seine Frau in Hoederers Armen vorfindet. Hugo weiß genau, daß er jetzt selbst liquidiert werden wird und daß das seiner Tat Sinn verleiht. Obwohl *Les Mains Sales* dramaturgisch wirksam ist, ist es doch verwirrend; wie auch Brechts Stück wurde es von Kommunisten scharf angegriffen, sehr zu Sartres Ärger; aber es ist immer noch eines seiner großen Erfolgsstücke.

Moralische Probleme werden in Camus' Stück *Les Justes,* das von der Ermordung des Großherzogs Serge durch Kaljajev ausgeht, klarer umrissen.[48] Der erste Versuch war fehlgeschlagen, da Kaljajev nicht die Kinder des Großherzogs töten wollte, die ihn begleiteten. Es kommt zu einem erbitterten Streit unter den Terroristen: Dora, Annenkov und Voinov unterstützen seine Entscheidung, denn die neue Welt soll nicht durch den Mord an Kindern eingeleitet werden. Dagegen argumentieren Stepan und der eiserne Jakobin, daß, am Schicksal der Menschheit gemessen, das Leben von zwei Kindern weniger wichtig ist als das der Tausende, die jedes Jahr verhungern werden, wenn das System nicht zerstört wird. Kaljajev akzeptiert dieses Argument nicht: Sicher muß der Großherzog sterben, und er muß die Tat ausführen. Aber Mord ist schlecht; alles Leben ist heilig, und das Verbrechen muß durch den Tod des Mörders gesühnt werden. Folglich bittet Kaljajev nach dem Attentat nicht um Gnade, was möglich gewesen wäre. Als die Nachricht von seiner Hinrichtung eintrifft, verkündet Dora, seine Geliebte, daß sie als nächste eine Bombe werfen wird.

Terrorismus in der russischen Literatur

Dostojevskis *Besy* (Die Besessenen) aus den Jahren 1871/72 ist der bekannteste »terroristische« Roman der Weltliteratur, er basiert weitgehend auf der Bakunin-Netschajev-Affäre. Piotr Verchovenski, besessen von der Idee der Zerstörung, tötet den Studenten Schatov, einen Mitverschwörer, da er angeblich eine Gefahr für die Sicherheit der Gruppe darstellt. In Wirklichkeit tötet er ihn aus reiner Langeweile. In Ivan Leskovs *Nekuda* (Nirgendwohin) (1864) werden die Nihilisten mit einer Ausnahme alle als entweder kindisch oder degeneriert dargestellt, und in *Na Noschach* (Mit gezückten Dolchen) (1870/71) agieren sie als Mietlinge und töten einen reichen Ehemann, damit seine Witwe ihn beerben kann. Sie befürworten Mord, Diebstahl und Korruption auf jede nur mögliche Weise. Progressivere Zeitgenossen warfen Leskov vor, er habe seine Bücher im Auftrag der Geheimpolizei geschrieben. Er selbst behauptete, er habe lediglich ein »photographisches Abbild der Wirklichkeit« gegeben.[49]

Viele russische Schriftsteller der zweiten Hälfte des 19. Jahrhunderts waren von den terroristischen Motiven fasziniert; die Avantgarde verteidigte die »Nihilisten«, mußte das aber wegen der zaristischen Zensur in der Sprache Aesops tun. Im Gegensatz dazu waren die anti-nihilistischen Romane und Theaterstücke (von Kliuschnikov, Markevitsch, Ustrialov, Prinz Mescherski) sehr viel unverblümter. Diese gesamte Literatur ist verdientermaßen in Vergessenheit geraten mit Ausnahme der Werke Turgenjevs, dessen Nihilisten allerdings keine Terroristen waren.

Die Bücher, die außerhalb Rußlands oder in Rußland nach 1905 veröffentlicht wurden, nachdem die Zensur erheblich gemildert worden war, sind interessanter. Serge Stepniak Kraschkovski, ein führender *Narodovolets,* schrieb verschiedene unwichtige Romane, aber er verfaßte auch die klassische Beschreibung der terroristischen Bewegung der späten 70er Jahre.[50] *Untergrund Rußland* ist zweifellos ein Werk der Liebe; seine Helden, die führenden Mitglieder der *Narodnaja Volja,* sind ohne Ausnahme höchst moralische Idealisten.*

Stefanovitsch war ein Atheist, aber sein Vater, ein alter Dorfpriester, stand ihm am nächsten. Lisogub wird als »Heiliger« beschrieben, Vera Sassulitsch als eine Frau »großer Augenblicke und großer Entscheidungen« und Sofia Perovskaja als eine Revolutionärin mit »eisernem Willen, eiserner Selbstdisziplin, die immer als erste ins Feuer ging«. Es ist wahr, daß auch Ossinskis fieberhafte Erregung und die Tatsache, daß er Frauen liebte und von ihnen geliebt wurde, erwähnt werden. Es wird auch deutlich gesagt, daß Klements ein charismatischer Führer, daß er aber für die Arbeit in einer kleinen verschwörerischen Gruppe ungeeignet war. Im großen und ganzen gibt es jedoch nur wenig Negatives in dieser Geschichte heroischer und anständiger Menschen, und es besteht Grund zu der Annahme, daß dieses Bild wirklichkeitsnah ist: die Männer und Frauen der *Narodnaja Volja* waren in der Tat anziehende Persönlichkeiten. Das wird auch aus anderen zeitgenössischen Zeugnissen deutlich. Die junge Vera Barantsova in Sophia Kovalevskis Roman folgt ihrem terroristischen Ehemann in das sibirische Exil: »Weint ihr meinetwegen?« sagte sie mit einem freundlichen Lächeln, »Wenn ihr bloß wüßtet, wie ich die bedaure, die zurückbleiben«.[51] Immer wieder taucht das Motiv des Opfers der auserwählten Schar und der Glaube an den endlichen Sieg auf. Zum Beispiel schließt ein Roman Stepniaks mit der

* »Untergrund Rußland« war im Grunde ein autobiographischer Bericht, dem viele andere folgten. Die Erinnerungen von Morosov, Frolenko, Vera Figner, Gerschuni, Savinkov und anderen sind eine der wichtigsten Quellen des Studiums des russischen Terrorismus. Das gilt auch für andere terroristische Gruppen; die Autobiographien von Natan Yalin-Mor und Geula Cohen sind aufschlußreicher als die Romane, die über Irgun und Nehi geschrieben worden sind.

Verkündung, daß der Held, Andrei Koschukov, zwar zugrunde geht, daß aber die Sache, für die er starb, lebt: »Es geht vorwärts von Niederlage zu Niederlage bis zum schließlichen Sieg, der in unserer traurigen Welt nur durch das Leiden und das Opfer der kleinen auserwählten Schar erreicht werden kann.«[52] *Die Narodovoltsy* erscheinen in ähnlichem Licht in Leopold Stanislav Brzozowskis Werk *Plomienie* (Flammen), das im Westen fast völlig unbekannt geblieben ist.[53] Wo Conrad nichts als eine »geisteskranke und fürchterliche Antwort eines rein utopischen Revolutionismus« sah, beschwört Brzozowski mit hochmoralischem Pathos die Gedanken und Taten einer kleinen Gruppe junger Helden, die die überwältigende Macht des zaristischen Regimes herausfordern. Wo Conrad eine eigenartige Überzeugung sah, daß ein fundamentaler Gesinnungswechsel dem Sturz einer jeden menschlichen Institution folgen müsse (»diese Leute sind nicht in der Lage, zu sehen, daß sie nur einen Namenswechsel erreichen können«), war der Pole von der Vision der Geburt eines neuen Menschen und einer neuen Gesellschaft geblendet. Brzozowskis Roman ist als Tagebuch eines jungen polnischen Edelmannes angelegt, des Michael Kaniowski, der sich auf die Seite der Revolutionäre der 70er Jahre stellt. Netschajev, Michailov, Scheljabov, Goldenberg und viele andere treten auf, zum Teil unter kaum verschleierten *noms de clef* (Tichonravov = Tichomirov), und der Autor hält sich im allgemeinen recht eng an historische Tatsachen. Der Leser folgt dem Helden auf seiner revolutionären *grand tour* zur Pariser Kommune, zu den Arbeitern in dem Schweizer Jura und nach Italien. Vor allem aber bildet das politische, kulturelle und gesellschaftliche Leben im Rußland der Epoche die Kulisse zu diesem großen Epos, das mit der Entlassung Kaniowskis aus der Schlüsselburg, wo er viele Jahre gefangengehalten worden war, endet. *Flammen* war ein Werk der Liebe: die *Narodovoltsy* werden in vielen Beschreibungen dieser Zeit als Ritter in einem hoffnungslosen Kampf für eine Sache, die erst zu einem späteren Zeitpunkt siegen wird, dargestellt: Das Blut der Märtyrer ist der Samen der Kirche. Das religiöse Element des Romans spiegelt sich in Kapitelüberschriften wie *Dies Illa* oder *Dolori et Amori Sacrum* wider. Trotz einiger literarischer Schwächen ist *Flammen* einer der lebendigsten und vielleicht der begeisterndste Bericht über die *Narodovoltsy,* der je geschrieben wurde, und doch hat das Buch nie den verdienten Erfolg gehabt. In

Polnisch geschrieben, erweckte das Buch in Brzozowskis Heimatland nur geringes Interesse, da es von der revolutionären Tradition der unterdrückenden Nation handelte. Auch die Russen waren kaum gewillt, sich von einem Autor inspirieren zu lassen, der nicht ganz unverdächtig war; einige Jahre später verkündete Burtsev, der unermüdliche Detektiv der russischen revolutionären Bewegung, daß Brzozowski ein Spion der zaristischen Polizei gewesen sei. Obwohl Burtsev der erste war, der Asev als Polizeiagenten entlarvte, war er nicht unfehlbar: Brzozowskis Freunde hielten alle zu ihm und verteidigten den Schriftsteller gegen die Anschuldigungen.[54] Bakaj, ein Beamter der Ochrana in Warschau, der keinerlei persönliche Motive hatte, Brzozowski zu denunzieren, war Burtsevs Gewährsmann. War *Flammen* von einem Polizeispitzel verfaßt worden? Die Affäre beschäftigte literarische Kreise in Polen während der 20er und 30er Jahre, und obwohl die Beweise vielleicht nicht ganz schlüssig waren, besteht doch Grund zu der Annahme, daß Brzozowski (der 1910 in Florenz starb) in der Tat zu einem gewissen Zeitpunkt für die Polizei gearbeitet hatte.

Alles bisher Erwähnte bezog sich auf die Helden der 70er und 80er Jahre des vorigen Jahrhunderts. Die russische terroristische Bewegung im Anfang dieses Jahrhunderts hatte nicht soviel Glück mit ihren Autoren – es trifft jedoch zu, daß die Realität vielschichtiger geworden war und daß die Motive der Terroristen oft weniger deutlich erschienen. Die Bewegung hatte auch ihre Bewunderer von Gorki bis zu Leonid Andrejev, aber diejenigen, die besser eingeweiht waren, zeichneten ein weniger schmeichelhaftes Bild. Boris Savinkov, einst Anführer der terroristischen Organisation der Sozialrevolutionäre, ist ein gutes Beispiel. Bei der Planung von Attentaten im Jahre 1905 plagten ihn ob der Rechtmäßigkeit seiner Sache keinerlei Zweifel; der Terrorist-Held in seinem vier Jahre später erscheinenden Buch ist ein anderer Charakter. Er beschreibt, wie ihn seine eigenen Gedanken, Wünsche und Worte langweilen: »Menschen und ihr Leben langweilen mich. Zwischen ihnen und mir steht eine Mauer. Laßt Liebe die Welt retten. Ich brauche keine Liebe. Ich bin allein. Verdammt sei die Welt . . .«[55] Doch gleichzeitig werden moralische Fragen aufgeworfen: die Wahl, so sagt der Held, ist, entweder immer zu töten oder überhaupt nie zu töten. Warum soll man jemand preisen, der den Polizeipräsidenten getötet hat, und warum ist der Oberst ein Schurke, weil er die Revolutionäre erhängt? Handelt er nicht auch aus Überzeugung statt des Gewinnes wegen? Und wenn das zutrifft, wer hat die Regeln gemacht? – Marx, Engels und Kant, die in ihrem ganzen Leben keinen Menschen umgebracht haben? In Savinkovs *Kon Blednii* (Das blasse Pferd), einer Geschichte in Form eines Tagebuchs, handelt jeder der fünf Helden aus anderen Motiven: Vanja ist ein religiöser Fanatiker; Genrich ein Sozialist; und Fjodor ist ein »emotionaler Terrorist«, der sich zur Gewalt entschloß, als er während einer Demonstration sah, wie ein Kosacke eine Frau ermordete. Erna nimmt teil, da sie George liebt, den Hauptshelden, der an überhaupt nichts und niemanden glaubt. *Kon Blednii* erzeugte eine starke Reaktion in linken Kreisen in Rußland und wurde von Savinkovs ehemaligen Genossen scharf verurteilt. Die Reaktion verwandelte sich in einen echten Skandal, als 1913 Ropschin-Savinkovs zweiter Roman *To chevo ne bilo* (Was eben nie war) erschien.[56] Jetzt war das moralische Chaos vollständig, unter einem nietzscheanischen Furnier gibt es nur Leere, Verbrechen und Verrat. Der Führer der Gruppe, Dr. Berg (Asev?), ein Polizeispitzel, wird von einem jüdischen Terroristen ermordet.[57] Die ganze Atmosphäre ist hoffnungslos: der Kampf kann unmöglich gewonnen werden, die Regierung wird bestehenbleiben. Savinkovs weiteres Schicksal ist interessant. Während des Ersten Weltkrieges diente er in der französischen Armee, wurde für kurze Zeit Generalgouverneur von Petrograd unter Kerenski im Jahre 1917 und beging Selbstmord oder wurde ermordet in einem sowjetischen Gefängnis im Jahre 1924, nachdem er angeblich terroristische Aktionen gegen die Bolschewiken organisiert hatte.

Der Eingeweihte

Savinkov war einmalig unter den russischen Schriftstellern seiner Zeit; die französische und englische Literatur über Anarchismus sagt mit einigen bemerkenswerten Ausnahmen mehr über die Autoren als über die Anarchisten aus. Die irische Literatur ist in dieser Hinsicht sehr viel ergiebiger.

Irische Theaterstücke, Romane und Geschichten sind nie weit von der Bombe und dem Heckenschützen entfernt – das gilt für

Yeats und Joyce und auch für Brendan Behan, der kurz vor dem Zweiten Weltkrieg im Alter von 16 Jahren mit ein paar Bomben in England eintraf.[58] Das Thema taucht in Yeats *Easter 1916* und *Rose Tree* auf, dem Rosenbaum, der nur begossen werden muß, um ihn erneut zum Grünen zu bringen, oder in den *Sixteen Dead Men,* die im kochenden Topf herumrühren. Was Auden über Yeats sagte (»Das verrückte Irland treibt dich schmerzhaft zur Dichtung«), trifft vielleicht noch mehr auf die Dichter der folgenden Generation zu. Manchmal sind die Anspielungen unklar (wie in Yeats »*Second Coming*«), und die Experten arbeiten immer noch an einer Interpretation. Auch sind sie nicht immer höflich; in *Ulysses* und *Finnegans Wake* erscheinen die Helden der Vergangenheit im Zwielicht, aber Joyce war wohl nie ein musterhafter irischer Patriot. Die »furchtbare Schönheit« wird sowieso durch zahlreiche häßliche Dinge ausgeglichen. Aber auch Yeats war über die Tatsache verärgert, daß die »Jungen Irländer« Literatur als Hilfsmittel der Politik betrachteten: Es ist bemerkt worden, daß Yeats sich in seiner Rechtfertigung des *Easter Rising* nicht auf moralische Gründe stützte: »Eine schreckliche Schönheit ist geboren«, nicht eine schreckliche Tugend.[59] Sean O'Caseys bewegende Grabschrift für die Helden von 1916 lautet: Sie haben Gott geholfen, Irland zu erwecken: Laßt das Volk jetzt für sie einstehen! Für sie nun, müde und erschöpft, gab es nur einen langen, langen Schlaf; ein schmales Flammenband aus einer Reihe Gewehre, und dann ein langer Schlaf . . . Aber Cathleen, die Tochter Houlihans, schreitet jetzt, ihre stolzen Wangen gerötet. Sie hört das Flüstern in dem Herzen des Volkes. Ihre Geliebten scharen sich um sie, denn die Dinge haben sich verändert, völlig verändert:
Eine schreckliche Schönheit ist geboren.
Arme, liebe, tote Männer; armer W. B. Yeats.[60]

In O'Caseys Stücken ist nur wenig von solchem Pathos zu finden: Die Frauen sind Fanatikerinnen; die Männer kämpfen, weil sie Angst haben, ihre Furcht einzugestehen, oder, noch schlimmer, um zu plündern.[61] Hinzu kommt, daß fast alle Angeber sind. In *Shadow of a Gunman* fragt Minnie, die bewundernde junge Frau, Davoren (»Dichter und Feigling«): »Hast Du nie Angst?« Davoren erwidert: »Ich gebe zu, man ist ein bißchen nervös, am Anfang, aber ein Mann gewöhnt sich nach einer Weile daran, bis schließlich ein Schütze eine Bombe so sorglos wirft wie ein Schuljunge einen Schneeball.« Schließlich geht Minnie auf die Straße hinaus, ruft »Hoch die Republik«, so laut sie kann, und wird getötet, während Davoren sich versteckt hält.[62]

Der Fall des Jack Cliteroe in *The Plough and the Stars* (1926) ist auch sehr aufschlußreich: »Warum hat Cliteroe nichts mit der Bürgerarmee zu tun?« »Weil er nicht sofort zum Hauptmann gemacht wurde. Er will an nichts teilnehmen, wo er sich nicht hervortun kann. Er war so sicher, daß er zum Hauptmann gemacht würde, daß er einen Sam-Browne-Gürtel kaufte und ihn immer umtat, an der Tür stand und damit angab.« Die Erstaufführung wurde zu einem öffentlichen Skandal, O'Casey mußte Dublin verlassen und ging nach London. In *Juno and the Paycock* (das auch 1930 verfilmt wurde) wird der junge Neurotiker Johnny Boyle von fanatischen IRA-Mitgliedern hingerichtet, weil er seinen Nachbarn der Polizei verraten hat. Die irischen Schriftsteller und Dichter waren peinliche Zeugen, besonders deshalb vielleicht, weil sie die Terroristen so gut kannten. Die meisten von ihnen stimmten schließlich mit dem überein, was O'Leary über die »Dynamiter« gesagt hatte: »Es gibt Dinge, die kein Mensch tun sollte, selbst nicht, um eine Nation zu retten!« Yeats *Cathleen ni Houlihan* enthält das Versprechen der alten Frau an jene, die für Irland gestorben sind: »Man soll sich ihrer für immer erinnern.« In diesem Stück tritt Irland in der Verkleidung einer alten Frau auf, aber am Ende verwandelt es sich in seine alte Gestalt: »Hast Du eine alte Frau den Weg entlang gehen sehen? Ich habe keine alte Frau gesehen, sondern ein junges Mädchen, und es hatte den Gang einer Königin.« Als Yeats 1939 im Sterben lag, erinnerte er sich mit einem gewissen Schrecken an diese Worte und fragte sich selbst: »Hat mein Stück gewisse Männer hinausgeschickt, die von Engländern erschossen wurden?«[63]

Die wahren Helden in O'Caseys Stücken und O'Flahertys Romanen sind die (nicht-kämpfenden) Frauen; die Männer sind gewöhnlich zweifelhafte Charaktere. Sean O'Faolains Leo O'Donnell ist ein Antiheld, und der Kommandant Dan Gallagher in Liam O'Flahertys *The Informer* erzählt seiner Freundin, daß »sie im Hauptquartier über Romantizismus und Linkssein und alle möglichen verrückten Ideen reden. Was wissen die schon von der eigenartigen Schweinementalität, die einen irischen Bauern ausmacht?« Und doch kämpften O'Flaherty, Frank O'Connor und Sean O'Faolain in den Reihen der IRA (letzterer war ihr Publikationschef), und O'Casey war eine Art Kommunist. Was immer sie als politische Beweggründe vorschieben, die meisten Terroristen sind Mystiker und von der Idee des Märtyrertums besessen. Das ist das Leitmotiv in einem Roman von Liam O'Flaherty. Crosbie, der Märtyrer, ist eine eigenartige Mischung aus Mystiker und Nietzscheaner, an einige von Savinkovs Helden erinnernd. Nach seinen eigenen Worten ist er »ein Licht, das in der Dunkelheit scheint«, er braucht keinen Führer zum Himmel: »Ich warte auf den Bergen Europas, und die gesamte Christenheit erwartet die Auferstehung, wenn die schamlosen Götzen des Geldes und der Fleischeslust im Staub verbrannt werden und Christus, unser Heiland, wieder als König der Könige gekrönt wird. Dann wird Frieden unter allen Menschen herrschen. Es wird keinen Hunger und keine Krankheit geben, und das einzige Leiden wird die Sehnsucht der Seele nach Vereinigung mit Gott sein.«[64] Das alles von einem wahllos mordenden Terroristen, nachdem der Krieg gegen die Fremdherrscher bereits gewonnen war.

Die Frage nach dem Motiv tritt in den Büchern der Eingeweihten immer wieder auf. Es gibt die konventionellen Erklärungen: dem Volk zu dienen, die Nation zu retten, die Menschheit zu erlösen. Aber es gibt auch das schlechte Gewissen des Intellektuellen, das Regis Debray beschreibt. Sein Held Frank kann sich nie recht mit den Guerillas identifizieren; er schließt sich ihnen aus Gewissensgründen an.

> »Où étais-je le jour où des paysans en sandales donnèrent l'assault à Dien Bien Phu? Le jour ou Frank Pais s'écroula, criblé par les flics de Batista sur un trottoir de Santiago de Cuba? . . . Tout occupé à siroter un vin de pays, à caresser les seins d'une brune un peu fugace . . .«

Es wird viel über Gramsci und Lukacs geredet, aber schließlich: »Peu m'importe en effet la destination – socialisme ou autre – voire même le sort des autres voyageurs. Pourvu que ça roule.«[65]

Als die mazedonische Revolte um die Jahrhundertwende herum ausbrach, war Pejo Javorov, ein junger bulgarischer Dichter, der nach dem Sinn des Lebens suchte. »Meine ganze innere Welt liegt in Ruinen«, schrieb er an einen Freund. »Wenn ich keine neue Religion finde, die mich inspiriert, bin ich verloren.«[66] Er fand sie in den Reihen der IMRO und war an Kampfhandlungen am Ilin

Den beteiligt; daraufhin schrieb er einige gute Gedichte. Der Enthusiasmus dauerte ein oder zwei Jahre an, dann versank er wieder in Hoffnungslosigkeit, Depression und symbolischen Gedichten im französischen Stil.

Die Motive des Intellektuellen, der sich vergeblich danach sehnt, ein Terrorist zu sein, tritt auch in Arthur Koestlers *Thieves in the Night* auf.*

Der terroristische Kommandeur sagt Joseph, daß er das »intellektuelle Schielen« habe, das ihn beide Seiten der Medaille sehen lasse – »einen Luxus, den wir uns nicht länger leisten können. Wir müssen Gewalt und Betrug anwenden, um andere vor Gewalt und Betrug zu retten.« Trotz seiner moralischen Skrupel bittet Joseph jedoch, am Kampf teilnehmen zu dürfen – »selbst wenn es nur ein einziges Mal ist«. Es ist so viel einfacher für den Jungen, der auf die Frage, weshalb er sich den Freiheitskämpfern angeschlossen hat, antwortet: Exodus 20, I; 5. Moses 19, I: »Vertreibt die Erinnerung an Amarek von der Erde.« »Dein Auge soll kein Mitleid kennen.« »Ich will meine Pfeile mit Blut tränken.«

Koestlers Joseph ist ein demokratischer Sozialist, der sich dem Terrorismus zuwendet, weil er erkennt, daß eine Nation von Kriegsdienstverweigerern nicht überleben kann und daß »wenn wir es ihnen überlassen, wir das Schicksal unserer Genossen in Deutschland, Österreich, Italien und so weiter teilen werden«. Daher die Notwendigkeit, »die einzige Sprache, die überall von Schanghai bis Madrid verstanden wird, zu sprechen, das neue Esperanto, das so leicht zu lernen ist – die Pistole unter der Lederjacke«.

Die Bibel lieferte Abraham Stern (»Yair«) ständige Inspiration: Gott selbst ist ein Krieger, *(Ish milkhama Adonai zvaot),* bewaffneter Kampf und Bombenwerfen sind Akte der Gottesverehrung *(Hallelujah be Kravot ubepezazot).* Das Königreich Israel, Yairs zentrales und etwas vages Konzept, kann nur auf dem Weg durch das Tal der Schatten des Todes erreicht werden. Das Thema des Todes tritt in fast jedem Gedicht Sterns auf, einschließlich der von ihm geschriebenen *Lehi*-Hymne: »Unbekannte Soldaten ohne Uniform – wir haben uns für unser ganzes Leben gemeldet – um uns herum nur Schrecken und der Schatten des Todes.«[67]

* Koestler war natürlich kein »Eingeweihter«, aber er kannte und bewunderte Jabotinsky, der bis zu seinem Tod im Jahre 1940 die höchste Instanz der *Irgun* gewesen war. Er machte auch die Bekanntschaft der Kommandeure der *Irgun* und *Lehi.*

Joseph, Koestlers Held, wendet sich vom demokratischen Sozialismus zum Terrorismus. Gyorgy Kardos, ein ebenfalls in Ungarn geborener Schriftsteller, zeigt in einem Roman, wie ein Terrorist sich vom bewaffenten Kampf abwendet – nicht aus Schwäche, sondern weil er Erfüllung in einer anderen Lebensweise findet. Die Handlung spielt in den palästinensischen Mandatsgebieten um 1946 oder 1947. David ist auf der Flucht: Die Briten sind hinter ihm her, weil er ein Terrorist ist, Irgun jagt ihn, weil er einen Auftrag nicht ausgeführt hat. Er versteckt sich auf einem Bauernhof eines Abraham Bogatyr, und seine Verachtung für diejenigen, die sich für gewaltlosen Widerstand einsetzen, verwandelt sich langsam in Bewunderung.[68]

Die Iren, Irgun und Lehi und Debrays Frank, sahen sich zahlreichen Problemen gegenüber, aber die Frage nach dem Sinn und Zweck taucht nicht auf. Der Kampf gegen die Unterdrückung war ihre Hauptaufgabe, Recht und Unrecht standen fest, sie kämpften für einen heiligen Zweck. Sie wären nicht dazu in der Lage gewesen, die (vorwiegend platonischen) Befürworter des Terrorismus, einer späteren Generation in Amerika zu verstehen, deren Vorbilder Bonnie und Clyde waren; in der Tat wäre eine solche Argumentation als ketzerisch betrachtet worden. Die Idee der Zerstörung als »direktes Theater« wäre erniedrigend oder vielleicht sogar völlig unverständlich gewesen.*

Das war die Sprache der Pseudoterroristen. Eigenartigerweise war das nihilistische Syndrom jedoch nicht neu, es hatte sich bei der Rechten wie bei der Linken gezeigt. Chen, der Terrorist in Malrauxs *Condition Humaine,* hatte schon vor langer Zeit seinen Glauben an die Menschheit verloren: »Ich mag die Gleichgültigkeit der Menschheit gegenüber all dem Leiden nicht.« Am Ende wirft er sich jedoch zusammen mit seiner Bombe vor ein Auto, in dem er irrtümlicherweise Chiang Kai-schek vermutet.

Die Frage nach dem Sinn kam auch Ernst von Salomon und seinen Gefährten, die Rathenau ermordeten, nie.[69] »Was wollt ihr?« wurden sie gefragt. »Wir konnten nicht antworten, weil wir noch nicht einmal die Frage verstanden. Wir hatten nicht nach

* »Im Zweifel immer verbrennen, Feuer ist der Gott der Revolutionäre. Feuer ist direktes Theater. Kein Wort nimmt es mit Feuer auf. Verbrennt die Fahne, verbrennt die Kirchen. Verbrennt, verbrennt, verbrennt.«[66] Knapp fünf Jahre später waren Cleaver und Rubin ganz anderer Ansicht; sie verbrannten die Götter der Gewalt, die sie einst verehrt hatten.

Plänen gehandelt oder wohldefinierte Ziele gesetzt.« Sie kämpften sicher nicht, »damit die Menschen glücklich werden«. Eine innere Kraft trieb sie zum Handeln. Sie lebten von einer Aufregung zur nächsten. Kern, der Anführer der Gruppe, sagte ihnen, daß er seit dem 9. November 1918 tot sei – seit dem Tag des Waffenstillstandes, dem Tag der nationalen Erniedrigung. Nur Zerstörung blieb für sie übrig. »Wir wollen die Revolution. Unsere Aufgabe ist der ›Stoß‹, nicht die Machtergreifung.« [70] Auf die Frage, welche Motive sie im Fall einer Festnahme nach dem Attentat angeben sollten, antwortete Kern halb gelangweilt, halb belustigt: »Mein Gott, wie nebensächlich ist das. Sagt, er sei einer der Weisen von Zion gewesen, oder er habe seiner Schwester erlaubt, Radek zu heiraten – wen kümmert das . . .« Sie hatten nur vor einem Angst, daß nämlich der tote Rathenau plötzlich als Zeuge in der Verhandlung auftreten könne . . .

Die nihilistische Stimmung kommt in vielen Werken der rechtsgerichteten Literatur der 20er Jahre zum Ausdruck. Schlageter, in Hanns Johsts Stück gleichen Namens (mit »liebender Bewunderung« Adolf Hitler gewidmet), sorgt sich nicht um metaphysische Probleme; solange die Franzosen die Ruhr besetzt halten, ist es Pflicht eines jeden deutschen Patrioten, sich mit allen Mitteln ihnen zu widersetzen – ethische Probleme spielen für den ehemaligen Soldaten keine Rolle. Die einzigen Zweifel, die er anfangs hat, beziehen sich auf die Wirksamkeit des Terrors:

Man kann nicht mit einem Bündel Ekrasit Politik machen, das ist nur Spielerei mit Terror: Jede Tat muß einen Sinn haben. 25 Pfund Dynamit werden nicht einmal einen Quadratmeter deutschen Bodens befreien. Individueller Sturm und Drang ohne Massenbasis ist Unsinn.
Übernitz: Nein, unsere völlige Verzweiflung muß den Sklavengeist, das Profitmotiv und alle kleinliche Bürokratie hinwegfegen.
Schlageter: Wenn das so ist, wird ganz Deutschland ein Friedhof sein.
Übernitz: Besser ein anständiger Friedhof als ein fünftklassiger alter Konfektionsladen.

Aber schließlich hilft er seinen Freunden bei terroristischen Aktionen:

»Was macht es, ob ich durch eine Kugel mit zwanzig, an Krebs mit vierzig oder an einem Schlaganfall mit sechzig sterbe? Das Volk braucht Priester, die den Mut haben, das Beste zu opfern – Priester, die schlachten . . .« [71]

Arnolt Bronnens Helden, die Freikorpskämpfer in Oberschlesien, sind ähnlicher Natur. Bronnen, der einst ein Freund von Brecht gewesen und wie dieser von Gewalttaten fasziniert war, wandte sich scharf nach rechts. Den Nazis war er jedoch immer ein wenig suspekt, und während sie sich seiner bedienten, bewahrten sie doch eine gewisse Distanz. Das gleiche gilt auch für Hans Fallada, der einen semidokumentarischen Bericht über die bombenwerfenden Bauern in Schleswig-Holstein schrieb und der hoffte, daß ihre gewalttätigen Aktionen die Öffentlichkeit auf ihre Lage aufmerksam machen würden.[72]

In der oben erwähnten Geschichte Salomons tritt Otto, der Anführer einer kommunistischen Kampfgruppe auf. Er ist ein sympathischer junger Mann, ein Kämpfer wie die Rechten, denen gegenüber er eine natürliche Neigung zeigt: »Wir haben bald Freunde.« Solche scheinbar unverträglichen Freundschaften waren keineswegs selten; Aktivisten haben schließlich eine Menge gemein. In seiner Autobiographie schreibt Milovan Djilas, daß die Kommunisten im Gefängnis schnell eine gemeinsame Sprache mit den kroatischen Ustascha, »Nationalrevolutionären und fanatischen Gläubigen« fanden. Sie hatten einen gemeinsamen Feind – die Regierung –, und sie haßten die demokratische Opposition wegen ihrer Zaghaftigkeit. Die Kommunisten billigten die Verbindungen der Ustascha mit dem faschistischen Italien und mit Ungarn sicherlich nicht, aber sie verdammten sie auch nicht.[73] Es bestand eine »bedingte Freundschaft«.

Für *Narodnaja Volja,* die Iren oder die Mazedonier gab es keine sexuellen Probleme, oder, falls es sie gab, einigte man sich, sie nicht in der Öffentlichkeit zu diskutieren. Theoretisch, wenn auch nicht immer in der Praxis, bedeutete das Leben im Untergrund für die Mitglieder einer Gruppe den Verzicht auf enge Bindungen; einige praktizierten sogar Askese: alles, was den Terroristen von seiner eigentlichen Aufgabe ablenkte, mußte abgelehnt werden. Ob das Repression, Sublimation oder einfach die Reaktion einer Generation mit anderen Wertmaßstäben war, ist eine Frage, die sich ausführlich diskutieren ließe. Sexuelle Probleme haben in der Tat in den Schriften zeitgenössischer Terroristen einen wichtigen Platz eingenommen – vor allem in den Vereinigten Staaten und in Deutschland, wo die Explosion einer Bombe fast wie eine Art Ersatzorgasmus betrachtet wird. Michael Baumann, ein ehemaliges Mitglied einer terroristischen Gruppe, hat sogar behauptet, daß die Wahl oder Ablehnung des Terrorismus »programmiert« war – die unvermeidliche individuelle Reaktion auf das Bestehen oder Nichtbestehen einer Furcht vor Liebe: die meisten Terroristen, wenn nicht sogar alle, flüchteten vor dieser Furcht in totale Gewalt. Aus seiner eigenen Erfahrung wie auch durch Schriften von Malatesta und Fromm gelangte er zu der Überzeugung, daß revolutionäre (d. h. terroristische) Praxis und Liebe unvereinbar sind.[74] Er mag wohl in bezug auf die europäischen und nordamerikanischen Terroristen der 60er und 70er Jahre recht gehabt haben; ob man aus solchen Äußerungen allgemeinere Schlußfolgerungen ziehen kann, ist aber nicht so sicher.

Terrorismus und Propaganda

Es gibt eine Literatur des Terrorismus, die als ihre einzige Aufgabe die Anhebung der Moral der Terroristen versteht. Der Kampf ist total, das Ziel die Vernichtung des Feindes; in diesem Lichte betrachtet, ist auch die Literatur eine Waffe in dem heiligen Kampf. Ein bulgarischer Roman um die Jahrhundertwende, der sich kritisch gegenüber der IMRO ausgedrückt hätte, wäre fast Gotteslästerung gewesen.*

Ein arabischer Roman oder ein Theaterstück, das nicht voll des Lobes für Fatah oder die PFLP war, galt als Verrat. Wie berechtigt der Kampf auch sein mag, Bücher, die durch solche terroristischen Gruppen inspiriert sind, können selten der Literatur zugerechnet werden und sagen auch wenig über die Terroristen selbst aus. Denn wenn es keine inneren Konflikte, keine besorgten Gewissen gibt, wenn die Helden kein Privatleben und keine Schwächen haben, wenn, kurz gesagt, jeder seine Pflicht erfüllt, dann bleiben nur technische Probleme übrig, die von Militärexperten besser als von Schriftstellern gelöst werden können. Das trifft sogar auf die gelungensten Romane palästinensischer Schriftsteller wie Ghassan Khanafani zu, des Herausgebers der PFLP-Zeit-

* Es gab Anti-IMRO Romane, unter ihnen ein oder zwei gute, aber sie waren von Türken oder Griechen geschrieben. *Bomba,* ein klassisches Werk der modernen türkischen Literatur, beschreibt das Unglück der Familie eines bulgarischen Freiheitskämpfers, der entscheidet, daß die Zeit gekommen ist, den bewaffneten Kampf aufzugeben.[75]

schrift *Al Hadaf,* der in Beirut durch eine Zeitbombe in seinem Auto getötet wurde. Sein Leitmotiv ist: »Es gibt nichts zu sagen ... diese Sache kann nur durch Krieg entschieden werden« (Return to Haifa, 1970).[76] Es ist vielleicht nicht erstaunlich, daß palästinensische Autoren in ihren Werken keine Distanz zeigen; was ihre Romane so unglaubwürdig macht, ist der mangelnde Wunsch, den Gegner zu verstehen. Die Palästinenser werden als furchtlose Patrioten und angesehene Vorbilder mit allen männlichen und weiblichen Tugenden dargestellt, während die Juden gewöhnlich Zuhälter oder häßliche Prostituierte sind, die in Moscheen und auf Friedhöfen kopulieren, wenn sie nicht gerade damit beschäftigt sind, arabische Zivilpersonen so sadistisch wie möglich umzubringen.[77] Moen Basisu liefert eine moderne Version von Samson und Dalila mit Samson als dem brutalen israelischen Offizier, der von Dalila, der aufopfernden arabischen Patriotin, besiegt wird. In einem anderen Roman *(Sahra min Dam)* erkennt selbst der arabische Spitzel sein Fehlverhalten und schließt sich der Widerstandsbewegung an. Nicht-Palästinenser werden allerdings häufig wegen mangelnder Sympathie und ihrem Hang, Flüchtlingslager wie Touristensensationen zu betrachten, kritisiert (Sharqawi). Genauso unglaubwürdig wie die Bösewichter sind die Helden in diesen Romanen, und arabische Kritiker haben die Frage gestellt: Wenn alle Israelis Zuhälter und Prostituierte sind, weshalb haben sie uns besiegt? Die einzigen Juden, die in einem etwas besseren Licht erscheinen, sind die orientalischen (»arabischen«) Ursprungs, was etwas widersinnig ist, da diese Kreise am wenigsten Sympathien zeigen, während die Haltung europäischer Juden mehr von Gleichgültigkeit als von Haß bestimmt ist.*

Was über die Darstellung des palästinensichen Terrorismus in

* Die hebräische Literatur über die terroristischen Bewegungen der 30er und 40er Jahre dieses Jahrhunderts ist nicht besonders interessant. Der ambitionierteste Roman vom literarischen Standpunkt aus ist Haim Hasaz *Bekolar Ehad* (frei übersetzt: Zusammen, Tel Aviv 1962), ein Schlüsselroman, der die letzten Tage von zwei jungen Terroristen im Gefängnis beschreibt, Feinstein und Barasani, die sich am Vorabend ihrer Hinrichtung selbst in die Luft sprengen. Yigal Mossensons *Derekh Gever* (Die Art eines Mannes, Tel Aviv 1950) spielt direkt nach dem Krieg und zeigt die ambivalente Einstellung der Hagana-Mitglieder gegenüber »Abweichlern« (d. h. Terroristen). Einige interessante und psychologisch aufschlußreiche Werke von jüngeren Autoren sind in letzter Zeit erschienen – zum Beispiel Yizhak Ben Ners *Mischakim bechoref* (Spiele im Winter, Tel Aviv 1976).

der arabischen Literatur gesagt wurde, gilt *mutatis mutandis* für einen Großteil der Terrorismus-Literatur der Dritten Welt. Es gab einige Ausnahmen in Indien, zweifellos weil die öffentliche Meinung in bezug auf die Wirksamkeit des Terrorismus im Kampf gegen die Briten gespalten war, und unter französischsprechenden nordamerikanischen Autoren, die in Frankreich lebten.

In Lateinamerika gibt es eine alte Tradition revolutionärer Lieder, die *cancones de protesta,* zu denen terroristische und Guerillabewegungen in jüngster Zeit erhebliche Beiträge geleistet haben.[78] Auch im Rußland vor der Revolution gab es eine ähnliche Tradition; einige Mitglieder der *Narodnaja Volja* wie Morosov und Klements schrieben und komponierten Lieder, die recht volkstümlich wurden. Die Thematik reichte von ironischen Betrachtungen über den zaristischen Polizeichef Drenteln bis zu Grabgesängen für im Kampf gefallene Genossen und drückte die Überzeugung aus, daß eines Tages ein Rächer auferstehen werde – eine Variation zu Vergils *Exoriare aliquis.*[79] An diesem Punkt geht die Literatur des Terrorismus in Folklore über, ein interessantes Thema, aber nicht Gegenstand der vorliegenden Studie.

Es ist gezeigt worden, wie die Terroristen des neunzehnten und zwanzigsten Jahrhunderts ihren Einzug in die Weltliteratur hielten, wie Brutus, Wilhelm Tell, Judith und Charlotte Corday die Dichter früherer Generationen angezogen haben. Zuweilen war es die befreiende Tat und nicht das ethische Dilemma, das die Autoren faszinierte: Judith und Wilhelm Tell laufen nicht Gefahr, moralisch zensiert zu werden. Mit Caesar bewegen wir uns auf unsichererem und psychologisch interessanterem Boden: die Bewunderung für den großen Staatsmann wird durch die Kritik an dem Mann, der die Tradition der Freiheit zerstört, geschwächt, und Caesars Tragödie ist auch Brutus' Tragödie. Charlotte Corday ist die erste wirklich moderne Heldin des Terrorismus: eine schreckliche Reaktionärin in den Augen der Jakobiner, ist sie für all jene, die die Extremisten fürchten und hassen, das Inbild der Tapferkeit und engelhaften Reinheit. Ihre Persönlichkeit drückt sich in einem politischen Akt aus, aber Politik erklärt nicht ihre Persönlichkeit; Jeanne d'Arc tat, was ihr die Stimmen befahlen, aber wodurch wurde Charlotte Corday inspiriert? Der große deutsche Dichter Jean Paul, der weniger als ein Jahrzehnt nach Marats Ermordung schrieb, sah die Ursprünge ihres Verhaltens in ihrer Erziehung und Lektüre: die Helden des alten Roms waren ihre Vorbilder. Aber intellektuelle Abenteuer waren offensichtlich als Erklärung nicht ausreichend; viele junge Menschen haben Plutarch gelesen, sie aber hat Marat ermordet. Vielleicht hatte sie als Frau nicht die Freiheit, ihre Persönlichkeit zu entwikkeln, oder vielleicht fand sie keine Erfüllung (ober Ablenkung) in Liebe und Ehe? Jean Pauls *Halbgespräche* erschienen im Jahre 1801. Es dauerte noch lange Zeit, bis die Terroristen des 19. und 20. Jahrhunderts mit einer ähnlichen Auffassung betrachtet wurden. Romane und Theaterstücke sind nicht die idealen Vermittler langer ideologischer Diskussionen, wie verschiedene drastische Fehlschläge demonstrieren (Mackay). Aber die Literatur war besonders geeignet, sich mit den wichtigen Fragen auseinanderzusetzen, die in gelehrten Abhandlungen über die Geschichte des Anarchismus und ähnlicher politischer Bewegungen keinen Platz finden: die Frage nach dem Motiv, die Analyse des Charakters.

Dies erwies sich als besonders schwer im Fall der Anarchisten, denn sie formten eine Subkultur (wie man es heute nennen würde) am Rande der Gesellschaft, weit entfernt von den Kreisen, in denen sich Schriftsteller gewöhnlich bewegen. Diejenigen, die über sie schrieben, stützten sich wie alle anderen mehr auf Zeitungsberichte als auf persönliche Erfahrungen. Die anarchistischen Charaktere in den Romanen jener Zeit sind gewöhnlich wenig überzeugend, eigenartige oder kranke Menschen, Außenseiter, Exzentriker oder Perverse. All das mag wahr gewesen sein, aber es war nicht sehr befriedigend und trug auch nicht zum Verständnis bei, weshalb sich diese Leute zusammenschlossen und Taten begingen, die die Gesellschaft so tief schockierten. War es nur ihr gequältes Innenleben oder irgendein herostratischer Impuls, der sie hinausgehen ließ, um Könige und Präsidenten zu erstechen, Bomben in Cafes und Parlamentsgebäude zu werfen? Sie waren offensichtlich mit der Gesellschaft unzufrieden und wollten sich auf irgendeine Weise rächen. In diesem Punkt aber gingen persönliche und politische Motive ineinander über, und das Wie und Warum blieb verborgen. Hinzu kam, daß einige unserer anarchistischen Helden und Bösewichter von der Gesellschaft nicht schlecht behandelt worden waren; ihre Kindheit war recht glücklich gewesen, sie wurden keineswegs benachteiligt, so daß persönliche Rache sicher kein zentrales Motiv darstellen konnte. Auch waren sie nicht besonders unausgeglichen oder schlecht oder ehrgeizig, was es nur noch schwerer macht, sie zu verstehen.

Mit wenigen Ausnahmen erscheinen die Anarchisten in der zeitgenössischen Literatur als düstere und lächerliche Taugenichtse, vielleicht faszinierend, aber kaum lebensecht und letzten Endes unerklärlich. Ein oder zwei Jahrzehnte mußten vergehen, bis die Anarchisten glaubwürdiger wurden: der erste Schock war vorbei (ebenso die Zeit der Anarchisten), eine jüngere Generation von Schriftstellern war entstanden, die mit ihren Gewohnheiten und Ideen vertrauter waren und mehr dazu neigten, sie als gutmeinende, aber irregeleitete Verlierer zu betrachten, statt als *hostes humani generis.*

Für die Russen war es einfacher, ihre Terroristen zu verstehen. Zwar standen auch sie vor dem gleichen Generationenproblem, der gleichen Ratlosigkeit im Angesicht einer Jugend mit einem eigenartigen Lebensstil, unverständlichen Ideen und ruchlosen Taten wie der Ermordung des Zaren; aber letzten Endes waren sie ihr eigen Fleisch und Blut, der Gegensatz der Generationen war nicht so groß, und als Dostojevski 1871 den Terrorismus verurteilte, war das zumindest teilweise auf Vergeßlichkeit zurückzuführen; zwei Jahrzehnte vorher wäre es ihm leichter gefallen, die *Narodovoltsy* zu verstehen. Die Deutung des Terrorismus im russischen Roman hing natürlich von der Einstellung des Autors ab. Daher die völlige Ablehnung in den Werken Dostojevskis und Leskovs, der im Anarchismus nichts weniger als den Antichristen, die Verkörperung alles Bösen und Verneinung aller Werte sah. Daher auf der anderen Seite auch die grenzenlose Verehrung der progressiven Intelligenzia; in diesem Kontext wäre eine psychologische Analyse der persönlichen Motive der Helden und Märtyrer genauso fehl am Platze gewesen wie eine Untersuchung des Geschlechtslebens eines Heiligen in der offiziellen Kirchengeschichte. Wiederum mußte einige Zeit verstreichen, bis die erste Aufregung verebbte und es leichter wurde, die Motive nachzufühlen und nachzuvollziehen, die junge Menschen zu verzweifelten Aktionen getrieben hatten.

Das waren keine déclassé Bohemiens oder Außenseiter der Gesellschaft, sondern recht häufig die Nachkommen der Elite; sicherlich konnte ihnen kein Mensch ihren Idealismus absprechen, denn sie hatten keine persönlichen Rechnungen mit der Gesellschaft zu begleichen. Dagegen kamen einige typisch russische

Charakterzüge hinzu: dies war schließlich nicht die erste Generation junger rebellierender Intellektueller. Während aber ihre Vorgänger nächtelang über Revolution gesprochen hatten, waren sie die ersten, die handelten, und zwar mit einer unrussischen Heftigkeit: Oblomov war dahingeschieden. Das war ihnen aber nicht leicht gefallen, auch waren sie keine wirklichen »Nihilisten«. Im Gegenteil, sie beschäftigten sich ausführlich mit moralischen Fragen und handelten nach einem ethischen Code, der in vieler Beziehung strenger war als der der etablierten Gesellschaft mit ihrer doppelten Moral. Nur einige unter ihnen waren starke und resolute Charaktere, und selbst die wankten und zankten; manchmal waren sie unglücklich, und zuweilen gaben sie auf oder verrieten ihre Sache. Kurz gesagt, es waren glaubwürdige Charaktere aus der russischen Literatur.

Savinkovs Bücher schockierten seine linken Zeitgenossen nicht nur, weil sie von einem Mann stammten, der seiner Sache untreu geworden war. Die Kritiker konnten unmöglich ein so wenig schmeichelhaftes Bild der Männer und Frauen, die täglich ihr Leben im Kampf gegen den zaristischen Despotismus riskierten, akzeptieren. Viele von ihnen hatten in der Tat das höchste Opfer gebracht. Vielleicht hatten die Kritiker recht, vielleicht verfälschte die Betonung der persönlichen Leidenschaften und Vorurteile die Darstellung, vielleicht konnte einer, der die Hoffnung verloren hatte, denen, die sie noch hatten, nicht gerecht werden. Aber Savinkov war wirklich ein führender Terrorist gewesen – während seine Kritiker Kritiker waren. Sie hatten nie eine Bombe hergestellt, nie jemanden getötet, und die wichtigste Entscheidung, mit der sie sich konfrontiert sahen, war das Thema ihres nächsten Aufsatzes.

Schließlich wurde es den Kritikern klar, daß die neue Generation, unter der es zwar auch anständige junge Männer und Frauen gab, nicht recht mit den Terroristen um 1870 vergleichbar war. Unter den Narodovoltsy hatte es Hamlet-Charaktere gegeben und einfältige junge Männer, die glaubten, die Polizei überlisten zu können, während sie mit ihr kollaborierten. Aber es hatte keinen Asev gegeben. Nach der Demaskierung des Erzverräters hatte der Terrorismus seine Unschuld verloren, er war nicht länger ein Thema, das man zwanglos angehen konnte. Aber auch die Persönlichkeit Asevs blieb ein undurchdringliches Geheimnis. Wenn er lediglich ein Polizeispitzel gewesen wäre, dem es nur ums Geld ginge, wäre das Rätsel einfach zu lösen gewesen. Aber er war ein erstklassiger Agent, der Geld nahm und häufig Resultate vorzuweisen hatte. Und doch war er nicht das Werkzeug der Ochrana, er hatte seine eigenen politischen Ziele und Ambitionen, die keineswegs immer mit denen seiner Auftraggeber übereinstimmten. Die Doppelrolle, die er spielte, war so kompliziert, daß die Fäden nie wieder entwirrt werden konnten, als das Spiel vorüber war.

In den Büchern über den russischen Terrorismus des Jahres 1905 werden zum erstenmal die Fragen aufgeworfen, die danach immer eine wichtige Rolle gespielt haben. Hier wurde gezeigt, wie schwierig es ist, echtes Heldentum von Abenteuerlust, Standhaftigkeit von Routine zu unterscheiden, wie unter bestimmten Voraussetzungen die Trennungslinie zwischen Loyalität und Verrat fast nicht mehr auszumachen ist. Es wurde auch gezeigt, daß die meisten Terroristen früher oder später vor der Frage standen, ob sich das ganze überhaupt lohne, und nicht nur wegen der zahlreichen Verluste in ihren Reihen. Vor allem aber wurde die Frage nach dem Recht zu töten gestellt.

Nicht viele spätere Schriftsteller des nationalistischen Terrorismus hatten mit diesem Dilemma zu kämpfen. Es gab Ausnahmen, vor allem in der irischen Literatur mit ihrer ambivalenten Einstellung dem Terrorismus gegenüber. »Kein Volk haßt so sehr wie unseres«, hatte Yeats geschrieben. Aber er hatte auch gesagt, daß alles, was er liebe, durch die englische Sprache zu ihm gekommen sei. Eine Zeitlang, gegen Ende des vorigen Jahrhunderts, stimmte die politische und literarische Bewegung in Irland zeitlich überein, später jedoch trennten sich die Wege – der philisterhafte Charakter der irischen Gesellschaft und die feindselige Aufnahme ihrer Werke vertrieben viele Dichter aus Irland und verletzten andere zutiefst. Die meisten stellten sich 1916 und dann wieder 1919 hinter die Sache, aber nach Gründung des irischen Freistaates folgte eine Welle introspektiver Kritik. Es ist an Beispielen gezeigt worden, mit welcher Aufrichtigkeit ehemalige Terroristen über ihre Vergangenheit, ihre Freunde und Kampfgenossen geschrieben haben; dadurch wurde die irische Literatur der 20er und 30er Jahre einmalig für das Verständnis von Patrioten und Reformisten zugleich.

Der Bereich der Literatur als Quelle für das Verständnis des Terrorismus ist nicht unbeschränkt. Ein Zeuge riet kürzlich einem Kongreßkomitee der Vereinigten Staaten, man solle Joseph Conrads *Secret Agent* zur Pflichtlektüre für jeden Polizeioffizier machen:

»Conrad versuchte, sich in die Psyche eines Anarchisten in London Anfang dieses Jahrhunderts hineinzuversetzen. Wenn ein Polizeioffizier das lesen könnte, könnte er zu verstehen beginnen, inwieweit ein Revolutionär wirklich durch politische Ideologie und inwieweit er durch persönliche Bedürfnisse geleitet wird . . .« [80]

Solche Ratschläge mögen zwar gut gemeint sein, sind aber etwas naiv. Polizeioffiziere (und nicht nur sie) werden sicher von dem Lesen eines Buches, das zu einem Klassiker der Weltliteratur geworden ist, profitieren. Aber sie werden sicher nicht sofort Hilfe finden für die Probleme, denen sie täglich gegenüberstehen. Es sei noch einmal daran erinnert, daß Conrads Held, Adolf Verloc, ein Polizeiagent ist; nach seinem Tode sucht seine Witwe Winnie Hilfe. Ossipon, der Anarchist und Frauenheld, an den sie sich in ihrer Verzwieflung wendet, verschwindet mit ihren Ersparnissen und treibt sie zum Selbstmord. Es hat zu allen Zeiten und in allen Ländern Verlocs und Ossipons gegeben, aber eine Analyse ihrer Gedanken und Handlungen, wie interessant sie auch sein mag, verhilft nicht zum Verständnis eines jungen Mannes oder einer jungen Frau, die sich einer lateinamerikanischen terroristischen Gruppe, der IRA oder den Weathermen anschließen. Auch erklärt sie nicht, weshalb sie heroische Taten oder Verrat begehen, weshalb sie einen hoffnungslosen Kampf fortsetzen oder sich ergeben. Der Schriftsteller, das muß noch einmal betont werden, befaßt sich mit dem Individuum und seinen Motiven, er betont Langeweile oder Ehrgeiz oder selbstlose Verehrung, was immer er für richtig hält. Er kann unmöglich ein Bild eines »typischen« Terroristen geben. Es gibt sowieso eine Unzahl von Variationen, und wie sich der Terrorismus in den letzten hundert Jahren verändert hat, so haben sich auch die Terroristen geändert. Jeder wird sowohl von Erwägungen, die außerhalb seiner selbst liegen, als auch von Motiven persönlicher Art angetrieben. Die Literatur kann keinen Hauptschlüssel zu den Seelen der Terroristen liefern, man kann höchstens hoffen, daß sie gewisse gemeinsame Charakterzüge der *dramatis personae,* die zu einer bestimmten Zeit und an einem bestimmten Ort als Gruppe auftraten, aufzeigt. Selbst für die Erreichung dieses bescheidenen Ziels benötigt man gutes Einfühlungsvermögen, psychologisches Verständnis und Kreativität. Wenn man das akzeptiert, kann man eine Menge über den Terrorismus aus der zeitgenössischen Literatur lernen, vorausgesetzt, diese Bücher, Filme und Theaterstücke werden nicht als Lehrbücher für das Studium des Terrorismus betrachtet, die auf photographische Genauigkeit und universelle Anwendbarkeit hinzielen.*

Anmerkungen

1 Emma Goldman, »The Psychology of Political Violence« in *Anarchism and other Essays,* Port Washington 1960, 89.
2 Ebenda, 113.
3 C. Lombroso und R. Laschi, *Le crime politique et les révolutions,* Paris 1892, passim.
4 R. Garraud, *L'Anarchie et la Repression,* Paris 1895, passim.
4a C. Lombroso, *Les Anarchistes,* Paris 1896, 184ff.
5 E. V. Zenker, *Anarchism,* London 1895, 262.
6 Lucian Pye in H. Eckstein (Hrsg.) *Internal War,* New York 1964, 162.
7 *Encyclopaedia of the Social Sciences,* Band 14, New York 1934.
8 Edward E. Gude, in J. C. Davies (Hrsg.), *When Men Revolt and Why?,* New York 1971, 252.
9 P. M. Cobbs und H. Grier, Vorwort zu Jerome H. Skolnick: *The Politics of Protest,* New York 1969, XII.
10 John Dollard u. a., *Frustration and Aggression,* New Haven 1939.

* Es gibt natürlich noch zahlreiche andere Romane, Theaterstücke und Filme, die für den Terrorismusforscher von Interesse sind, hier aber nicht erwähnt werden. Einige waren für den Autor unzugänglich; dies gilt zum Beispiel für Ramon Sempaus *Los victimarios* (1906), eine wichtige Dokumentation der Geschichte des spanischen Anarchismus um die Jahrhundertwende. Sempau war ein aktiver Terrorist, der von einem Militärgericht zum Tode verurteilt, später aber von einem Zivilgericht freigesprochen wurde. Andere Bücher sind in Sprachen erschienen, die ich nicht beherrsche, Romane über bengalischen Terrorismus oder die rumänischen »Eisernen Garden« zum Beispiel. In letzter Zeit sind zahlreiche Bücher erschienen, die sich mit der jüngsten Welle des Terrorismus beschäftigen; Klaus Rainer Röhls *Die Genossin* (München 1975) ist ein nicht sehr schmeichelhaftes Portrait der verstorbenen Ulrike Meinhof (seiner ehemaligen Ehefrau). Ein weiterer interessanter dokumentarischer Roman beschäftigt sich mit den Geiselnahmen der FLQ, Brian Moores: *The Revolution Script* (London 1972). Es bestand jedoch nie die Absicht, eine umfassende Studie der »terroristischen Literatur« zu liefern, es ist sowieso fraglich, ob nach einem gewissen Punkt zusätzliche Lektüre noch ein neues Licht auf das Thema werfen kann.

11 E. F. Durbin und John Bowlby, *Personal Aggressivness and War,* London 1938, 28.
12 T. Gurr, *Why Men Rebel,* Princeton 1970, passim; T. Gurr, The Calculus of Civil Conflict, *Journal of Social Issues,* I, 1972.
13 Douglas P. Bwy, »Political Instability in Latin America: The Cross-Culture Test of a Causal Model«, in *Latin American Research Review,* Frühjahr 1968.
14 Lloyd A. Free in Davies, 258.
15 Ivo K. Feierabend und Rosalind I. Feierabend, »Aggressive Behavior within Politics, 1948–1962« in *Journal of Conflict Resolution,* Band X, Nr. 3, 269.
16 Betty Nesvold, »A Scalogram Analysis of Political Violence«, in Gillespie and Nesvold, loc. cit. 171 ff.
17 Gurr, *Calculus,* 34.
18 Ebenda.
19 Feierabend, 269.
20 Gurr, *Calculus,* 44.
21 Harry Eckstein, »On the Etiology of Internal Wars« in *History and Theory,* 2, 1965; *The Study of Internal Wars,* Princeton 1969; Erich Weede, *Unzufriedenheit, Protest und Gewalt, Kritik an einem makropolitischen Forschungsprogramm,* in *Politische Vierteljahresschrift,* Sept. 1975.
22 Gurr und Duval, *Civil Conflict,* loc. cit., passim.
23 D. A. Hibbs, *Mass Political Violence,* New York 1973, passim.
24 Lodhi und Tilly, »Urbanization, Crime and Collective Violence in 19th Century France«, *Journal of Sociology,* 2, 1972, 297; Snyder und Tilly, »Hardship and Collective Violence in France 1830–1960«, *American Sociological Review,* Oktober 1972, 520.
25 Egbal Ahmad in N. Miller und R. Aya, *National Liberation,* New York, 137 ff.
26 In David. E. Apter and James Joll, *Anarchism Today,* London 1971, 65.
27 Ted Gurr, *Civil Strife in the Modern World: A Comparative Study of its Extend and Causes,* Princeton 1969; State Department Konferenz über Terrorismus, 29. 12. 1969.
28 Paul Wilkinson, *Political Terrorism,* London 1974, 129.
28a E. V. Walter, *Terror and Resistance,* New York 1969.
29 Thomas P. Thornton, »Terror as a Weapon in Political Agitation«, in H. Eckstein, *Internal War,* New York 1964, 71 ff.
30 Brian Crozier, *The Rebels,* London 1960, passim; Paul Wilkonson, op. cit. 126.
30a R. Moss, *The War for the Cities,* New York 1972, 24 ff. Z. Ivianski, *Individual Terror as a Phase in Revolutionary Violence in the Late 19th and the Beginning of the 20th Century,* (Hebräisch), Disserta-

tion, Jerusalem 1973; P. Wilkinson, *Political Terrorism,* London 1974, passim.

31 H. Arendt, »On Violence«, in *Crisis of the Republic,* Harmondsworth 1973, 83ff.

32 Feliks Gross, *Violence in Politics,* Den Haag 1972, 94.

33 H. Eckstein, *On the Etiology . . .,* 153.

34 Richard Blackmur, *The Art of the Novel: Critical Prefaces by Henry James,* New York 1964, 72–75.

35 Malcolm Brown, *The Politics of Irish Literature,* London 1972, 276.

36 J. L. Borges, *Labyrinths,* Selected Short Stories and other writings, New York 1964, 72–75.

37 *The Works of R. L. Stevenson,* Band 5, London 1911, 130.

38 G. K. Chesterton, *The Man Who Was Thursday,* London 1908.

39 *Times,* London 17. März 1881, zitiert in W. H. Trilley: *The Background of the Princess Casamassima,* Gainesville, Florida 1960, 19.

40 *Les trois villes Paris,* Paris 1898.

41 John Henry Mackay, *Die Anarchisten,* Berlin 1893, 204–44.

42 Pio Baroja y Nessi, *Aurora Roja,* 3. Teil von *La lucha por la vida,* Madrid 1904.

43 Ebenda, 358.

44 Erstmalig veröffentlicht in Prag in der Zeitschrift *Kvet* in Jahre 1911.

45 Über Libertad und seine Gruppe: Jean Maitron, 420ff. und Victor Serges Autobiographie, *Memoirs of a Revolutionary 1901–1941,* London 1963; »*Mesti republiky*« wurde erneut in der kommunistischen Tschechoslowakei nach größeren ideologischen Eingriffen veröffentlicht.

46 Das Stück wurde 1897 in Paris aufgeführt, die norwegische Premiere fand erst zwei Jahre später statt.

47 B. Brecht, *Die Maßnahme,* uraufgeführt im Dezember 1930 in Berlin; siehe auch Brechts *Anmerkungen zur Maßnahme* in *Schriften zum Theater,* Band 2, Frankfurt 1963.

48 Uraufgeführt in Paris im Dezember 1949; siehe auch Camus *L'homme revolté,* Paris 1951.

49 Siehe V. Gebel, *Schestidesjatje Godi,* Moskau 1948, und die biographischen Studien von P. Kowalowski, Leonid Grossman, B. M. Drugov und V. Setschkareff.

50 *Podpolnaja Rossija,* das Buch wurde zuerst in Italienisch in Mailand 1882 veröffentlicht; hier wird die jüngste russische Ausgabe aus dem Jahre 1960 zitiert.

51 Sophia Kovalevski, *Vera Barantsova,* London 1895, 281; die Autorin ist als Mathematikerin sehr viel bekannter geworden.

52 Stepniak, *The Career of a Nihilist (Andrei Koschuchov),* London 1889, 320; die russische Fassung wurde 1898 in Genf veröffentlicht.

53 Das Buch wurde zuerst 1908 in zwei Teilen veröffentlicht. Heute ist es sehr schwer zu finden; die Library of Congress hat zum Beispiel nur die hebräische Übersetzung, *Levahot* (2 Bände, Naharia 1939/40). Das Buch hatte starken Einfluß auf die linksgerichtete jüdische Jugendbewegung in Polen, *Habent sua fata libelli.* Ich habe eine neuere polnische Ausgabe benutzt, Krakau 1946/47, 2 Bände. Es existiert eine französische Übersetzung.

54 V. Burtsev *Borba sa svobodnuju Rossiu,* Band I, Berlin 1923, 183 ff.; siehe auch Cz. Milosz, *Czlowiek wsrod skornionow,* Paris 1962, 84–107.

55 V. Ropshin *Kon Blednii* (Das blasse Pferd), St. Petersburg 1909, 124; zuerst veröffentlicht in *Russkaja Misl,* Jan. 1909.

56 Zuerst in Fortsetzungen in der Zeitschrift *Savety,* 1912 veröffentlicht. 1916 oder 1917 in England unter dem Titel: *What Never Happened* erschienen; siehe G. Plechanov in *Sovremenni Mir,* 2, 1913; Tschonov in *Savety* 8, 1912 und A. Amfiteatrov in *Savety Serdtsa,* Moskau 1909.

57 Es gibt noch einen weiteren Roman über Asev (Roman Gul, *General B. O.,* London 1930), auch Rebecca West hat über das Thema geschrieben (*The Birds Fall Down,* London 1966).

58 *Borstal Boy,* London 1958, 11.

59 Donald Davie, »The Young Yeats« in Conor Cruise O'Brien, *The Shaping of Modern Ireland,* London 1960, 143.

60 Sean O'Casey *Drums under the Window,* New York 1960, 423.

61 Liam O'Flaherty *Civil War*; Sean O'Casey, *The Plough and the Stars,* London 1926.

62 O'Casey, *Collected Plays,* Band I, London 1949, 156.

63 Conor Cruise O'Brien, »An unhealthy intersection« in *The New Review,* Juli 1975; siehe auch W. A. Armstrong, »History, Autobiography and the Shadow of a Gunman« in *Modern Drama,* 2, 1960.

64 Liam O'Flaherty, *The Martyr,* London 1933; siehe auch Liam O'Flaherty *The Assassin,* London 1928, passim.

65 Régis Debray, *L'indésirable,* Paris 1976, 77.

66 *Isbrani Proisvedenija,* Sofia 1953, 150.

67 A. Stern, *Bedamai lead tikhi,* Tel Aviv 1976, 18; sein Freund Y. Ratosh widmete der Einsamkeit an Yairs Leben und der schließlichen Sinnlosigkeit seines Todes ein unübersetztes (und vielleicht unübersetzbares) Gedicht mit dem Titel *Argaman* (Purpur).

68 Gyorgy Kardos, *Abraham's Good Week,* New York 1975.

69 E. von Salomon, *Die Geächteten,* Berlin 1935.

70 Ebenda, 302.

71 Hanns Johst, *Schlageter,* in Günther Rühle, *Zeit und Theater,* Band 3, Berlin 1975, 28; das Stück wurde an Hitlers Geburtstag, am 20. April 1933 uraufgeführt.

72 Arnolt Bronnen, *O/S,* 1929; *Rossbach,* 1930; Hans Fallada, *Bauern, Bonzen, Bomben,* 1931.
73 M. Djilas, *Memoirs of a Revolutionary,* London 1973, 132ff.
74 M. Baumann, *Wie alles anfing,* München 1975, 130.
75 Omar Seyfeddin, *Bomba,* Konstantinopel 1913; Ion Dragumis, *Martiron ke iroon ema,* Athen 1907.
76 Zwei Romane Khanafanis sind verfilmt worden, *Les Dunes* und *Le Couteau,* beide in Syrien. Die Algerier produzierten einen terroristischen »Action-Film« (Sana'ud – We shall return), der allerdings wegen mangelnden politischen Gehalts und wegen seines Wildweststils kritisiert wurde.
77 Alfred Farajs Stück *Al nar valseitun* (Das Feuer und der Olivenbaum); Suheil Idris' *Sahra min Dam* (Blutige Blume) Abdul Rahman al Sharqawis *Watani Akka* (Mein Heimatboden); Moen Basisus *Shamshun va Dalila*; siehe Sasson Somekh in *New Outlook,* Januar 1972, und Shimon Ballas, »The Ugly Israeli in Arab Literature«, *New Outlook,* November 1974, ebenfalls vom selben Autor eine Reihe von Artikeln in *Ha'olam Haseh,* 9., 16. und 23. Juli 1975.
78 Meri Franco-Lao, *Basta,* Paris 1967.
79 *No snaem, kak snal ti rodimji*
Schto skoro is naschich kostei
rodimetsija mstitel surovy
I budet on nas posilnei.
80 *Terrorism, Part 1,* Hearing vor dem Komitee für innere Sicherheit, Repräsentantenhaus, Washington 1974, 3208.

Abschließende Betrachtung

Wenige Tage vor Weihnachten 1975 drang eine terroristische Gruppe unbestimmter Herkunft in das OPEC-Gebäude in Wien ein und kidnappte die Repräsentanten der wichtigsten erdölproduzierenden Länder. Dieser Vorfall ereignete sich kurze Zeit nach dem Überfall der südmolukkischen Separatisten in den Niederlanden und konsternierte die Leitartikler der westlichen Presse, die sich, über die Konzentration von so viel Macht in den Händen von so Wenigen besorgt, düstere Prognosen für die Zukunft stellte. Der Vorfall machte überall Schlagzeilen: offensichtlich war er ein Ereignis von weltweiter Bedeutung. Doch nur einige Tage später, als die bewaffnete Aktion vorüber war, als die Terroristen zeitweilig aus den Schlagzeilen und von den Fernsehschirmen verdrängt waren – bis zur nächsten Flugzeugentführung oder ähnlichen Aktion –, wurde es offenbar, daß die Operation zwar sorgfältigst geplant, aber völlig verpufft war. Das Ziel war alles andere als klar: die Terroristen schienen nur eine vage Vorstellung dessen zu haben, was sie erreichen wollten. Sie zwangen den österreichischen Rundfunk, den Text einer ideologischen Rede zu verlesen, die ein obskures Thema hatte und in linkem Jargon geschrieben war und die, soweit es den durchschnittlichen, ratlosen österreichischen Zuhörer betraf, genauso gut hätte in chinesisch vorgetragen werden können.

Zuerst wurde behauptet, die Wiener Terroristen seien Palästinenser, angetrieben von Verzweiflung und Armut und dem schmerzlichen Verlust ihres Heimatlandes. Später stellte sich heraus, daß die Einheit von Deutschen und Lateinmaerikanern angeführt wurde; es mögen auch Araber beteiligt gewesen sein, aber die waren weder arm noch verzweifelt. Der Anführer war »Carlos«, ein Venezolaner, der in Moskau ausgebildet worden war und Verbindungen zum kubanischen Geheimdienst in Paris hatte. Der Überfall war offensichtlich keine spontane Aktion, und es war völlig unklar, wer dahintersteckte: der ägyptischen Presse zufolge war diese Operation, wie auch viele andere, von Oberst Ghadafi in Libyen finanziert worden, der jedoch behauptete, er habe nie in seinem Leben von Carlos gehört und sei sowieso gegen Terrorismus.[1] Was aber war das Ziel – war es wirklich in der Tat eine weitere Aktion im Kampf für die nationale und gesellschaftliche Befreiung der leidenden Menschheit, wie die Attentäter behaupteten? Moderner Terrorismus mit seinen Verbindungen nach Moskau und Havanna, zu Libyen und Algerien hat eine gewisse Ähnlichkeit mit dem anonymen Charakter der multinationalen Gesellschaften: Wenn multinationale Unternehmen für patriotische Ziele kämpfen, ist Vorsicht am Platze.

Der Sinn dieser Aktion ist bis zum heutigen Tag nicht klar geworden. Es ist höchst unwahrscheinlich, daß die Politik der erdölproduzierenden Länder in irgendeiner Weise beeinflußt worden wäre, wenn die Terroristen die Geiseln umgebracht hätten. Wäre es an jenem Sonntag vor Weihnachten in Wien zum Massenmord gekommen, hätte es lange Nachrufe auf Scheich Yamani und seine Kollegen gegeben. Innerhalb von 24 Stunden hätten in Teheran und Caracas, in Bagdad und Kuwait ehrgeizige unf fähige Männer ihre Posten übernommen und *grosso modo* die gleiche Politik fortgesetzt. Somit war die Aktion völlig sinnlos. Terroristen und Journalisten teilen die Ansicht, daß diejenigen, deren Namen in die Schlagzeilen kommen, Macht haben, daß ein Name auf der ersten Seite eine wichtige politische Leistung ist. Es braucht nicht erwähnt zu werden, wie wichtig Öffentlichkeit ist; die Leute zahlen eine Menge Geld dafür und geben sich viel Mühe, um sie zu erreichen. Falls die Publizität aber nicht in etwas Greifbareres umgewandelt werden kann, ist sie reine Unterhaltung.

Rückblickend betrachtet war der OPEC-Überfall in Wien nur eine Fußnote in den Annalen des internationalen Terrorismus, dramatisch, aber ohne politische Folgen. Seitdem ist es zu weiteren terroristischen Aktionen gekommen; nicht alle waren so mysteriös wie die OPEC-Affäre.[2] Was aber in Wien im Dezember 1975 geschah, ist ein guter Ausgangspunkt für eine Zusammenfassung, da es in vieler Hinsicht die historischen Veränderungen verdeutlicht, die im Charakter des Terrorismus und seiner politischen Rolle stattgefunden haben.

Eine Betrachtung des politischen Terrorismus, geschrieben vor dem Ersten Weltkrieg, hätte sich wahrscheinlich auf den russischen und irischen Terrorismus und den Anarchismus der 90er Jahre des vorigen Jahrhunderts konzentriert und vielleicht einige beiläufige Bemerkungen über die nationalen Kämpfe in Mazedonien, Serbien und Armenien gemacht. Sie hätte terroristische

Motive und Ziele wahrscheinlich völlig anders beurteilt als eine Studie, die in den 30er Jahren entstanden wäre, als russischer und anarchistischer Terrorismus bereits der Geschichte angehörten und der Terrorismus der äußersten Rechten sehr viel aktueller war. Eine Studie des politischen Terrorismus aus den 70er Jahren wird aufgrund jüngerer Ereignisse wiederum zu einer anderen Schlußfolgerung kommen. Seine vorherigen Erscheinungsformen müssen beachtet werden; Terrorismus kann nur aufgrund seiner historischen Entwicklung, nicht durch Zahlen und Daten, die mehr oder weniger willkürlich in Computer gefüttert wurden, verstanden werden. Ebenso gilt, daß der Terrorismus der 70er Jahre dieses Jahrhunderts nicht mehr der Terrorismus der *Narodnaja Volja* ist; eine umfassende Abschätzung des Terrorismus muß vor allem seine jüngsten Erscheinungsformen in Betracht ziehen, und das gleiche gilt *a fortiori* für jegliche Bemerkungen in bezug auf die Perspektiven für die Zukunft. Während des letzten Jahrzehnts hat urbaner Terrorismus im großen und ganzen den Guerillakampf abgelöst. Nach dem Abschluß der Dekolonisierung kam es zu einem Niedergang der Guerillabewegungen. Ländliche Guerillas hatten die bittere Erfahrung gemacht, daß die »Umzingelung der Stadt durch das Land« nicht das Allheilmittel war, das die Chinesen und Kubaner propagierten. Mit der Verlagerung der Operationen vom Land in die Städte dämmerte das Zeitalter des »urbanen Guerilla«. Aber schon die Bezeichnung »urbaner Guerilla« ist problematisch. Es hat Revolutionen, Bürgerkriege, Aufstände und Staatsstreiche in Städten gegeben, aber fast nie Guerillakämpfe. Urbane Guerillas kann es nur geben, wenn die öffentliche Ordnung völlig zusammengebrochen ist und bewaffnete Banden sich freizügig in den Straßen der Städte bewegen. Solch eine Situation kann es geben, aber nur sehr selten, und von der Erfahrung her dauern sie nie länger als einige Tage an: Entweder stürzen die Aufständischen die Regierung in einem frontalen Angriff, oder sie werden geschlagen. Der Ausdruck »Stadtguerilla« ist, kurz gesagt, ein public-relation-Ausdruck für Terrorismus; Terroristen meiden gewöhnlich den Ausdruck Terrorismus und bevorzugen das romantischere Guerilla-Image.

Zwischen der Strategie der ländlichen Guerilla und des urbanen Terrorismus bestehen grundsätzliche Unterschiede: Beweglichkeit und Rückzugsmöglichkeiten sind die Essenz des Guerillakampfes, was in Städten nicht durchführbar ist. Es stimmt nicht, daß die Elendsviertel (oder die reichen Gegenden) der Städte eine ebenso gute Zuflucht bieten wie das Land. Die ländlichen Guerillas arbeiten oft in recht großen Einheiten und vergrößern sich schrittweise zu Kompanien, Bataillionen, Regimentern und sogar Divisionen. In »befreiten Gebieten« führen sie politische und soziale Reformen durch, treiben offene Propaganda und bauen ihr organisatorisches Netz aus. In Städten, wo dies nicht möglich ist, arbeiten die Terroristen hauptsächlich in Einheiten mit drei, vier oder fünf Mitgliedern; die gesamte terroristische Bewegung besteht aus einigen Hunderten, oft nur aus einigen Dutzend Mitgliedern. Es gibt nur sehr wenige Ausnahmen, in denen urbane Guerillagruppen mehr als tausend Mitglieder zählten. Die kleine Anzahl ist die Quelle ihrer Handlungsfähigkeit, aber auch ihrer politischen Schwäche. Denn während es schwierig ist, kleine Gruppen zu ermitteln, und während sie eine Menge Schaden anrichten können, ist ihre politische Wirkung doch begrenzt. Noch vor wenigen Jahren hatten die Zeitungsleser in der westlichen Welt den Eindruck, daß die Baader-Meinhof-Gruppe, die japanische Rote Armee, die symbionesische Befreiungsarmee oder die britische »Angry Brigade« zahlenmäßig starke Bewegungen waren, die man ernst nehmen mußte. Die »Kommuniques« dieser Gruppen wurden in den Massenmedien veröffentlicht; ernsthafte soziologische und psychologische Untersuchungen der Herkunft und Motivation der Mitglieder erschienen; ihre »Ideologien« wurden langwierig bis in alle Einzelheiten analysiert. Diese Gruppen hatten jedoch nur zwischen fünf und 50 Mitglieder, und ihre einzigen Triumphe lagen auf dem Gebiet der Publizität. Selbst bedeutendere Gruppen wie die Tupamaros, die brasilianische ALN, die »Black Panthers« und die »Weathermen« waren tatsächlich sehr klein und hatten keinerlei ausschlaggebende Unterstützung in der Öffentlichkeit – deshalb ihr plötzlicher Zusammenbruch und ihre Auflösung. Anderswo waren terroristische Gruppen erfolgreicher, entweder aufgrund ihrer nationalistisch-separatistischen Anziehungskraft auf größere Teile der Bevölkerung oder aufgrund umfangreicher finanzieller Unterstützung durch fremde Mächte oder deshalb, weil – in wenigen Fällen – die Regierung des betreffenden Landes nicht mehr handlungsfähig war und die stark überlegenen Kräfte des Staates nicht mehr gegen die Terroristen mobilisiert werden konnten.

Mit wenigen Ausnahmen hat sich die terroristische Welle der späten 60er und frühen 70er Jahre verlaufen, aber der Schock ist noch spürbar, und die Ursache ist noch weitgehend ungeklärt. In dieser Hinsicht besteht eine Ähnlichkeit mit der Welle des Anarchismus der 90er Jahre des vorigen Jahrhunderts – die Panik der Massenmedien auf der einen, die eigenartigen Theorien der Kriminologen, frühen Soziologen und Politologen auf der anderen Seite.

Während des letzten Jahrzehnts ist eine Mythologie des Terrorismus entstanden, die wahrscheinlich noch eine Zeitlang weiterleben wird. Einige dieser falschen Auffassungen sind am Anfang dieser Studie erwähnt worden. Bei einem Versuch, die Wahrheit von der Mythologie zu trennen, ist es auf die Gefahr der Wiederholung hin notwendig, einige wichtige Fakten noch einmal zu erwähnen:

1. Im Gegensatz zur weitverbreiteten Annahme ist Terrorismus kein neues und beispielloses Phänomen. Es ist oft behauptet worden, daß der Terrorismus in der Vergangenheit sporadisch und ohne Doktrin war. Aber die *Narodnaja Volja* und die russischen Sozialrevolutionäre waren genauso gut organisiert wie heutige Gruppen, wenn auch ihre Waffen nicht so modern waren. Ihre ideologische und politische Entwicklungsstufe war wahrscheinlich höher. In der modernen terroristischen Literatur gibt es außer komplizierteren technologischen Anweisungen kaum etwas, was nicht schon in russischen Broschüren des vorigen Jahrhunderts gefunden werden kann oder in den Schriften Mosts und den Ausgaben der *Freiheit.*

2. Terrorismus, so wird behauptet, ist ein »politisch vorbelasteter Ausdruck«, der abgeschafft werden müsse, da der Terrorismus der einen Nation die nationale Befreiung einer anderen sei. Das ist zwar richtig, hilft aber genauso wenig weiter wie die Aussage, daß 1933 viele Amerikaner F. D. Roosevelt unterstützten und im gleichen Jahr viele Deutsche Adolf Hitler wählten. Daß Terrorismus in bestimmten Fällen eine befreiende Kraft war, braucht nicht erwähnt zu werden. Doch während sich der Terrorismus der *Narodnaja Volja* und ähnlicher Gruppen gegen despotische Regime richtete, trifft das heutzutage nicht mehr zu; heute richtet er sich fast ausschließlich gegen freizügige demokratische Gesellschaften oder uneffektive autoritäre Systeme. Was einst die *ultima ratio* der Unterdrückten war, ist nur zu häufig die *prima ratio*

einer zusammengewürfelten Schar von Leuten mit den verschiedensten Motiven geworden. Der Terrorismus richtet sich nicht mehr gegen die schlimmsten Arten der Diktatur; im Nazideutschland oder im faschistischen Italien gab es keine terroristischen Bewegungen, und auch in den kommunistischen Ländern gibt es sie nicht. Der nationalistische Terrorismus der Vergangenheit richtete sich gegen Fremdherrschaft; heute ist Terrorismus meistens einfach eine Form einer nationalistischen oder religiösen Auseinandersetzung.

3. Terrorismus wird weitgehend für »linksgerichtet« oder »revolutionär« gehalten. Terroristen haben zwar im allgemeinen behauptet, sie handelten für das Wohl der Massen, aber sie glaubten auch, daß die »Befreiung der Massen« die historische Mission einer kleinen auserwählten Schar sei. Selbst wenn heutzutage die meisten Guerillamanifeste in einer »linken« Phraseologie geschrieben werden, tendierten die Terroristen vergangener Generationen zum Faschismus. Nationalistisch-separatistische Bewegungen haben sich zu verschiedenen Zeiten in ihrer Geschichte mit den Faschisten *und* Kommunisten liiert. Die Ideologien zahlreicher terroristischer Gruppen umspannen Elemente sowohl der äußersten Linken als auch der extremen Rechten. Schlagworte ändern sich mit intellektuellen Modeerscheinungen – man sollte sie weder ignorieren noch zu ernst nehmen. Die wahre Inspiration, die dem Terrorismus zugrunde liegt, ist gewöhnlich ein ungebundener Aktivismus, der sowohl nach rechts, als auch nach links gelenkt werden kann. Terrorismus ist sowieso keine Philosophenschule – wichtig ist immer nur die Aktion.

4. Terrorismus tritt angeblich dort auf, wo das Volk legitimen Grund zur Beschwerde hat. Wenn man die Beschwerden, die Armut, die Diskriminierung, die Ungerechtigkeit, den Mangel an politischen Teilnahmemöglichkeiten beseitigt, wird der Terror angeblich aufhören. Diese Gefühle sind lobenswert, und alle gutwilligen Männer und Frauen teilen sie. Aber als Heilmittel gegen Terrorismus haben sie nur begrenzten Wert; wie die Erfahrung zeigt, sind heute die Gesellschaften mit den geringsten politischen Teilnahmemöglichkeiten und der meisten Ungerechtigkeit die vom Terrorismus unberührtesten. Es gibt immer Mißstände, und wenn man die Unvollkommenheit der Menschen und sozialen Einrichtungen in Betracht zieht, können sie zwar vermindert, aber nie ausgerottet werden. Doch nur in demokrati-

schen Gesellschaften können Proteste mehr oder weniger frei ausgesprochen werden. Die Frage des Bewußtseins ist hier entscheidend: ein großer Mißstand kann auf fatalistische Weise akzeptiert werden, während anderswo (oder zu einem anderen Zeitpunkt) eine kleinere Beschwerde die heftigste Reaktion hervorrufen kann. Einige Mißstände können beseitigt werden, aber oft schließen sich die Forderungen nationalistischer Gruppen gegenseitig aus. Wenn man die Forderungen einer Gruppe erfüllt, tut man gleichzeitig einer anderen Unrecht. Das kann zur Schaffung lebensunfähiger Staaten und zur Verkrüppelung der Gesellschaft führen. Anderswo, wie in Lateinmaerika, haben Terroristen für größere politische Freiheit und soziale Gerechtigkeit gekämpft; ihre Anliegen mögen völlig gerechtfertigt sein; ob Brasilien unter Carlos Marighella oder Carlos Lamarca oder ob Kolumbien unter Fabio Vasquez oder einem anderen Caudillo vom Typ eines Castro freiheitlicher geworden wäre, ist zweifelhaft. Schließlich gibt es den Terrorismus, der sich gegen die demokratischen Regierungen in Westeuropa, Nordamerika und Japan richtete. Die Fehler dieser politischen Systeme sind bekannt, aber der Vorschlag, daß die Mitglieder der Baader-Meinhof-Gruppe vom Charakter oder Intellekt her eher dazu berufen seien, die Führungsrolle zu übernehmen als die Sozialdemokraten, ist lächerlich. Wie demokratisch und vollkommen eine Gesellschaft auch sein mag, es wird immer unzufriedene und entfremdete Menschen geben, die behaupten, die jeweiligen Zustände seien untragbar, und es wird stets aggressive Menschen geben, die sich mehr für Gewalt als für Freiheit und Gerechtigkeit interessieren.

5. Es wird oft behauptet, daß Terror sehr effektiv ist. Terrorismus hat in der Tat zu politischen Veränderungen geführt, er hat aber nur in seltenen Fällen eine andauernde Wirkung gehabt, und zwar dann, wenn terroristische Taktiken im Rahmen einer weiter angelegten Strategie durch Massenbewegungen zur Anwendung kamen. In der modernen Geschichte gibt es keinen bekannten Fall, in dem eine kleine terroristische Gruppe die Macht ergriffen hat; die Gesellschaft toleriert Terrorismus, solange er nur ein Ärgernis ist. Wenn sich Unsicherheit verbreitet und der Terror zur echten Gefahr wird, wird den Autoritäten die Mißachtung der Menschenrechte bei der Bekämpfung des Terrors nicht länger vorgehalten: Gewalt führt zu Gegengewalt und verschärfter Repression. Die Mittel der Repression, die dem Staat zur Verfügung

stehen, sind sehr viel wirksamer: die einzige Hoffnung der Terroristen ist, die Autoritäten irgendwie an der Anwendung ihrer Macht zu hindern. Wenn Mao zufolge der Terrorist ein Fisch ist, so ist die Freizügigkeit der liberalen Gesellschaft und die Ineffektivität der autokratischen Regierungen das Wasser, das der Terrorist zum Überleben braucht. Eine Regierung mag noch so schwach und unentschlossen, eine Gesellschaft schon so weit im Zerfall begriffen sein, daß sie sich nicht länger der terroristischen Herausforderung widersetzen können, so ist das doch eine seltene Ausnahme; die Grundfrage ist nicht, ob Terrorismus geschlagen werden kann; selbst drittklassige Diktaturen haben das mit Leichtigkeit bewiesen. Das eigentliche Problem ist der Preis, den die liberalen Gesellschaften bezahlen müssen, die ihre demokratischen Traditionen hoch einschätzen. Das ist die Gefahr des Terrorismus zu einem Zeitpunkt, an dem die freien Gesellschaften in der Defensive sind und sowieso schweren internen und externen Herausforderungen gegenüberstehen.

6. Es wird behauptet, daß Terroristen Idealisten sind, daß sie humaner und intelligenter als gewöhnliche Kriminelle sind. Solche Behauptungen, ob sie wahr sind oder nicht, tragen wenig zum Verständnis des Terrorismus bei. Die tiefe Humanität der frühen russischen Terroristen steht nicht in Frage. Aber das gilt nicht mehr im Hinblick auf viele terroristische Bewegungen, die in den letzten Jahrzehnten entstanden sind, und hinzu kommt, daß einige der schlimmsten Greueltaten in der Geschichte der Menschheit von Menschen ausgeführt worden sind, deren Idealismus niemand bezweifelt. Abenteuerlust ist ein wichtiges Motiv in einer Welt ohne Sensation und Aufregung. Terroristen in Latein- und Nordamerika, in Europa und in einigen der nationalistisch-separatistischen Gruppen mögen belesen und gebildet sein. Aber das bedeutet nicht, daß sie größere Reife bewiesen haben; mit einigen bemerkenswerten Ausnahmen haben sie große politische Naivität bewiesen. Umfassendere Probleme und zukünftige Perspektiven interessieren sie wenig; oft wurden sie bewußt oder unbewußt von fremden Mächten manipuliert. Die frühen terroristischen Gruppen verübten keine bewußt grausamen Aktionen. Aber mit der Veränderung im Charakter des Terrorismus ist humanes Verhalten, »links« wie »rechts«, nicht mehr die Regel. Der gewöhnliche Kriminelle mordet nicht wahllos. Er mag ein Opfer foltern, aber nur in Ausnahmefällen, nicht in der Regel.

Ihm geht es gewöhnlich um materiellen Gewinn, er wird nicht durch Fanatismus angetrieben. Der politische Terrorist der jüngsten Zeit predigt vielleicht die Brüderlichkeit unter den Menschen und praktiziert sie manchmal sogar. Häufiger hat er sich jedoch von moralischen Skrupeln befreit und sich selbst überzeugt, daß alles erlaubt ist, da außer ihm alle schuldig sind. Es ist nicht nur das Ziel des Terroristen, seine Gegner umzubringen, sondern auch, Angst und Verwirrung zu stiften. Er ist überzeugt, daß das großartige Ziel selbst die scheußlichsten Mittel rechtfertigt.

7. Terrorismus wird als Waffe der Armen dargestellt; das trifft sicherlich auf die terroristischen Bewegungen des 19. Jahrhunderts zu; die Mitglieder entstammten gewöhnlich den mittleren und oberen Gesellschaftsschichten, waren aber als Gruppe in der Tat mittellos. Mit der Veränderung der Ziele des Terrorismus sind erhebliche Differenzierungen aufgetreten. Terroristische Gruppen ohne mächtige Schutzherren sind immer noch arm; die Südmolukker gehören zum Beispiel dieser Gruppe an; ihr Unabhängigkeitskampf ist für ausländische Kräfte uninteressant. Sie bekommen keine Waffen aus Rußland, keine Ausbilder aus Kuba, kein Geld aus Libyen oder Algerien, da sie der falschen Religion oder Rasse angehören oder weil ihre Ziele nicht mit den Interessen der Großmächte übereinstimmen. Sie sind die Proletarier der terroristischen Welt. Das andere Extrem sind die Gruppen, die von ausländischen Mächten unterstützt werden, die Aristokraten der terroristischen Welt, in der viele Millionen Dollar im Umlauf sind; sie haben Büros in Luxushotels und Bankkonten in der Schweiz. Ihre finanzielle Stärke ermöglicht es ihnen, Aktionen auszuführen, die außerhalb der Möglichkeiten der armen Terroristen liegen. Gleichzeitig kann der Überfluß zu Korruption führen. Zwischen diesen Extremen gab es Gruppen wie die argentinische ERP oder die Montoneros, die nicht von außen finanziert wurden, aber doch durch Banküberfälle und Erpressung erhebliche Summen ansammeln konnten – auch sie brauchten nicht zu hungern oder sich einzuschränken, solange es sich so gut leben ließ.

Die jüngste Terrorwelle lehrt sowohl die Terroristen als auch die Regierungen einige Lektionen, die den allgemeinen Weisheiten widersprechen. Die Terroristen haben erst kürzlich die offensichtliche Tatsache erkannt, daß Terror gegen Ausländer immer populärer ist als gegen die eigenen Landsleute (oder Anhänger derselben Religion). Die meisten erfolgreichen Terroristen aus unserer Zeit haben sich auf nationale oder religiöse Gruppen gestützt. Das sektiererische Element war entscheidend, nicht die revolutionären Schlagworte, eine Tatsache, die die Basken, Iren, Araber und andere in der Praxis gelernt haben. Eine andere Lektion wurde von den Terroristen schneller gelernt, daß nämlich die Medien von entscheidender Bedeutung für ihre Kampagnen sind, und terroristische Aktion für sich allein so gut wie nichts, Publizität dagegen alles bedeutet. Aber die Medien, die immer Abwechslung und neue Perspektiven brauchen, sind unzuverlässige Freunde. Terroristen müssen stets erfinderisch sein. In gewisser Hinsicht sind sie die Superunterhalter unserer Zeit. Um eine maximale Wirkung zu erreichen, ist die Wahl des richtigen Zeitpunktes von größter Wichtigkeit. Westliche Autoritäten bedienen sich gewöhnlich der Vermittlung durch Psychiater, Sozialarbeiter und Geistliche, die stets gern bereit sind, die Situation zu beruhigen. Diese gutwilligen Männer und Frauen haben den Ruf, daß sie die Geheimnisse der menschlichen Seele besser kennen und das nötige Mitgefühl und das Verständnis »für verzweifelte Menschen« haben. Die wirkliche Gefahr für die Terroristen ist die Möglichkeit, ignoriert zu werden, nicht genügend Publizität zu erhalten, das Bild des verzweifelten Freiheitskämpfers nicht aufrechterhalten zu können und natürlich die Möglichkeit, einem entschlossenen Gegner gegenüberzustehen, der ohne Rücksicht auf die Kosten nicht gewillt ist, zu verhandeln. Vom terroristischen Standpunkt aus gibt es glücklicherweise nur wenige Leute dieser Art in den führenden Positionen der demokratischen Gesellschaften. Führer, die zu Kriegszeiten, ohne zu zögern, ganze Armeen opfern, scheinen gewillt zu sein, fast alle Zugeständnisse zu machen, um in Friedenszeiten ein einziges Menschenleben zu retten, selbst wenn sie wissen, daß diese Konzessionen zu neuen Opfern und neuen Terrorausbrüchen führen werden. Als um die Jahrhundertwende ein Anarchist den italienischen König umzubringen versuchte, bemerkte Umberto, daß das ein Berufsrisiko für Könige sei. Solcherlei philosophische Resignation (oder Pflichtgefühl) gilt nicht mehr allgemein. Einem Bericht zufolge haben Diplomaten gegen die harte Linie ihrer Regierung gegenüber Terroristen protestiert, da sie um ihr Leben bangten, falls sie von Terroristen entführt würden.

Um erfolgreich zu sein, müssen terroristische Forderungen

»realistisch« sein, d. h. begrenzten Umfanges. Demokratische Autoritäten geben instinktiv der Erpressung nach, aber sie können sich das nur bis zu einem bestimmten Punkte leisten. Somit sind Forderungen nach Freilassung von Terroristen und von Geld gewöhnlich realistisch. Es gibt jedoch Grenzen, die keine Regierung überschreiten kann, wie terroristische Gruppen zu ihrem Nachteil feststellen mußten. Die langfristigen strategischen Verluste aufgrund von Zugeständnissen übertreffen gewöhnlich die momentanen Vorteile; Kapitulation ist nur ein kurzer Trost.[2] Wenn die terroristischen Forderungen völlig unrealistisch sind, führen sie mit großer Wahrscheinlichkeit zu extremen Gegenmaßnahmen, und selbst ihre liberalen Sympathisanten (»Laßt uns nicht gemein zu den Terroristen sein, sondern das Übel an der Wurzel packen«) können ihnen nicht mehr helfen. Dieser Gegenschlag kann die Existenz der Terroristen vernichten, es sei denn, sie können Schutz im Ausland finden und werden von Nachbarländern unterstützt.

Die Lektionen für die Regierungen sind gleichermaßen deutlich: Falls Regierungen sich weigern, auf terroristische Forderungen einzugehen, würde der Terrorismus sehr stark reduziert. Ein Verhalten wie das des österreichischen Kanzlers Bruno Kreisky und seines Innenministers, die den Terroristen, nachdem diese einen österreichischen Polizisten erschossen hatten, die Hand schüttelten, ist nicht nur vom ästhetischen Gesichtspunkt aus unangenehm, sondern gewöhnlich auch völlig unergiebig. Aber alle demokratischen Regierungen haben zu irgendeinem Zeitpunkt ähnlich gehandelt und mit Terroristen einen Kompromiß geschlossen: die Briten und die Deutschen haben gefangene Terroristen freigelassen, die Amerikaner und Franzosen haben Lösegelder bezahlt, und selbst die Israelis haben Terroristen freigesetzt, die sich in ihrer Gewalt befanden. Internationale Zusammenarbeit gegen Terrorismus ist so lange unmöglich, wie es souveräne Staaten gibt, die terroristische Gruppen finanzieren, ausbilden, ausrüsten und ihnen Zuflucht bieten. Sprecher der demokratischen Gesellschaften werden weiterhin verkünden, daß Terrorismus in der »gesamten zivilisierten Welt« verurteilt wird; aber die gesamte zivilisierte Welt stellt nur ungefähr ein Fünftel der Menschheit dar und dehnt sich gegenwärtig auch nicht aus. Bestimmte bilaterale Abkommen wie der U.S.-Kuba-Vertrag mögen bestimmte Formen terroristischer Aktivitäten verhindern. Ein wirksames Vorgehen gegen internationalen Terrorismus wäre jedoch nur möglich, wenn die Bereitschaft bestünde, die ursprünglich von der *Narodnaja Volja* propagierte Strategie anzuwenden, nämlich »das Zentrum zu treffen«, d. h., die Hauptförderer des internationalen Terrorismus. Es ist behauptet worden, daß eine solche unorthodoxe Handlungsweise für die, die unbedacht oder närrisch genug sind, sie anzuwenden, einen enormen Prestigeverlust bedeuten würde. Ratschläge dieser Art sind offensichtlich falsch; zieht man jedoch die Schwerfälligkeit demokratischer Regierungen in Betracht, kann man sicher sein, daß solche Aktionen nicht zur Anwendung kommen werden, solange Terrorismus ein relativ unbedeutendes Problem bleibt. Falls dagegen der internationale Terrorismus zu einer größeren Katastrophe führen sollte, würde der Druck, »das Zentrum zu treffen«, überwältigend. Das ist also die Dialektik des internationalen Terrorismus. Derweil setzen sich die Debatten im Sechsten Komitee der Generalversammlung der Vereinten Nationen und in anderen Formen fort. Man ist dort seit vielen Jahren damit beschäftigt, und es gibt keinen Grund zu der Annahme, daß es nicht ewig so weitergeht. Die verschiedenen internationalen Konventionen zur Bekämpfung des Terrorismus mögen zwar für internationale Juristen und Versicherungsagenten höchst interessant sein, in der Praxis sind sie aber unbedeutend.[3] Es mangelt nicht an wohlgemeinten Vorschlägen wie dem zur Einrichtung eines internationalen Gerichtshofes, der sich mit terroristischen Aktivitäten befassen soll – eine Idee, die zuerst im Völkerbund nach der Ermordung König Alexanders von Jugoslawien im Jahre 1934 zur Sprache kam. Ernsthafte Leute haben sich jahrelang der Diskussion derartiger Projekte gewidmet, obwohl ihnen das Ergebnis klar gewesen sein muß.

All das soll nicht heißen, daß Demokratien gegenüber dem internationalen Terrorismus machtlos sind; aber es ist sicherlich wahr, daß weltweite Zusammenarbeit ein Hirngespinst bleibt, solange man nicht in der Lage ist, entscheidend durchzugreifen, bevor der Schaden angerichtet wird. Sie werden warten müssen, bis die Meinung der Öffentlichkeit sich der Gefahr voll bewußt ist. In vielen Fällen wird Terrorismus nichts weiter als ärgerlich sein; dann sind drastische Gegenmaßnahmen nicht erforderlich. Die moderne Gesellschaft neigt dazu, die Wichtigkeit des Terrorismus zu übertreiben: die Gesellschaft ist zwar Angriffen gegenüber empfindlich, aber sie ist auch recht elastisch. *Ein* Flugzeug wird entführt, aber alle anderen fliegen weiter. *Eine* Bank wird ausgeraubt, aber alle anderen arbeiten wie gewöhnlich. Ölminister werden enführt, aber kein Tropfen Öl geht verloren. In einer Beschreibung der militärischen Unternehmungen seiner Beduinen-Kämpfer erwähnt Lawrence von Arabien, daß sie im großen und ganzen zwar gute Soldaten seien, daß sie aber leider glaubten, die Gefährlichkeit und Zerstörungskraft ihrer Waffen stehe im direkten Verhältnis zu dem Lärm, den sie erzeugten. Die heutige Einstellung gegenüber dem Terrorismus in der westlichen Welt ist sehr ähnlich: Terrorismus erzeugt zwar eine Menge Lärm; verglichen mit den anderen Gefahren, denen sich die Menschheit gegenübersieht, ist er aber zur Zeit noch irrelevant.

Paradoxerweise kann Terrorismus unter bestimmten Umständen Nebenerscheinungen haben, die nicht nur negativ sind, und zwar durch ihren provozierenden Charakter. Sicher besteht die Gefahr, daß übermäßig reagiert wird und daß die Anstrengungen sich in die falsche Richtung wenden. Aber infolge Fehlens besserer Demonstrationsmöglichkeiten wiederholt der Terrorismus, der sich gegen demokratische Gesellschaften wendet, noch einmal eine nützliche Lektion, die nur zu leicht vergessen wird – daß nämlich Freiheit immer angegriffen wird und man sie nicht als selbstverständlich hinnehmen kann; daß Beschwichtigungspolitik nicht zum Erfolg führt und entschiedenes Vorgehen notwendig sein kann. Solche gewagten Thesen sind natürlich umstritten, aber eben in der Frage des Terrorismus führen die Befürworter der weichen Linie einen Kampf. Denn Terrorismus ist Erpressung, und die Opfer von Erpressern sind wahrscheinlich weniger bereit, zu vergeben und zu vergessen, als die Opfer fast aller anderen Verbrechen: sie sind besonders empört, denn nicht nur ihr Leben und ihr Besitz sind betroffen. Sie sind erniedrigt, ihre menschlichen Grundrechte, ihre Würde und ihre Selbstachtung sind verletzt worden. Das als unwichtig abzutun, Unterwerfung gegenüber Erpressern zu rationalisieren und zu behaupten, man dürfe sich nur durch Zweckmäßigkeit leiten lassen, ist von der menschlichen Natur zuviel verlangt, vor allem, wenn die Zweckmäßigkeit so zweifelhaft ist.

Die häufige Beschwörung des »ständig zunehmenden Terrorismus«, die nicht nur in der populären Literatur zu finden ist, beruht nicht auf Tatsachen und Statistiken. Wenn dieser falsche Eindruck vorherrschend ist, so liegt das an dem dramatischen Charakter und der enormen Publizität individueller terroristischer Aktionen und an der wahllosen Verwendung des Wortes »Terrorist«. Zahlreiche Arten politischer Gewaltanwendung von der Repression von seiten der Regierung bis zum Bürgerkrieg und ländlichen Guerillakampf werden wahllos unter der Überschrift »Terrorismus« in verschiedenen Forschungsprogrammen und Statistiken behandelt, als wenn Terrorismus ein Synonym für politische Gewalt im allgemeinen wäre.*

Zweifellos hat es zahlreiche politische Unruhen in vielen Teilen der Welt gegeben, und es gibt keinen Grund zu der Annahme, daß es in den kommenden Jahren weniger Staatsstreiche, Aufstände, Bürgerkriege oder örtliche Auseinandersetzungen geben wird. Obwohl heutzutage Terrorismus keine globale Bedrohung ist, könnte er sich doch aufgrund technologischer Entwicklungen zu einer solchen entwickeln.

Der führende amerikanische Physiker Professor Bernard Feld diskutierte einmal die grauenhaften Konsequenzen des Verschwindens von 20 Pfund Plutonium aus Regierungsbeständen. Was würde passieren, wenn der Bürgermeister von Boston die Nachricht erhielte, daß eine terroristische Gruppe eine Atombombe irgendwo im Zentrum von Boston gelegt hätte – begleitet

* Alle Statistiken über Terrorismus sind verdächtig – zum Teil gibt es wirklich Schwierigkeiten der Definition; es ist auch nicht immer leicht festzulegen, ob zum Beispiel eine Flugzeugentführung oder eine Geiselnahme politisch motiviert war oder nicht. Zuweilen wird der Begriff Terrorismus in so vagem Kontext verwendet, daß Vergleiche praktisch bedeutungslos sind. So wird zum Beispiel häufig behauptet, daß zwischen 1968 und 1976 vier Botschafter der Vereinigten Staaten »durch terroristische Aktion« getötet wurden, während in Wirklichkeit die Botschafter im Libanon und auf Zypern in einem Bürgerkrieg umkamen, was natürlich nicht genau dasselbe ist. Wie eine RAND-Studie von 63 schwerwiegenden Entführungen in den Jahren zwischen 1968 und 1974 ergab, war in 87 % der Fälle der Erfolg der Geiselnahme wahrscheinlich und bestand eine 79 %ige Chance, daß die Mitglieder der terroristischen Gruppe straffrei ausgingen. Diese Zahlen mögen in einem Teil der Welt zu einem bestimmten Zeitpunkt einen gewissen Trend zuverlässig wiedergeben, im Hinblick auf eine andere Epoche und andere Teile der Erde sind sie aber recht irreführend.

von einer groben Skizze, die nachweisen würde, daß die Bombe funktionsfähig ist? Professor Feld sagte, er würde lieber zur Kapitulation raten, als seine Heimatstadt zerstören zu lassen. Ähnliche Befürchtungen sind seit fast einem Jahrhundert geäußert worden, allerdings mit einer geringeren Berechtigung. Als Most und seine anarchistischen Zeitgenossen Dynamit als die maximale Waffe feierten, als *das* Allheilmittel zur Lösung aller politischen und sozialen Probleme, wurde diese Begeisterung nicht allgemein geteilt. So schrieb ein britischer Polizeioffizier in den 90er Jahren des vorigen Jahrhunderts:

»Mordgesellschaften haben an Zahl und Umfang zugenommen; sie sind wagemutiger, die moderne Wissenschaft bietet ihnen schrecklichere Waffen, und die Welt wird heute von neuen Kräften bedroht, die, wenn sie einmal rücksichtslos entfesselt werden, eines Tages eine totale Zerstörung anrichten können. Die Bomben Orsinis waren Kinderspielzeuge, verglichen mit den letzten Entwicklungen auf dem Gebiet der Höllenmaschinen. Zwischen 1858 und 1898 hat die gemeine Wissenschaft der Zerstörung rapide und alarmierende Fortschritte gemacht . . .[4]

Die Anwendung von Giftgas im Ersten Weltkrieg ließ die Befürchtung aufkommen, daß Millionen von Menschen in Gasangriffen umkommen würden. Musprath schrieb 1920, mit Hilfe gewisser Chemikalien könnten unbegrenzte Gebiete in kürzester Zeit zerstört werden. Lord Halsbury, der Chef der Explosivabteilung des britischen Kriegsministeriums war, verkündete 1928 vor dem Oberhaus, daß 40 Tonnen Diphenylcyanarsin (ein Giftgas der Blaukreuz-Gruppe) ausreichten, um die gesamte Bevölkerung Londons zu vernichten. Aber die erforderliche Quantität des Giftstoffes war so groß, daß allgemein angenommen wurde, nur eine moderne Armee könne mit diesen tödlichen Waffen umgehen. In irischen Extremistenkreisen in den Vereinigten Staaten wurde um 1880 von Giftgas gesprochen, was aber zu jenem Zeitpunkt reine Phantasie war. Bakteriologische Kriegsführung einschließlich der Vergiftung des Trinkwassersystems wurde zuerst als praktikable Möglichkeit im Ersten Weltkrieg diskutiert. Einem Bericht zufolge hatte man gegen Ende des Krieges »anarchistische Elemente« gedungen, um Cholerabazillen aus einem neutralen Land in eines der kriegführenden Länder einzuschleppen.[5] Das neutrale Land war offensichtlich die Schweiz, und die »anarchistischen Elemente« sollten die Bazillen in Füllfederhaltern nach Rußland schmuggeln. Es besteht Grund zur Annahme, daß dieser Bericht nicht authentisch ist, auch ist es zweifelhaft, ob ein solches Unterfangen durchführbar gewesen wäre. In den 20er Jahren wurde diese Gefahr jedoch ernstgenommen, und der Völkerbund gründete eine Studienkommission über bakteriologische Kriegsführung. Im Jahre 1936 wurde das erste Nervengas (GA-Tabun) in Deutschland synthetisch hergestellt, später wurden noch giftigere Mittel erfunden – Sarin (GB) im Jahre 1938 und Soman 1944; alle wirkten innerhalb von Minuten tödlich. Sie gehören zu den Organophosphaten (OPA), einer Substanz, die schon 1854 entdeckt wurde; damals waren ihre giftigen Eigenschaften allerdings unbekannt. Erhebliche Mengen dieser und anderer Gase wurden von den kriegführenden Parteien im Zweiten Weltkrieg hergestellt, kamen aber nicht zur Anwendung. 1944 wurde in den Vereinigten Staaten ein Zentrum für bakteriologische Kriegführung eingerichtet; ähnliche Institute gab es in anderen Ländern. Bevor noch die erste Kernexplosion stattfand, äußerten Wissenschaftler und Politiker in den Vereinigten Staaten ihre Befürchtungen, daß einige Verrückte oder ausländische Agenten eine Bombe einschmuggeln könnten, wo immer sie wollten – »Zwanzigtausend Tonnen TNT kann man unter der Theke in einem Süßwarenladen verstecken«.[6] Die Möglichkeit einer solchen Bedrohung wird seitdem immer wieder diskutiert und untersucht. In den letzten sieben Jahren hat es 175 Fälle von angedrohter Gewalt gegenüber nuklearen Einrichtungen gegeben; 1973 griff eine Gruppe von ERP-Terroristen ein Kernkraftwerk in der Nähe von Buenos Aires an, das allerdings noch nicht im Betrieb war; 1975 wurde in dem Kernkraftwerk von Fessenheim in Frankreich ein Brand gelegt, angeblich durch die Meinhof-Puig-Antich-Gruppe. Mit der Verbreitung der friedlichen Nuklearindustrie, der Einrichtung von neuen Reaktoren überall in der Welt und der Verbreitung technischer Informationen wächst die Gefahr, daß kompetente Leute genügend Plutonium stehlen, um eine primitive Atombombe zu bauen. Das erforderliche Plutonium könnte entweder während des Transportes oder in Kraftwerken entwendet werden. Auch kann der Diebstahl einer Atombombe oder die Entstehung eines Schwarzmarktes in Plutonium nicht ausgeschlossen werden. Wie streng die Kontrollen auch sein mögen, es wird angenommen, daß sie nicht hundertprozentig wirksam sind. Verschiedene offizielle und private Untersuchungen ergaben, daß eine genügend entschlossene und fähige Gruppe durch Sabotageakte nicht nur die nuklearen Einrichtungen gefährden könne, sondern auch die in der Umgebung lebende Öffentlichkeit. Eine andere Studie wies darauf hin, daß die Beschaffung spezieller nuklearer Materialien durch eine terroristische Gruppe eine sehr ernst zu nehmende Bedrohung sei.[7] Falls eine solche Gefahr in den Vereinigten Staaten bestünde, gäbe es sie *a fortiori* auch in anderen Ländern, in denen die Überwachung nicht so streng und Terrorismus aktiver sei. In einer weiteren Studie wurde argumentiert, daß INC-(ILLICIT NUCLEAR WEAPON)Produktion zwar annehmbar und möglich sei, die Erfolgsaussichten jedoch gering seien. Vorausgesetzt, eine ausreichende Menge SNM (Special-Nuclear-Material) stehe zur Verfügung, bedürfe es der Anstrengung einer recht großen Gruppe über einen längeren Zeitraum hinweg. Die Wahrscheinlichkeit sei gering, daß eine solche Gruppe die Fähigkeit, die Motivation, die Mittel und Gelegenheit habe, das Unternehmen erfolgreich durchzuführen.[8] Der Brennstoff, der Kernkraftwerken geliefert wird, hat Eigenschaften, die eine Umwandlung zu Kernwaffen fast unmöglich machen. Die terroristische Gruppe müßte eine Anzahl von Zentrifugen stehlen, um aus dem niedrig angereicherten oder natürlichen Uran hoch angereichertes Uran herstellen zu können. Die volkstümliche Vorstellung der in einer Garage hergestellten Atombombe, die auf einem Dreirad transportiert wird, gehört im Augenblick noch in den Bereich der Phantasie. Technische Einzelheiten sind nicht allgemein zugänglich; es wird jedoch geschätzt, daß das Gewicht einer wirksamen Waffe mindestens eine, wahrscheinlich sogar zwei Tonnen beträgt. Verschiedene andere Mittel der nuklearen Sabotage sind schon erwähnt worden, etwa die Verwendung von Plutoniumpulver. All diese Möglichkeiten müssen ernstgenommen werden, und die Gefahren werden zweifellos in Zukunft noch zunehmen, obwohl das damit verbundene Risiko für die Terroristen enorm ist. Einigen Schätzungen zufolge besteht eine 50 %ige Chance, daß man den Diebstahl von nuklearen Materialien mit dem Leben bezahlt, und 30 % die Herstellung einer Bombe nicht überleben dürften. Aber terroristische Gruppen, die bereit sind, nukleare Vorrichtungen oder Giftstoffe zu verwenden, können nicht mit rationalen Maßstäben gemessen werden. Hinzu kommt, daß technische Probleme sehr erleichtert werden könnten, wenn die Terroristen sich auf die Hilfe einer freundlichen Regierung stützen könnten, die über Kernreaktoren und Anlagen zur Herstellung von Plutonium oder Uran 235 verfügt. All das kann länger dauern, als die Experten annehmen, aber es besteht kaum ein Zweifel, daß, »wenn sich die derzeitigen Trends fortsetzen, es nur eine Frage der Zeit zu sein scheint, bis eine terroristische Organisation die Möglichkeiten der Gewalt ausnützt, die in Nuklearstoffen liegen«.[9] In der Zwischenzeit könnten gewisse Sicherheitsvorkehrungen wie z. B. Sensoren entwickelt werden, die es jetzt noch nicht gibt. Es gibt jedoch keinen Grund zu der Annahme, daß es jemals einen völlig wirksamen Schutz geben wird.

Das Potential nuklearer Erpressung hat am meisten Aufmerksamkeit erregt, da es die dramatischste Bedrohung darstellt. Aber die moderne Technologie kennt andere, ebenso tödliche Waffen, die häufiger in der wissenschaftlichen Literatur als in populären Schriften diskutiert werden.[10] Das bezieht sich auf verschiedene Gifte, wie die OPA-Nervengase, die schon erwähnt wurden, und die monofluoro-aliphatischen Wirkstoffe und auch BTX (Botulinum toxin), das unabhängig von der Art, wie es in den Körper gelangt, wirksam ist. Zusätzlich gibt es zahlreiche andere potentielle biologische Waffen, die in der Lage sind, Ansteckungskrankheiten zu verbreiten, von Milzbrand bis zur Pest, von gewissen Hirnhautentzündungen bis zur Papageienkrankheit.[11] Solche Bakterien sind schwer zu züchten und zu verbreiten, aber die Liste der Möglichkeiten ist doch von bedrückender Länge. Die meisten biologischen Krankheitserreger (wie auch die meisten hochgiftigen Substanzen) sind seit vielen Jahrzehnten bekannt, aber es hat einige wichtige technologische Entwicklungen seit dem Zweiten Weltkrieg gegeben. Hierzu gehören die kontinuierlichen Kulturen der Mikroorganismen, die Produktion von monodispersen Aerosolen und die Stabilisierung von Organismen, um ihre Lebensfähigkeit in Aerosolverteilung zu erhalten.[12] Gleichzeitig ist die moderne Gesellschaft durch Kommunikationsmittel, zentralisierte Luft- und Wasserversorgung und in vielen anderen Beziehungen anfälliger geworden.[13] Biologische Krankheitserreger sind sehr viel leichter zugänglich als spezielle Nuklearmaterialien; Transport und Verbreitung können von sehr kleinen Gruppen ausgeführt werden, eventuell sogar von Einzelpersonen. Dagegen ist es gerade die fast unbegrenzte zerstörerische Wirkung biologischer Krankheitserreger, die sie als terroristische Waffen ungeeigneter macht, nicht nur, weil nuklearer Terrorismus den größeren Publizitätswert hat, sondern auch, weil die Drohung, biologische Krankheitserreger einzusetzen, weniger glaubwürdig erscheint. Eine terroristische Gruppe könnte beweisen, daß sie in der Lage ist, eine nukleare Erpressung auszuführen, indem sie eine Bombe in einer dünn besiedelten Gegend zur Explosion bringt, während eine »Versuchsepidemie« unmöglich ist. Eine primitive Atombombe von 0,1 Kilotonne hätte eine begrenzte Wirkung – wie eine Bombe von 100 Tonnen hochexplosiven Sprengstoffs oder mehr. Sie könnte eine große Fabrik oder mehrere Häuserblocks zerstören. Eine Epidemie dagegen könnte sich über alle Teile der Welt verbreiten, was für den internationalen Terrorismus nicht zweckmäßig wäre. Derartige Waffen würden wahrscheinlich eher von Irren angewandt als von politischen Terroristen.[14] Aus diesen und anderen Gründen ist die Anwendung biologischer Waffen trotz leichterer Zugänglichkeit unwahrscheinlicher als die Verwendung chemischer Mittel wie der OPA-Substanzen, von denen einige im Handel frei erhältlich sind. Aber chemische Mittel sind genau wie Kernwaffen mit einem hohen Risiko für die Handhabenden verbunden, und ihre Wirkung ist nicht garantiert. Mitte der 70er Jahre erschien ein Bericht über den Diebstahl von Senfgas aus einem deutschen Munitionslager, der angeblich in Verbindung mit der Baader-Meinhof-Gruppe stand; die australische Polizei stellte Nervengas sicher, das von Kriminellen gestohlen worden war; unbestätigten Berichten zufolge beschäftigten die Baader-Meinhof-Gruppe und eine spanische Terroristengruppe Chemiker und Mikrobiologen; ein arabischer pharmazeutischer Kongreß soll sich zur Unterstützung der PLO bereit erklärt und die Ausbildung in biologischer Kriegsführung gefordert haben.[15] Aber bisher hat es keinen einzigen Versuch einer terroristischen Aktion in diesem Maßstab gegeben.

Man kann davon ausgehen, daß die gegenwärtigen terroristischen Bewegungen diese Möglichkeiten nicht ergreifen werden, entweder aus politischem Prinzip, oder weil es ihren Zielen widerspricht. Falls derartige Waffen z. B. in Ulster angewandt würden, träfen sie Katholiken und Protestanten in gleichem Maße. Aber einige Gruppen mögen sich doch für diese Waffen der Supergewalt entscheiden, da ihr Ziel nicht politische Veränderung, sondern Vernichtung des Gegners ist.

Es sind verschiedene Situationen, die auf der Anwendung unkonventioneller Waffensysteme beruhen, durchgespielt worden, wie der Einsatz oder angedrohte Einsatz von Massenvernichtungsmitteln durch arme Länder der Dritten Welt, die sich gegen die »reichen« Industrienationen wenden. Oder man ging von der Annahme aus, daß sich zwei Arten von Staaten entwickeln werden – auf der einen Seite Nationen im traditionellen Stil mit Grenzen, Hauptstädten und nationalen Armeen, auf der anderen Seite Gruppen, die kleine Nationen sind, nicht immer ein genau definiertes Gebiet umschließen, aber doch über eine Art eigener Streitkräfte verfügen.[16] Solche hypothetischen Situationen sind zwar nicht *a priori* unmöglich, erscheinen jedoch etwas gesucht; »Ersatz-Kriegsführung« dieser Art würde sich über kurz oder lang zu einem totalen Krieg entwickeln. Eine Diskussion dieser Möglichkeiten führt sowieso über den Rahmen einer Studie hinaus, die sich nicht mit Terrorismus von seiten des Staates befaßt. Theoretisch ist es möglich, daß die Waffen der Supergewalt eine totalitäre Herrschaft ebenso wie demokratische Gesellschaften bedrohen könnten. Aber die Kontrollmittel, auf denen totalitäre Herrschaft beruht, lassen dies als unwahrscheinlich erscheinen. Die Feinde des Regimes mögen die nötige Entschlossenheit besitzen, aber es wird für sie weniger Gelegenheit geben als in einer offenen Gesellschaft.

Die ernsthafte Androhung des Einsatzes von Massenvernichtungsmitteln würde Regierungen vor eine verzweifelte Wahl stellen. Nachzugeben (wie Professor Feld und andere vorschlagen) erscheint die natürliche Entscheidung, aber damit würde der Herausforderung nicht begegnet. Denn erfahrungsgemäß führt eine erfolgreiche Erpressung zur nächsten. Einer nuklearen Bedrohung durch linksgerichtete Kräfte würde früher oder später eine ebensolche durch Rechtsextremisten folgen; es würde zu einem Konflikt der Bedrohungen nuklearen, chemischen oder biologischen Terrors durch nationalistisch-separatistische Gruppen kommen. Dies würde zu einer konstanten Tyrannei durch kleine Gruppen oder wahrscheinlicher zu völliger Anarchie und möglicherweise zu weitverbreiteter Zerstörung führen, falls die Gesellschaft nicht lernt, sich der Erpressung zu widersetzen. Dieses Dilemma mag der Gesellschaft erspart bleiben; falls aber ein derartiger Notstand einträfe, würden die Gegenmaßnahmen zu einem solchen Ausmaß an staatlicher Kontrolle und Repression führen, wie sie bisher in demokratischen Gesellschaften außer zu Kriegszeiten unbekannt waren. Auf die Dauer könnte das zu einer Aufgabe der souveränen Rechte führen, was im Augenblick allerdings undenkbar ist. Das wäre natürlich eine Situation, die sich mit totalem Krieg vergleichen läßt, und wenn man vor der Wahl zwischen dem Überleben und der Einschränkung der Bürgerrechte steht, ist die Entscheidung eindeutig. Ob Vorsichtsmaßnahmen eine derartige Notsituation verhindern können, ist ein strittiger Punkt, aber auf alle Fälle benötigt man ein klareres Bild der Wurzeln und des Charakters des Terrorismus, um einer solchen Bedrohung ohne Panik und Hysterie begegnen zu können.

Die Debatte, ob man mit Terroristen verhandeln soll oder nicht, läuft schon seit langem. In einigen Ausnahmefällen mögen Konzessionen angebracht sein; ständige Nachgiebigkeit gegenüber Terroristen dagegen wird auf die Dauer wahrscheinlich zu einem höheren Verlust an Menschenleben führen als Unnachgiebigkeit. Solange Terrorismus allerdings relativ unbedeutend ist, spielt auch die Frage der Einstellung keine große Rolle; Gesellschaften, die sich einer entschlossenen terroristischen Bewegung gegenübersehen, werden ohnehin einen harten Kurs einschlagen. Was aber für eine Periode gilt, in der Terrorismus lediglich ein Ärgernis ist, gilt natürlich nicht für ein Zeitalter, in dem die Menschheit durch die Waffen der extremen Gewalt bedroht sein könnte. Sicherlich wird die Gesellschaft in der voraussehbaren Zukunft nicht die echten oder eingebildeten Anliegen, alle gerechtfertigten und ungerechtfertigten Forderungen all ihrer Mitglieder erfüllen können. Ebenso sicher werden einige Individuen in Zukunft die Fähigkeiten und die Entschlossenheit besitzen, der Gesellschaft ihre Wünsche aufzuzwingen. Solche Aktionsweise wäre natürlich irrational und würde über kurz oder lang zu beispielloser Zerstörung führen. Aber würde das kleine Gruppen oder Individuen, die überzeugt sind, daß die ganze Welt für die Nichterfüllung ihrer Forderungen bestraft werden muß, abschrecken?

Während dies die entfernten Gefahren sind, gibt es aber auch Grund zur Besorgnis in der näheren Zukunft. Es hat bereits Versuche durch terroristische Gruppen gegeben, ferngelenkte Raketen wie die sowjetische SA-7 oder die amerikanische Redeye gegen Zivilflugzeuge einzusetzen. Das ist nicht unbedingt eine neue Dimension der Technologie des modernen Terrorismus, könnte aber zu einem Krieg zwischen Nationen führen. Denn das Land X würde zu Recht oder zu Unrecht annehmen, daß die Terroristen im Auftrag des Landes Y handeln, das sie finanziert, ausgebildet und mit Waffen ausgerüstet hat. Es könnte einen Vergeltungsschlag führen, indem es die Hauptstadt oder die Erdölfelder jenes Landes bombardiert. Die Annahme, die der Politik der Förderer des internationalen Terrorismus zugrunde liegt, daß sie nämlich vor Vergeltung geschützt seien, ist völlig unrealistisch. Im Hinblick auf den internationalen Charakter kann der internationale Terrorismus, im Gegensatz zu der rein nationalen Spielart, leicht zu Kriegen führen, aber augenscheinlich werden die Förderer nicht nachlassen, bis das Unglück einen von ihnen trifft.

Wenn es sich hier um die Perspektiven für die Zukunft handelt, so sind sie weit entfernt von den Ursprüngen des politischen Terrorismus, die in dem Kampf gegen Gewaltherrschaft und im Tyrannenmord verwurzelt sind. Terrorismus erscheint in den Geheimbünden und revolutionären Organisationen des 19. Jahrhunderts im Kampf gegen Tyrannei, gegen die es keine legalen Maßnahmen gab. Er wurde von nationalistischen Bewegungen im Kampf gegen Fremdherrschaft, aber auch von Bewegungen der extremen Linken und äußersten Rechten angewandt. Die Umstände sind von Land zu Land verschieden, und was über ein Land gesagt werden kann, trifft nicht unbedingt auf ein anderes zu. Im großen und ganzen hat es jedoch eine grundlegende Verschiebung im Charakter des Terrorismus gegeben; Hemmungen wurden beseitigt, mehr und mehr ungezielte Anschläge verübt, und es entstand ein multi-nationaler, ferngesteuerter Terror; vor allem aber war er nicht gewillt oder in der Lage, wirkliche Diktaturen herauszufordern. Einst Strategen der Schwachen und Armen gegen unbarmherzige Tyrannen, sind heute die prominenten Vertreter nicht mehr arm, und die moderne Technologie stellt ihnen wirksame Waffen zur Verfügung. Einige moderne Terroristengruppen haben eindeutig die Merkmale übernommen, die man einst der Tyrannei zuschreib, *atrox et notoria iniuria*; die Tyrannen wollten der Gesellschaft ihren Willen aufzwingen, das gleiche gilt für die Terroristen. Andere sind ehrlich von ihrer Befreierrolle überzeugt; falls ihre Aktionen jedoch überhaupt eine Wirkung haben, so ist es die, daß sie die unbewußten Schrittmacher einer neuen Art der Diktatur sind. Das Rad hat eine volle Umdrehung gemacht: Seit seinen Anfängen konnte der moderne Terrorismus erfolgreich nur nicht-terroristische Institutionen, das heißt Regierungen oder Gruppen herausfordern, die sich nicht ihrer eigenen Waffen bedienen würden. Er erschien zuerst unter dem Banner von Freiheit und Demokratie und zu einem Zeitpunkt, als man annahm, diese Ideen seien überall in der Welt auf dem Vormarsch. Diese Hoffnungen haben sich nicht erfüllt, die Zahl der nichtdemokratischen Regierungen wächst, und im Gegensatz zu den Demokratien leiden sie bei der Behandlung politischer Gegner unter keinerlei Hemmungen. Wie unfähig sie auch auf anderen Gebieten sein mögen, sie sind recht kompetent, was die Behandlung von Terroristen betrifft. Mit der schrumpfenden Macht der demokratischen Gesellschaften verkleinert sich auch die Sphäre, in der Terroristen operieren können.

Anmerkungen

1 Interview mit Colonel Ghadafi, Der Spiegel, 26. Juli 1976.
2 Kommentar von Robert H. Kupperman, Chief Scientist der ACDA während einer Konferenz in Santa Margherita, Mai 1976 (unveröffentlicht).
3 Das bezieht sich auf die Konvention von Tokio vom September 1963 über Vergehen in Flugzeugen; die Haager Konvention vom Dezember 1970 über gesetzeswidrige Flugzeugentführungen; die Montrealer Konvention vom September 1971 zur Unterdrückung gesetzeswidriger Handlungen gegen die Sicherheit der Zivilluftfahrt; die OAS-Konvention vom Februar 1971 zur Verhütung und Bestrafung terroristischer Handlungen; die UN-Konvention vom Dezember 1973 zur Verhütung und Bestrafung von Verbrechen gegen Diplomaten – die noch nicht in Kraft getreten ist; die Luxemburger Resolution der EG vom Juli 1976 über Maßnahmen zur Bekämpfung des internationalen Terrorismus.
4 Major Arthur Griffith, *Mysteries of Police and Crime,* II, London 1898, 469.
5 Norman Angell (Herausg.) *What Would Be The Character Of A New War,* New York 1933, 388.
6 Edward Condon zitiert in Dexter Masters und Katherine Way (Herausg.) *One World Or None,* New York 1946, 40.
7 Sandia Report Washington 1976; Mitre Report, McLean, Va. 1976.
8 S. J. Berkowitz u. a., *Superviolence* (Adcon Report) 1972.
9 M. Willrich und Theodore Taylor, *Nuclear Theft, Risks and Safeguards,* Cambridge Mass., 1974, 115. Siehe auch V. Gilinsky in B. Boskey und M. Willrich, *Nuclear Proliferation,* New York 1970;

E. M. Kindermann u. a. *The Unconventional Nuclear Threat,* Stanford Research Institute, Menlo Park, 1969; und zahlreiche andere Studien.

10 Für einen kurzen Überblick über chemische und biologische Waffen siehe SIPRI, *Arms Uncontrolled,* Cambridge Mass. 1975, 93–107; ein ausführlicherer Bericht in Berkowitz, op. cit.

11 J. H. Rothschild, *Tomorrows Weapons,* New York 1964.

12 Berkowitz, op. cit., Kapitel 8 und 9, passim.

13 C. G. Heden, »Defences Against Biological Warfare« in *Annual Review of Microbiology,* 1967, 639.

14 Selbst in Diktaturen waren die Attentatsversuche von Einzelpersonen sehr viel schwieriger aufzudecken als die Anschläge, die durch Gruppen ausgeführt wurden. Es soll noch einmal erwähnt werden, daß der Anschlag auf Hitler, der dem Erfolg am nächsten kam (bis zur Verschwörung 1944) von Georg Elser, einem Zimmermann, ausgeführt wurde, der im Münchener Hofbräuhaus eine Bombe legte (November 1939). Er handelte als Einzelperson und wäre höchstwahrscheinlich nie festgenommen worden, wenn er nicht dummerweise versucht hätte, die Grenze in die Schweiz zu überqueren. Siehe Peter Hoffmann, *Die Sicherheit des Diktators,* München 1975, 119ff.

15 Roberta Wohlstetter, »Terror on a Grand Scale« in *Survival,* Mai/Juni 1976, 102.

16 Brian Jenkins, *High Technology Terrorism and Surrogate War,* Santa Monica 1975, 24.

Bibliographie

Die folgende Bibliographie weist nur auf bestimmte Werke von besonderem Interesse hin. Historische Bibliographien über Terrorismus gibt es nicht; ein Standardwerk wie Venturis *Roots of Revolution* kann natürlich als Leitfaden zu den wichtigsten Quellen verwandt werden. Das gleiche gilt für Nettlaus Werk über Anarchismus, für Zoccoli (die frühe Periode des Anarchismus) oder Maitron (französischer Anarchismus). Es gibt ausführliche Dokumentationen des Terrorismus in Irland, Lateinamerika, im Nahen Osten, der Neuen Linken und des multinationalen Terrorismus, aber ein Großteil des Materials ist schwer zugänglich, und es gibt praktisch keine bibliographischen Hilfsmittel. Eine Ausnahme ist Charles A. Russell, James A. Miller und Robert Hildner: »The Urban Guerilla in Latin America: A Selected Bibliography« in *Latin American Research Review,* Frühjahr 1974.

Allgemeine Literatur über Terrorismus
(Siehe auch Anmerkungen zu Kapitel 5)

Y. Alexander (Herausg.), International Terrorism, New York 1976.

M. C. Bassiouni (Herausg.), International Terrorism and Political Crimes, Springfield 1975.

B. J. Bell, Transnational Terror, Washington 1975.

R. Clutterbuck, Protest and the Urban Guerilla, London 1973.

R. CR. Clutterbuck, Living with Terrorism, London 1975.

Roland Gaucher, The Terrorists, London 1968.

F. Hacker, Terror, Mythos, Realität, Analyse, Wien 1973.

International Terrorism, U.S. House Committee für auswärtige Angelegenheiten, Washington 1974.

Hans Langemann, Das Attentat, Hamburg 1957.

J. Malin (Herausg.), Terror and Urban Guerillas, Coral Gables 1971.

W. Middendorff, Der politische Mord, Wiesbaden 1968.

Robert Moss, Urban Guerillas, London 1972.

Political Kidnappings, Komitee für innere Sicherheit, Repräsentantenhaus, Washington 1975.

David D. Rapoport, Assassination and Terrorism, Toronto 1971.

Terrorist Activity, Teil 1–8, Rechtskomitee, Repräsentantenhaus, Washington 1974/75.

Terrorism, Teil 1–4, Komitee für innere Sicherheit, Repräsentantenhaus, Washington 1974.

Terrorism, Stabsuntersuchung, Komitee für innere Sicherheit, Reprä-

sentantenhaus, Washington 1974.
Jerzy Wacorski, Le Terrorisme Politique, Paris 1939.
Paul Wilkonson, Political Terrorism, London 1974.
Lester Sobel, Political Terrorism, New York 1975.

Tyrannenmord, Geheimbünde

J. Althusius, Politica metodice digesta, 1603.
M. Ballestreos-Gaibrois, Juan de Mariana, cantor de España, 2 Bände, Madrid 1938/39.
J. Boucher, De iusta Henrici III . . ., 1589.
G. Buchanan, De Jure Regni apud Scotos . . ., 1579.
Ph. Buonarroti, Conspiration pour l'égalité dite de Babœuf, 1828.
A. Blanqui, Textes Choisis, Paris 1955.
L. Daneau, Politicae Christianae libri VII, 1596.
M. Dommanget, Pages Choisies de Babœuf, Paris 1935.
Duplessis-Mornay, Vindiciae contra Tyrannos, 1579.
Th. Frost, The Secret Societies of European Revolution, 2 Bände, 1876.
O. Jaszi, D. Lewis, Against the Tyrant, 1957.
R. M. Johnston, Napoleonic Empire in Southern Italy, 2 Bände 1904.
M. I. Kovalskaja, Dvischenie Karbonartsev v Italii 1808–1821, 1971.
La Boetie, De la servitude volontaire au contru'un', 1578.
P. Liman, Der politische Mord im Wandel der Geschichte, 1912.
O. Lutaud, De révolutions d'angleterre à la révolution Française, 1973.
J. de Mariana, De rege et regis institutione, 1599.
R. Mousnier, The Assassination of Henry IV, New York 1973.
W. Platzhoff, Die Theorie von der Mordbefugnis der Obrigkeit im 16. Jahrhundert, 1906.
C. Rosseaus, De iusta Rei publicae Christianae, 1590.
E. Saxby, Killing no murder . . ., 1657.
G. Sencier, Le Babouvisme après Babœuf, Paris 1912.
John of Salisbury, Policraticus, 1595.
F. Schoenstedt, Der Tyrannenmord im Spätmittelalter, 1938.
D. Spadoni, Sette, conspirationi e conspiratori, Turin 1904.
G. Weill, Le Parti Républicain en France 1814–1870, Paris 1900.

Bakunin und Netschajev

M. Bakunin, Isbrannie Sotschinenija, 5 Bände, Petrograd 1919–1921.
M. Bakunin, Gesammelte Werke, 3 Bände, Berlin 1921–24.
E. H. Carr, Michael Bakunin, London 1937.
M. Confino, Violence dans la violence, Paris 1973.

H. E. Kaminski, Bakounine: La vie d'un révolutionnaire, Paris 1938.
A. Lehning, Michel Bakounine et ses relations avec Sergej Necaev, Leiden 1971.
M. Nettlau, Michael Bakunin: eine Biographie, 3 Bände, London 1896–1900.
Y. M. Steclov, M. A. Bakunin, jevo schisn i deatelnost 1814–76. Vier Bände, Moskau 1926/27.

Terrorismus in Rußland

Die wichtigsten Quellen zum Studium des Terrorismus in Rußland sind die Veröffentlichungen der Narodnaja Volja und der Sozialrevolutionäre, Burtsevs *Byloe* und die Zeitschriften der frühen sowjetischen Periode wie *Katorga i Sylka.*

Paul Avrich, The Russian Anarchists, Princeton 1971.
V. Boguscharski, Aktivnoe Narodnischestvo, Moskau 1912.
Vl. Burtsev, Za sto let, London 1897.
Vl. Burtsev, Doloi Zaria, London 1901.
Vl. Burtsev, Borba sa svobodnuju Rossiju, Berlin 1924.
V. M. Tschernov, Pered Burei, New York 1953.
M. Confino, La violence dans la violence, Paris 1973.
Da sdravstviet Narodnaja Volja, Paris 1907.
V. I. Debogori-Mokrievitsch, Vospominania, St. Petersburg 1906.
Vera Figner, Memoirs of a Revolutionist, New York 1927.
David Footman, Red Prelude, London 1934.
B. S. Itenberg, Dvischenie Revoliutsonovo Narodnischestva, Moskau 1965.
A. I. Ivianski (Herausg.), Schisn kak Fakel, Moskau 1966.
Jan Kucharzewski, Od Bialego Caratu do Czerwonego, Warschau, Sieben Bände, 1926–1935.
Th. G. Masaryk, Zur russischen Geschichts- und Religionsphilosophie, Jena 1913.
N. Morosov, Povest moei Schisni, Moskau 1947.
»Narodovoltsy«, Moskau 1931.
G. Nestroev, Is Dnevnik Maksimalista, Paris 1910.
B. Nikolajevski, Asev, Berlin 1932.
Padenie zarskovo reschima, 3 Bände, Moskau 1920–25.
B. Savinkov, Erinnerungen eines Terroristen, Berlin 1927.
A. Spiridovitsch, Histoire du Terrorisme Russe, Paris 1930.
I. Steinberg, Spiridonowa, London 1935.
S. Stepniak-Kravschinski, Podpolnaja Rossija, Moskau 1960.
L. Tichomirov, Vospominania, Moskau 1927.
S. S. Volk, Narodnaja Volja, Moskau 1966.

L. Venturi, Roots of Revolution, London 1966.
L. Volin, 1917, London 1954.

Irland und Ulster

Tom Barry, Guerilla Days in Ireland, New York 1956.
P. S. Beaslei, Michael Collins and the Making of a New Ireland, London 1926.
R. Bennet, The Black and Tans, London 1959.
D. Boulton, The UVF 1966–1973, Dublin 1973.
J. Bowyer Bell, The Secret Army, London 1970.
Andrew Boyd, Holy War in Belfast, London 1969.
D. Breen, My Fight for Irish Freedom, Kerry 1964.
Thomas N. Brown, Irish-American Nationalism, New York 1966.
Tim Pat Coogan, The IRA, London 1970.
Tom Corfe, The Phoenix Park Murder, London 1968.
Devoy's Post Bag, 2 Bände, Dublin 1953.
J. Devoy, Recollections of an Irish Rebel, Shannon 1969.
O. D. Edwards und *F. Pyle* (Herausg.), The Easter Rising, London 1968.
Harmon, Fenians and Fenianism, Dublin 1968.
Ireland and the Irish Question, eine Sammlung von Schriften von Karl Marx und Friedrich Engels, New York 1972.
F. X. Martin (Herausg.), Leaders and Men of the Easter Rising, New York 1967.
Jeremy O'Donovan Rossa, My Years in English Jails, New York 1967.
Desmond Ryan, The Phoenix Flame, London 1937.
Desmond Ryan, The Rising, Dublin 1957.
Desmond Ryan, James Connolly, Dublin 1924.
M. F. Ryan, Fenian Memoirs, Dublin 1945.
Mac Stiofain, Revolutionary in Ireland, London 1975.
C. Tansill, Americans and the Fight for Irish Freedom.
P. J. P. Tynan, The Irish Invincibles, New York 1894.
T. D. Williams, Secret Societies in Ireland, Dublin 1973.

Terrorismus und Gegenterror der Polizei

Sir Robert Anderson, Sidelights on the Home Rule Movement, London 1907.
L. Andrieux, Souvenir d'un préfet de police, Paris 1885.
A. Bekzadian, Der Agent Provocateur, Zürich 1913.
H. Le Caron, Twenty Five Years in the Secret Service, London 1892.

A. Gerassimoff, Der Kampf gegen die erste russische Revolution, Berlin 1933.
R. Garraud, L'anarchie et la répression, Paris 1885.
Lucien de la Hodde, Histoire des Sociétés Secrètes, Paris 1850.
Maurice Laporte, Histoire de l'Okhrana, Paris 1935.
Jean Longuet und *G. Zilber,* Les dessous de la Police Russe, Paris 1909.
A. P. Vasilief, Police Russe et Révolution, Paris 1936.

Indien

U. S. Anand, Savarkar, London 1967.
Anon, The Philosophy of the Bomb, 1930.
V. Chirol, Indian Unrest, London 1910.
Manmathnat Gupta, History of the Revolutionary Movement in India, Delhi 1960.
Dhananjang Keer, Veer Savarkar, Bombay 1966.
R. C. Majumdar, History of the Freedom Movement in India, 3 Bände, Kalkutta.
B. R. Nanda, Socialism in India, New Delhi 1972.
Report of the Commission of Inquiry into the Conspiracy to Murder Mahatma Gandhi, 6 Bände, New Delhi 1970.
J. N. Vajpeyi, The Extremist Movement in India, Allahabad 1974.
Yashpal, Singhavalokan, 3 Bände, Lucknow, 1951/52.

Doktrin und Soziologie
(Siehe auch Anmerkungen zu Kapitel 5)

E. H. Carr, Michael Bakunin, New York 1961.
Gérard Chaliand, Mythes révolutionnaires du Tiers Monde, Paris 1976.
David Caute, Fanon, London 1970.
James Connolly, Revolutionary Warfare, Dublin 1968.
H. Eckstein (Herausg.), Internal War, New York 1964.
F. Fanon, The Wretched of the Earth, New York 1963.
Emma Goldman, Anarchism and other Essays, New York 1910.
Feliks Gross, Violence in Politics, Den Haag 1972.
Abraham Guillen, Philosophy of the Urban Guerilla, New York 1973.
P. A. Kropotkin, Selected Writings, Cambridge Mass. 1973.
A. Lehning, Bakounine et ses relations avec S. Necaev, Leiden 1971.
Emilie Lussu, Théorie de l'insurrection, Paris 1971.
C. Marighella, Mini-Manual of the Urban Guerilla, London 1971.
J. Most, The Beast of Property, New Haven ca. 1885.
J. Most, Revolutionäre Kriegswissenschaft, New York ca. 1884.

N. Morosov, Terroristicheskaja Borba, London 1880.
G. Plechanov, Anarchism and Socialism, Minneapolis.
D. C. Rapoport, Assassination and Terrorism, Toronto 1971.
V. Tarnovski, Terrorism i Rutina, London (Genf) 1880.

Naher Osten
(Siehe auch Anmerkungen zu Kapitel 4)

1. Palästina 1938–1948

J. Banai, Hayalim Almonim, Tel Aviv 1958.
Y. Bauer, Diplomacy and Resistance, New York 1970.
M. Begin, The Revolt, London 1964.
Lohamei Herut Israel, 2 Bände, Tel Aviv 1959.
D. Niv. Ma' arakhot ha'irgun hazvai haleumi, 3 Bände, Tel Aviv 1967.
N. Yalin-Mor, Lahomei Herut Israel, Tel Aviv 1974.

2. Terror und der arabisch-israelische Konflikt

N. Aloush, Al thawra al filistiniya, Beirut 1970.
G. Chaliand, The Palestine Resistance, London 1972.
J. Cooley, Green March, Black September, London 1973.
G. Denoyan, El Fath parle, Paris 1970.
Y. Harkabi, Fedayeen Action and Arab Strategy, London 1968.
Y. Harkabi, Palestinians and Israel, Jerusalem 1974.
L. Kadi, Basic Political Documents of the Armed Palestinian Resistance Movement, Beirut 1969.
W. Kazziha, Revolutionary Transformation in the Arab World, London 1975.
L. Khaled, My People shall Live, London 1973.
G. Khorshid, Dalil Harakat al muqawama al filistiniya, Beirut 1971.
J. Laffin, Fedayeen, London 1973.
Z. Schiff und *R. Rothstein,* Fedayeen, London 1972.
R. Tophoven, Fedayin, Guerilla ohne Grenzen, München 1975.
E. Yaari, Strike Terror, Jerusalem 1970.

Anarchismus

David Apter und *James Joll* (Herausg.), Anarchism, London 1971.
Alexander Berkman, Prison Memoirs of an Anarchist, New York 1912.
Andrew Carlson, Anarchism in Germany, New York 1972.

April Carter, The Political Theory of Anarchism, London 1971.
Richard Drinnon, Rebel in Paradise, Chikago 1961.
Felix Dubois, Le péril anarchiste, Paris 1894.
Emma Goldman, Living my Life, New York 1931.
Daniel Guérin, L'anarchisme, Paris 1965.
J. Guillaume, L'Internationale, Paris 1910.
I. L. Horowitz (Herausg.), The Anarchists, New York 1964.
Richard Hostetter, The Italian Socialist Movement, Princeton 1958.
James Joll, The Anarchists, London 1964.
P. A. Kropotkin, Selected Writings, Cambridge Mass. 1910.
Cesare Lombroso, Les Anarchistes, Paris 1894.
Jean Maitron, Histoire du Mouvement Anarchiste en France 1880–1914, Paris 1955.
M. A. Miller, Kropotkin, Chikago 1976.
Max Nettlau, Anarchisten und Sozialrevolutionäre, Berlin 1914.
Max Nomad, Aspects of Revolt, New York 1959.
Max Nomad, Rebels and Renegades, New York 1932.
Vernon Richards (Herausg.), Enrico Malatesta, London 1965.
Rudolf Rocker, Johann Most, Berlin 1924.
Rudolf Rocker, The London Years, London 1956.
Victor Serge, Memoirs of a Revolutionary, London 1963.
E. Sernicoli, L'Anarchia, 2 Bände, Mailand 1894.
E. A. Vizetelly, The Anarchists, New York 1912.
George Woodcock, Anarchism, London 1962.
E. V. Zenker, Anarchism, London 1895.
Hector Zoccoli, Die Anarchie und die Anarchisten, Leipzig 1909.

Terroristische Gruppen in den verschiedenen Ländern 1870–1939

Louis Adamic, Dynamite, New York 1934.
Wayne G. Broehl, The Molly Maguires, New York 1966.
C. Z. Codreanu, Pentru Legionari, Bukarest 1937.
Ch. Christowe, Heroes and Assassins, New York 1935.
Vl. Dedijer, The Road to Sarajevo, New York 1966.
Den Doolard, Quatre mois chez les Comitadjis, Paris 1932.
M. Fatu und *Ion Spalatelu,* Garda de Fier, Bukarest 1971.
E. Grumbel, Vièr Jahre politischer Mord, Berlin 1922.
R. Hunter, Violence and the Labor Movement, New York 1914.
H. Karasek (Herausg.), Haymarket 1886, die deutschen Anarchisten in Chicago, Berlin 1975.
M. Lacko, Arrow Cross Men, Budapest 1969.
L. Nalbandian, The Armenian Revolutionary Movement, Berkeley 1963.

A. Nazabek, Through the Storm, London 1899.
M. S. Packe, The Bombs of Orsini, London 1957.
C. Papanace, La genesi ed il matirio del Moviemento Legionario Rumeno, 1959.
J. Perrigault, Bandits de l'Orient, Paris 1931.
E. von Salomon, Die Geächteten, Berlin 1932.
C. Sburlati, Codreanu, il Capitano, Rom 1970.
R. Storry, The Double Patriots, London 1957.
J. und *J. Tharaud,* L'envoyé de l'archange, Paris 1939.

Lateinamerika
(Siehe auch Anmerkungen zu Kapitel 4)

Actas Tupamaros, Buenos Aires 1971.
F. R. Allemann, Macht und Ohnmacht der Guerilla, München 1974.
V. Bambira (u. a.), Diez años de insurrección en America Latina, 2 Bände, Santiago 1971.
R. Debray, La critique des armes, 2 Bände, Paris 1973/74.
R. Debray, Revolution in the Revolution, New York 1967.
C. Detrez, Les mouvements révolutionnaires en Amerique latine, Brüssel 1972.
F. Geze und *Alain Labrousse,* Argentine, Révolution et contrerévolution, Paris 1975.
M. E. Gilio, The Tupamaro Guerillas, New York 1972.
Boris Goldenberg, Kommunismus in Lateinamerika, Stuttgart 1971.
Ernesto Ché Guevara, Guerilla Warfare, London 1969.
E. Halperin, Terrorism in Latin America, Washington 1976.
Donald C. Hodges, The Latin American Revolution, New York 1974.
INDAL, Movimientos Revolutionarios en America Latina, Leuwen 1973.
Robert Lamberg, Die Guerilla in Lateinamerika, Stuttgart 1972.
Alain Labrousse, Les Tupamaros, Paris 1970.
C. Marighella, For the Liberation of Brazil, London 1971.
Ernesto Mayans, Tupamaros, Antologia Documental, Mexiko 1971.
A. C. Porzecanski, Uruguay's Tupamaros, New York 1973.
Joas Quartim, Dictatorship and Armed Struggle in Brazil, New York 1973.
Hugh Thomas, Cuba, London 1970.
Luigi Valsalice, Gueriglia e Politica, l'esemplo del Venezuela, Florenz 1973.
Luis Mercier Vega, Guerillas in Latin America, London 1969.

Spanien
(Siehe auch Anmerkungen zu Kapitel 2)

Bolotten, The Grand Camouflage, New York 1961.
S. J. Brademas, Revolution and Social Revolution, Oxford 1953, Dissertation.
Gerald Brenan, The Spanish Labyrinth, Cambridge 1943.
H. M. Enzensberger, Der kurze Sommer der Anarchie, Ffm. 1972.
Clara E. Lida, Anarquismo y revolución en la España del XIX siglo, Madrid 1972.
Cesar M. Lorenzo, Les anarchistes Espagnols, Paris 1969.
G. H. Meaker, The Revolutionary Left in Spain 1914–1923, Stanford 1973.
Angel Pestña, Lo que apprendi en la vida, Madrid 1933.

Terroristische Gruppen in den verschiedenen Ländern seit 1945
(Siehe auch Anmerkungen zu Kapitel 4)

A. Adelson, S.D.S. A profile, New York 1972.
Avner, Memoirs of an Assassin, New York 1959.
E. Bacciocco, The New Left in America, Stanford 1974.
Günter Bartsch, Anarchismus in Deutschland, 2. Band, Hannover 1973.
B. J. Bell, Transnational Terror, Washington 1975.
Richard Clutterbuck, Protest and the Urban Guerilla, London 1974.
Richard Clutterbuck, Living with Terrorism, London 1975.
Regis Debray, Revolution in the Revolution, New York 1967.
Jacques Duchemin, Histoire du FLN, Paris 1962.
Geoffrey Fairbarn, Revolutionary and Communist Strategy, London 1968.
M. Feraoun, Journal 1955–1962, Paris 1962.
Ch. Foley und *W. Scobie,* The Struggle for Cyprus, Stanford 1973.
G. Grivas-Dighenis, Guerilla Warfare and EOKA Struggle, London 1964.
G. Jackson, Blood in my Eye, London 1975.
Harold Jacobs (Herausg.), Weatherman, New York 1970.
Kollektiv RAF, Über den bewaffneten Kampf in Westeuropa, Berlin 1971.
Jay Mallin (Herausg.), Terror and Urban Guerillas, Coral Gables 1971.
J. Massu, La vraie Battaille d'Alger, Paris 1971.
K. Mehnert, Jugend im Zeitbruch, Stuttgart 1976.
G. Morf, Terror in Quebec, Toronto 1970.
M. Müller-Borchert, Guerilla im Industriestaat, Hamburg 1973.
Robert Moss, The War for the Cities, New York 1972.

Julian Paget, Last Post: Aden 1964–67, London 1969.
L. Payne und *T. Findley,* The Life and Death of the SLA, New York 1975 (?). Prairie Fire, 1974.
J. Raskin, The Weathereye, New York 1974.
R. Rauball (Herausg.), Die Baader-Meinhof-Gruppe, Berlin 1973.
Kirkpatrick Sale, S.D.S., New York 1974.
Sasho Henshu (Herausg.), Sekigun, Tokio 1975.
Alex Schubert, Stadtguerilla, Berlin 1974.
Stadtguerilla und soziale Revolution, Haarlem 1974.
S. Stern, With the Weathermen, New York 1975.
T. Tachibara, Chukaku us Kakumaru, 2 Bände, Tokio 1975.
R. Tophoven (Herausg.), Politik durch Gewalt, Bonn 1976.
Pierre Vallières, Nègres Blancs de l'Amerique, Montreal 1969.
R. Wassermann (Herausg.), Terrorismus contra Rechtsstaat, Darmstadt 1976.

Abkürzungen

AAA	Argentinische Antikommunistische Allianz
ALN	Acao Libertadora Nacional, Brasilien
Bewegung 2. Juni	Bundesrepublik Deutschland
CAL	Comandos Armados de Liberación, Puerto Rico
ELF	Eritrean Liberation Front (zwei Fraktionen)
ELN	Ejército de Liberación Nacional, Peru, Kolumbien, Bolivien
ELS	Südliche Befreiungsarmee, Mexiko
EOKA	Ethniki Organosis Kypriaku Agoniston (Nationale Organisation der zypriotischen Kämpfer)
EPL	Ejército Popular de Liberación, Kolumbien
ERP	Ejército Revolucionario del Pueblo, Argentinien und San Salvador
ETA	Euzkadi ta Askatasuna (2 Fraktionen) Basken
FALN	Fuerzas Armadas de Liberación Nacional, Venezuela
FAR	Fuerzas Armadas Rebeldes, Guatemala
FARC	Fuerzas Armadas Revolucionarias de Columbia
Fatah	Harakat Tahrir Falestin, Palästina
FLQ	Front de Liberation du Quebec, Kanada
FRAP	Fuerzas Revolucionarias del Pueblo, Mexiko
FSLN	Frente Sandinista de Liberación Nacional, Nicaragua
HRB	Kroatische Revolutionäre Bruderschaft
IMRO	Innermazedonische Revolutionäre Organisation
IRA	Irisch Republikanische Armee
IRA	Provisionals
Irgun	IZL, Irgun Zvai Leumi, Palästina
Lehi	Lohame Herut Israel (Stern), Palästina
Mano	Mano Blanco, Guatemala
MANO	Movimiento Argentino Nacional Organisación
MIR	Movimiento de la Isquierda Revolucionaria, Venezuela, Chile und Peru
MIRA	Movimiento Independista Revolucionario Armado,

	Puerto Rico
MLN	Movimiento de Liberación Nacional, Tupamaros, Uruguay, ebenfalls in Chile u. Guatemala
	Mohamed Boudia Commando-Carlos-Gruppe, international
Montoneros	(Juan Jose Valle Montoneros), Argentinien
MR-8	Brasilien
MR-13	Guatemala
NOA	Nueva Organisación Anticomunista, Guatemala
Nippon Sekigun	auch JPR, Japanische Rote Armee
PDFLP	Popular Democratic Front for the Liberation of Palestine (Hawatme)
PFLP	Popular Front for the Liberation of Palestine (Dr. Habash)
PFLP	Generalkommando, Palästina
PRD	Partido Revolucionario Dominicano
RAF	Rote Armee Fraktion, Baader-Meinhof
Saiqa	Vanguard, Palästina – Syrien
Siahkal	Iran
SLA	Symbionese Liberation Army, USA
TPLA	Turkish People's Liberation Army
UDA	Ulster Defence Association
UFF	Ulster Freedom Fighters
Ustascha	Kroatien
UVF	Ulster Volunteer Forces
VPR	Vanguardia Popular Revolucionaria
Weathermen	USA
Zapata	Frento Urbano Zapatista, Mexiko

st 715 Ödön von Horváth
Der jüngste Tag
Schauspiel in sieben Bildern
Notizen von Traugott Krischke
96 Seiten
Der Bahnhofsvorsteher Hudetz hat den Tod von achtzehn Menschen verschuldet. Ein Meineid rettet ihn. Gepeinigt von Gewissenskonflikten sucht er sich der irdischen Gerechtigkeit und Sühne zu entziehen. Er fühlt sich »nämlich eigentlich unschuldig«. Er meint: »Wenn es einen lieben Gott gibt, der wird mich schon verstehen –«.

st 716 Gespräche mit Marx und Engels
Herausgegeben von Hans Magnus Enzensberger
766 Seiten
Wer mit Marx und Engels zusammengestoßen ist, der sah sich meist zu extremen Äußerungen herausgefordert. Bewunderung und Solidarität, aber auch Gift und Galle in ungewöhnlichen Dosen sprechen aus diesen alten Aufzeichnungen. Ein Injurien- und Elogenregister am Ende des Bandes stellt Äußerungen von Marx und Engels über die Gewährsleute zusammen, die in diesem Buch vertreten sind.

st 717 Wladimir Tendrjakow
Mondfinsternis
Roman
Aus dem Russischen von Wolfgang Kasack
314 Seiten
Der Roman *Mondfinsternis* ist die Geschichte einer Liebe und einer Ehe, des Scheiterns von beidem. Es ist die Geschichte von Maja und Pavel, die mit dem Erlebnis einer Mondfinsternis beginnt und mit einer Mondfinsternis endet, wenn alles seinen Lauf und sein Ende gefunden hat.

st 718 Werner Koch
Jenseits des Sees
232 Seiten

Jenseits des Sees führt die Geschichte des Mannes fort, der den Versuch unternommen hatte, ein utopisches Leben so zu führen, als sei es die alltäglichste Realität.
»Im Gegensatz zu vielen vergleichbaren Zeitgenossen hat Koch etwas Wesentliches entdeckt: daß es nicht das Leben gibt, das einzige, wahre Leben, und es folglich müßig ist, danach zu suchen. Es gibt nur eine ureigenste, individuelle Lebenspraxis.« *Frankfurter Allgemeine Zeitung*

st 719 Dolf Sternberger
Über den Tod
272 Seiten
»Die Schriften, die in diesem Band gesammelt erscheinen, sind literarisch von verschiedener Art. Von der akademischen Dissertation, die gerade vor fünfzig Jahren entstanden ist, über die drei Essays bis zu den ›Petites Perceptions‹, die dem höheren Lebensalter zugehören, sind sie jedoch durch die Einheit des Gegenstandes verbunden. Es ist ein Gegenstand, den wir nicht verstehen können.«

st 721 Stephan Stolze
Innenansicht
Eine bürgerliche Kindheit 1938–1945
Mit einem Vorwort von Sebastian Haffner
192 Seiten
Was Stolze aus seiner Jugendzeit während des Dritten Reiches erzählt, ist nichts Großes, nichts Außerordentliches; es sind die Wellen der geschichtlichen Ereignisse in einer mitteldeutschen Kleinstadt, die er notiert: das Verhalten der Eltern, wenn »Sicherungsverwahrte« im Garten arbeiten; das Geplauder des SS-Mannes am Teetisch; was geschieht und nicht geschieht, als er den Jungbannführer zu grüßen versäumt oder als im Lebensmittelladen eine Jüdin mit ansteht.

st 722 Ulrich Plenzdorf
Legende vom Glück ohne Ende
366 Seiten
»Eine unwahrscheinliche, ja sogar unglaubliche Geschichte. Und dabei eine ganz einfache Geschichte, mit stark ausgeprägten realistischen Zügen, die das Unwahrscheinliche als möglich erscheinen lassen und selbst das Unglaubliche glaubhaft machen.« *Deutschlandfunk*

st 724 Oscar Walter Cisek
Der Strom ohne Ende
Roman
388 Seiten
Cisek führt uns an die vielgeteilte Donau vor ihrer Mündung im Schwarzen Meer und macht die Natur einer noch nicht vom Menschen besiegten Landschaft zum Gegenstand einer durch und durch epischen Dichtung. Selbst die düstersten Leidenschaften bleiben eingebettet in das Wirken der Elemente, in den Kreislauf der Jahreszeiten.

st 725 Weniamin Kawerin
Das doppelte Porträt
Roman
Aus dem Russischen übersetzt und
mit einem Nachwort versehen von Wolfgang Kasack
240 Seiten
Das doppelte Porträt ist die Geschichte von zwei Wissenschaftlern im Jahre 1954, dem Nutznießer und dem Leidtragenden der Stalinzeit. »Was hier erzählt wird, mutet den Leser wie Gegenwart an. Wer sich um Verständnis der heutigen Sowjetunion bemüht, wird in diesem Buch einen Schlüssel finden, nicht den einzigen, aber einen wichtigen.« *Hessischer Rundfunk*

st 726 György Konrád/Iván Szelényi
Die Intelligenz auf dem Weg zur Klassenmacht
Übersetzt von Hans-Henning Paetzke
408 Seiten
Die Ungarn Konrád und Szelényi haben die zunehmende Bedeutung der Intelligenzschicht – oder -klasse – im »realen Sozialismus« zum Gegenstand einer detaillierten und empirisch fundierten Untersuchung gewählt. Schon immer war die Intelligenz eine Schicht, die aufgrund des bei ihr monopolisierten gesellschaftlichen Wissens im Bündnis mit anderen Macht ausübte.

st 729 Stanisław Lem
Mondnacht
Hör- und Fernsehspiele
Aus dem Polnischen übersetzt von Klaus Staemmler, Charlotte Eckert, Jutta Janke und I. Zimmermann-Göllheim

Phantastische Bibliothek Band 57
272 Seiten
»Lem hat die Gattung der Science-fiction neu abgesteckt und ihr literarische Hochflächen erobert, die auf dem Niveau des philosophischen Traktats liegen, zugleich aber spannend sind wie ein gelungener Kriminalroman.«
Frankfurter Rundschau

st 730 Herbert W. Franke
Schule für Übermenschen
Phantastische Bibliothek Band 58
160 Seiten
Wo liegen die physischen und psychischen Grenzen des Menschen? Sind seine evolutionären Kapazitäten erschöpft oder ist er einer Anpassung an jene besonderen Aufgaben fähig, die die lebensfremden Räume der Tiefsee und des Weltraums mit sich bringen? Das »Institute of Advanced Education« schult die Elite von morgen. Zu den Mitteln gehört körperlicher Drill ebenso wie ein erbarmungsloses Überlebenstraining.

st 731 Joseph Sheridan Le Fanu
Der besessene Baronet
und andere Geistergeschichten
Deutsch von Friedrich Polakovics
Mit einem Nachwort von Jörg Krichbaum
Phantastische Bibliothek Band 59
304 Seiten
Le Fanus Geistergeschichten zeichnen sich durch die Schärfe der psychologischen Beobachtung und den in ihnen zutage tretenden Konflikt zwischen Traum und Wirklichkeit aus.

st 732 Philip K. Dick
LSD-Astronauten
Deutsch von Anneliese Strauss
Phantastische Bibliothek Band 60
272 Seiten
»Ein wenig ist die Lust zur Lektüre von Science-fiction verwandt mit der Lust zur Lektüre von Horrorgeschichten. Offenbar besteht eine Bereitschaft, das, was an Angstphantasie die säkularisierte Menschheit bedrängt, in der

Form der Lektüre sich vorsagen zu lassen, sich einreden zu lassen. Mit therapeutischem Effekt?«

Helmut Heißenbüttel

st 733 Herbert Ehrenberg
Anke Fuchs
Sozialstaat und Freiheit
Von der Zukunft des Sozialstaats
468 Seiten
»Herbert Ehrenberg und Anke Fuchs gelingt es, manche Frage zu beantworten, manche Unstimmigkeit zu widerlegen, Klischees in Zweifel zu ziehen, die Richtung künftiger Reformen darzustellen und das Erfordernis einer eigenständigen Sozialpolitik zu begründen. ... Noch lange wird man mit Gewinn nach diesem Buch greifen können, um etwas über die einschlägigen Teilbereiche der Sozialpolitik nachzulesen.« *Deutschlandfunk*

st 759 Gerlind Reinshagen
Sonntagskinder. Theaterstück und Drehbuch
(zusammen mit Michael Verhoeven)
Mit zahlreichen Abbildungen
216 Seiten
Die halbwüchsige Elsie erleidet das unfaßbare Ereignis des Zweiten Weltkriegs aus dem begrenzten Blickwinkel ihrer Kindheit. In dem bürgerlichen Mittelstandsmilieu einer Apothekerfamilie lügen sich die Honoratioren der mittelgroßen mitteldeutschen Stadt an der Nazizeit vorbei.

st 782 Die besten Bücher
der »Bestenliste« des SWF-Literaturmagazins
empfohlen von Mitgliedern der Jury
Herausgegeben von Jürgen Lodemann
176 Seiten
Die besten Bücher: erstmalig ernstzunehmender Wegweiser durch den Herbstbücherwald des Jahres 1981. Siebenundzwanzig Literaturkritiker stellen die besten Bücher dieses Herbstes vor, und sie begründen ihre Wahl. Im Anhang: Sämtliche Listen seit 1975, die bisherigen Jury-Mitglieder, eine Dokumentation zur Entstehung und Methode der Bestenliste sowie der ›Preis des SWF-Literaturmagazins‹.

Alphabetisches Gesamtverzeichnis der suhrkamp taschenbücher